高等学校经管类系列教材

管理学理论及实务

主　编　王晓丽　李　群　张　楠

副主编　闫贤贤　徐　娜　杜　娟

　　　　张伏玲　朱晓辉　宋　哲

　　　　杨　岚　郑　楠　张立斌

西安电子科技大学出版社

内 容 简 介

　　本书以培养学生实践能力为目标，吸收最新研究成果，从管理理论与管理实践出发，全面介绍了管理学的基本理论与实践方法。

　　全书共 10 章，每章由四个模块组成，即基础知识、技能训练、管理案例、复习与思考。每章包括拓展链接、教学案例等，案例资料及实训内容丰富，实践性强。每章最后附有本章小结，对知识点进行总结。

　　本书可作为工商管理、市场营销、企业管理、经济学、会计学等专业的本科教材，也可作为企业管理人员、商界人士的学习参考书。

图书在版编目(CIP)数据

管理学理论及实务 / 王晓丽，李群，张楠主编. —西安：
西安电子科技大学出版社，2019.2(2020.8 重印)
ISBN 978-7-5606-5251-1

Ⅰ. ①管…　Ⅱ. ①王…　②李…　③张…　Ⅲ. ①管理学—高等学校—教材　Ⅳ. ①C93

中国版本图书馆 CIP 数据核字(2019)第 025506 号

策划编辑　刘玉芳
责任编辑　盛晴琴　阎　彬
出版发行　西安电子科技大学出版社(西安市太白南路 2 号)
电　　话　(029)88242885　88201467　　　邮　　编　710071
网　　址　www.xduph.com　　　　　　电子邮箱　xdupfxb001@163.com
经　　销　新华书店
印刷单位　咸阳华盛印务有限责任公司
版　　次　2019 年 2 月第 1 版　　2020 年 8 月第 5 次印刷
开　　本　787 毫米×1092 毫米　1/16　印 张　18
字　　数　426 千字
印　　数　5201～7200 册
定　　价　49.00 元

ISBN 978 - 7 - 5606 - 5251 - 1 / C

XDUP 5553001-5

如有印装问题可调换

前　言　PREFACE

　　一本管理学教材应当体现出当代社会管理水平，向学生传递最新的、现代企业正在使用的管理理念、方法和技术。本书根据服务于应用型人才培养的需求，为满足"以应用为目的，以必需、够用为度"和"以就业为导向"的应用型教育目标编写而成。全书以管理过程为依据，合理安排知识内容，可增强学生的系统性思维。

　　本书共 10 章，在突出基本概念、基本理念和技能的基础上，以管理学的四大基本职能——计划、组织、领导、控制为核心内容，系统而全面地介绍了管理学的基础理论知识，并在理论的基础上加强了有关实践技能训练的内容，在每章中都设置了实训项目及知识链接。其中，知识链接部分介绍了管理学的一些拓展知识与前沿知识。本书案例丰富、易教易学，突出了应用型人才培养的特点。

　　本书由王晓丽、李群、张楠担任主编，闫贤贤、徐娜、杜娟、张伏玲、朱晓辉、宋哲、杨岚、郑楠、张立斌担任副主编。王晓丽负责拟定编写大纲、组织协调并总撰定稿，主要编写了第一、九、十章；李群负责编写第五～八章；张楠负责编写第二～四章；其余参编人员负责管理案例、知识链接、教学案例、复习与思考、本章小结等的编写与相关工作。

　　为了打造精品课程，方便教师教学，本书编者精心配备了教学教案、教学大纲、教学 PPT、习题集、案例集等立体化教辅资源。此外，除书中涉及的案例、管理故事外，编者还提供了管理故事集、案例集，供教师教学和参考，欢迎有兴趣的读者与出版社联系。

　　受编者水平所限，书中可能还存在一些不足之处，恳请广大读者和同行批评指正，以便再版时进一步修改与完善。

编　者

2018 年 10 月

目　录　CONTENTS

第一章　管理概述 1

　模块一　基础知识 1

　　第一节　管理的概念与基本职能 2

　　　一、管理的定义 2

　　　二、管理的特征 3

　　　三、管理的职能 4

　　第二节　管理学的基本内涵 5

　　　一、管理学概述 5

　　　二、管理学的研究对象 6

　　　三、管理学的研究内容 6

　　　四、管理学的学习与研究方法 7

　　第三节　管理者的角色与技能 9

　　　一、管理者及其分类 9

　　　二、管理者的角色 10

　　　三、管理者的技能 11

　模块二　技能训练 13

　模块三　管理案例 14

　模块四　复习与思考 15

　本章小结 15

第二章　管理思想的发展 17

　模块一　基础知识 17

　　第一节　中国传统管理思想 18

　　　一、儒家的管理思想 18

　　　二、道家的"柔道"管理 19

　　　三、兵家的管理思想 21

　　第二节　西方早期的管理思想 23

　　　一、西方管理思想的形成过程 .. 23

　　　二、西方早期管理活动 25

　　　三、西方早期管理思想的萌芽 .. 25

　　第三节　管理理论的产生与形成 31

　　　一、美国的"管理运动" 32

　　　二、科学管理理论 33

　　　三、法约尔的一般管理理论 37

　　　四、韦伯的理想的行政组织体系理论 .. 39

　　　五、"行为科学"的早期理论——

　　　　　人际关系理论 41

　　第四节　现代管理理论 45

　　　一、管理科学学派 45

　　　二、系统管理理论学派 47

　　　三、决策理论学派 48

　　　四、行为科学学派 49

　　　五、管理过程学派 50

　　　六、权变理论学派 50

　　　七、经验主义学派 51

　模块二　技能训练 55

　模块三　管理案例 56

　模块四　复习与思考 57

　本章小结 57

第三章　决策 59

　模块一　基础知识 59

　　第一节　环境调查 60

　　　一、环境调查的含义 60

　　　二、环境调查的程序和方法 63

　　第二节　决策概述 67

　　　一、决策的定义 67

　　　二、正确决策的基本程序 69

　　　三、决策的合理性标准 71

　　　四、决策的类型 72

　　　　五、决策的特点 73
　　第三节　程序化决策和非程序化决策 74
　　　　一、例行问题和例外问题 74
　　　　二、程序化决策和非程序化决策 75
　　第四节　决策的行为 76
　　　　一、个人的行为特征 76
　　　　二、群体的行为特征 77
　　第五节　决策的方法 79
　　　　一、定性决策方法 79
　　　　二、定量决策方法 80
　　模块二　技能训练 87
　　模块三　管理案例 88
　　模块四　复习与思考 89
　　本章小结 90

第四章　计划 91
　　模块一　基础知识 91
　　第一节　计划的含义 92
　　　　一、什么是计划 92
　　　　二、计划与决策 92
　　　　三、计划工作的内容 93
　　　　四、计划工作的性质 94
　　第二节　计划的种类 95
　　　　一、按计划的形式分类 95
　　　　二、按职能分类 98
　　　　三、按计划的期限分类 99
　　　　四、按战略制定者层次分类 99
　　第三节　计划工作的原理 100
　　　　一、限定因素原理 100
　　　　二、许诺原理 100
　　　　三、灵活性原理 100
　　　　四、改变航道原理 101
　　第四节　计划工作的程序和方法 101
　　　　一、计划工作的程序 101
　　　　二、计划工作的方法 102
　　第五节　目标管理 107
　　　　一、组织目标 108
　　　　二、目标管理 110
　　模块二　技能训练 115

　　模块三　管理案例 115
　　模块四　复习与思考 117
　　本章小结 118

第五章　组织 119
　　模块一　基础知识 119
　　第一节　组织概述 120
　　　　一、组织的概念 121
　　　　二、组织的功能 122
　　　　三、组织的分类 123
　　第二节　组织设计 126
　　　　一、组织结构与组织设计 126
　　　　二、组织设计的影响因素 129
　　　　三、组织设计的原则 133
　　　　四、组织设计的程序 135
　　第三节　组织的部门化与层级化 136
　　　　一、组织部门化 137
　　　　二、组织层级化 140
　　第四节　基本组织结构类型 143
　　　　一、直线型组织结构 144
　　　　二、直线职能型组织结构 144
　　　　三、事业部型组织结构 145
　　　　四、矩阵型组织结构 146
　　　　五、集团控股型组织结构 147
　　　　六、虚拟型组织结构 148
　　第五节　组织文化 149
　　　　一、组织文化概述 149
　　　　二、组织文化的结构 151
　　　　三、组织文化的塑造 153
　　第六节　组织变革 154
　　　　一、组织变革概述 154
　　　　二、组织变革的方式 156
　　　　三、组织变革的程序 158
　　　　四、组织变革的阻力及管理 158
　　　　五、当代组织变革的发展趋势 160
　　模块二　技能训练 163
　　模块三　管理案例 163
　　模块四　复习与思考 166
　　本章小结 166

第六章　职权配置 168
　模块一　基础知识 168
　　第一节　职权与职权类型 169
　　　一、职权的含义 169
　　　二、职权的类型 169
　　第二节　集权与分权 171
　　　一、集权与分权的含义 171
　　　二、衡量集权与分权程度的方法 172
　　　三、影响集权和分权程度的因素 172
　　　四、过分集权的弊端 173
　　第三节　授权 174
　　　一、授权的概念和目的及必要性 174
　　　二、有效授权的原则和要素 175
　　　三、授权的过程 176
　模块二　技能训练 176
　模块三　管理案例 177
　模块四　复习与思考 177
　本章小结 177

第七章　领导 179
　模块一　基础知识 179
　　第一节　领导概述 180
　　　一、领导概述 180
　　　二、领导与管理 182
　　　三、领导活动的基本要素与特征 182
　　　四、领导者影响力的来源 183
　　第二节　领导理论 185
　　　一、领导特质理论 186
　　　二、领导行为理论 187
　　　三、领导权变理论 193
　　第三节　领导班子结构 199
　　　一、年龄结构 199
　　　二、知识结构 200
　　　三、能力结构 200
　　　四、专业结构 201
　　第四节　领导者管理实务 204
　　　一、时间管理 204
　　　二、领导执行力 207
　模块二　技能训练 209

　模块三　管理案例 209
　模块四　复习与思考 212
　本章小结 213

第八章　激励 214
　模块一　基础知识 214
　　第一节　激励概述 215
　　　一、激励的概念 215
　　　二、激励的特性 215
　　　三、对人的认识 216
　　　四、激励的基本过程 219
　　第二节　激励理论 222
　　　一、需要层次理论 223
　　　二、双因素理论 226
　　　三、成就需要理论 228
　　　四、ERG 理论 230
　　　五、期望理论 231
　　　六、公平理论 232
　　　七、强化理论 234
　　　八、归因理论 235
　　　九、挫折理论 236
　　第三节　激励原则与方法 237
　　　一、激励的原则 237
　　　二、激励的方法 238
　模块二　技能训练 242
　模块三　管理案例 242
　模块四　复习与思考 243
　本章小结 243

第九章　沟通 245
　模块一　基础知识 245
　　第一节　沟通概述 246
　　　一、沟通的含义 246
　　　二、沟通的作用 246
　　　三、沟通的过程 247
　　第二节　沟通的类型 250
　　　一、按沟通的组织系统分类 250
　　　二、按沟通的流动方向分类 253
　　　三、按沟通的方法分类 255

四、按沟通渠道分类 256
第三节　沟通障碍与控制 257
一、沟通障碍 257
二、克服沟通障碍 258
三、沟通技巧 259
第四节　网络沟通与无线技术 260
一、网络沟通 260
二、无线技术 261
模块二　技能训练 261
模块三　管理案例 262
模块四　复习与思考 263
本章小结 263

第十章　控制 264
模块一　基础知识 264
第一节　控制概述 265
一、控制的含义 265
二、控制的作用 266
第二节　控制的类型 266
一、按照控制发生在管理过程中的
时间分类 267

二、按照主管人员与控制对象的
关系分类 269
第三节　管理控制过程 270
一、制定控制标准 270
二、衡量绩效 271
三、采取纠正措施 271
第四节　控制的方法 272
一、预算控制法 273
二、非预算控制法 273
第五节　有效控制系统的建立 274
一、控制系统的概念 274
二、有效控制的特征 275
三、影响有效控制的因素 276
四、提高控制效率的措施 277
模块二　技能训练 277
模块三　管理案例 278
模块四　复习与思考 279
本章小结 279

参考文献 280

第一章　管理概述

模块一　基础知识

教学要求

(1) 掌握管理的内涵。
(2) 熟悉管理的职能。
(3) 了解管理学研究的对象、内容、方法。
(4) 了解管理者的角色与技能。

技能要求

(1) 培养管理思维，提高管理素质。
(2) 能从实践角度解决实际管理问题，将科学性与艺术性相结合。

案例导入

谁来承担损失

田野是某大学的学生，为了准备全国英语六级考试，他在 A 书城购买了一本历年全国英语六级考试全真试题，没想到准备做试题时，却发现该书缺页达 40 页之多。无奈，他只好找出购书时电脑打印的列有所购书名的付款小票，准备去调换一本。

到了书城，田野直接到总服务台(总台)说明了情况，营业员甲接过书和付款小票看了看，说："没问题，可以调换。请您直接去 5 层找营业员调换。"随即，田野来到 5 层，找到相应专柜的营业员乙，营业员乙马上在书架上找，结果却发现该书一本都不剩了，于是对田野说："这本书已卖完了，不知仓库里有没有？你去找总台问。"此时，田野显得有些不耐烦了，问营业员乙为什么不能帮助顾客联系解决，而要顾客楼上楼下来回跑。营业员乙一边抱怨一边打电话给总台说："书架上已没有该书，请你们处理吧。"田野一脸无奈，只好再次跑下楼去找总台。

没想到总台营业员甲查完电脑记录后，告诉田野该书已脱销，现在厂家也没有此书了。田野十分生气，本来只想调换一本，结果自己楼上楼下跑，跑来的结果却是一本不剩，他要求退书。可是，营业员甲说："退书必须在购书 7 日之内，您所购书是 8 天前买的，我们不能给您退。"田野此时非常气愤，买了一本缺 40 余页的书本来已经够恼火的了，专门来调换却没有书可换。于是，他找到书城负责人理论："我从你们书城买的书缺了 40 多页，我是来换书的，并不想来退书，可现在因为你们该书脱销不能给我换书我才退书的。"书城负责人不无遗憾地说："这是单位规定，超过 7 天不予退，只能换。"田野据理力争道："如果因为我个人的原因在 7 天之后要求退书，你们可以不退。但现在不是因为我的原因，而是你们该书脱销，而卖给我的书又少了 40 多页，你们没有理由不给退。"书城负责人说："不是我们不给你换，是没有书可换，我也没有办法，超过 7 天我们不予退书，要退，你找出版厂商去。"此时，围观的人越来越多，人们纷纷谴责书城负责人的做法。

【案例启示】 如何对待规章制度，是本案例的焦点。通过本案例，真正体会到：良好管理效果的获得，取决于人们对管理的正确认识和管理手段的妥善运用。

第一节 管理的概念与基本职能

一、管理的定义

管理自古即有，但什么是"管理"，从不同的角度出发，可以有不同的理解。从字面上看，管理有"管辖""处理""管人""理事"等意思，即对一定范围的人员及事务进行安排和处理。但是这种字面的解释不可能严格地表达出管理本身所具有的完整含义。

关于管理的定义，至今仍未得到公认和统一。长期以来，许多中外学者从不同的角度出发，对管理作出不同的解释，其中比较有代表性的有下面几种。

管理学家赫伯特·A·西蒙(Herbert A.Simon)认为"管理就是决算"。当前，美国、日本以及欧洲各国的一些管理学著作或管理教材中，也对管理有不同的定义，如："管理就是由一个或者更多的人来协调他人的活动，以便收到个人单独活动所不能收到的效果而进行的活动。""管理就是计划、组织、控制等活动的过程。""管理是筹划、组织和控制一个组织或一组人的工作。""给管理下一个广义而又切实可行的定义，可把它看成是这样的一种活动，即它发挥某些职能，以便有效地获取、分配和利用人的努力和物质资源，来实现某个目标。""管理就是通过其他人来完成工作。"

上述定义从不同的侧面、不同的角度揭示了管理的含义，或者某一方面的属性。但下面的"管理"定义更能够较全面地概括其内涵和外延，即管理是指一定组织中的管理者，通过实施计划、组织、人员配备、指导与领导、控制等职能来协调他人的活动，使别人同自己一起实现既定目标的活动过程。

从这一概念中，我们可以看出管理的定义包含以下五层含义：

(1) 管理是一项有目的的活动，管理的目的是实现组织的目标。管理是任何组织不可或缺的，但绝不是独立存在的。管理不具有自己的目标，不能为管理而进行管理，而是通过管理实现组织的目标。

(2) 管理的过程是由一系列相互关联、连续进行的工作活动构成的。这些工作活动包括计划、组织、领导、控制等，它们被称为管理的基本职能。

(3) 管理工作的有效性要从效率和效果两个方面来评判。有效性集中体现在是否使组织花费最少的资源投入而取得最大的且最合乎需要的成果产出。

效率涉及组织是否"正确地做事"(即"怎么做")的问题。产出一定、投入最少，或者投入不定、产出最多，意味着组织具有较为合理的投入产出比，具有比较高的效率。效果涉及组织是否"做正确的事"。现代社会中，"做什么"比"怎么做"往往更加重要。管理的任务就是获取、开发和利用各种资源来确保组织效率和效果双重目标的实现。

(4) 管理工作是在一定的环境条件下开展的，环境既提供了机遇和机会，也构成了挑战或威胁。正视环境的存在，一方面要求组织为创造优良的社会物质环境和文化环境而努力；另一方面，管理的理念和方法必须因环境条件的不同而随机应变。

(5) 管理的实质是协调。管理适应协调的需要而产生，并因不同的协调水平而产生不同的管理效应。任何经济活动，都是各种要素资源的结合，不同的结合方式与结合状况，会产生不同的结果。只有进行有效的管理，才能整合各种资源，实现资源的最佳组合。

二、管理的特征

1. 管理具有二重性

管理的二重性是指管理的自然属性和社会属性。管理的二重性是马克思主义关于管理问题的基本观点，它反映出管理的必要性和目的性。所谓必要性，是指管理是生产过程固有的属性，是有效地组织劳动所必需的；所谓目的性，是指管理直接或间接地同生产资料所有制有关，反映生产资料占有者组织劳动的基本目的。

1) 管理的自然属性

管理的自然属性是指管理是由许多人进行协作劳动而产生的，是有效组织共同劳动所必需的，是与生产力和社会化大生产相联系的，它与具体的生产方式和特定的社会制度无关。

管理要处理人与自然的关系，要合理地组织社会生产力，故管理的自然属性也称做管理的生产力属性。

2) 管理的社会属性

管理体现着生产资料所有者指挥劳动、监督劳动的意志，因此，它又有同生产关系和社会制度相联系的社会属性。

管理与生产关系、社会制度相联系，它是为统治阶级服务的，受一定生产关系、政治制度和意识形态的影响和制约。

2. 管理具有科学性与艺术性

1) 管理的科学性

管理的科学性是指管理作为一个活动过程，其间存在着一系列基本客观规律。人们经过无数次的失败和成功，通过从实践中收集、归纳、检测数据，提出假设，验证假设，从中抽象总结出一系列反映管理活动过程中客观规律的管理理论和一般方法。人们利用这些理论和方法来指导自己的管理实践，又以管理活动的结果来衡量管理过程中所使用的理论和方法是否正确，是否行之有效，从而使管理的科学理论和方法在实践中不断得到验证和丰富。因此，管理是一门科学，它以反映管理客观规律的管理理论和方法为指导，有一套分析问题、解决问题的科学的方法论。

2) 管理的艺术性

管理的艺术性就是强调其实践性，没有实践则无所谓艺术。在这里，所谓的"艺术"

是指达到某种预期效果的"诀窍"。这就是说，仅凭停留在书本上的管理理论，或背诵原理和公式来进行管理活动是不能保证其成功的。主管人员必须在管理实践中发挥积极性、主动性和创造性，因地制宜地将管理知识与具体管理活动相结合，才能进行有效的管理。所以，管理的艺术性就是强调管理活动除了要掌握一定的理论和方法外，还要有灵活运用这些知识和技能的技巧与诀窍。

3. 管理具有普遍性与目的性

管理普遍存在于各种活动之中，这就决定了管理的普遍性。管理是人类一项有意识、有目的的协作活动，是为实现组织既定的目标而进行的，这就是管理的目的性。

4. 管理具有创新性

管理本质上具有不断创新的特性。创新性来源于环境和条件的变化、管理因素的发展变化和管理方式的深化更新。管理活动中最活跃的因素是人。

🔗 知识链接

管理创新是指对企业管理思想、管理方法、管理工具和管理模式的创新，它是企业面对技术和市场的变化所作出的相应的改进和调整。一般地讲，管理既是一门科学，也是一门艺术，它既有自然的工具属性，又有一定的社会属性。因此，可以近似地认为，管理创新是一个非常重要而复杂的过程，它既包括管理技术的创新，也包括管理制度的创新。成功的管理创新实质上是管理技术和管理制度两方面创新的综合体现和必然结果。

对于管理创新的重要性和紧迫性的认识，可以从对管理创新的需求和供给两个方面来探讨。

三、管理的职能

所谓管理职能，是管理过程中各项行为的概括，是人们对管理工作应有的一般过程和基本内容所作的理论概括。

管理职能一般可根据管理过程的内在逻辑划分为几个相对独立的部分。划分管理的职能，并不意味着这些管理职能是互不相关、截然不同的。划分管理职能的意义在于：管理职能把管理过程划分为几个相对独立的部分，在理论研究上能更清楚地描述管理活动的整个过程，有助于实际的管理工作以及管理教学工作。划分管理职能有助于管理者在实践中实现管理活动的专业化，使管理人员更容易从事管理工作。在管理领域中实现专业化，如同在生产中实现专业化一样，能大大提高效率。同时，管理者可以运用职能观点去建立或改革组织机构，根据管理职能规定组织内部的职责和权力，以及它们的内部结构，从而可以确定管理人员的数量、素质、学历、知识结构等。

1. 计划职能

计划职能是指管理者对将要实现的目标和应采取的行动方案作出选择及具体安排的活动过程，简言之，就是预测未来并制订行动方案。其主要内容涉及：分析内外环境、确定组织目标、制订组织发展战略、提出实现既定目标和战略的策略与作业计划、规定组织的决策程序等。任何组织的管理活动都是从计划出发的，因此，计划职能是管理的首要职能。

2. 组织职能

组织职能是指管理者根据既定目标，对组织中的各种要素及人们之间的相互关系进行合理安排的过程，简言之，就是建立组织的物质结构和社会结构。其主要内容包括：设计组织结构、建立管理体制、分配权力、明确责任、配置资源、构建有效的信息沟通网络等。

3. 领导职能

领导职能是指管理者为了实现组织目标而对被管理者施加影响的过程。管理者在执行领导职能时，一方面要调动组织成员的潜能，使之在实现组织目标过程中发挥应有作用；另一方面要促进组织成员之间的团结协作，使组织中的所有活动和努力统一和谐。其具体途径包括：激励下属、对他们的活动进行指导、选择最有效的沟通渠道解决组织成员之间以及组织与其他组织之间的冲突等。

4. 控制职能

在执行计划的过程中，由于环境的变化及影响，可能导致人们的活动或行为与组织的要求或期望不一致，出现偏差。为了保证组织工作能够按照既定的计划进行，管理者必须对组织绩效进行监控，并将实际工作绩效与预先设定的标准进行比较。如果出现了超出一定限度的偏差，则需及时采取纠正措施，以保证组织工作在正确的轨道上运行，确保组织目标的实现。管理者运用事先确定的标准，衡量实际工作绩效，寻找偏差及其产生的原因，并采取措施予以纠正的过程，就是执行管理的控制职能的过程。简言之，控制就是保证组织的一切活动符合预先制订的计划。

管理故事 🖹

父 子 打 猎

有一位父亲带着三个孩子，到沙漠去猎杀骆驼。他们到了目的地。父亲问老大："你看到了什么？"老大回答："我看到了猎枪、骆驼，还有一望无际的沙漠。"父亲摇摇头说："不对。"父亲以同样的问题问老二。老二回答："我看见了爸爸、大哥、弟弟、猎枪，还有沙漠。"父亲又摇摇头说："不对。"父亲又以同样的问题问老三。老三回答："我只看到了骆驼。"父亲高兴地说："你答对了。"

管理启示 ✍

若想走上成功之路，必须要有明确的目标。目标一经确立，就要心无旁骛，集中全部精力，勇往直前。

第二节 管理学的基本内涵

一、管理学概述

管理学是以人、事、物(含有形的物和无形的物)、时间、信息、环境等要素为对象，运用有关的方法和技术，分析管理的历史、现状、预测管理发展的趋势，探索管理系统存在的一般状态和运动的一般规律，回答管理活动一般"是什么""应该是什么"和"如何运作"等问题的一门科学。这门科学具有较强的人文社会性、综合性、集成性与应用性，以如何获取最佳管理效果为研究的终极目标。

二、管理学的研究对象

管理学是一门从管理实践中形成和发展起来的，系统地研究管理活动及其基本规律和一般方法的科学。它是由一系列的管理职能、管理原理、管理原则、管理方法、管理制度等组成的科学体系。

由于管理活动总是在一定的社会生产方式下进行的，因此管理学研究对象的范围涉及社会的生产力、生产关系和上层建筑三个方面。

1. 生产力方面

在生产力方面，管理学主要研究如何合理配置组织中的人、财、物，使各生产要素充分发挥作用的问题；研究如何根据组织目标和社会需求，合理使用各种资源，以求得最佳经济效益与社会效益的问题。

2. 生产关系方面

在生产关系方面，管理学主要研究如何处理组织内部人与人之间的相互关系问题；研究如何完善组织机构与各种管理体制的问题，从而最大限度地调动各方面的积极性和创造性，为实现组织目标服务。

3. 上层建筑方面

在上层建筑方面，管理学主要研究如何使组织内部环境与组织外部环境相适应的问题；研究如何使组织的意识形态(价值观、理念等)、规章制度与社会的政治、法律、道德等上层建筑保持一致的问题，从而维持正常的生产关系，促进生产力的发展。

三、管理学的研究内容

1. 基础部分

在基础部分，管理学主要介绍什么是管理、管理者的角色与技能、管理的性质、管理的职能、管理学的特点、管理学的发展历史等。从最一般意义上对管理学进行总体描述，为管理学的学习研究构建总纲和基础。

2. 职能部分

在职能部分，管理学主要研究管理的计划、组织、领导、控制、协调等各项职能，具体分析每一职能的内涵、地位、功能、过程及要求。从管理过程角度分析管理是什么的问题，奠定管理学学习与研究的世界观或认识论。

3. 原理部分

在原理部分，管理学主要研究反映管理活动本质内容及必然联系的系统原理、人本原理、权变原理等基本管理原理，分析由这些原理派生的各项管理原则的内涵、要求及实现途径，从管理规律的角度阐明管理应遵循的各项原理与原则。

4. 方式部分

在方式部分，管理学主要探讨管理者应如何根据管理环境、组织性质、人性等变量的综合分析，选择科学有效的管理方式与管理方法，从方法论的视角揭示各种管理方式的适应性问题。

四、管理学的学习与研究方法

1. 学习方法

1) 唯物辩证法

唯物辩证法是我们学习和研究管理学的强大的思想武器。管理学是源于管理的实践活动，在长期的管理实践中，人们运用历史的、全面的、发展的观点去观察和分析各种管理现象和管理问题，通过感性积累的经验加工提炼，上升为理性认识即管理理论；反过来又能动地运用有关管理理论去指导管理实践，验证管理理论的正确性和有效性，并进一步发展和完善管理理论。因此，学习和研究管理学，必须以唯物辩证法为总的方法论基础，坚持实事求是的科学态度，深入管理实践，进行调查研究，总结管理实践经验并运用判断和推理的方法，使管理实践经验上升为管理理论。在学习和研究中还要认识到，一切现象都是相互联系和相互制约的，一切事物也都是不断发展变化的。因此，必须用全面的、联系的、历史的、发展的观点去观察和分析管理问题，重视管理学的历史，考察它的过去、现状及其发展趋势，不能固定不变地看待组织及组织的管理活动。

2) 系统方法

所谓系统方法，是指用系统的观点和方法来研究和分析管理活动的全过程。系统是由相互作用和相互依赖的若干组成部分结合而成的、具有某种特定功能的有机整体。系统本身，又是它所从属的一个更大系统的子系统。

从管理的角度看，系统有两层含义。第一层含义指系统是一种实体，如组织系统。作为实体系统的组织，一般具有整体性、目的性、动态性、层次性、开放性、功能性、结构性等特征。既然组织是个系统，为了更好地研究组织与组织管理，我们就必须用系统理论来理解、分析和研究组织。第二层含义是指系统是一种方法或手段。它要求在研究和解决组织管理问题时，必须具有整体观、过程观、"开放"与相对"封闭"观、反馈观、分级观等有关系统的基本观点。

尽管在现代管理科学领域，各学派在管理系统的定义、系统的具体特征等问题上还不统一且存在较大的理论分歧，但没有一个管理学派不运用系统理论来研究组织与组织管理，系统原理也是公认的管理的基本原理，几乎每一本管理学著作都离不开系统的概念。

因此，学习研究管理学，必须将系统方法作为主要的思维方法。我们在学习与研究管理理论和管理活动时，应首先把组织与组织管理活动看做一个系统，对影响管理过程的各种因素及其相互之间的关系进行总体的、系统的分析研究，对管理的概念、职能、原理、方法等管理理论作系统的分析和思考。唯有如此，才能形成科学的管理理论和有效的管理活动。

3) 理论联系实际的方法

管理学是一门应用性、实践性很强的科学，它是科学性与艺术性的统一。这决定了管理学应更多地采用理论联系实际的学习和研究方法，具体地说可以采用管理案例的调查和分析、边学习管理理论边从事管理实践，以及带着问题学习等多种形式。通过这种方法，有助于提高学习者运用管理的基本理论和方法去发现问题、分析问题和解决问题的能力。同时，由于管理学是一门生命力很强的、建设中的、年轻的学科，因而还应以探讨研究的态度来学习，通过理论与实践的结合，在管理实践中不断地对管理理论加以检验，并通过对管理实践经验的总结和提升，不断丰富、深化和发展管理理论。

2．研究方法

1) 观察总结的方法

观察总结的方法是按照理论联系实际的要求，研究管理学必须掌握观察管理实践，总结管理经验，并进行提炼概括，使其上升为理论的方法。人们的管理实践，特别是众多优秀管理者的管理经验，蕴藏着深刻的管理哲理、原理和方法，因此有必要运用综合、抽象等逻辑方法，总结人们的管理实践经验，从而形成系统的管理理论以便进一步指导管理实践。这样研究和学习管理学，就会收到事半功倍的效果。

2) 比较研究的方法

有比较才有鉴别。当今世界各国都十分重视管理和管理学的研究，各自形成了有特色的管理科学。学习和研究管理学时，要注意管理学的二重性，既要吸收发达国家管理中科学性的内容，又要去其糟粕；既要避免盲目照搬，又要克服全盘否定；要从我国国情出发加以取舍和改造，有分析、有选择地学习和吸收西方管理的理论和实践经验。在学习和研究外国的管理经验时，至少要考虑到四个不同，即社会制度的不同、生产力发展水平的不同、自然条件的不同、民族习惯和传统文化的不同。这就要求我们学会用比较研究的方法对世界上先进的管理理论和实践进行比较研究，分辨出一般性的内容和特殊性的内容、可以为我们借鉴的内容和不可借鉴的内容，真正做到兼收并蓄，丰富我国管理学的内容，建立具有中国特色的管理科学体系。

3) 历史研究的方法

历史研究的方法是指要研究管理发展演变的历史，要考察管理的起源、历史演变、管理思想和管理理论的发展历程、重要的管理案例，从中揭示出管理规律和管理学的发展趋势，寻求具有普遍意义的管理原理、管理原则、管理方式和管理方法。无论是中国的历史，还是外国的历史，都有大量关于管理方面的文化典籍，有许多值得研究的管理事例。只要我们坚持正确的指导思想，通过细致的工作方法，深入研究前人留下的管理思想精华，就会有所收获，有所创新，有所发展。

4) 案例研究的方法

案例研究法是指对有代表性的案例进行剖析，从中发现可借鉴的经验、方法和原则，从而加强对管理理论的理解与方法的运用，这是管理学研究和学习的重要方法。哈佛商学院因其成功的案例教学，培养出了大批的优秀企业家。管理的案例研究法是当代管理科学比较发达的国家在管理学教学中广为推行的学习研究方法，效果甚佳。学习研究管理学，必须掌握案例教学法、案例研究法，将自己置身于模拟的管理情景中，学会运用所学的管理原理、原则和方法去指导管理实践。

5) 试验研究的方法

试验研究的方法是指有目的地在设定的环境下认真观察研究对象的行为特征,并有计划地变动试验条件,反复考察管理对象的行为特征,从而揭示出管理的规律、原则和艺术的方法。试验研究不同于案例分析,后者是将自己置于已发生过的管理情景中,一切都是模拟的,而前者则是在真实的管理环境中对管理的规律进行探讨。只要设计得合理,组织得好,通过试验方法是能够得到很好的结果的。如在管理学发展史上,泰罗的科学管理原理就以"时间—动作"的试验性研究为基础;著名的"霍桑试验"就是运用试验研究方法研究管理学的又一典范,通过试验所得到的重要成果是扬弃了传统管理学将人视为单纯的"经济人"的假说,建立起了"社会人"的观念,从而为行为科学这一管理学的新分支的形成和发展奠定了基础。因此,试验研究的方法是管理学研究的一种重要方法。

总之,研究和学习管理学,要以马克思主义的唯物辩证法为总的方法论进行指导,同时综合运用各种方法,吸收和采用多学科的知识,从系统的观点出发,理论联系实际,实事求是,这样才能真正掌握和发展管理科学,为提高我国的管理水平作出贡献。

第三节　管理者的角色与技能

一、管理者及其分类

管理者是管理行为过程的主体。管理者一般由拥有相应的权力和责任,由具有一定管理能力、从事现实管理活动的人或人群组成。管理者及其管理技能在组织管理活动中起决定性作用。管理者是在协作过程中协调他人活动,并对组织完成预期任务负有责任的人。

根据不同的标准可以将管理者分为不同的类型。

1. 管理者按层次分类

(1) 高层管理者:对整个组织的管理负有全面责任的人,其主要职责是制定组织的总目标、总战略,掌握组织的大政方针并评价整个组织的绩效。

(2) 中层管理者:其主要职责是贯彻执行高层管理者所制定的重大决策,监督和协调基层管理者的工作。与高层管理者相比,中层管理者特别注意日常的管理工作。

(3) 基层管理者:其主要职责是给下属作业人员分派具体工作任务,直接指挥和监督现场作业活动,保证各项任务的有效完成。

管理组织的层次如图 1-1 所示。

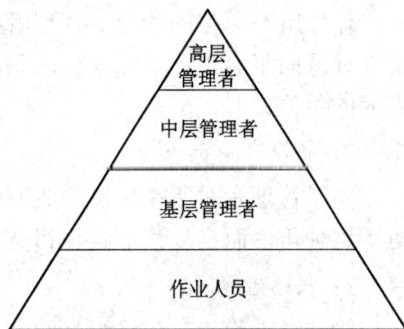

图 1-1　管理组织的层次

不同管理者在行使管理基本职能时的侧重点不同，如图 1-2 所示。

图 1-2　管理者的层次分类与管理职能

2．管理者按业务领域分类

(1) 综合管理者：负责管理整个组织或组织中某个事业部的全部活动的管理者。

(2) 专业管理者：仅仅负责管理组织中某一类活动的管理者。

3．按职权关系的性质分类

(1) 直线管理者：主要指组织等级链中的各级主管，即综合管理者，是有权对下级进行直接指挥的管理者。他们与下级之间存在着领导隶属关系，是一种命令与服从的职权关系。直线管理者的主要职能是决策和指挥。

(2) 参谋者：通常是指各级职能管理者，是对上级提供咨询、建议，对下级进行专业指导的管理者。他们与上级的关系是一种参谋、顾问与主管领导的关系；与下级是一种非领导隶属的专业指导关系。参谋者的主要职能是咨询、建议和指导。

二、管理者的角色

1．人际角色

人际角色直接产生于管理者的正式权力基础，管理者在处理与组织成员和其他利益相关者的关系时，他们扮演着人际角色。人际角色包括代表人角色、领导者角色和联络者角色。

1) 代表人角色

作为所在单位的领导，管理者必须行使一些具有礼仪性质的职责。例如管理者有时出现在社区的集会上，参加社会活动，或宴请重要客户等，这样做的时候，管理者行使着代表人的角色。

2) 领导者角色

由于管理者对所在单位的成败负重要责任，他们必须在工作小组内扮演领导者角色。对于这种角色而言，管理者要和员工一起工作并通过员工的努力来确保组织目标的实现。

3) 联络者角色

管理者无论是在与组织内的个人和工作小组一起工作时，还是在与外部利益相关者建立良好关系时，都起着联络者的作用。管理者必须对重要的组织问题有敏锐的洞察力，从而能够在组织内外建立关系和网络。

2．信息角色

在信息角色中，管理者负责确保和其一起工作的人员具有足够的信息，从而能够顺利完成工作。由于管理责任的性质，管理者既是所在单位的信息传递中心，也是组织内其他工作小组的信息传递渠道。整个组织的人依赖于管理结构和管理者获取或传递必要的信息，以便完成工作。管理者必须扮演的信息角色包括监督者、传播者、发言人三种角色。

1) 监督者角色

作为监督者，管理者持续关注组织内外环境的变化以获取对组织有用的信息。监督者通过接触下属来收集信息，并且从个人关系网中获取对方主动提供的信息。根据这种信息，监督者可以识别组织的潜在机会和威胁。

2) 传播者角色

作为传播者，管理者把他们作为信息监督者所获取的大量信息分配出去。

3) 发言人角色

作为发言人，管理者必须把信息传递给单位或组织以外的个人。

3．决策者角色

作为决策者，管理者处理信息并得出结论。如果信息不用于组织的决策，这种信息就失去了其应有的价值。决策者角色包括企业家、干扰对付者、资源分配者、谈判者四种角色。

1) 企业家角色

作为企业家，管理者密切关注组织内外环境的变化和事态的发展，以便发现机会，并对所发现的机会进行投资以利用这种机会。

2) 干扰对付者角色

作为干扰对付者，管理者必须善于处理冲突或解决问题，例如平息客户的怒气，同不合作的供应商进行谈判，或者对员工之间的争端进行调解等。

3) 资源分配者角色

作为资源分配者，管理者决定组织资源用于哪些项目。

4) 谈判者角色

作为谈判者，管理者把大量时间花费在谈判上，管理者的谈判对象包括员工、供应商、客户和其他工作小组。

三、管理者的技能

能力是指管理者将各种管理理论与业务知识应用于实践、解决实际问题的本领。管理学者罗伯特·卡茨认为管理人员应该具备三项基本技能，即技术技能、人事技能和概念技能。任何管理者，不管其所处的管理地位如何，必须不同程度地具有这三种技能。

1．技术技能

技术技能是指对某一特殊活动——特别是包含方法、过程、程序或技术活动的理解和熟练。它包括专门知识、在专业范围内的分析能力以及灵活运用该专业的工具和技巧的能力。技术技能主要是涉及"物"(过程或有形的物体)的工作。

2. 人事技能

人事技能是指一个人能够以小组成员的身份有效工作的行政能力，并能够在他所领导的小组中建立起合作的努力，即协作精神和团队精神，创造一种良好的氛围，以使员工能够自由地、无所顾忌地表达个人观点的能力。管理者的人事技能是指管理者为完成组织目标应具备的领导、激励和沟通能力。

3. 概念技能

概念技能是指纵观全局，分析判断所处环境并能识别其因果关系的能力。作为管理者，需要快速敏捷地从复杂的环境中辨别各种要素之间的相互关系，抓住问题的实质，并根据形势作出正确的决策。概念技能包括对环境和管理问题的观察和分析能力、对重大战略问题处理和决策的能力，以及对突发事件的应变能力等。

教学案例

甜 美 的 音 乐

马丁吉他公司成立于 1833 年，位于美国宾夕法尼亚州拿撒勒市，被公认为世界上最好的乐器制造商之一。就像 Steinway 的大钢琴、Rolls Royce 的轿车，或者 Buffet 的单簧管一样，马丁吉他每把价格超过 10 000 美元，是你能买到的最好的乐器之一。这家家族式的企业历经艰难岁月，已经延续了六代，目前的首席执行官是克里斯琴·弗雷德里克·马丁四世，他秉承了吉他的制作手艺。他甚至遍访公司在全世界的经销商，为他们举办培训讲座。很少有哪家公司像马丁吉他一样有这样持久的声誉，那么，公司成功的关键是什么？一个重要原因是公司的管理和杰出的领导技能使组织成员始终关注质量这样的重要问题。

马丁吉他公司自创办起做任何事都非常重视质量。即使近年来在产品设计、分销系统以及制造方法方面发生了很大变化，但公司始终坚持对质量的承诺。公司在坚守优质音乐标准和满足特定顾客需求方面的坚定性渗透到公司每一个角落。不仅如此，公司在质量管理中长期坚持生态保护政策。因为制作吉他需要用到天然木材，公司非常审慎和负责地使用这些传统的天然材料，并鼓励引入可再生的替代木材品种。基于对顾客的研究，马丁公司向市场推出了采用表面有缺陷的天然木材制作的高档吉他，然而，这在其他厂家看来几乎是无法接受的。

马丁公司使新老传统有机地整合在一起。虽然设备和工具逐年更新，雇员始终坚守做高标准的优质乐器的原则，所制作的吉他要符合这些严格的标准，就必须要求雇员极为专注和耐心。弗兰克·亨利·马丁在 1904 年出版的公司产品目录的前言里向潜在的顾客解释道："怎么制作具有如此绝妙声音的吉他并不是一个秘密。它需要细心和耐心。细心是指要仔细选择材料，巧妙安排各种部件，关注每一个使演奏者感到惬意的细节。所谓耐心是指做任何一件事不要怕花时间。优质的吉他是不能用劣质产品的价格造出来的，但是谁会因为买了一把价格不菲的优质吉他而后悔呢？"虽然 100 年过去了，但这些话仍然是公司理念的表述。虽然公司深深地植根于过去的优良传统，现任首席执行官马丁却毫不迟疑地推动公司向新的方向发展。例如，在 20 世纪 90 年代末，他作出了一个大胆的决策，开始在低端市场上销售每件价格低于 800 美元的吉他。低端市场在整个吉他产业的销售额中占65%。公司 DXM 型吉他是 1998 年引入市场的，虽然这款产品无论外观、品位和感觉都不及公司的高档产品，但顾客认为它比其他同类价格的绝大多数吉他产品的音色都要好。马丁为他的决策解释道："如果马丁公司只是崇拜它的过去而不尝试任何新事物的话，那恐怕就不会有值得崇拜的马丁公司了。"

马丁公司现任首席执行官马丁的管理表现出色，销售收入持续增长，在 2000 年接近 6亿美元。位于拿撒勒市的制造设施得到扩展，新的吉他品种不断推出。雇员们描述他的管理风格是友好的、事必躬亲的，但又是严格的和直截了当的。虽然马丁吉他公司不断将其触角伸向新的方向，但却从未放松过对尽其所能制作顶尖产品的承诺。在马丁的管理下，这种承诺决不会动摇。

【教学功能】 本案例主要涉及管理者的技能与角色。管理者到底应该具备哪些管理技能，又如何扮演好其管理角色？通过本案例，学生们可以体验到成功管理者的管理风采及角色定位。

知识链接

管理是否有效，在很大程度上取决于管理人员是否真正具备了一名管理者所必须具备的管理技能。美国的管理学专家卡特兹提出，有效的管理者应具备技术技能、人事技能和概念技能。一般来讲，概念技能对高层管理者最重要，因为由高层管理者所作的计划、决策等都需要概念技能。技术技能对基层管理者特别重要，因为他们最接近现场作业。由于管理工作的工作对象是人，因此人事技能是所有层次上的管理者必须掌握的基本技能。

明茨伯格提出了一个管理者在做什么的分类框架。他认为，管理者实际上在扮演三大方面 10 种不同的但又高度相关的角色。

人际关系角色包含了人与人(下级和组织外的人)以及其他具有礼节性和象征性的职责，具体角色包括代表人、领导者和联络者。信息角色包括接收、收集和传播信息，具体角色包括监听者、传播者和发言人，决策角色是作出抉择，包括企业家、干扰对付者、资源分配者和谈判者。

模块二 技能训练

实训目标

与企业家双向交流并了解管理的重要性。

实训内容与要求

通过到企业参观使学生了解真实的企业、企业的组成部分及企业中的管理岗位；通过对话使学生与企业家真诚交流，对管理的概念和重要性有大概的了解；对企业家应具有的素质和人格魅力有初步认识，知道管理在社会生产实践中的应用。

学生提问的主要问题可参考如下：你是如何管理你的企业的？你在管理中遇到的主要困难有哪些？什么是最重要的管理学知识？你的企业最需要哪种类型的人才？

以采访或直接对话的形式，并将录制的采访录音和录像保存起来。

成果检测

针对不同的企业家，组织大家讨论并写下自己的感想；根据每个同学在对话中的表现和课后书面作业进行评分。

模块三　管理案例

百年老院的现代管理启蒙

北京同仁医院是一所以眼科闻名中外的百年老"店"，走进医院的行政大楼，大堂的指示牌上却令人诧异地标示着：五楼MBA办公室。该医院从北大、清华聘请了11位MBA，另外还有一名学习会计的研究生，且医院的常务副院长毛羽就是一位留美的医院管理MBA。

内忧外患曾迫使同仁医院下定决心引进职业经理人并实施规模扩张，希望建立一套行政与技术相分离的现代医院管理制度。

根据我国加入世贸组织达成的协议，2003年，我国将正式开放医疗服务业。2002年年初，圣新安医院管理公司对国内数十个城市的近30家医院及其数千名医院职工进行了调查访谈，得出结论：目前国内大部分医院还处于极低层次的管理启蒙状态，绝大多数医院并没有营销意识，普遍缺乏现代化经营管理常识。更为严峻的竞争现实是：医院提供的服务不属于那种单纯通过营销可以扩大市场规模的市场——医院不能指望通过市场手段刺激每年病人数量的增长。

同仁医院显然是同行中的先知先觉者。2002年，医院领导在职代会上对同仁医院的管理做过"诊断"：行政编制过大、员工队伍超编导致流动受限；医务人员的技术价值不能得到体现；管理人员缺乏专业培训，管理方式、手段滞后，经营管理机构力量薄弱。同时他们开出药方：引入MBA，对医院进行大手笔改造，涉及岗位评价及岗位工资方案、医院成本核算、医院工作流程设计、经营开发等。

目前，国内几乎所有的医院都没有利润的概念，只计算年收入，但在国外，一家管理有方的医院，其利润率可高达20%，这也是外资对国内医疗市场虎视眈眈的重要原因。

同仁医院要在医院中引入现代市场营销观念、启动品牌战略和人事制度改革。树立"以病人为中心"的服务观念：以病人的需求为标准，简化就医流程，降低医疗成本，改善就医环境；建立长期利润观念，走质量效益型发展的道路；适应环境、发挥优势、实行整合营销；通过扩大对外宣传、开展义诊咨询活动、开设健康课堂等形式，有效扩大潜在的医疗市场。

尽管同仁医院引进的MBA背景各异，但绝大多数都缺乏医科背景。他们能否胜任医院的管理工作？医院职业化管理至少包括了场营销管理、人力资源管理、财务管理、科研教学管理、全面医疗质量管理、信息策略应用及管理、流程管理等 7 个方面的内容。这些职能管理与医学知识相关但非医学专业。

同仁医院将 MBA "下放"到手术室 3 个月之后，都悉数调回科室，单独辟出 MBA 办公室，以课题组的形式，研究医院的经营模式和管理制度。对于医院引入的企业化管理，主要包含医院经营战略、医疗市场服务营销、医院服务管理、医院成本控制、医院人力资源、医疗质量管理、医院信息系统和医院企业文化等内容。其中，医院成本控制研究与医院人力资源研究是当务之急。

几乎所有的中国医院都面临着成本控制的难题，如何堵住医院漏洞，进行成本标准化设计，最后达到成本、质量效益的平衡是未来中国医院成本控制研究的发展方向。另外，现有医院的薪酬制度多为"固定工资＋奖金"的模式，而由于现有体制的限制，并不能达到有效的激励效果，医生的价值也没有得到真实的体现，导致严重的回扣与红包问题。如何真正体现员工价值，并使激励制度透明化、标准化成为当前首先要解决的问题。

这一切都刚刚开始，指望几名 MBA 就能改变中国医院管理的现状是不可能的。不过，医院管理启蒙毕竟已经开始，这就是未来中国医院管理发展的大趋势。

思考：
1. 结合案例说明你对管理及管理职能的理解。
2. 同仁医院为什么要引进如此多的 MBA？你认为 MBA 能否胜任医院的管理工作？

模块四　复习与思考

1. 何谓管理？管理的基本特征是什么？
2. 管理活动具有哪些基本职能？它们之间的关系是什么？
3. 一个有效的管理者需要扮演哪些角色？需要具备哪些技能？
4. 管理学的研究对象及研究内容是什么？
5. 学习和研究管理学的学习方法和研究方法有哪些？

本 章 小 结

1. 管理就是在特定的环境下对组织所拥有的资源进行有效的计划、组织、领导和控制，以便实现既定的组织目标的过程。
2. 管理的特征：管理具有二重性；管理具有科学性与艺术性；管理具有普遍性与目的性；管理具有创新性。
3. 管理职能主要有决策、计划、组织、指挥、协调、控制和激励。
4. 由于管理活动总是在一定的社会生产方式下进行的，因此管理学研究对象的范围涉及社会的生产力、生产关系和上层建筑三个方面。
5. 管理学的研究内容：基础部分、职能部分、原理部分、方式部分。

6. 管理者是管理行为过程的主体，根据不同的标准可以将管理者分为不同的类型。管理者按层次分：高层管理者、中层管理者、基层管理者。管理者按业务领域分：综合管理者、专业管理者。管理者按职权关系的性质分：直线管理者、参谋者。

7. 管理者的角色：人际角色、信息角色、决策角色。

8. 管理者的技能：任何管理者，不管其所处的管理地位如何，必须不同程度地具有三种技能，即技术技能、人事技能和概念技能。

第二章　管理思想的发展

模块一　基 础 知 识

教学要求

(1) 掌握管理学的发展状况。
(2) 熟悉管理学的主要学派。
(3) 了解管理学的其他学派。
(4) 掌握管理科学方法。

技能要求

(1) 培养管理思想。
(2) 能从实践角度应用管理方法。

案例导入

优秀生还是普通生？

由于受到额外的关注而引起绩效或努力上升的情况，称为"霍桑效应"。这种情况在学校教育中极为普遍。有一所国外的学校，在入学的时候会对每个学生进行智力测验，以智力测验的结果将学生分在优秀班和普通班。有一次在例行检查时发现，一年前入学的一批学生的测验结果由于某种失误被颠倒了，也就是说现在的优秀班其实是普通的孩子，而真正聪明的孩子却在普通班，但是这一年的课程成绩却如同往年一样，优秀班明显高于普通班，并未出现异常。原本普通的孩子被当作优等生而被关注，他们自己也就认为自己是优秀的，额外的关注加上心理暗示使得"丑小鸭"真的成了"白天鹅"，基于霍桑效应的心理暗示还可以治疗抑郁、自卑、紧张等各种心理疾病。霍桑效应在企业管理应用和领导行为上也卓有成效。

【案例启示】　霍桑效应，也叫皮格马利翁效应、安慰剂效应，它是指由于受到额外的关注而引起绩效或努力上升的情况。在现代企业里，霍桑效应也是激励员工的一剂灵丹妙药。有"经营之神"美誉的松下幸之助也是一个善用霍桑效应的高手。他首创了电话管理术。这个电话管理术就是他经常给下属，包括新招员工打电话。每次他也没有什么特别的事，只是问一下员工的近况如何。当下属回答还算顺利时，松下又会说：很好，希望你好好加油。这样使接到电话的下属每每感到总裁对自己的信任和看重，精神为之一振。

第一节　　中国传统管理思想

古为今用是我国管理现代化所面临的课题，中国古代虽然没有专门的管理学著作，但古代思想家在论述人生观、社会观、兵法等问题时，都涉及管理学的重要原则。对于中国古代管理思想，必须严格甄别，从中国古代管理思想中区分出对现代化管理的有利因素和不利因素，然后取其精华，去其糟粕，推陈出新，古为今用，使中国古代管理思想更好地为现代企业管理服务。

中国古代管理思想主要是儒家、道家、兵家。墨家、名家、阴阳家等学派的管理思想也有可取之处，但还不够系统和深刻。儒家重视人性和人际关系，试图用道德修养与教化解决人与人、人与社会之间的矛盾；道家和兵家都善于权变；兵家长于决策。如果从精神实质上衡量，儒家的管理思想类似现代西方的行为学派；兵家的决策思想类似现代的决策学派；道家"与时迁移、因物变化"的思想类似西方的权变管理。兵家讲韬略；道家尚权变；儒家贵和谐，这些积极成分对现代化管理均有一定的借鉴作用，都富有治国安民的管理思想。下面仅对儒家、道家和兵家的管理思想作简要阐述，便可以窥一斑而见全豹。

一、儒家的管理思想

儒家文化的特点是关心人生、社会问题，在伦理道德方面建立了相当完整的思想体系，其中蕴涵着丰富的政治管理和人事管理思想。

1. 修己安人的管理目标

在儒家看来，治国首先是人的管理，而人的管理又可分为"修己"的自我管理和"安人"的社会管理两大部分。

(1) "修己"的自我管理，强调管理者只有不断提高自身个人修养与人格魅力，才能赢得部下的尊重与信任，管理过程才能有效地开展。它提醒管理者一定要重视自身的品行修养，必须做到安人先正己。

(2) "安人"的社会管理，立足于自我修身的基础之上，其内容包括齐家、治国、平天下，即天下之本在于国，国之本在于家，家之本在于身的道理。儒家学说把政治与伦理相结合，将国家、家庭和个人联系起来，构成了社会管理系统。从管理角度看，要把天下治理好，就得使国家安定；为使国家安定，就需要人人从自己做起。

2. 民为邦本的管理意向

孔子说："惠则足以使人。"也就是说，给民众以恩惠，就能很好地指使民众。强调以民生为本的管理思想不失为古今中外都看好的管理智慧。儒家的管理思想从群体之"人"这个中心展开，关注民生、民心和民信是儒家管理思想的重要取向。另外，就如何发展生产、缩小贫富差距等关系国计民生的问题进行探讨时，其基本思路也是如何让老百姓安居乐业进而促进社会的稳定与和谐。

3．和与中庸的管理方法

在儒家文化中，"和"既是管理的目的，也是管理的方法。孔子强调："君子和而不同，小人同而不和"。他主张在无关原则的小事上，要讲协调、重和睦，不要小题大做，闹不团结；凡事关乎原则性的大问题，则要坚持原则，不应苟同。怎样才能做到"和"呢？"中庸之为德也，其至矣乎！"意思是说，中庸作为促进人际和谐、实现良好道德的一种法则，是再好不过的了。孔子的本意是无论做人处世都不能过分，要"执其两端，用其中于民"。可见，孔子提倡中庸，反对在处理问题时走极端，防止片面性。适中办事才是"正"道，才符合事物常理。

管理故事 📖

恰到好处与过犹不及

中庸不是平庸，而是恰到好处的分寸感。做人做事如果把握不好分寸很容易适得其反，聪明反被聪明误。

齐国有个黄姓的大户人家，育有两个国色天香的女儿，但黄公每每与人谈到自己的女儿，都不愿意直说女儿很漂亮，总是谦虚地说"小女质陋貌丑，粗俗蠢笨"。他两个女儿"丑陋蠢笨"的消息逐渐传开，久而久之，被声名所累，鲜有年轻适龄的人前来求亲，以至黄公的两个女儿都错过了适婚的年纪。终于有一天，一个贫穷的鳏夫没钱再娶，前来求亲。此时，黄公的大女儿已经熬成了老姑娘，也不考虑条件是否合适，无奈之下只能下嫁，两人成亲当晚，鳏夫掀开盖头才发现新婚妻子格外标致，顿时欣喜若狂，竟然觉得如此佳人。事情逐渐传开，大家才知道黄公之前说的都是虚言，于是青年才俊纷纷上门求娶黄家的小女儿，果然是沉鱼落雁之貌。

管理启示 ✍

过分谦虚就是虚伪，而且容易因为传递错误信息而导致糟糕的后果。黄公失去"分寸感"的谦虚耽误了大女儿的终生幸福，也差点葬送了小女儿的良配。凡是不能不尽心，但也不能做得太过，孔子很早就借用弟子的言行说明了"过犹不及"的道理。孔子的弟子子贡有一次问他："颛孙师和卜商谁好些？"孔子表示颛孙师做事情太过，而卜商做事不够尽心。于是，子贡再次询问孔子是不是颛孙师比卜商更好一些，孔子回答"过犹不及"，意思是做事情太过和不尽心一样，都是不够好的表现。

"过犹不及"道出的正是孔子的"中庸"思想。中庸不是碌碌无为、逃避困难，而是希望在激进与消沉中达到适度的平衡，强调为人处世中对"度"的把握。

二、道家的"柔道"管理

道家思想对中国文化的影响仅次于儒家思想，并对儒家和法家的思想产生了重要的影响。道家的基本思想是强调顺应自然、以柔克刚，这就决定了其管理思想的"柔道"特色。

1. 无为而治的管理智慧

从"无为"的原则出发，老子提出了一整套的道家管理战略。老子说："无为而无不为，取天下常以无事；及其有事，不足以取天下。"道家认为，按照"无为"的原则办事和管理，天下就没有不能治好的事，管理就一定上轨道，取得预期的成效。正所谓"为无为，则无不治"。

2. 处理人事关系的基本方略

"处下不争"，这是老子倡导的在处理人际关系尤其是领导与被领导关系时的基本方略。在人与人、国与国的关系中，老子一贯主张"居后""处下"，认为这是处理人和人、国与国之间关系所普遍适用的原则，因此要求领导者、管理者在名利面前谦虚退让，淡泊名利，力求做到克己奉公、大公无私。老子虽然主张"处下不争"，但他并没有否认"争"的存在与目的性。这是道家的一种管理方略，"处下"是为了更好地居上，"不争"则是为了更好地争得，即道家所强调的"不争而善胜"的道理。

管理故事

萧规曹随

公元前193年，即汉惠帝即位后的第二年，年迈的丞相萧何得了重病，汉惠帝亲自前往萧何家中探视病情。在关心询问萧何的身体状况后，汉惠帝又问：将来谁可以接替他的丞相职务？萧何不愿意表示自己的意见，只是说："有谁能像陛下那样了解臣子呢？"汉惠帝不解，又想起汉高祖刘邦的遗嘱，便再问萧何："你看曹参怎么样？"萧、曹二人由于共同辅佐刘邦创造基业，旧时关系非常要好，齐心协力；可后来刘邦建汉论功行赏时，曹参的权力和地位都比不上萧何，二人之间由此产生了矛盾，关系日渐疏远起来。但萧何深知，曹参是个不可多得的治国人才，所以当汉惠帝提到曹参时，萧何立即摒弃前嫌，表示赞成。他对汉惠帝说："皇上的主意不错，有曹参接替，我就是死了，也安心了。"果然，萧何病逝后，曹参接替了丞相的职务。当上丞相的曹参，处理政事，一切按照萧何已经确定的章程，没有一点变动。有些大臣对曹参这样清净无为的做法很是不满，也有些大臣着急向曹参献计献策。可曹参自有一套对付他们的办法，凡是就政事向他进言的，曹参都请他们一起喝酒，直到客人喝得酩酊大醉地回去，也没来得及提出建议。年轻的汉惠帝看到曹参这种表现，心里很焦急，认为曹参是倚老卖老，看轻了自己。曹参知道惠帝对自己有了嫌隙，就找机会跟惠帝说："请问皇上，您和先帝相比，哪一个更英明？"汉惠帝说："当然是先帝，这不是一目了然嘛。我怎么能比得上先帝呢？"曹参又问："那我和萧何哪一个更能干？"汉惠帝很坦率地回答："好像不如萧相国。"曹参于是说："确实不错，陛下不如先帝，我又不如萧相国。那么，他们平定了天下，又根据社会现实制定了一整套的规章制度，我们既然无法超越他们，那么就按照他们的规定制度去治理国家。只要不失职就可以了。"汉惠帝听了曹参此言，明白了他的用心良苦。曹参用他特有的方法，沿着萧何制定的规章制度，有条不紊地治理着国家，没有出过偏差，从而更加巩固和稳定了汉朝的政治格局。而且由于汉惠帝时期正处于长期动乱之后，百姓特别需要国家的安定和政策的稳定。所以，曹参"无为而治"的政治思想，顺应了时代的要求，合乎民心，并没有给百姓带来更多的负担。因此，当时的人民还编了歌谣称颂萧何和曹参。他们敬重开国功臣丞相萧何，更感激在萧何去世后，继任者曹参没有让社会政治和经济状况发生变动，保持了汉初以来原有的设置，使百姓更加适应汉朝的统治了。

管理启示 ✍

　　曹参的做法并不是墨守成规，他是在认真分析、研究了社会状况后，做出了按照萧何制定的规章制度处理一切事务的决定的。他的这一决定，符合当时汉朝社会生产生活实际状况，是实事求是的做法。曹参有很准确的判断力，也很识时务，他知道，只要不失职，就已经是完成自己的目标和任务了，也算是对得住高祖刘邦和前任相国萧何了，更是对汉惠帝负责任的行为。萧规曹随这个典故，对我们今天处理各项事务，也有着很大的借鉴意义。

三、兵家的管理思想

　　物竞天择，适者生存。有了人类就有了竞争(即人与人之间的竞争、人与自然之间的竞争)，为了在竞争中取胜，就产生了谋略。兵家的管理思想就是在竞争中产生的。中国古代的兵家管理思想丰富、系统、精深、独特，深得中外管理思想者的赞许。兵家的管理思想以"谋略"或"运筹"为中心，强调"人谋"，要求"谋定而动"。

1. 目标管理思想

　　《孙子兵法》强调："善用兵者，屈人之兵而非战也；拔人之城而非攻也；毁人之国而非久也。必以全争于天下，故兵不顿而利可全，此谋攻之法也。"真正善于用兵的人，使敌人屈服，占领敌人的城池，毁灭敌人的国家，可以不必让军队长期作战而付出惨重的代价，但一定要向全胜的目标努力。所以这样的人一定能够做到：在军队不受挫折的前提下能够保全目标利益。孙武的"全胜而非战"的思想，是兵家目标管理思想的最高境界。

2. 战略管理思想

　　孙武认为用兵的上策是以谋略胜敌，其次是通过外交手段取胜，再次是使用武力战胜敌人，最下策是攻城。在这里，孙武强调了战略制胜的重要性。

3. 行政管理思想

　　为取得战争的胜利，兵家提出"令之以文，齐之以武"的行政管理原则和方法。所谓"文"，就是"仁"，即反复对被管理者进行政治道义教育，包括怀柔和重赏，使之亲附；所谓"武"，就是"法"，即用法纪手段约束被管理者，包括强迫和严刑，使之畏服。管理者采用文武兼施、刑赏并重的原则治理军队，就能使"上下同欲"。先文后武，文武结合，才能管理好军队。为了实施"文武"结合的原则，一要仁爱士兵；二要赏罚分明；三要严格管教士兵。

4. 信息管理思想

　　《孙子兵法》中包含着古代朴素的信息观，揭示了信息联系的规律。按照孙武的认识和设计，运用信息主要靠"算"和"知"。第一，算。孙武认为，要打有准备之仗，就必须对敌我双方的情况进行计算、思考和比较；第二，知。孙武说："知己知彼，百战不殆；不知彼而知己，一胜一负；不知彼，不知己，每战必殆。"

5. 人才管理思想

孙武说："故善战者，求之于势，不责于人，故以择人而任势"。所谓"择人而任势"，就是要求军事指挥员重视选用人才，利用形势，以战胜敌人。善于指挥打仗的将帅，他的主导思想应放在依靠、运用、把握和创造有利取胜的形势上，而不是去苛求手下的将士，这样他就能从全局态势的发展变化出发，选择适于担当重任的人才，从而取得决定全局胜利的主动权。正因为如此，要更加重视将帅的选拔和使用。孙武的具体主张是：第一，择人任势，以德择将。将帅要具备"智、信、仁、勇、严"五个条件；第二，用人不疑，信任部下。将帅有才能，主君就要放手让他施展才华。

管理故事 📄

减灶诱敌与增灶断追

孙膑是战国时期齐国人，大军事家孙武的后代。他早年曾和庞涓一道学习兵法。后来，庞涓到魏国做了将军，深得魏惠王的信任。庞涓妒忌孙膑的才能，假意把他请到魏国，暗中却在魏惠王面前诬告他私通齐国。魏惠王大怒，命人把孙膑的膝盖骨挖去，还在他脸上刺了字。孙膑假装发疯，躲避了杀身大祸。后来，孙膑逃回齐国，齐威王很佩服孙膑的才能，对他大加重用。

公元前354年，庞涓带兵包围了赵国的国都邯郸。赵国向齐国求救。第二年，齐威王命田忌做主帅，孙膑做军师，率军救赵。田忌打算率领救兵，直奔赵国，孙膑不同意，说："我们应当避实击虚，攻其要害，如今我们不如率领大军直接攻打魏国都城大梁，魏军一定回师自救。既解除了赵国的危急，又可打击他们，岂不是很好吗？"田忌听了，连声称好，就按照孙膑的计谋行事。果然，庞涓丢下赵国，急速回军。走到桂陵，不料孙膑早已在这里设下埋伏。魏军措手不及，被齐军打得大败而逃。庞涓在作战中，看到齐军战旗上有个斗大的"孙"字，不由得大吃一惊，说："原来孙膑还活着，我中了他的计了！"庞涓带着残兵败将，狼狈地逃回了大梁。过了十三年，魏惠王又派庞涓去攻打韩国。韩国抵挡不住，不断地向齐国求救。这一次，孙膑还是采用桂陵之战的老办法，不去直接救援韩国，却去攻打魏国。庞涓率领魏军夜以继日往回赶，这时，齐军已攻入魏国境内，占领了不少地方。这次，孙膑制订计策，下令齐军退兵。庞涓见齐军退兵，就紧紧追赶。第一天，他追到齐军扎过营的地方，只见营地上到处都是煮饭用的灶。他叫人点了点灶的数目，不觉吃惊地说："想不到齐军竟有十万人吃饭，人数真不少呀！"第二天，他又追到齐军扎过营的地方，再叫人清点灶的数目，发现煮饭用的灶减少了一半。他高兴地说："看来已有不少齐军逃跑了。"到了第三天，庞涓发现齐军煮饭用的灶又大大减少了。他更加高兴了，对部下说："我早就知道齐军胆小怕死。他们进入我们国境才三天，就有一大半人跑了。"庞涓命令抛下辎重，只带轻装精锐部队，日夜兼程，追击齐军。他哪里料到这正是孙膑用的减灶诱敌之计，引他追击。孙膑预料他当天晚上可以赶到马陵。于是命令士兵把大树砍倒，堵塞道路，只留路旁一棵大树，削去树皮，在光光的树身上写了这样几个大字："庞涓死于此树下。"又命军中弓箭手埋伏两旁。那天晚上，庞涓果然赶到马陵，他走到那棵大树底下，见道路被树堵塞，就命人搬树。他看到树身上好像有字，就命人取火来照。庞涓还没来得及把树上那几个大字看完，齐军已万弩齐发，庞涓身中数箭，自知兵败难逃，就拔剑自杀。

庞涓临死时，还不服输，愤愤地说："想不到叫孙膑成了名！"从此，孙膑的名气传遍了当时的各个诸侯国。

管理启示 ✍

　　增兵减灶和减兵增灶是古代作战时的一种计谋。因为古代军法"百人为卒，五人为伍"，士兵行军打仗时，每到一个地方都是按照这样的编制自己"埋锅造饭"，敌人便可以根据留下的"灶"计算对方人数。为了迷惑对方，主帅常常采用增兵减灶或减兵增灶的办法，隐瞒自己的真实情况。

第二节　　西方早期的管理思想

一、西方管理思想的形成过程

　　从历史上看，管理与人类社会几乎同时产生。自从有了人类社会，人们的社会生活就离不开管理，所以管理的实践早就出现了。这些实践活动包括政治的、军事的、经济的、文化的或宗教的活动。实践中获得的经验经过长期的积累和总结，使人们对管理实践有了初步的认识和见解，开始慢慢地形成管理思想。随着社会的发展，科学技术的进步，人们逐渐发现了管理活动中带有规律性的东西，这些规律性的东西逐渐就形成了管理的基本理论。这些理论又被人们运用到管理实践中，指导管理活动的进行，同时又进一步对其进行实践验证，这就是管理学的整个形成过程，即从实践到思想再到理论，然后又将理论应用于实践。因此，将管理学的形成过程同人类社会的发展阶段加以比较和归纳，就可以比较全面地展示出管理学的形成过程。

　　早期管理活动或实践阶段——从人类社会产生，人们结成了一定的社会关系，有了集体劳动的分工、协作开始，到18世纪这一历史阶段。这一阶段人类仅仅为了谋求生存而进行各种活动，自觉或不自觉地进行着管理活动和管理实践，其范围极其广泛，但是从未对管理活动本身的重要性和必要性加以认识和提出见解，仅有的管理知识也是代代相传或从实践经验中得来的，人们凭经验去管理，尚未对经验进行科学的抽象。

　　管理思想的萌芽阶段——从18世纪到19世纪末这一历史阶段。工业革命使以机器为主的现代意义上的工厂成为现实，工厂以及公司的管理越来越突出，涉及越来越多管理方面的问题。这一时期人们逐渐观察各种管理的实践活动，对管理活动在社会中所起的作用有了一定的认识，在军事、经济、政治、行政等某些领域或某些环节，提出了一些见解。但这一切都停留在一个较低水平上，还没有能够进一步系统地、全面地加以研究，因此人们对它的认识和见解仅仅散见于一些历史学、哲学、社会学、经济学、军事学等著作之中，只是一些对管理的零碎的研究。这说明19世纪以前还没有形成一个比较完整的管理理论体系。这个时期的代表人物有亚当·斯密和大卫·李嘉图等。

　　管理理论的形成阶段——从19世纪末20世纪初开始直到现在这一历史时期。这一时期随着生产力的高度发展和科学技术的飞跃进步，经过管理学者们的不断研究、观察和实践，人们对管理的科学认识不断丰富和具体，从而对其进行概括和抽象，逐渐形成管理理论，至此管理作为一门科学才真正地蓬勃兴起。这一时期又分为三个阶段：古典管理理论阶段(20世纪初到20世纪30年代行为科学学派出现前)、现代管理理论阶段(20世纪30年代到20世纪80年代，主要指行为科学学派及管理理论丛林阶段)和当代管理理论阶段(20世纪80年代至今)。

管理活动是一种历史范畴，是与一定历史条件下人类的生产实践相联系的，因此，管理思想与理论的形成和发展与时代特征密切相关。根据信息流动方式、人和物流动方式、生产方式和国际政治经济关系，表2-1列出了每个时代的特征、主要管理理论及其代表人物和著作。

表2-1 管理理论的演化与时代特征

时间	时代	时代特征	主要管理理论	代表人物和著作(时间)
18世纪60年代至19世纪末	工业化初期	电报、电话、信件、单据 铁路、马车、轮船 蒸汽机、机械 殖民地统治(英国成为日不落帝国)	工厂代替作坊 劳动分工能够提高生产率	亚当·斯密《国富论》(1776) 大卫·李嘉图《政治经济学及赋税原理》(1817) 查尔斯·巴贝奇《论机器和制造业的经济》(1832)
20世纪初至20世纪30年代	工业化中期	电话、电报、信件、单据 汽车、铁路、轮船、飞机 电气化、机械化、流水线生产 殖民地纷纷独立，殖民体系瓦解(经历两次世界大战)	科学管理 一般行政管理 行为管理 定量管理	泰罗《科学管理理论》(1911) 法约尔《工业管理与一般管理》(1916) 梅奥《工业文明中人的问题》(1933)
20世纪30年代至20世纪80年代	工业化后期	计算机网络、传真、电话、电视 飞机、高速公路、高速铁路、轮船 电子化、自动化 冷战时期(美苏两大阵营对峙)	过程管理 系统管理 权变管理 精益生产 全面质量管理 大规模定制	麦格雷戈《企业的人性面》(1960) 哈罗德·孔茨《管理丛林》(1965) 系统管理学会《经营系统》(1975) 弗雷德·菲德勒的权变理论 大田耐一《丰田的生产系统》(1978) 威廉·大内《Z理论》(1980)
20世纪80年代至今	后工业化时期	光缆及国际互联网 高速大型飞机、高速公路、高速铁路 世界级制造系统 苏联解体冷战结束，知识经济蓬勃发展，全球经济一体化	公司再造 ERP 虚拟组织 核心能力理论 学习型组织	迈克尔·哈默《公司再造》(1994) 威廉·戴维陶，麦克·马隆《虚拟企业》(1992) 普瑞斯，戈德曼，内格尔《敏捷竞争者与虚拟组织》(1995) 彼得·圣吉《第五项小修炼》(1994)

二、西方早期管理活动

管理的活动或实践自古以来就存在，它是随人类集体协作、共同劳动而产生的。人类进行有效的管理实践，已有超过六千年的历史，西方早期的一些著名的管理实践和管理思想大都散见于希腊、罗马、埃及、巴比伦等文明古国的史籍和宗教文献之中。

公元6世纪到18世纪，欧洲处于奴隶社会末期至资本主义萌芽时期，其社会生产力、商品生产有一定的发展，并产生了所谓的"重商主义"。这一时期，主要出现两种类型的社会经济活动的组织形式：一种是商业行会和手工业行会；另一种是厂商组织管理贸易的机构。11世纪初产生了商业行会。这些商人的组织设在不受封建庄园约束的城镇，特别设立在欧洲的海港和贸易路线的沿途各地，这些人一般来自封建庄园，包括已获得自由的农奴。城镇人为了保护自己摆脱封建庄园而得到的自由，成为自我管理的共同体。商人在城镇的聚集，很快引起工匠的聚集，因为庄园的人定期到城镇进行贸易，工匠发现在那里容易销售产品，同时也感到相互团结的需要，于是第二种行会形式——手工业行会在12世纪初的西欧城镇出现了。每个手工业行会都有许可证，被授予在特定地区垄断生产某种产品或提供服务的权利。厂商组织可以算作最早的"前店后厂"。为了筹措资金，有两种主要的经营形式：合伙和联合经营，二者都是未来公司的前身。

中世纪，管理实践和管理思想都有很大的发展。15世纪，当时世界最大的几家工厂之一——威尼斯兵工厂，就采用了流水作业，建立了早期的成本会计制度，并进行了管理的分工，其工厂的管事、指挥、领班和技术顾问全权管理生产，而市议会通过一个委员会来干预工厂的计划、采购、财务事宜。这是一个管理实践的出色范例，它展现了现代管理思想的雏形。

意大利佛罗伦萨的尼古拉·马基雅维利于16世纪所著的《王子》一书中，对统治者怎样管理国家、怎样更好地运用权威，提出了四条原则：

(1) 群众认可，权威来自群众；

(2) 内聚力，组织要能够长期存在，就是要有内聚力，而权威是必须在组织当中行使的；

(3) 领导能力，单权之后要能够维持下去，就必须具备领导能力；

(4) 求生存的意志，就是要"居安思危"。

三、西方早期管理思想的萌芽

中世纪后期，即18世纪到19世纪中期，欧洲逐渐成为世界的中心。这个时期可以说是欧洲各国在社会、政治、经济、技术等方面经历大变动、大改革的时期：几次大规模的资产阶级革命；城市(主要是商业城市)的发展；资本主义生产方式从封建制度中脱胎而出，这期间占主导地位的家庭手工业制逐步被工厂制所代替。英国的工业革命其结果是机器动力代替部分人力的普遍出现，对社会经济的发展产生了重要影响。随着工业革命以及工厂制的发展，工厂以及公司的管理越来越突出，并有了很多的管理实践。很多理论家，特别是经济学家，在其著作中越来越多地涉及有关管理方面的问题。很多实践者(主要是厂长、经理)则着重总结自己的经验，共同探讨有关管理问题。这些著作和总结，是研究管理思想发展的重要参考文献。概括起来，其重要意义有三：一是促使人们认识和意识到管理是一门具有独立完整体系的科学，值得去探索、研究、丰富和发展；二是预见到管理学的地位将不断提高；三是区分了管理的职能与企业(厂商)的职能。

这个时期的著作，大体上有两类：一类偏重于理论(即管理职能、原则)的研究；另一类则偏重于管理技术、方法的研究。

知识链接

偏重于理论研究的学说散见于当时经济学家的一些著作，主要有：亚当·斯密及其《国富论》；塞缪尔·纽曼及其《政治经济学原理》；约翰·斯图亚特·穆勒及其《政治经济学原理》；艾尔弗雷德·马歇尔及其《工业经济学原理》。从管理学的观点看，这些经济学家的论述还比较零碎，就事论事，缺乏系统化、理论化和概括性。所涉及的管理问题主要有四个方面：

(1) 关于工商关系。

(2) 关于分工的意义及其必然性。分工主要有劳动的地域分工、劳动的组织分工、劳动的职业分工。

(3) 关于劳动效率与工资的关系，所谓的"劳动效率递减等级论"。

(4) 关于管理的职能。

1. 管理职能和原则方面理论

1) 亚当·斯密

英国经济学家亚当·斯密是最早对经济管理思想进行系统论述的学者。他在1776年(当时正值英国的工场手工业开始向机器工业过渡时期)编著了《国民财富的性质和原因研究》一书，书中系统地阐述了劳动价值论及劳动分工理论。

斯密认为，劳动是国民财富的源泉，各国人民每年消费的一切生活日用必需品的源泉是本国人民每年的劳动。这些日用必需品供应情况的好坏，取决于两个因素：一是这个国家人民的劳动熟练程度、劳动技巧和判断力的高低；二是从事有用劳动人数和从事无用劳动人数的比例。他同时还提出，劳动创造的价值是工资和利润的源泉，并经过分析得出了工资越低，利润就越高；工资越高，利润就会降低的结论。这就揭示出了资本主义经营管理的本质。

斯密在分析增进"劳动生产力"的因素时，特别强调了分工的作用。他对比了一些工艺和一些手工制造业实行分工前后的变化；对比了易于分工的制造业和当时不易分工的农业的情况，说明分工可以提高劳动生产率。他认为，分工的益处主要是：

(1) 劳动分工可以使工人重复完成单项操作，从而提高劳动者熟练程度，提高劳动效率。

(2) 劳动分工可以减少由于变换工作而损失的时间。

(3) 劳动分工可以使劳动简化，使劳动者的注意力集中在一种特定的对象上，有利于创造新工具和改进设备。

他的上述分析和主张，不仅符合当时生产发展的需要，而且也成为以后企业管理理论中的一条重要原理。

斯密在研究经济现象时，提出了另一个重要的论点：人作为经济活动的主体，呈现出两个特征(一是自利，二是理性)。经济现象是基于具有利己主义目的的人们的活动所产生的。他认为，人们在经济行为中，追求的完全是私人的利益。但是，每个人的利益又为其他人的利益所限制。这就迫使每个人必须顾及其他人的利益，由此，就产生了共同利益，进而产生和发展了社会利益。社会利益正是以个人利益为基础的。斯密曾经这样来描述人们之间的相互关系："人类几乎随时随地都需要同胞的协助，但只想依赖他人的恩惠，那是肯定不行的"。"他如果能够刺激他们的利己心，使他们有利于他，并告诉他们，为他做事对他们自己也有利,他要达到目的就容易多了"。这种认为人都要追求自己的经济利益的"经济人"观点，正是以"看不见的手"为标志的资本主义生产关系的反映。

2) 罗伯特·欧文

英国的空想社会主义代表人物之一罗伯特·欧文，为实践自己的政治主张而进行的"新拉纳克"及"新协和村"的试验虽然未获成功，但他的实践与思想却对管理学的形成作出了贡献。例如就人和机器而言，他认为："至少要像对待无生命的机器那样重视对于有生命的人的福利"。他首先提出在工厂生产中要重视人的因素，要缩短工人的工作时间，提高工资，改善工人住宅。他的改革试验证实，重视人的作用和尊重人的观点对管理理论的产生和发展，都有积极的影响。另外他还注重对工人的行为教育，被后人誉为现代人事管理之父，人本管理的先驱。

2. 管理技术和方法方面理论

1) 卡尔·冯·克劳斯威茨

普鲁士军事理论家卡尔·冯·克劳斯威茨认为："企业简直就是一种类似于打仗的人类竞争形式"，因此他的关于军队管理的概念也适用于任何大型组织的管理。其主要观点如下：

(1) 管理大型组织的必要条件是精心地计划工作，制订组织的目标。

(2) 管理者应该承认不确定性，从而按照旨在使不确定性减少到最低限度的要求来全面分析与计划。

(3) 决策要以科学而不是预感为依据，管理要以分析而不是直觉为依据。

2) 查尔斯·巴贝奇

英国数学家查尔斯·巴贝奇在亚当·斯密劳动分工理论的基础上，又进一步对专业化问题进行了深入研究。1832 年，他在《论机器和制造业的经济》一书中，概述了他的思想。该书对专业化分工、机器与工具使用、时间研究、批量生产、均衡生产、成本记录等问题作了充分的论述，并且强调要注重人的作用，分析了颜色对效率的影响，并且鼓励工人提出合理化建议等。

巴贝奇赞同斯密的劳动分工能提高劳动效率的论点，但认为斯密忽略了分工可以减少支付工资这一好处。巴贝奇对制针(普通直针)业作了典型调查，把制针业的生产过程划分为七个基本操作工序，并按工序的复杂程度和劳动强度雇佣不同的工人，支付不同的工资。如果不实行分工，整个制造过程由一个人完成，那就要求每个工人都要有全面的技艺，能完成制造过程中技巧性强的工序，同时又有足够的体力来完成繁重的操作。工厂主必须按照全部工序中技术要求最高、体力要求最强的标准来支付工资。由此，巴贝奇提出了"边际熟练"原则，即对技术水平、劳动强度定出界限，作为报酬的依据。

自斯密和巴贝奇之后，在生产过程中进行劳动分工的做法，有了迅速的发展。到了 20 世纪，大量流水生产线的形成，使劳动分工的主张得到了充分的体现。

巴贝奇虽然是一位数学家，却没有忽视人的作用。他认为工人同工厂主之间存在利益共同点，并竭力提倡利润分配制度，即工人可以按照其在生产中所作的贡献分到工厂利润的一部分。巴贝奇也很重视对生产的研究和改进，主张实行有益的建议制度，鼓励工人提出改进生产的建议。他认为工人的收入应该由三部分组成：

(1) 按照工作性质所确定的固定工资；

(2) 按照生产效率及所作贡献分得的利润；

(3) 为提高劳动效率而提出建议所应给予的奖励。提出按照生产效率的不同来确定报酬的具有刺激作用的制度，是巴贝奇作出的重要贡献。

另外，他发现了计算机的基本原理，发明了手摇台式计算机，解决了繁重的计算工作，因此，有人称巴贝奇是"计算机之父"。

知识链接

失 败 的 英 雄

今天出版的许多计算机书籍的扉页里，都登载着这位先生的照片：宽阔的额，狭长的嘴，锐利的目光显得有些愤世嫉俗，坚定的、不乏幽默的外貌，给人以一种极富深邃思想的学者形象，有人或许知道他的大名——查尔斯·巴贝奇。

巴贝奇，1792 年出生在英格兰西南部的托特纳斯，是一位富有的银行家的儿子，后来继承了相当丰厚的遗产，但他把金钱都用于科学研究了。童年时代的巴贝奇显示出极高的数学天赋，考入剑桥大学后，他发现自己掌握的代数知识甚至超过了教师。毕业后留校，24 岁的他荣幸地受聘担任剑桥"路卡辛讲座"的数学教授。这是一个很少有人能够获得的殊荣，牛顿的老师巴罗是第一名，牛顿是第二名。假若巴贝奇继续在数学理论领域耕耘，他本来是可以走上鲜花铺就的坦途。然而，这位旷世奇才却选择了一条无人敢于攀登的崎岖险路。

事情还得从法国讲起。18 世纪末，法兰西发起了一项宏大的计算工程——人工编制《数学用表》，这在没有先进计算工具的当时，可是一件极其艰巨的工作。法国数学界调集大批精兵强将，组成了人工手算的流水线，算得天昏地暗，才完成了 17 卷大部头书稿。即便如此，计算出的数学用表仍然存在大量错误。

据说有一天，巴贝奇与著名的天文学家赫舍尔凑在一起，对两大部头的天文数表评头论足，翻一页就是一个错，翻两页就有好几处。面对错误百出的数学表，巴贝奇目瞪口呆，他甚至喊出声来："天哪，但愿上帝知道，这些计算错误已经充斥弥漫了整个宇宙！"这件事也许就是巴贝奇萌生研制计算机的起因。巴贝奇在他的自传《一个哲学家的生命历程》里，写到大约发生在 1812 年的一件事："有一天晚上，我坐在剑桥大学的分析学会办公室里，神志恍惚地低头看着面前打开的一张对数表。一位会员走进屋来，瞧见我的样子，忙喊道：'喂！你梦见什么啦？'我指着对数表回答说：'我正在考虑这些表也许能用机器来计算！'"

巴贝奇的第一个目标是制作一台"差分机"，那年他刚满 20 岁。他从法国人杰卡德发明的提花织布机上获得了灵感，差分机设计闪烁出程序控制的灵光——它能够按照设计者的旨意，自动处理不同函数的计算过程。1822 年，巴贝奇小试锋芒，初战告捷，第一台差分机呱呱坠地。但是，这一"小试"也耗去了他整整 10 年。这是因为当时的工业技术水平极差，从设计绘图到零件加工，都得自己亲自动手。好在巴贝奇自小就酷爱并熟悉机械加工，车、钳、刨、铣、磨，样样拿手。在他孤军奋战下造出的这台机器，运算精度达到了 6 位小数，当即就演算出好几种函数表。以后实际运用证明，这种机器非常适合于编制航海和天文方面的数学用表。"春风得意马蹄疾"，成功的喜悦激励着巴贝奇，他连夜奋笔上书皇家学会，要求政府资助他建造第二台运算精度为 20 位的大型差分机。英国政府看到巴贝奇的研究有利可图，破天荒地与科学家签订了第一个合同，财政部慷慨地为这台大型差分机提供 1.7 万英镑的资助。巴贝奇自己也贴进去 1.3 万英镑巨款，用以弥补研制经费的不足。当年，这笔款项的数额无异于天文数字——有关资料说，1831 年约翰·布尔制造一台蒸汽机车的费用才 784 英镑。

然而，英国政府和巴贝奇都失了算，第二台差分机在剑桥的"阴沟"里面翻了船！我们可以设身处地替巴贝奇想一想，第二台差分机大约有 25 000 个零件，主要零件的误差不得超过每英寸千分之一，即使用现在的加工设备和技术，要想造出这种高精度的机械也绝非易事。巴贝奇把差分机交给了英国最著名的机械工程师约瑟夫·克莱门特所属的工厂制造，但工程进度十分缓慢。设计师心急火燎，从剑桥到工厂，从工厂到剑桥，一天几个来回。他把图纸改了又改，让工人把零件重做一遍又一遍。年复一年，日复一日，直到又一个 10 年过去后，巴贝奇依然望着那些不能运转的机器发愁，全部零件亦只完成不足一半数量。参加试验的同事们再也坚持不下去，纷纷离他而去如鸟兽散。巴贝奇独自苦苦支撑了第三个 10 年，终于感到自己再无回天之力。那天清晨，巴贝奇蹒跚着走进车间。偌大的作业场空无一人，只剩下满地的滑车和齿轮，一片狼藉。他呆立在尚未完工的机器旁，深深地叹了口气，终于"怆然而涕下"。在痛苦的煎熬中，他无计可施，只得把全部设计图纸和已完成的部分零件送进伦敦皇家学院博物馆供人观赏。

1842 年，在巴贝奇的一生中是极不平常的一年。那年冬天，伦敦的气候格外寒冷，巴贝奇的身心全都冷得发颤。英国政府宣布断绝对他的一切资助，连科学界的友人都用一种怪异的目光看着他。英国首相讥讽道："这部机器的唯一用途，就是花掉大笔金钱！"同行讥笑他是"愚笨的巴贝奇"。皇家学院的权威人士，包括著名的天文学家艾瑞等人，都公开宣称他的差分机"毫无价值"……

就在这痛苦艰难的时刻，一缕春风悄然吹开巴贝奇苦闷的心扉。他意外地收到一封来信，写信人不仅对他表示理解而且还希望与他共同工作。娟秀字体的签名，表明了她不凡的身份——伯爵夫人。

接到信函不久，巴贝奇实验室门口走进来一位年轻的女士。只见她身披素雅的斗篷，鬓角上斜插一束白色的康乃馨，显得那么典雅端庄，面带着矜持的微笑，向巴贝奇弯腰行了个致敬礼。巴贝奇一时愣在那里，他与这位女士似曾相识，又想不起曾在何处邂逅。女士落落大方地作了自我介绍，来访者正是那位伯爵夫人。

"您还记得我吗？"女士低声问道，"十多年前，您还给我讲过差分机原理。"看到巴贝奇迷惑的眼神，她又笑着补充说："您说我像野人见到了望远镜。"巴贝奇恍然大悟，想起已经十分遥远的往事。面前这位俏丽的女士和那个小女孩之间，依稀还有几分相似。

原来，夫人本名叫阿达·奥古斯塔，是英国大名鼎鼎的诗人拜伦之独生女。她比巴贝奇的年龄要小 20 多岁，1815 年才出生。阿达自小命运多舛，来到人世的第二年，父亲拜伦因性格不合与她的母亲离婚，从此别离英国。可能是从未得到过父爱的缘由，小阿达没有继承到父亲诗一般的浪漫热情，却继承了母亲的数学才能和毅力。在阿达还是少女时，母亲的一位朋友领着她们去参观过巴贝奇的差分机。当其他女孩子围着差分机叽叽喳喳乱发议论，摸不着头脑时，只有阿达看得非常仔细，她十分理解并且深知巴贝奇这项发明的重大意义。

或许是这个小女孩特殊的气质，在巴贝奇的记忆里打下了较深的印记。他赶紧请阿达入座，并欣然同意与这位小有名气的数学才女共同研制新的计算机器。

就这样，在阿达 27 岁时，她成为巴贝奇科学研究上的合作伙伴，迷上这项常人不可理喻的"怪诞"研究。其时，她已经成了家，丈夫是洛甫雷斯伯爵。按照英国的习俗，许多资料把她称为"洛甫雷斯伯爵夫人"。

30 年的困难和挫折并没有使巴贝奇屈服，阿达的友情援助更坚定了他的决心。还在大型差分机进军受挫的 1834 年，巴贝奇就已经提出了一项新的更大胆的设计。他最后冲刺的目标，不是仅仅能够制表的差分机，而是一种通用的数学计算机。巴贝奇把这种新的设计叫做"分析机"，它能够自动计算有 100 个变量的复杂算题，每个数可达 25 位，速度可达每秒钟运算一次。今天我们再回首看看巴贝奇的设计，他关于分析机的思想仍然闪烁着天才的光芒。

巴贝奇首先为分析机构思了一种齿轮式的"存储库"，每一齿轮可储存 10 个数，总共能够储存 1000 个 50 位数。分析机的第二个部件是所谓"运算室"，其基本原理与帕斯卡的转轮相似，但他改进了进位装置，使 50 位数加 50 位数的运算可在一次转轮中完成。此外，巴贝奇还构思了输入和输出数据的机构，以及在"存储库"和"运算室"之间传输数据的部件。他甚至还考虑到如何使这台机器处理依据条件而转移的动作。一个世纪后，现代电脑的结构几乎就是巴贝奇分析机的翻版，只不过它的主要部件被换成了大规模集成电路而已。仅此一说，巴贝奇就是当之无愧的计算机系统设计的开山鼻祖。

阿达"心有灵犀一点通"，她非常准确地评价道："分析机'编织'的代数模式同杰卡德织布机编织的花叶完全一样"。于是，为分析机编写一批函数计算程序的重担，就落到了数学才女柔弱的肩头。阿达开天辟地第一回为计算机编出了程序，其中包括计算三角函数的程序、级数相乘程序、伯努利函数程序等等。阿达编制的这些程序，即使到了今天，电脑软件界的后辈仍然不敢轻易改动一条指令。人们公认她是世界上第一位软件工程师，在港、台地区的书刊上，她被请上了软件界"开山祖师奶"的宝座。据说美国国防部花了 250 亿美元和 10 年的光阴，把所需要软件的全部功能混合在一种计算机语言中，希望这种计算机语言能成为军方数千种电脑的标准。1981 年，这种语言被正式命名为 ADA 语言，使阿达的英名流传至今。

不过，以上说的都是后话，殊不知巴贝奇和阿达当年处在怎样痛苦的水深火热之中！由于得不到任何资助，巴贝奇为把分析机的图纸变成现实，耗尽了自己全部财产，一贫如洗。他只好暂时放下手头的活，和阿达商量设法去赚一些钱，如制作国际象棋玩具、赛马游戏机等。为筹措科研经费，他们不得不"下海"搞"创收"。最后，两人陷入了惶惶不可终日的窘境。阿达两次忍痛把丈夫家中祖传的珍宝送进当铺，以维持日常开销，而这些珍宝又两次被她母亲出资赎了回来。

贫困和长期的脑力劳动使阿达的健康状况急剧恶化。1852 年，怀着对分析机成功的美好梦想和无言的悲怆，巾帼软件奇才魂归黄泉，香消魄散，死时年仅 36 岁。

阿达去世后，巴贝奇又默默地独自坚持了近 20 年。晚年的他已经不能准确地发音，甚至不能有条理地表达自己的意思。但是，他仍然百折不挠地坚持工作。

上帝对巴贝奇和阿达太不公平！分析机最终没能造出来，他们失败了。巴贝奇和阿达的失败是因为他们看得太远，分析机的设想超出了他们所处时代至少一个世纪！然而，他们留给了计算机界后辈们一份极其珍贵的精神遗产，包括 30 种不同的设计方案，近 2100 张组装图和 50 000 张零件图……，更包括那种在逆境中自强不息，为追求理想奋不顾身的拼搏精神！

1871 年，为计算机事业而贡献了终生的先驱者终于闭上了眼睛。当时有人把他的大脑用盐渍着保存起来，想着干年后，有更先进技术来研究他大脑特别的机制。现在的人们，当然更不会以成败来论英雄！

3) 詹姆斯·瓦特

工业革命后的管理实践：苏霍制造厂。人们都知道詹姆斯·瓦特改良了蒸汽机，使蒸汽机成为生产动力，从而促进了 18 世纪下半叶的工业革命，然而，很少有人知道他在管理上的成就。1800 年，英国博尔顿·瓦特联合公司所属的苏霍制造厂是最早运用科学管理于制造业的工厂之一。它有科学的工作设计，按更充分地利用机器的要求进行劳动分工和专业化；实行比较切合实际的工资支付办法；有着较完善的记录和成本核算制度。当代出现的许多管理问题，他们都曾遇到过，并努力加以解决。不过那时的管理还没有被系统化为一门科学。

以上所介绍的这些主要的、有代表性的管理实践和管理理论，都是作为某个人或某个集团对某一活动单一的管理实践和管理思想的体现，还没有形成一个完整的系统。管理理论的基本形成是在近代的"科学管理"理论和管理过程与管理组织理论的研究中开始的。

第三节　管理理论的产生与形成

19 世纪末叶才出现科学管理，那时第一次使用了"科学管理"这一术语。随着企业的规模和数量的不断增长，管理人员遇到了以前所没有遇到过的各种问题。人们考虑问题的重点已经转移到厂商内部的各种问题中，如加工过程、设备排列、场地布置、生产技术、激励制度等。管理已逐步转向注意"物"的管理。人们聚集在大集体中，这又突出了组织与效率的问题，在管理文献中有对这些问题的关注。由于认识到需要通过社会、出版物和会议来交流观点，所以也开始了管理思想的传播和交流。管理作为一种独立实体的"能量"一直在积聚，这一时期对管理的认识具体表现在承认管理是一流大学里可开设的一门课程。

在短短几年内，人们对管理的认识已经有了变化，把它看成是对人类经济活动有影响的一门完整学科。管理人员被公认为受尊敬的人。管理原理这一主题已经从工业界扩展到大学的课堂。管理终于成为一个独立的研究领域。

一、美国的"管理运动"

"管理运动"(其主要组成部分就是"科学管理")是一种历史现象，也是一个过程，从 19 世纪末至 20 世纪 30 年代，大约有四五十年的时间。管理运动是人们对管理重要性的认识，以及由此而产生的对经济发展的重大影响的过程。它为提高效率和生产率提供了一种思路和解决问题的框架。

这一运动是 19 世纪中后期至 20 世纪中期的主流。但是，工业革命发生在欧洲，一百年后的"管理运动"却出现在美国，这是有其历史必然性的。

工业革命以后，社会、政治、经济、技术所发生的变化和发展，以及组织规模的扩大和人们的价值观念、思想意识、文化中出现的新概念，产生了一个巨大的推动力，促使人们重视管理。

19 世纪末，美国南北战争结束，废除黑奴制，开发西部，提供了大量劳动力和广阔的市场。1862 年出现了一种新的筹资形式——有限责任联合股份公司。1890 年封闭边境，国内人口趋于稳定，资本主义处于蓬勃发展时期。工业革命的种种结果由欧洲移民带到美洲大陆，使美国的商品经济、劳动分配、工厂制度得到了发展，从而使人们认识到需要有专业的管理人员和行政人员；"社会达尔文主义"信条则承认存在无情竞争的制度，结果是"适者生存"；工会运动的兴起，促使人们去研究新的管理课题——劳资关系；宗教改革，承认教徒可以拥有个人财产，鼓励个人从事工商活动；企业、公司产品的多样化和生产经营的分散化，小规模条件下独裁类型的管理，逐渐被专业类型的管理所代替；技术的进步则引起了管理思想与哲学的巨大变化——寻求借助技术之力增强人类活动力的适当方法，即管理。可是，当时的企业管理非常落后，工厂工作时间长、效率低、工资也低，工人缺乏训练，雇主不懂得如何刺激工人提高劳动生产率。总之，当时经营管理仍是以传统的手工业方式为特点，使得美国经济的发展和企业中的劳动生产率远远落后于当时的科学技术成就和国内外经济条件所提供的可能性。

当时美国规模最大的公司是铁路公司。由于开发西部的客观需要，铁路发展非常迅速，但是由于缺乏管理，问题很多，事故不断，效率极低。

19 世纪下半叶，《美国铁路杂志》的编辑亨利·普尔，在分析了美国铁路系统从初创到成熟这一过程中，由于管理不善而造成许多失误和事故的原因后，指出铁路必须进行有效管理。他提出应该通过明确的组织机构系统来进行管理，即设置一套组织分工系统、汇报通讯系统，并制定严格的规章制度，以便使管理者能及时了解铁路运行情况，采取各种措施来避免事故发生。此外，他还提出在管理中要重视人的因素，要使组织协调，充满团结精神，要采取新的领导方式，以克服旧领导方式中墨守成规与单调刻板的毛病等。普尔作为一位先驱者为后来的"科学管理""行为科学""系统管理"等管理理论的形成打下了一定的基础，对早期管理思想作出了很大贡献。

工业中存在的问题类似于铁路，企业和公司规模扩大以后，也带来一系列问题：效率、刺激、行政管理、教育等。美国机械工程师学会则为解决这些问题发挥了积极作用，其会员亨利·唐纳 1886 年发表论文《作为经济学家的工程师》，倡议发起运动把管理从工程学独立出来发展为一门学科。刚入会不久的年轻人泰罗听了唐纳的发言，随后就和他的同代人提出了一套实际做法、观点和思想方法，这些被后人称为"科学管理"。

但是，仅有少数有见识的工业家和工程师认识到科学管理的概念及其对经济发展的意义，尚不足以形成一个管理运动，还必须通过一定的手段和方式向社会、向公众广泛宣传科学管理，这就是管理运动的"三次高潮"。第一次是 1911 年东方铁路公司提高票价的意见听证会和 1912 年美国国会为泰罗举行的听证会。当时东方铁路公司要提高客货运价，遭到货主和公众反对。马萨诸塞州州际商业委员会为此举行一次听证会，公众方的律师布兰戴维斯邀请泰罗等 11 位工程师作证；只要采用科学管理的技术和方法，铁路公司不必提高票价同样可以盈利。结果公众方胜诉，同时也将科学管理引入了社会。第二次高潮是 1920 年美国通用汽车公司的改组。当时公司濒临倒闭，小斯隆就任总经理，对公司进行了大刀阔斧的改组——实行"集中政策控制下的分权制"，建立多个利润中心。公司很快恢复元气，他们依靠的不是技术，而是管理与组织，因而也认识到管理的范围不仅仅是生产管理，而是要比这大得多。第三次高潮是 1924—1932 年梅奥在美国西屋电气公司霍桑工厂进行的试验，结论引起轰动——要注意人的因素，这可以看做管理科学的里程碑之一，是一个重要的转折点。20 世纪 30 年代，资本主义世界爆发了大危机，管理运动受到了影响。但是前后四五十年的运动，引起了人们思想上、观念上的转变，对经济的发展起了重要作用。管理运动为管理学的形成和发展奠定了基础，它所提倡的并被普遍接受的观点"保存、调研、合作、渐进"已经在人们心中和社会土壤中扎下了根。

二、科学管理理论

1. 泰罗的科学管理理论

弗雷德里克·温斯洛·泰罗，出生于美国费城一个富有的律师家庭，中学毕业后考上哈佛大学法律系，但不幸因眼疾而被迫辍学。1875 年，他进入一家小机械厂当学徒工；1878 年转入费城米德瓦尔钢铁厂当机械工人，在该厂一直干到 1897 年。在此期间，由于工作努力，表现突出，很快先后被提升为车间管理员、小组长、工长、技师、制图主任和总工程师，并在业余学习的基础上获得了机械工程学士学位。在米德瓦尔钢铁厂的实践中，他感到当时的企业管理当局不懂得用科学方法来进行管理，不懂得工作程序、劳动节奏和疲劳因素对劳动生产率的影响。而工人则缺少训练，没有正确的操作方法和适用的工具，这些都大大影响了劳动生产率的提高。为了改进管理，他在米德瓦尔钢铁厂进行各种试验。

1898—1901 年间，他受雇于伯利恒钢铁公司继续从事管理方面的研究，后来，他取得了一种高速工具钢的专利。1901 年后，他更以大部分时间从事咨询、写作和演讲等工作，以宣传他的一套管理理论——"科学管理"，即通常所称的"泰罗制"，为科学管理理论在美国和国外的传播作出了贡献。

🛠 **知识链接**

搬运铁块实验

1898 年，泰罗在受雇于伯利恒钢铁公司期间，进行了著名的"搬运生铁块试验"。当时的背景是资本家不知道工人一天能干多少活。总嫌干活少，拿钱多，于是延长工作时间增加工作强度；相反，工人也不知道自己一天干多少活是合适的。总认为干活多挣钱少，于是为了对抗盘剥，大家都"磨洋工"，工作效率低下。

当时正好有一堆铁块需要搬上火车运走，每个铁块重80多斤，搬运距离为30米，尽管每个工人都十分努力，但工作效率并不高，每人每天只能搬运12～13吨。但是泰罗经过观察和计算，每人每天可以搬运47吨，而且不会太累。

为了实验，泰罗从75名铁块搬运工中先挑出了四人(体力良好，足以胜任47吨的铁块搬运工作)，在调查了他们的背景、习惯和抱负后挑了一个叫施密特的人(一位身材矮小的宾夕法尼亚的荷兰籍人，人们注意到他每天上下班，都能快步行走，而且精神抖擞。人们还发现，在每天1.15美元的工资水平下，他已经成功购买了一小块土地，正在上面砌墙，准备盖一座小房子。这些工作都是在正常工作之余进行的。并且，他以吝啬出名，爱财如命。有人这样评论过他：一个小钱在他看来就像车轮那么大)。泰罗认为：一个人有工作能力并且有工作的欲望，才能有足够的积极性完成本职工作。泰勒每天给他1.85美元的报酬，条件是让他按照泰罗的要求，转换各种工作因素，并观察他对生产效率的影响。

施密特的工作开始了，一个管理者拿着秒表，告诉施密特：现在搬起生铁，移动。现在坐下，休息。弯腰或直腰搬运，加快或减慢行走的速度，变换持握的位置……让他干活他就干活，让他休息他就休息。施密特不断变换工作方式，并把劳动和休息时间搭配起来。最终，找到一种效率最高的工作方法。到下午下班前，他已经搬完了47.5吨生铁，也不会感到太疲劳。这种搬运方法就被固定下来，形成工作标准。按照这种工作标准，施密特上班的第一天很早就搬完了47.5吨，拿到了1.85美元的工资。于是其他工人也渐渐按照这种方法来搬运了，劳动生产率提高了很多。

在此基础上，泰罗还提出新的报酬制度：如果能完成或超过工作定额，按原工资标准的125%计酬；未完成工作定额的，按80%计酬。

铁锹实验和金属切削实验

铁锹试验首先是系统地研究铲上的负荷问题；其次是研究了铲掘不同原料时，铁锹的形状和规格问题，还研究了各种原料装锹方式的问题。此外还对铲掘动作的精确时间作了研究，从而得出了"一流工人"每天应该完成的工作量。这一改进的效果是显著的，堆料场的劳动人数从400～600人减少为140人；平均每人每天的操作量从16吨提高到59吨；每个工人的日工资从1.15美元提高到1.88美元。泰罗在米德瓦尔开始进行的金属切削试验延续了26年之久，进行的各项试验达3万次以上，80万磅的钢铁被试验用的工具削成切屑，总共耗费约15万美元。在试验中发现了能大大提高金属切削机效率的高速工具钢，并取得了各种机床适当的转速和进刀量以及切削用量标准等数据。

综上所述，这些试验集中于"动作""工时"的研究；还有工具(机器)、材料和工作环境等标准化的研究，并根据研究结果制定了科学的工作定额，指定了标准化工具。

泰罗一生致力于"科学管理"，但他的做法和主张并非一开始就被人们所接受，而是不断引起社会舆论的种种议论。于是，美国国会于1912年举行对泰罗制和其他工场管理制的听证会，泰罗在听证会上作了精彩的证词，向公众宣传科学管理的原理、方法和技术，引起了极大的反响。

"科学管理"理论的主要内容概括为以下八个方面：

第一，科学管理的中心问题是提高效率。泰罗认为，要制定有科学依据的"合理的日工作量"，就必须进行工时和动作研究。方法是选择合适且技术熟练的工人，把他们每一个动作、每一道工序所使用的时间记录下来，加上必要的休息时间和其他延误时间，得出其完成该项工作所需要的总时间，并据此定出一个工人"合理的日工作量"，这就是所谓工作定额原理。

第二，为了提高劳动生产率，必须挑选"第一流的工人"。所谓第一流的工人，泰罗认为："每一种类型的工人都能找到某些工作使他成为第一流的，除了那些完全能做好这些工作而不愿做的人"。在制定工作定额时，泰罗以"第一流的工人在不损害其健康的情况下维护较长年限的速度"为标准，这种速度不是以突击活动或持续紧张为基础，而是以工人能长期维持正常速度为基础。泰罗认为，健全的人事管理的基本原则是：使工人的能力同工作相配合，管理当局的责任在于为雇员找到最合适的工作，培训他成为第一流的工人，激励他尽最大的努力来工作。

第三，要让工人掌握标准化的操作方法，使用标准化的工具、机器和材料，并且在标准化环境作业，这就是标准化原理。泰罗认为，必须用科学的方法对工人的操作方法、工具、劳动和休息时间的搭配，机器的安排和作业环境的布置等进行分析，消除各种不合理的因素，把各种最好的因素结合起来，形成一种最好的方法，他把这些称做管理当局的首要职责。

第四，实行刺激性的计件工资报酬制度。为了鼓励工人努力工作、完成定额，泰罗提出了这一原则。这种计件工资制度包含三点内容：

(1) 通过对工时的研究和分析，制定出一个有科学依据的定额或标准。

(2) 采用一种称做"差别计件制"的刺激性付酬制度，即计件工资率按完成定额的程度而浮动。例如，如果工人只完成定额的 80%，就按 80%工资付酬；如果完成定额的 120%，则按 120%工资付酬。

(3) 工资支付的对象是工人而不是职位，即根据工人的实际工作表现而不是根据工作类别来支付工资。泰罗认为这样做，能克服消极怠工的现象，更重要的是能调动工人的积极性，从而促使工人大大提高劳动生产率。

第五，工人和雇主两方面都必须认识到提高效率对双方都有利。工人和雇主必须相互协作，共同为提高劳动生产率而努力。在前面介绍的铁锹试验中，一个工人每天的平均搬运量从 16 吨提高到 59 吨；工人的日工资从 1.15 美元提高到 1.88 美元；而每吨的搬运费从 7.5 美分降到 3.3 美分，对雇主来说，关心的是成本的降低；而对工人来说，关心的则是工资的提高，所以泰罗认为这就是劳资双方进行"精神革命"，从事协调与合作的基础。

第六，把计划职能同执行职能分开，将原来的经验工作法变为科学工作法。所谓经验工作法是指每个工人用什么方法操作，使用什么工具等，都由他根据自己或师傅等人的经验来决定。泰罗主张明确划分计划职能与执行职能，由专门的计划部门来从事调查研究，为定额和操作方法提供科学依据；制定科学的定额和标准化的操作方法及工具；拟定计划并发布指示和命令；比较"标准"和"实际情况"，进行有效的控制等工作。至于现场的工人，则从事执行的职能，即按照计划部门制定的操作方法和指示，使用规定的标准工具从事实际的操作，不得自行改变。

第七，实行"职能工长制"。泰罗主张实行"职能管理"，即将管理的工作进行细分，使所有的管理者只承担一种管理职能。他设计出八个职能工长，代替原来的一个工长，其中四个在计划部门，四个在车间，每个职能工长负责某一方面的工作，在其职能范围内，可以直接向工人发出命令。泰罗认为这种"职能工长制"有三个优点：对管理者的培训所花费的时间较少；管理者的职责明确，因而可以提高效率；由于作业计划已由计划部门拟定，工具与操作方法也已标准化，车间现场的职能工长只需进行指挥监督，因此非熟练技术的工人也可以从事较复杂的工作，从而降低整个企业的生产费用。后来的事实表明，一个工人同时接受几个职能工长的多头领导，容易引起混乱。所以，"职能工长制"没有得到推广。但泰罗的这种职能管理思想为以后职能部门的建立和管理的专业化提供了参考。

第八，在组织机构的管理控制上实行例外原则。泰罗等一部分人认为，规模较大的企业组织和管理，必须应用例外原则，即企业的高级管理人员把例行的一般日常事务授权给下级管理人员去处理，自己只保留对例外事项的决定和监督权。这种以例外原则为依据的管理控制原理，后来发展成为管理上的分权化原则和事业部制管理体制。

管理故事 📄

汉代有这样一则小故事：宰相外出巡视，遇到一宗杀人案和一头牛在路旁气喘吁吁。他不理会前者而去过问"牛喘气"，随从困惑不解。这位宰相解释说，杀人案自有地方官吏去管，而牛喘气异常，可能关系到牛瘟和其他民生疾苦，这方面地方官吏往往不大注意，因此必须查问清楚。这就是管理学上有名的"例外管理"。

泰罗通过一系列的著作，总结了几十年试验研究的成果，归纳了自己长期管理实践的经验，概括出一些管理原理和方法，经过系统化整理，形成了"科学管理"的理论。泰罗在管理理论方面做了许多重要的开拓性工作，为现代管理理论奠定了基础。由于他的杰出贡献，被后人尊为"科学管理之父"，这个称号被铭刻在他的墓碑上。

当然，从历史唯物主义和管理二重性的观点出发来分析、评价，泰罗及其"科学管理"，不可避免地存在着阶级局限性和时代局限性。由于泰罗的自身条件、背景以及当时所处的社会条件，不可避免地会影响到其进行"科学管理"研究的方法、效率、思路等，使他对管理较高层次的研究相对较少，理论深度也相对不足。而"科学管理"理论或称"泰罗制"也并非泰罗一个人的发明，就像英国管理学家林德尔·厄威克所指出的："泰罗所做的工作并不是发明某种全新的东西，而是把整个19世纪在英美两国产生、发展起来的东西加以综合而成的一整套思想。他使一系列无条理的首创事物和实验有了一个哲学体系，称为科学管理。"

2. 科学管理理论的其他代表人物

泰罗的科学管理理论在20世纪初得到了广泛的传播和应用，影响很大。因此在他同时代和他以后的年代中，有许多人也积极从事管理实践与理论的研究，丰富和发展了"科学管理"理论。其中比较著名的有：

(1) 乔治·巴思，美籍数学家。他是泰罗最早、最亲密的合作者，为科学管理工作作出了很大贡献。他是一个很有造诣的数学家，其研究的许多数学方法和公式，为泰罗的工时研究、动作研究、金属切削试验等研究工作提供了理论依据。

(2) 利·甘特，美国管理学家、机械工程师。甘特是泰罗在创建和推广科学管理时的亲密合作者，他们密切配合，使"科学管理"理论得到了进一步的发展。特别是他的"甘特图"是当时计划和控制生产的有效工具，并为当今现代化方法 PERT 技术奠定了基石。他还提出了"计件奖励工资制"，即除了按日支付有保证的工资外，超额部分应给予奖励；完不成定额的，可以得到原定日工资，这种制度补充了泰罗的差别计件工资制的不足。此外，甘特还很重视管理中人的因素，强调"工业民主"，更重视人的领导方式，这对后来的人际关系理论有很大的影响。

(3) 吉尔布雷斯夫妇。美国工程师弗兰克·吉尔布雷斯与夫人(心理学博士莉莲·吉尔布雷斯)在动作研究和工作简化方面作出了特殊贡献。与泰罗不同的是，吉尔布雷斯夫妇在工作中开始注意到人的因素，在一定程度上试图把效率和人的关系结合起来。吉尔布雷斯毕生致力于提高效率，即通过减少劳动中的动作浪费来提高效率，被人们称为"动作专家"。

(4) 哈林顿·埃默森，美国早期的科学管理研究工作者，与泰罗有紧密的联系，并独立发展了科学管理的许多原理。例如他对效率问题作了较多的研究和实践，提出了提高效率的 12 原则；注意局部和整体的关系；虚心请教；严守规章；公平；准确、及时、永久性的记录；合理调配人、财、物；定额和工作进度；条件标准化；工作方法标准化；手续标准化；奖励制度。在组织机构方面，提出了直线和参谋制组织形式等。另外，他还在职工的选择和培训、心理因素对生产的影响、工时测定等方面作出了贡献。

尽管泰罗的追随者在许多方面不同程度地发展了"科学管理"理论和方法，但总的来说，他们和泰罗一样，研究的范围始终没有超出劳动作业的技术过程，没有超出车间管理的范围。

三、法约尔的一般管理理论

在泰罗等人以探讨工厂中提高效率为重点进行科学管理研究的同时，法国的法约尔则以管理过程和管理组织为研究重点，着重研究管理的组织和管理的活动过程。除法约尔之外，研究管理过程和管理理论的主要代表人物还有德国著名的社会学家韦伯，以及美国的管理学家巴纳德、古利克，英国的管理学家厄威克等人。

亨利·法约尔(法国古典管理理论学家)与马克斯·韦伯(Max Weber)、弗雷德里克·温斯洛·泰勒(Frederick Winslow Taylor，1856—1915)并称为西方古典管理理论的三位先驱，也被尊称为管理过程学派的开山鼻祖。

知识链接

亨利·法约尔，法国人，1860 年从圣艾帝安国立矿业学院毕业后进入康门塔里·福尔香堡采矿冶金公司，成为一名采矿工程师，并在此度过了整个职业生涯。他从采矿工程师到矿井经理直至公司总经理，由一名工程技术人员逐渐成为专业管理者。他在实践中逐渐形成了自己的管理思想和管理理论，对管理学的形成和发展作出了巨大的贡献。

法约尔 1916 年问世的名著《工业管理与一般管理》，是他一生管理经验和管理思想的总结。他认为他的管理理论虽然是以大企业为研究对象，但除了可应用于工商企业之外，还适用于政府、教会、慈善团体、军事组织以及其他各种事业组织。所以，人们一般认为法约尔是第一个概括和阐述一般管理理论的管理学家。他的理论概括起来大致包括以下内容。

1. 企业的基本活动与管理的五项职能

法约尔指出，任何企业都存在着六种基本的活动，而管理只是其中之一。这六种基本活动是：技术活动(指生产、制造、加工等活动)；商业活动(指购买、销售、交换等活动)；财务活动(指资金的筹措和运用)；安全活动(指设备维护和职工安全等活动)；会计活动(指货物盘存、成本统计、核算等)；管理活动(其中又包括计划、组织、指挥、协调和控制五项职能活动)。在这六种基本活动中，管理活动处于核心地位，即企业本身需要管理，同样的，其他五项属于企业的活动也需要管理。它们的关系如图 2-1 所示。

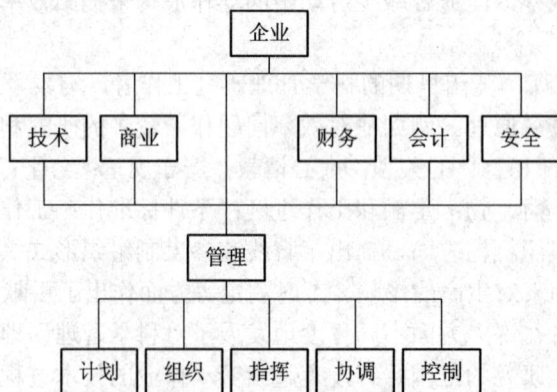

图 2-1　企业的六种基本活动与管理的五项职能之间的关系

2. 法约尔的 14 条管理原则

法约尔根据自己的工作经验，归纳出 14 条简明的管理原则。

(1) 分工。他认为这不仅是经济学家研究有效地使用劳动力的问题，而且也是在各种机构、团体、组织中进行管理活动所必不可少的工作。

(2) 职权与职责。他认为职权是发号施令的权力和要求服从的威望。职权与职责是相互联系的，在行使职权的同时，必须承担相应的责任，有权无责或有责无权都是组织上的缺陷。

(3) 纪律。纪律是管理所必需的，是对协议的尊重。协议以达到服从、专心、干劲，以及尊重人为目的。就是说组织内所有成员通过各方所达成的协议对自己在组织内的行为进行约束，它对企业的成功与否极为重要，要尽可能做到严明、公正。

(4) 统一指挥。指组织内每一个人只能服从一个上级。

(5) 统一领导。指一个组织对于目标相同的活动，只能有一个领导，一个计划。

(6) 个人利益服从整体利益。即个人和小集体的利益不能超越组织的利益。当二者不一致时，主管人员必须想办法使他们一致起来。

(7) 个人报酬。报酬与支付的方式要公平，给雇员和雇主以最大可能的满足。

(8) 集中化。主要指权力的集中或分散的程度问题。要根据各种情况，包括组织的性质、人员的能力等，来决定"产生全面的最大收益"的那种集中程度。

(9) 等级链。它指管理机构中，最高一级到最低一级应该建立关系明确的职权等级层次，这既是执行权力的线路，也是信息传递的渠道。

(10) 秩序。秩序指组织中的每个成员应该有各自的岗位，"人皆有位，人称其职"。

(11) 公正。主管人员对其下属仁慈、公平，就会使下属对上级表现出热心和忠诚。

(12) 保持人员的稳定。如果人员不断变动，工作将无法得到良好的效果。

(13) 首创精神。这是提高组织内各级人员工作热情的主要源泉。

(14) 团结精神。这是指必须注意保持和维护每个集体中团结、协作、融洽的关系。

法约尔强调："以上 14 条原则在管理工作中不是死板和绝对的东西，这里全部是尺度问题。在同样的条件下，几乎从不会两次使用同一原则来处理事情，应当注意各种可变因素的影响。因此，这些原则是灵活的，是可以适用于一切需要的，但其真正的本质在于懂得如何运用它们。这是一门很难掌握的艺术，它要求智慧、经验、判断和注意尺度(也即'分寸')。"

法约尔认为，人的管理能力可以通过教育来获得，可以也应该像技术能力一样，首先在学校里，然后在车间里得到。为此，他提出了一套比较全面的管理理论，首次指出管理理论具有普遍性，适用于各个组织之中。他把管理视为一门科学，提出在学校设置这门课程，并在社会各个领域宣传、普及和传授管理知识。

3. 管理技巧与管理能力

法约尔总结归纳了管理人员应该具有特别的能力和品质，如身体健康，具有理解和学习能力，愿意承担责任，掌握专业知识、通用知识，并且能够把个人从工作中吸取的教训加以整理等。除此之外，法约尔提出各种人员在管理的等级中所处的地位不同，其必须具备的能力的相对重要性也不同。对于工人来说，技术对于他是最重要的；而对于管理人员来说，随着管理等级不断上升，其管理知识就显得越来越重要了。因此，小公司的管理人员应具有比较强的技术能力，而在较大的公司里就应该具有较强的管理能力而不是技术能力。

综上所述，法约尔关于管理过程和管理组织理论的开创性研究，特别是关于管理职能的划分以及管理原则的描述，对后来的管理理论研究具有非常深远的影响。此外，他还是一位概括和阐述一般管理理论的先驱者，是一位伟大的管理教育家，后人称他为"管理过程之父。"

一般管理理论的主要不足之处是管理原则缺乏弹性，使得管理者在实际操作中难以完全遵循，如统一指挥原则，法约尔认为无论什么工作，一个下属只能接受一个上级的命令，但这一原则在矩阵型组织结构当中显然难以遵循。

四、韦伯的理想的行政组织体系理论

马克斯·韦伯是德国著名的社会学家。他出生于德国的一个富裕家庭，1882 年进入海德堡大学学习法律，并先后就读于柏林大学和哥丁根大学。他受过三次军事训练，1888 年参加波森的军事演习，因而对德国的军事生活和组织制度有相当的了解，这对他日后建立组织理论有很大影响。他研究了工业化对组织结构的影响，广泛地分析了社会、经济和政治结构，提出了"理想的行政组织体系"理论。他对法学、经济学、政治学、历史学和宗教学都有广泛的兴趣。他对管理理论上的研究主要集中在组织理论方面，主要贡献是提出了所谓理想的行政组织体系理论，这集中反映在他的代表作《社会组织与经济组织》一书中。这一理论的核心是组织活动要通过职务或职位而不是通过个人或世袭地位来管理，他也认识到个人魅力对领导作用的重要性。他所讲的"理想的"，不是指最合乎需要，而是指现代社会最有效和合理的组织形式。之所以是"理想的"，因为它具有如下特点：

(1) 明确的分工。即每个职位的权力和义务都应有明确的规定，人员按职业专业化进行分工。

(2) 自上而下的等级系统。组织内的各个职位，按照等级原则进行法定安排，形成自上而下的等级系统。

(3) 人员的任用。人员的任用要完全根据职务的要求，通过正式考试和教育训练来实行。

(4) 职业管理人员。管理人员有固定的薪金和明文规定的升迁制度，是一种职业管理人员。

(5) 遵守规则和纪律。管理人员必须严格遵守组织中的规则和纪律以及办事程序。

(6) 组织中人员之间的关系。组织中人员之间的关系完全以理性准则为指导，只是职位关系而不受个人情感的影响。这种公正的态度，不仅适用于组织内部，而且适用于组织与外界的关系。

韦伯认为，这种高度结构的、正式的、非人格化的理想行政组织体系是人们进行强制控制的合理手段，是达到目标、提高效率的最有效形式。这种组织形式在精确性、稳定性、纪律性和可靠性方面都优于其他组织形式，适用于所有的管理工作及当时日益增多的各种大型组织，如教会、国家机构、军队、政党、经济企业和各种团体。韦伯的这一理论，是对泰罗、法约尔的理论的一种补充，对后来的管理学家，尤其是组织理论学家有很大的影响，他被称为"组织理论之父"。

但韦伯对以组织本质的认识具有一定的局限性——将组织看成是一个封闭的系统，只注重组织内部的适应性。此外，韦伯对工人也存在"经济人"的错误看法，强调大棒加萝卜的组织管理方式，只注重正式组织，而忽视人的高层次需求。

管理故事 🖹

陈胜和吴广找了一个算卦的卜问吉凶。聪明的卜者知道了他们的用意，便说："你们的事业能成功，且能为百姓立大功。不过你们还是把事情向鬼神卜问一下吧。"陈胜、吴广听后非常高兴，并从卜者的话中悟出了借鬼神"威众"的启示。于是，他们用朱砂在一块绸帕上写了"陈胜王(wàng)"三个大字，塞到渔民捕来的鱼肚子里。戍卒们买鱼回来，吃时发现了鱼腹中的"丹书"，都觉得惊奇。与此同时，陈胜又让吴广潜伏到营地附近一座荒庙里，半夜里在寺庙旁点燃篝火装作鬼火，模仿狐狸声音，大声呼喊"大楚兴，陈胜王(wàng)!"正在睡梦中的戍卒们被惊醒，十分惊恐。第二天戍卒们交头接耳，都指指点点地看着陈胜。陈胜平时就待下属热情和气，现在又把他跟楚国复兴联系在一起，陈胜在戍卒们心中的威望就更高了。

管理启示 ✍

　　韦伯指出，任何一种组织都必须以某种形式的权力为基础，才能实现其目标，权力可以消除组织的混乱，使组织的运行有秩序地进行。从古至今，被人们所认同的权力主要经过了三个阶段：超凡权力、传统权力、法定权力。现代社会只有法定权力才能作为行政组织体系的基础。

五、“行为科学”的早期理论——人际关系理论

　　行为科学产生于 20 世纪二、三十年代，早期被称为人际关系学说，被正式被命名为行为科学是在 1949 年美国芝加哥的一次跨学科的科学会议上。行为科学的产生是生产力发展到一定阶段的必然结果，也是管理思想发展的必然结果。之前的古典管理理论提供了科学管理方法，有助于生产效率的提高，但却忽视了对人性的研究。资本家为了自身利益最大化，充分利用泰罗的科学管理原理加紧对工人的剥削，使得工人的生活水平急剧下降，工人反抗资本家的斗争也日益激烈。而且伴随着科学进步，脑力劳动逐渐取代体力劳动，工人的素质不断提高，古典管理理论推崇的金钱刺激和严格监控失去了原有作用。这引起了学者对于古典管理理论管理效能的思考，于是行为科学应运而生。

　　行为科学主要通过研究人类行为产生的原因，及人的行为动机和发展变化规律，寻找有效调动积极性、达成组织目标的方法。行为科学的管理学家将管理学的研究课题由“经济人”转向“社会人”。这是继古典管理理论之后管理学发展的一个重要阶段。

　　行为科学是由人际关系学说发展起来的，而人际关系学说的诞生开始于梅奥以及霍桑实验对人性的探索。

1. 霍桑试验

　　霍桑工厂是芝加哥城郊外一家制造电话机的专用工厂。它设备完善，福利优越，具有齐备的娱乐设施、医疗制度和养老金制度，但是工人仍然有强烈的不满情绪，常常迟到、旷工，生产效率很不理想。到底是什么原因阻碍生产效率的提高呢？为此，1924 年 11 月美国科学院组织了一个包括各方面专家在内的研究小组，对该厂的工作条件和生产效率的关系进行了全面的考察和多种试验，前后花了两年多的时间，从此拉开了著名的霍桑实验的序幕。

　　霍桑实验是一项以科学管理逻辑为基础的实验。从 1924 年开始到 1932 年结束，在近 8 年的时间里，前后共进行过两个回合。第一个回合是从 1924 年 11 月至 1927 年 5 月，在美国国家科学委员会赞助下进行的。第二个回合是从 1927 年至 1932 年，在美国哈佛大学教授梅奥的主持下进行的。

　　整个实验前后共分四个阶段：

　　(1) “照明实验”——研究车间照明变化对生产效率影响的各种实验。

　　实验的目的是为了明确照明强度对生产效率所产生的影响。这项实验前后共进行了两年半的时间，实验是在被挑选的两组绕线工人中间进行的：一组是实验组，一组是参照组。在实验过程中，实验组不断增加照明强度，例如将实验组的照明从 24、46、76 烛光逐渐增强，而参照组的照明强度始终保持不变。

研究者试图通过这一实验来发现照明的变化对生产效率的影响，但是实验结果显示，两组都在不断地提高产量。后来他们又采取了相反的措施，逐渐降低"实验组"的照明强度，合理地把两名实验组的女工安排在单独的房间里劳动，使照明一再降低，从10烛光、3烛光一直降到0.06烛光，几乎和月光亮度差不多，直到这个时候产量才开始下降，即无法确定改善照明对于工作效率有什么积极的影响。研究人员对实验结果分析后认为，工作场所的灯光照明只是影响生产的一种因素，而且是一种不太重要的因素，还有其他未被掌握的因素在起作用。

(2) "继电器装配实验"——研究工作时间和其他条件对生产效率的影响和各种实验。

上一阶段的实验结果并不理想，新加入到实验中的著名管理学家乔治·埃尔顿·梅奥组织哈佛大学的教授和电器公司的人员成立了一个新的研究小组，开始霍桑实验的第二阶段研究。

为了能够找到更有效地影响职工积极性的因素，梅奥选出6名女工在单独的房间中从事装配继电器的工作。在实验过程中，不断地增加福利，例如缩短工作日，延长休息时间，免费供应茶点等。研究人员原来以为这些福利的措施能刺激工人生产的积极性，结果却并非如此，后来他们撤销了这些措施，按预想生产应该是下降的，但实际情况表明生产不仅没有下降反而继续上升了。

研究人员对于以上实验结果进行归纳，提出一些假设作为分析女工生产效率改变的起点：

① 在实验中改进物质条件和工作方法，可导致产量增加；
② 安排工间休息和缩短工作日，可以解除或减轻疲劳；
③ 工间休息可减少工作的单调性；
④ 个人计件工资能促进产量的增加；
⑤ 改变监督与控制的方法能改善人际关系，从而能改进工人的工作态度，促进产量的提高。

此后，研究人员对以上假设逐个分析、一一论证。先后推翻了前四项假设，将注意力集中在第五项假设上，改变监督与控制的方法能改善人际关系，从而能改进工人的工作态度，促进产量的提高。研究人员决定进一步研究工人的工作态度以及可能影响工人工作态度的其他因素。这是霍桑实验的一个重要转折点。

管理故事

霍桑效应的妙用

戴尔·卡耐基很小的时候，母亲就去世了。他9岁时，父亲又娶了一个女人。继母刚进家门那天，父亲指着卡耐基向她介绍："以后你可千万要提防他，他可是全镇公认的最坏的孩子，说不定哪天你就会被这个倒霉蛋害得头疼不已。"卡耐基本来就打算不接受这个继母，在他心中，一直觉得继母这个名词会给他带来霉运。但继母的举动却出乎卡耐基的意料，她微笑着走到卡耐基面前，摸着卡耐基的头，然后笑着责怪丈夫："你怎么能这么说呢？他怎么会是全镇最坏的男孩呢？他应该是全镇最聪明、最快乐的孩子才对。"继母的话深深地打动了卡耐基，这一句话成为激励他的一种动力，使他日后创造了成功的28项黄金法则，帮助千千万万的普通人走上成功和致富的光明大道。可是在她来之前没有人称赞过他聪明。

(3) "大规模访谈实验"——了解职工工作态度的会见与交谈实验。

既然实验表明管理方式与职工的士气和劳动生产率有密切的关系，那么就应该了解职工对现有的管理方式有什么意见，为改进管理方式提供依据。于是梅奥等人制定了一个征询职工意见的访谈计划，从1928年9月到1930年5月不到两年的时间内，研究人员对工厂两万名左右的职工进行了访谈。

研究人员在访谈前选择了一些规定的问题，希望职工对管理当局的一些规划、管理的政策和工作的条件发表自己的意见。然而在执行计划的过程中，职工对这些问题根本不感兴趣，而对这些提纲以外的问题倒是发表意见。于是研究小组对访谈计划作了调整，在每次访谈前，对谈话的内容和方式不作任何规定。访谈者的任务就是让工人多讲话，即工人可以就任何一个问题自由地发表一番言论，这样工人有了一个自由发表自己意见、发泄心中不满的机会，虽然工作条件或劳动报酬实际上并没有改变，但是工人普遍认为自己的处境比以前好了。

通过这些研究发现，影响生产力最重要的因素是工作中发展起来的人群关系，而不是待遇或者工作环境。研究小组还了解到，工人工作效率的高低，不仅取决于自身的情况，还与所在小组的其他同事有关系。

(4) "接线板接线工作室实验"——影响职工积极性的群体实验。

这是一项关于工人群体的实验，其目的是要证实在以上的实验中研究人员似乎感觉到在工人当中存在着一种非正式的组织，而且这种非正式的组织对工人的态度有着极其重要的影响。

实验者为了系统地观察群体中的工人之间的相互影响，在车间中挑选了14名男职工，其中有9名是绕线工，3名是焊接工，2名是检验工，让他们在一个单独的房间内工作。研究人员持续观察工人的工作长达6个月之久，有许多重要发现：

① 大部分成员都故意自行限制产量。实验开始时，研究人员曾向工人说明：他们可以尽力地工作，因为实施计件工资制。事实上，工人实际完成的产量只是保持在中等水平上，而且每个工人的日产量都是差不多的。而根据动作和时间分析的理论，每个工人应该完成的标准定额为7312个焊接点，但是工人每天只完成了6000~6600个焊接点就不干了，即使离下班还有较为宽裕的时间，他们也自行停工。因为工人们认为如果他们过分努力地工作，就可能造成其他同伴的失业，或者公司会制定出更高的生产定额来。一名工人可以因为提高他的产量而得到小组工资总额中较大的份额，而且减少失业的可能性，然而这些物质上的报酬却会带来群体诘难的惩罚，因此每天只要完成群体认可的工作量就可以相安无事。

② 工人对待不同层次的上级持有不同态度。对于小组长，大部分工人都认为他是小组成员之一，因此没有反对小组长的表现；而小组长的上级股长，工人认为他待遇较高，拥有一定权威；对待股长的上级领班，大家的看法有明显变化，一旦他出现，工人立马表现良好、循规蹈矩。也就是说，一个人在组织当中职位越高，所受到的尊敬就越大，大家对他的顾忌心理也越强。

③ 工人当中存在小派系。研究人员发现，工人之间有时会相互交换自己的工作，或者

彼此之间相互帮忙，虽然这是有违公司规定的，但是这种行为却大大增进了他们的友谊，有时也促成他们之间的怨恨和友好，这些都可以因此表现出来。在该项实验中，研究人员发现他们是两个派别，如图 2-2 所示(图中 W1、W2……W9 代表 9 名绕线工，S1、S2、S3 代表 3 名焊接工，I1、I2 代表 2 名检验工)。

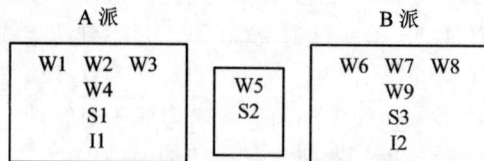

A派		B派
W1 W2 W3 W4 S1 I1	W5 S2	W6 W7 W8 W9 S3 I2

图 2-2 接线板接线工作室派系关系图

这种自然形成的派系属于一种非正式组织，对内控制其成员的行为，对外保护其成员，使之不受管理阶层的干预。工人要想加入其中，就必须遵循这一派系不成文的行为规范。比如：

① 谁也不能干得太多或太少，以免影响大家；

② 谁也不准向管理当局告密，做有害于同伴的事；

③ 任何人都不得远离大家，孤芳自赏，打官腔，找麻烦，即使你是检查员，也不能像一位检查员；

④ 任何人不得在大家中间唠叨、自吹自擂、自以为是，一心想领导大家。

以上是霍桑实验的主要经过，它提供了大量一手资料，为人际关系理论的形成和后来行为科学的发展打下了基础。

2. 梅奥人际关系理论

乔治·埃尔顿·梅奥，原籍澳大利亚的美国管理学家，早期的行为科学——人际关系学说的创始人。他出生在澳大利亚阿得雷德，在阿得雷德大学获得逻辑和哲学硕士，1919年在澳大利亚的昆士兰大学任逻辑学、伦理学和哲学讲师。他是澳大利亚心理疗法的创始人。1922 年移居美国，主持了著名的霍桑实验，并提出了人际关系理论，从而为提高生产率开辟了新途径。人际关系理论在管理思想史上占有极其重要的地位，是管理思想的一个伟大的历史转折，为管理学的发展开创了一个新纪元。

梅奥的人际关系理论的主要内容如下：

(1) 人是社会人而非经济人。古典管理理论把人当作经济人来看待，认为金钱是刺激人积极性的唯一动力。霍桑实验则证明人是一个社会人，影响人的劳动积极性的因素，除了物质利益之外，还有社会的、心理的因素，比如和他人的关系，安全感等。每一个人都有自己的特点，个体的观点和个性都会影响工作表现。因此，应该把员工当作不同的个体来看待，当作社会人来对待，而不应将其视作无差别的机器或机器的一部分。

(2) 企业中存在非正式组织，非正式组织是与正式组织相对而言的。所谓正式组织是指为了有效地实现企业目标，依据企业成员的职位、责任、权力及其相互关系进行明确划分而形成的组织体系。古典管理理论只注意发挥正式组织的作用。霍桑实验表明，工人在企业内部共同劳动的过程中，必然会发生一些工作以外的联系，这种联系会加深他们的相互了解，从而能形成某种共识，建立起一定程度的感情，逐渐发展成为一种相对稳定的非正式组织。这种非正式组织对工人起着两种作用：一是保护工人免受内部成员疏忽所造成的损失，如生产过多以致提高生产定额，或生产过少引起管理当局的不满，并加重同伴的负担；二是保护工人免受非正式组织以外的管理人员干涉所形成的损失，如降低工资率或提高生产定额。

梅奥等人认为，不管承认与否，非正式组织都是存在的。它与正式组织相互依存，而且会通过影响工人的工作态度来影响企业的生产效率和目标的达成。因此，管理人员应该正视这种非正式组织的存在，利用非正式组织为正式组织的活动和目标服务。

(3) 提高职工的满足程度有助于提高生产效率。古典管理理论认为生产效率主要取决于作业方法、工作条件和工资制度。因此只要采用恰当的工资制度，改善工作条件，制定科学的作业方法，就可以提高工人的劳动生产率。而梅奥根据霍桑实验得出了不同的结论，他认为，生产效率的高低主要取决于工人的活力，而工人的活力则取决于他们感受到的各种需要的满足程度。在这些需要中，金钱与物质方面的需要只占很少的一部分，更多的是获取友谊、得到尊重或保证安全等方面的社会需要。因此，要提高生产率，就要提高职工的活力，而提高职工活力就要努力提高职工的满足程度。所以，新型的管理人员应该认真地分析职工的需要，不仅解决工人生产技术或物质生活方面的问题，还要掌握他们的心理状态，了解他们的思想情绪，以便采取相应的措施。这样才能适时、充分地激励工人，达到提高劳动生产率的目的。

梅奥人际关系理论克服了古典管理理论的不足，开辟了管理思想的新领域。自此以后，许多的管理学家、社会学家和心理学家从行为的特点、行为和环境、行为的过程以及行为的原因等多种角度开展对人的行为的研究，形成了一系列的理论。行为科学成为现代西方管理理论的一个重要流派，促进了企业管理人员重视人的因素，强调人力资源的开发，注意改善企业内部人际关系，注意使组织的需要和成员的需要协调一等。但梅奥人际关系理论也有局限性，主要在于过分强调非正式组织和情感的作用，过分否定经济报酬、工作条件、外部监督及作业标准的影响。

第四节　现代管理理论

第二次世界大战前后，特别是 1950 年至 1970 年，要求和平、民主和独立的浪潮席卷全球，工业发达国家的劳工运动也有了蓬勃发展，声势浩大的罢工斗争此起彼伏，劳资矛盾尖锐。企业的规模在激烈竞争中迅速扩大，跨国公司、国际化的市场进一步加剧了企业之间的竞争。伴随着科学技术的发展，生产过程机械化、自动化程度的提高，管理工作的细化，使技术人员、管理人员在职工中的比重增加，而操作工人的比重相对下降。受这些因素的影响，生产实践需要与时俱进的管理理论的指导，管理思想得到迅猛发展，出现了许多新的管理理论和管理学说，并形成众多的学派，呈现出流派纷呈的局面。这些理论和学派，在历史渊源和内容上相互影响、相互联系，形成了盘根错节、争相竞荣的局面，被称为"管理理论丛林"。

一、管理科学学派

第二次世界大战时期，英国为解决国防需要而产生"运筹学"，发展了新的数学分析和计算技术，例如：统计判断、线性规划、排队论、博弈论、统筹法、模拟法、系统分析等。这些成果应用于管理工作就产生了"管理科学理论"，它的主要内容是一系列的现代管理方法和技术。提出这一理论的代表人物是美国研究管理学和现代生产管理方法的著名学者伯法等人。他们开拓了管理学的另一个广阔的研究领域，使管理从以往定性的描述走向了定量的预测阶段。"管理科学"理论是指以现代自然科学和技术科学的最新成果(如先进的数学方法、电子计算机技术以及系统论、信息论、控制论等)为手段，运用数学模型，对管理领域中的人力、物力、财力进行系统的定量的分析，并作出最优规划和决策的理论。这一理论是在第二次世界大战之后，与行为科学平行发展起来的。从历史渊源来看，"管理科学"是泰罗科学管理的继续和发展，因为它的主要目标也是探求最有效的工作方法或最优方案，以最短的时间、最少的支出，取得最大的效果，但它的研究范围已远远不是泰罗时代的"操作方法"和"作业研究"，而是面向整个组织的所有活动，并且它所采用的现代科技手段也是泰罗时代所无法比拟的。

运筹学是"管理科学"理论的基础，是在第二次世界大战中建立起来的。以杰出的物理学家布莱克特为主的一些英国科学家为了解决雷达合理布置问题而发展起来的数学分析和计算技术。就其内容讲，这是一种分析的、实验的和定量的科学方法，专门研究在既定的物质条件(人力、物力、财力)下，为达到一定的目的，运用科学的方法(主要是数学的方法)，进行数量分析。统筹兼顾研究对象的整个活动中所有环节之间的关系，为选择出最优方案提供数量上的依据，以便作出综合性的合理安排，经济有效地使用人力、物力、财力，以达到最好的效果。运筹学后来被运用到管理领域，由于研究的不同，又形成了许多新的分支，这些分支主要有以下6种。

1. 规划论

规划论研究如何充分利用企业的一切资源，包括人力、物资、设备、资金和时间，最大限度地完成各项计划任务，以获得最优的经济效益。规划论根据不同情况又可分为线性规划、非线性规划和动态规划。

2. 库存论

库存论研究在什么时间，以多少数量，从什么地方供应，来补充零部件、器件、设备、资金等库存，使企业既能保证有效运转，又能保持一定库存和补充采购的总费用最少。

3. 排队论

排队论主要研究在公用服务系统中，设置多少服务人员或设备最为合适，既不使被服务者过长地排队等候，又不使服务人员及设备过久地闲置。

4. 对策论

对策论又称博弈论，主要研究利益相互矛盾的各方在竞争性活动中，如何使自己一方获得期望利益最大或期望损失最小，并得出战胜对方的最优策略。

5. 搜索论

搜索论研究在寻找某种对象(如石油、煤矿、铁矿)的过程中，如何合理使用搜索手段(包括人、物、资金和时间)，以便取得最好的搜索效果。

6. 网络分析

网络分析是利用网络图对工程进行计划和控制的一种管理技术,常用的有"计划评审技术"和"关键线路法"。

二、系统管理理论学派

系统管理学派盛行于 20 世纪 60 年代前后。由于当时系统科学和理论比较盛行,倡导系统管理的人士十分广泛,因此对管理学派影响很大。系统管理学派的管理思想基础是一般系统理论。

传统的分析问题的方法,往往是把一个事物分解成许多独立的部分,分别进行深入研究。这样做容易把事物看成是孤立的、静止的,因而所得出的结论也只适合于一定的局部条件,如果放到更大的范围来考察,那个结论就可能是片面的,甚至是错误的。

系统管理理论则把管理对象看做一个整体——一个有机联系的系统。研究企业管理的任何个别事物,都要从系统的整体出发,既要研究此事物与系统内各组成部分之间的关系,又要研究此事物同系统外部环境的相互联系。

一个企业,在研究计划、生产、质量、人事、销售、财务等各个部门的工作时,应该依据系统管理思想把内部因素和外部环境结合起来进行全面分析,研究各个部门之间的相互促进和制约关系,以求各个部门的工作能保证整个企业获得最优的效益。在系统理论中,各部门工作的优化固然重要,但企业整体目标的优化更为重要。

企业作为一个系统,一方面包括物的生产和为了进行物的生产所需要的技术手段,另一方面,包括了经营管理部门、服务部门、情报部门等所采用的各种管理方法。前者可以称为"硬件",后者可以称为"软件",两者结合构成了企业系统。具体来说,它可以分为六个要素。

1. 人

人是企业系统的第一要素。企业的主体是人,企业的一切活动要靠人来进行。只有充分调动人的积极性,才能提高经营管理和生产的效率。人的要素可以通过人的数量、素质、专长等来表现。

2. 物资

物资包括原材料、半成品、成品、能源等。

3. 设备

设备包括机电设备、工具、仪表仪器、运输工具等,也包括厂房、仓库及与生产经营有关的其他设施。这是企业进行生产经营的物质基础。

4. 财产

财产包括固定资金、流动资金、各项专用基金等。在企业系统中,财产是进行生产经营的重要条件。

5. 任务

任务包括国家和上级机关下达的建设项目、生产指标及与其他单位订立的供货合同。此外,还包括为满足市场需要由企业自定的任务。

6. 信息

信息包括产供销的原始数据、统计报表、情报、技术标准、规章制度等。信息在企业系统中也是一个很重要的因素,是进行管理、制定决策的重要依据。对于信息的要求是及时、准确、全面、畅通。

企业的具体组织是各式各样的,但可按系统理论将上述六个要素分为许多子系统,如技术子系统、财务子系统、情报子系统、生产子系统等。由于企业系统总是处于不断变化当中,所以研究系统管理,不仅要考虑系统的静态结构,更要研究系统的动态变化。系统管理离不开数学方法、模型理论和计算机手段以及行为观点。所以,也可以说系统管理理论是对现代管理科学的综合。

系统科学理论的主要代表人物有:一般系统论的创始人贝塔朗菲、控制论的创始人诺伯特·维纳、信息论的创始人申农、耗散结构的建立者普利高津、协同论理论的创始人哈肯和突变论的创始人托姆等。

一般系统理论建立之后,有的学者把它应用于工商企业的管理,因而形成了系统观理论。这一理论的主要代表人物有:理查德·约翰逊、弗里蒙特·卡斯特、詹姆士·罗森茨韦克、米勒、梅萨·罗维奇。代表著作有萨多夫斯基的《一般系统理论原理》;贝塔朗菲的《一般系统论》;普利津高的《从混沌到有序》;哈肯的《协同论》;艾根的《超循环论》等。

系统管理学派的经典著作是 1963 年约翰逊、卡斯特、罗森茨韦克三人合著的《系统理论与管理》以及 1970 年卡斯特、罗森茨韦克二人合著的《组织与管理——一种系统学说》。

三、决策理论学派

决策理论学派的主要代表人物是曾获 1978 年度诺贝尔经济学奖的赫伯特·西蒙。西蒙虽然是决策学派的代表人物,但他的许多思想是从巴纳德中吸取的,他发展了巴纳德的社会系统学派,并提出了决策理论,建立了决策理论学派,形成了一门有关决策过程、准则、类型及方法的较完整的理论体系,主要著作有《管理行为》、《组织》、《管理决策的新科学》等。

决策理论学派认为,决策贯穿管理的全过程,决策是管理的核心。西蒙指出组织中经理人员的重要职能就是作决策。他认为,任何作业开始之前都要先作决策,制订计划就是决策,组织、领导和控制也都离不开决策。西蒙对决策的程序、准则、程序化决策和非程序化决策的异同及其决策技术等作了分析。西蒙提出决策过程包括 4 个阶段:搜集情况阶段;拟定计划阶段;选定计划阶段;评价计划阶段。这四个阶段中的每一个阶段本身就是一个复杂的决策过程。在决策标准上,用"令人满意"的准则代替"最优化"准则。以往的管理学家往往把人看成是以"绝对的理性"为指导,按最优化准则行动的理性人,西蒙认为事实上这是做不到的。应该用"管理人"假设代替"理性人"假设,"管理人"不考虑一切可能的复杂情况,只考虑与问题有关的情况,采用"令人满意"的决策准则,从而可以作出令人满意的决策。一个组织的决策根据其活动是否反复出现可分为程序化决策和非程序决策。经常性的活动的决策应程序化以降低决策过程的成本;只有非经常性的活动,才需要进行非程序化的决策。

针对管理过程理论中的管理职能,西蒙提出决策是管理的职能,决策贯穿于组织活动全部过程，进而提出了"管理的核心是决策"的命题，而传统的管理学派是把决策职能纳入到计划职能当中的。由于决策理论不仅适用于企业组织，而且适用于其他各种组织的管理，具有普遍的适用意义；因此，"决策是管理的职能"现在已得管理学家普遍的承认。

决策理论尽管提出了有许多其他理论所不具备的优点，但仍存在缺陷。管理是一种复杂的社会现象，仅靠决策也无法给管理者有效的指导，实用性不大。决策学派没有把管理决策和人们的其他决策行为区别开来。决策并非只存在管理行为中，人们的日常活动中也普遍存在决策，如人们日常生活做事需要决策，组织中非管理人员的活动也需要决策，但这些决策行为都不是管理行为。决策学派没有把管理决策和人们的其他行为区别开来，其根本原因是没有认识到管理的本质。

四、行为科学学派

行为科学以人的行为及其产生的原因作为研究对象。具体来说，它主要是从人的需要、欲望、动机、目的等心理因素的角度研究人的行为规律，特别是研究人与人之间的关系、个人与集体之间的关系，并借助于这种规律性的认识来预测和控制人的行为，以实现提高工作效率，完成组织的目标。行为学派虽然没有研究出一套完整的管理知识，却已经为人们提供了许多有用的素材。他们的行为论题主要有激励、领导、群体、组织设计、组织变化与发展等。行为科学主要包括以下几个部分：

1. 关于个体行为的研究

人的行为是由动机引起的。而动机则是由需要引起的，当人的某种需要没有得到满足时，这就产生了行为的激励(也就是动机)，从而表现出一定的行为。个体行为理论就是关于关于行为原因、行为过程以及行为结果的研究。个体行为理论主要有：马斯洛(A.H.Maslow)的需求层次理论，指出主管人员都必须随机制宜地对待人们的各种需求，著有《人类动机的理论》；赫茨伯格(F.Herzberg)的双因素理论，强调主管人员必须抓住能促使职工满意的因素，著有《工作的激励因素》；弗鲁姆的期望理论；亚当斯的公平理论和挫折理论等。

2. 关于群体行为的研究

群体行为的研究主要是人际关系研究的继续，群体行为理论除了对正式组织与非正式组织的特征、相互关系及其作用等方面的继续探讨外，还包括群体的沟通与冲突以及群体的动态发展(群体动力学)的研究。

3. 关于领导行为的研究

职工在主管人员的控制下作业，因此主管的领导行为必然会对职工的士气和工作表现产生一定影响作用。领导行为研究主要有两部分：关于领导人对人性的不同假设；领导人的领导方式的分析。

关于人性的假设，麦格雷戈(D.M.McGregor)提出了"X 理论-Y 理论"。他在 1957 年 11 月美国《商业评论》杂志上发表的《企业的人性面》一文中首先提出了著名的"X 理论-Y理论"，之后又在其他著作中进一步加以发挥。X 理论是对"经济人"假设的概括，而 Y理论是根据"社会人""自我实现人"的假设。

关于领导方式,罗伯特·坦南鲍姆和沃伦·施密特提出的"连续统一理论";罗伯特·布莱克和简·莫顿提出的"管理方格理论",都是对领导方式的探讨。

五、管理过程学派

管理过程学派,又叫管理职能学派、经营管理学派。它是当代管理理论的主要流派之一,主要致力于研究和说明"管理人员做些什么和如何做好这些工作",侧重说明管理工作实务。古典管理理论的创始人之一法约尔就是这个学派的开山鼻祖。这一理论是在法约尔的一般管理理论的基础上发展而来的。这个学派后来经美国的管理学家哈罗德·孔茨等人的发扬光大,成为现代管理理论学丛林中的一个主流学派。

法约尔的著述很多,1916 年出版的《工业管理和一般管理》是其最主要的代表作,标志着一般管理理论的形成。他的研究则是从办公桌前的总经理出发的,把办公桌前的总经理当作管理者作为研究对象。他认为,管理理论是指有关管理的、得到普遍承认的理论,是经过普遍经验检验并得到论证的一套有关原则、标准、方法、程序等内容的完整体系。法约尔将管理活动分为计划、组织、指挥、协调和控制等五大管理职能,并进行了相应的分析和讨论。法约尔认为管理的五大职能并不是企业管理者个人责任,它同企业经营的其他五大活动一样,是一种分配于领导人与整个组织成员之间的工作。

在法约尔之后,孔茨和奥唐奈里奇在仔细研究这些管理职能的基础上,将管理职能分为计划、组织、人事、领导、和控制五项,并且把协调作为管理的本质。孔茨利用这些管理职能对管理理论进行分析、研究和阐述,最终建立了管理过程学派。孔茨是管理过程学派的集大成者,他继承了法约尔的理论,并把法约尔的理论更加系统化、条理化,使管理过程学派成为管理各学派中最具有影响力的学派。

管理过程学派的主要特点是将管理理论同管理人员所执行的管理职能(也就是管理人员所从事的工作)联系起来。他们认为,无论组织的性质多么不同(如经济组织、政府组织、宗教组织和军事组织等),组织所处的环境有多么不同,但管理人员所从事的管理职能却是相同的。管理活动的过程就是管理的职能逐步展开和实现的过程。因此,管理过程学派把管理的职能作为研究的对象,他们先把管理的工作划分为若干职能,然后对这些职能进行研究,阐明每项职能的性质、特点和重要性,论述实现这些职能的原则和方法。管理过程学派认为,应用这种方法可以把管理工作的主要方面加以理论概括并有助于建立起系统的管理理论,用以指导管理的实践。

六、权变理论学派

权变理论学派是 20 世纪 60 年代末 70 年代初在美国经验主义学派基础上进一步发展起来的管理理论学派。进入 20 世纪 70 年代,权变理论在美国兴起,受到广泛的重视。权变理论的兴起有其深刻的历史背景,20 世纪 70 年代的美国,社会不安,经济动荡,政治骚动,达到空前的程度,石油危机对西方社会产生了深远的影响,企业所处的环境很不确定。但以往的管理理论,如科学管理理论、行为科学理论等,主要侧重于研究加强企业内部组织的管理,而且以往的管理理论大多都在追求普遍适用的、最合理的模式与原则,而这些管理理论在解决企业面临瞬息万变的外部环境时又显得无能为力。正是在这种情况下,人们不再相信管理会有一种最好的行事方式，而是必须随机制宜地处理管理问题，于是形成一种管理取决于所处环境状况的理论，即权变理论。"权变"的意思就是权宜应变。

权变理论学派认为，在企业管理中要根据企业所处的内外条件随机应变，没有什么一成不变、普遍适用的"最好的"管理理论和方法。该学派是从系统观点来考察问题的，它的理论核心就是通过组织的各子系统内部和各子系统之间的相互联系，以及组织和它所处的环境之间的联系，来确定各种变数的关系类型和结构类型。它强调在管理中要根据组织所处的内外部条件随机应变，针对不同的具体条件寻求不同的最合适的管理模式、方案或方法。

美国学者卢桑斯(F.Luthans)在 1976 年出版的《管理导论：一种权变学》一书中系统地概括了权变管理理论。他认为：

(1) 权变理论就是要把环境对管理的作用具体化，并使管理理论与管理实践紧密地联系起来。

(2) 环境是自变量，而管理的观念和技术是因变量。这就是说，对于更快地达到目标来说，如果存在某种环境条件，就要采用某种管理原理、方法和技术。比如，如果在经济衰退时期，企业在供过于求的市场中经营，采用集权的组织结构，就更适于达到组织目标；如果在经济繁荣时期，在供不应求的市场中经营，那么采用分权的组织结构可能会更好一些。

(3) 权变管理理论的核心内容是环境变量与管理变量之间的函数关系就是权变关系。环境可分为外部环境和内部环境。外部环境又可以分为两种：一种是由社会、技术、经济和政治、法律等所组成；另一种是由供应者、顾客、竞争者、雇员、股东等组成。内部环境基本上是正式组织系统，它的各个变量与外部环境各变量之间是相互关联的。

七、经验主义学派

经验主义学派也被称为经理主义学派、案例学派，是以向企业的经理提供管理企业的成功经验和科学方法为目标。经验主义学派认为应该从企业管理的实际出发，研究企业的成功经验和失败教训，加以总结归纳，找出有共性的东西，并上升到理性认识，通过这种办法来学习管理，并为管理者提供有益的建议。

经验主义学派的管理者认为必须研究管理案例，通过案例研究向一些大企业的经理提供在相同情况下的管理经验和方法。在他们看来，只有经验主义学说才能有效地指导管理实践。

经验主义学派理论的研究内容主要涉及以下几方面的管理问题：

(1) 管理应侧重于实际应用，而不是纯粹理论的研究。管理学如同医学、法律学和工程学一样，是一种应用学科，而不是纯知识的学科。但管理又不是单纯的常识、领导能力或财务技巧的应用。管理的实际应用是以知识和责任为依据的。

(2) 管理者的任务是了解本机构的特殊目的和使命，使工作富有吸引力并使职工有成就感；处理本机构对社会的影响。德鲁克认为，作为企业主要管理者的经理，有两项别人无法替代的职责。第一项职责是创造出一个大于其各组成部分的总和的真正的整体，创造出一个富有活力的整体，把投入于其中的各项资源转化为较各项资源的总和更多的东西；

第二项特殊职责是在其每一项决定和行动中协调当前的和长期的要求。为此，每一个经理都必须：制定目标和措施并传达给有关的人员；进行组织工作；进行鼓励和联系工作；对工作和成果进行评价；使员工得到成长和发展。

(3) 实行目标管理的管理方法。德鲁克理论给管理学的最大贡献是他提出任务(或目标)决定管理，并据此提出目标管理法。德鲁克认为传统管理学派偏向于以工作为中心，忽视人的一面，而行为科学又偏向于以人为中心，忽视了与工作相结合。目标管理则结合以工作为中心和以人为中心的管理方法，使职工发现工作的兴趣和价值，从工作中满足其自我实现的需要，同时，企业的目标也因职工的自我实现而实现，这样就把工作和人性二者统一起来了。目标管理在当今仍是运用最多的管理方法。

教学案例

联合包裹服务公司(UPS)的科学管理

1907 年 8 月 28 日，联合包裹服务公司(UPS)成立于美国西雅图，经过百年发展，已经成为全球的配送专家。公司雇用了 15 万名员工，平均每天将 900 万个包裹发送到美国各地和世界 180 多个国家和地区。为了提高工作效率，UPS 的工业工程师对每一位司机的行驶路线进行了时间研究，对每种送货、取货和暂停活动设立了工作标准。工程师详细记录了红灯、通行、按门铃、穿过院子、上楼梯、中间休息喝咖啡的时间，甚至上厕所的时间，将这些数据输入计算机中，从而给出每一位司机每天工作中的详细时间标准。

为了完成每天取送 130 件包裹的目标，司机必须严格遵守工程师设定的程序。当接近发送站时，他们松开安全带，按喇叭，关发动机，拉起紧急制动，把变速器推到一挡上，为送货完毕后的启动离开做好准备，这一系列动作极为严格。然后司机从驾驶室出来，右臂夹着文件夹，左手拿着包裹，右手拿着车钥匙。他们看一眼包裹上的地址，把它记在脑子里，再以每秒钟 3 英尺的速度快步走到顾客的门前，先敲一下门以免浪费时间去找门铃。送货完毕，他们在回到卡车上的路途中完成登录工作。

UPS 是世界上效率最高的公司之一，联邦捷运公司每人每天取运 80 件包裹，而 UPS 公司却是 130 件。高效率为 UPS 公司带来了丰厚的利润。

【教学功能】 本案例主要涉及科学管理理论。它涉及工作流程的标准化模式。科学管理距今已近百年，你认为在今天的企业中仍然有效吗？UPS 公司这种刻板的工作时间表为什么能带来效率呢？你如何评论 UPS 公司的工作程序？通过本案例，学生可以了解到距今百年的古典管理理论，在现代企业中，仍能发挥作用。

知识链接

现代管理理论的基本目标是要在急剧变化的社会中，保持一个充满活力的组织，使之能够持续地低消耗、高产出，完成组织的使命，履行其社会责任。因此要求管理理论不断发展和完善。自 20 世纪 90 年代以来，经济全球化、信息化和知识化迅猛发展，使现代组织所面临的经营环境日益复杂多变，竞争也愈来愈激烈。众多管理者，不断探索，提出了很多新的管理观念、原则和方法。

1. 学习型组织

学习型组织是指具有不断学习、适应和变革能力的组织，它与传统型组织差别极大，主要表现为以下六个方面：

(1) 传统组织愿意保持现状，而学习型组织则认为没有变革就没有未来；

(2) 传统型组织的创新思想总是产生在当下，而学习型组织总要先行一步；

(3) 传统组织认为创新是研发部门的事情，而学习型组织认为创新是组织每位成员的事情；

(4) 传统组织主要担心发生错误，学习型组织主要担心不学习或不适应；

(5) 传统组织认为产品和服务是组织竞争优势，学习型组织认为学习能力、知识和专门技术是组织的竞争优势；

(6) 传统组织认为管理者的职责是控制别人，而学习型组织认为管理者的职责是调动别人和授权。

1990 年出版了彼得·圣吉的《第五项修炼——学习型组织的艺术与实务》，这本书一出版立即引起管理界的轰动。彼得·圣吉以全新的视角来考察人类群体危机最根本的症结所在，指出企业应当成为一个学习型组织。通过培养弥漫于组织内部的学习气氛、充分发挥员工的创造性思维能力，建立起一种有机的、高度柔性的、扁平的、符合人性的、能持续发展的组织。这种组织具有持续学习能力、综合绩效大于个人绩效总和、组织成员具有共同的目标、具有自我管理能力、领导具有全新角色和组织具有"扁平式"结构的特点。

彼得·圣吉还提出了学习型组织的五项修炼，认为这五项修炼是学习型组织的技能，融合了这五项修炼方能造就一个学习型组织。

第一项修炼：自我超越。自我超越的修炼是不断深入学习并加深个人的真正愿景，集中精力，培养耐心，客观地观察现实。它是学习型组织的精神基础。自我超越需要不断认识自己，认识外界的变化，不断地赋予自己新的奋斗目标，并由此超越过去，超越自己，迎接未来。

第二项修炼：改善心智模式。心智模式是指根深蒂固于每个人或组织之中的思想方式和行为模式。它影响到人或组织如何了解世界，以及如何采取行动的许多假设、成见，甚至是图像、印象。个人与组织往往不了解自己的心智模式，故而对自己的一些行为无法认识和把握。这项修炼就是要把镜子转向自己，先修炼自己的心智模式。

第三项修炼：建立共同愿景。如果有一项理念能够一直在组织中鼓舞人心，凝聚一群人，那么这个组织就有了一个共同的愿景，就能够长久不衰。如国际商用机器公司的"服务"，宝利来公司的"立即摄影"，福特汽车公司的"提供大众公共运输"，苹果电脑公司的"提供大众强大的计算能力"等，都是为组织确立的共同努力的愿景。这项修炼就是要求组织能够在今天与未来的环境中寻找和建立这样一种愿景。

第四项修炼：团队学习。团队学习的有效性不仅在于团队整体会产生出色的成果，而且团队中单个成员学习的速度也比其他人的学习速度快。团队学习的修炼从"深度汇谈"开始。"深度汇谈"是一个团队的所有成员，谈出心中假设，从而实现真正的一起思考。"深度汇谈"的修炼也包括学习找出有碍学习的因素的互动模式。

第五项修炼：系统思考。组织与人类其他活动一样是一个系统，受到各种细微且息息相关的行动的牵连而彼此影响着，这种影响往往要经长年累月才能完全展现出来。作为群体的一部分，人们置身其中，想要看清楚整体的变化，非常困难。因此这项修炼就是要让人们与组织形成系统观察、系统思考的能力，并以此来观察世界，从而决定人们正确地行动。

2. 精益思想

精益思想源于 20 世纪 80 年代日本丰田发明的精益生产方式。精益生产方式造成日本汽车的质量与成本优势，曾经压得美国汽车抬不起头。在市场竞争中遭受失败的美国汽车工业，经历了曲折的认识过程后，终于意识到致使其竞争失败的关键原因是美国汽车制造业的大批量生产方式输给丰田的精益生产方式。1985 年，美国麻省理工学院的研究队伍筹资 500 万美元，用了近 5 年的时间对 90 多家汽车厂进行对比分析，于 1992 年出版了《改造世界的机器》一书，把丰田生产方式定名为精益生产，并对其管理思想的特点与内涵进行了详细的描述。四年之后出版了该书的续篇《精益思想》，进一步从理论的高度归纳了精益生产中所包含的新的管理思维，并将精益方式扩大到制造业以外的所有领域，尤其是第三产业。把精益生产方法外延到企业活动的各个方面，不再局限于生产领域，从而促使管理人员重新思考企业流程，消灭浪费，创造价值。

精益思想的核心(消除浪费)就是以越来越少的投入——较少的人力、较少的设备、较短的时间和较小的场地创造出尽可能多的价值；同时也越来越接近用户，提供他们确实要的东西。精确地定义价值是精益思想关键性的第一步；确定每个产品(或在某些情况下确定每一产品系列)的全部价值流是精益思想的第二步；紧接着就是要使保留下来的、创造价值的各个步骤流动起来，使需要若干天才能办完的订货手续，在几小时内办完，使传统的物资生产完成时间由几个月或几周减少到几天或几分钟；随后就要及时跟上不断变化着的顾客需求。因为一旦具备了在用户真正需要的时候就能设计、安排生产和制造出用户真正需要的产品的能力，就意味着可以抛开销售，直接按用户告知的实际要求进行生产。这就是说，可以按用户需要拉动产品，而不是把用户不想要的产品硬推给用户。

精益思想包括精益生产、精益管理、精益设计和精益供应等一系列思想，其核心是通过"及时适量""零库存""传票卡"等现场管理手段实现"订货生产"，从而确保产品质量并降低成本。精益思想最初是体现在对产品质量的控制中，即不追求产品的成本优势和技术领先，而是强调产品的成本与技术的合理匹配、协调。此后，企业界将精益思想逐步引伸、延展到企业经营活动的全过程，即追求企业经营投入和经济产出的最大化、价值最大化。从字面意思来看，"精"体现在质量上，追求"尽善尽美""精益求精"；"益"体现在成本上，只有成本低于行业平均成本的企业才能获得收益。因而，精益思想不单纯追求成本最低、企业眼中的质量最优，而是追求用户和企业都满意的质量、追求成本与质量的最佳匹配、追求产品性能价格的最优比。

3. 业务流程再造

美国人哈默和钱皮于 1994 年出版了一本书，名为《公司再造》。该书一出版便引起管理学界和企业界的高度重视，迅速流传开来。

哈默与钱皮认为，工业革命两百多年以来，亚当·斯密的分工理论始终主宰着当今社会中的一切组织，大部分的企业都建立在效率低下的功能组织上。因此有必要对企业进行流程再造。所谓企业流程再造是指在市场竞争环境下，以企业经营过程为改造对象，根据客户的要求和企业本身实际，采用先进的制造技术、信息技术和统筹规划方法，对现有的经营过程进行再思考和再设计的一种系统创新活动。它以关心客户的需求和满意度为目标，以先进技术和现代化管理为手段，以企业作业流程为中心，打破原先企业组织结构，使企业集合成效率高、节奏快、职工参与管理的一种全新过程型的组织结构，具有企业经营成本低、质量高、服务优、应变能力强和灵活性大的特征。

流程再造是指从根本上对原来的业务流程作重新思考和彻底的重新设计，把直线职能型的垂直业务流程结构转变成水平型的流程网络型结构，使每一个业务流程都有直接服务的顾客，每一流程都具有高度的决策自主权，每一个业务流程的经营效果都可以用货币来计算，让企业质量、成本和周期等绩效指标取得显著的改善。

4. 核心能力理论

核心能力理论是当今管理学和经济学交叉融合的最新理论成果之一。它源于战略管理理论、经济学理论、知识经济理论、创新理论等对企业持续竞争优势之源的不断探索，体现了各学科的交叉融合。20世纪50年代，斯尼兹尼克提出了"独特能力"概念，并在60年代形成了企业战略管理的基本范式，即公司使命或战略建立在"独特能力"基础之上。到了20世纪80年代，资源基础理论认为企业的战略应当建立在企业的核心资源上。所谓核心资源是指有价值的、稀缺的、不能完全模仿和不能完全替代的资源，它是企业持续竞争优势的源泉。1990年普拉哈拉德和哈梅尔在《哈佛商业评论》上发表了一篇具有广泛影响力的论文《公司的核心能力》，吸引了众多管理学者的目光。从核心资源到核心能力，资源基础理论得到了进一步发展。根据普拉哈拉德和哈梅尔的定义，核心能力是组织内的集体知识和集体学，是协调不同生产技术和整合多种多样技术流的能力。一项能力被界定为企业的核心能力，必须满足如下条件：

(1) 不是单一技术或技能，是一簇相关技术和技能的整合；

(2) 不是物理性资产；

(3) 必须能创造顾客看重的关键价值；

(4) 与对手相比，竞争上具有独特性；

(5) 超越特定了产品或部门范畴从而为企业提供走向新市场的通道。

模块二　技能训练

实训目标

掌握管理方法的基本应用。

实训内容与要求

通过参观企业或通过互联网掌握某一企业的资料，了解该企业基本状况，知道管理学在社会生产实践和企业中重要性，能够阐述管理方法的应用。

效果检测

针对不同的企业，组织讨论并写出对管理活动的想法；根据每个同学在对话中的表现和课后书面作业进行评分。

模块三　管理案例

自我改善的柔性管理

大连三洋制冷有限公司(简称大连三洋)1992 年 9 月成立，1993 年正式投产，现有职工 400 余人，是由日本三洋电机株式会社、中国大连冷冻机股份有限公司和日本日商岩井株式会社三家合资兴办的企业。

大连三洋是在激烈的市场竞争中成立的。当时，他们对外面对来自国内外同行业企业形成的市场压力；对内面临着如何把引进的高新技术转化成高质量的产品，如何使来自各方面有着文化程度、价值观念、思维方式、行为方式巨大差异的员工，形成统一的经营理念和行为准则，适应公司发展的需要的问题。因此，大连三洋成立伊始，即把严格管理作为企业管理的主导思想，强化遵纪守规意识。

可是，随着公司的发展和员工素质的不断提高，原有的制度、管理思想和方法，有的已不能适应企业的管理需求；有的满足不了员工实现其精神价值的需要。更为重要的是，随着国内外市场竞争的激烈，大连三洋如何增强自身应变能力，为用户提供不同需求的制冷机产品，就成为公司发展过程中必须要解决的问题。因此，公司针对逐渐培养起来的员工自我管理的意识，使其逐步升华成为立足岗位的自我改善行为，即自我改善的柔性管理，从而增强了公司在激烈市场竞争中的应变能力。

大连三洋的经营领导者在实践柔性管理中深深地领悟到，公司不能把员工当成"经济人"，要把他们当成"社会人"和"自我实现的人"。基于此，大连三洋形成了自己特有的经营理念和企业价值观，并逐步形成了职工自我改善的柔性管理。

通过这种管理和其他改革办法，大连三洋不仅是当年投产当年盈利，而且 5 年利税超亿元，合资各方连续 3 年分红，很快就收回投资，并净赚了"两个大连三洋"。以下是大连三洋自我改善的柔性管理运作的部分内容：

员工是改善活动的主体。公司从员工入厂开始，即坚持进行以"爱我公司"为核心的教育，以"创造无止境改善"为基础的自我完善教育，以"现场就是市场"为意识的危机教育。

他们在吸纳和研究员工危机意识与改善欲求的基础上，总结了自我改善的 10 条观念：

(1) 抛弃僵化固定的观念。

(2) 过多地强调理由，是不求进取的表现。

(3) 立即改正错误，是提高自身素质的必由之路。

(4) 真正的原因，在"为什么"的反复追问中产生。

(5) 从不可能中寻找解决问题的方法。

(6) 只要你开动脑筋，就能打开创意的大门。

(7) 改善的成功，来源于集体的智慧和努力。

(8) 更要重视不花大钱的改善。

(9) 完美的追求，从点的改善开始。

(10) 改善是无止境的。

这10条基本观念，如今在大连三洋已成为职工立足岗位自我改善的指导思想和自觉的行为。

大连三洋的职工自我改善是在严格管理的基础上逐渐形成的。从公司创建起，他们就制定了严格规范的管理制度，要求员工要适应制度，遵守制度。当员工把严格遵守制度当成他们自我安全和成长需要的自觉行动时，就进一步促使制度朝着有利于发挥员工的潜能和促进员工的发展的方向发展，而更具有相对的灵活性。

例如，他们现在的"员工五准则"中第一条"严守时间"规定的后面附有这样的解释，"当您由于身体不适、交通堵塞、家庭有困难，不能按时到公司时，请拨打7317375通知公司。"在这里没有单纯"不准迟到"、"不准早退"的硬性规定，充分体现了公司规章制度"人性化"的一面。在庆祝公司创立日活动时，公司将所有员工的家属都请来予以慰问。逢年过节，公司常驻外地的营销人员，总会收到总经理亲笔慰问信。在他们那里，"努力工作型"员工受到尊重。职工合理化提案被采纳的有奖，未被采纳的也会受到鼓励。企业与员工共存，为员工提供舒适的工作环境，不断提升员工的生活质量。员工以极大的热情关心公司的发展，通过立足岗位的自我改善成为公司发展的强大动力。

思考：

1. 试分析大连三洋柔性管理模式的内涵。

2. 在大连三洋的柔性管理中体现了怎样的管理思想转变？

模块四　复习与思考

1. 泰罗的管理思想是什么？

2. 法约尔的管理思想是什么？

3. 韦伯的管理思想是什么？

4. 梅奥的人际关系理论是什么？

本章小结

1. 管理理论的发展源于实践。人类在实践过程当中不断总结管理的经验教训，逐渐形成了零星的管理思想，并逐步发展，最终建立起一套完整的理论体系。

2. 古典管理理论于19世纪末和20世纪初在美国形成，泰罗、法约尔、韦伯被称为古典管理理论三大先驱。其中科学管理理论是管理从经验走向理论的标志，也是管理走向现代化、科学化的标志。

3．行为科学理论的产生源自梅奥领导的著名的"霍桑实验"。它开辟了管理研究的新方向。

4．现代管理理论是指 20 世纪 80 年代开始至今的管理新理论。它是在古典管理理论的基础上发展起来的。现代管理的各学派从思想、体制、方法和手段上推进了管理现代化进程。

5．20 世纪 90 年代最新的管理思潮为"公司再造"和"第五项修炼"。有人认为这是管理的革命，将导致传统管理理论与实践全面革新，开创全新的管理天地。

第三章 决 策

模块一 基础知识

教学要求

(1) 定义环境调查，概括环境调查的程序。
(2) 掌握调查方案设计、实地调研、资料分析、调查报告写作的基本方法。
(3) 定义决策，概括制定决策的步骤。
(4) 比较完全理性决策和有限理性决策的制定方法。
(5) 区分各种不同的决策类型，掌握确定型及风险型决策制定方法。

技能要求

培养学生用决策的方法解决实际问题。

案例导入

犹豫的老狼

《聊斋志异》中有这样一则故事：两个牧童进深山，发现两只小狼崽。他俩各抱一只分别爬上相距数十步的大树。不久老狼来寻子。一个牧童在树上掐小狼的耳朵，弄得小狼嗷嗷叫，老狼闻声奔来，气急败坏地在树下乱抓乱咬。

此时，另一棵树上的牧童拧小狼的腿，这只小狼也连声嗷叫，老狼又闻声赶去，就这样不停地奔波于两树之间，终于累死了。

老狼之所以累死，原因就在于它企图救回自己的两只狼崽，一只也不想放弃。其实，只要它守住其中一棵树，用不了多久就能至少救回一只狼崽。

这个故事被人们用来喻指那些优柔寡断的人。说明人们在决策中犹豫不决、难作决定的现象。

【案例启示】 时间，是影响决策的重要因素之一。当时间充裕时，我们可以充分利用各种信息进行权衡比较，再选出满意的方案，作出决策。当时间较为紧张，我们就必须迅速作出决策，只要作出决策就比不作决策好。例如，当一个人走在马路上，突然看到一辆疾驶的汽车向他冲过来时，最需要做的就是迅速跑开，至于跑到路的哪一边更近，对此时的他来说并不重要。

第一节 环 境 调 查

组织要进行科学决策，首先要拥有完善的信息系统。信息系统是指能够为管理者及时、准确地收集信息、分析评估并分送转达所需信息的人员、设备和程序。一个好的信息系统能够为管理者提供他们真正需要的信息。信息可以通过内部记录、出版物和公共文件、竞争对手、环境调查中获取。环境调查是组织获取信息的重要手段。

一、环境调查的含义

环境调查是指运用科学的方法搜集影响组织发展的各种环境要素现实的和历史的数据、资料，并进行分析，为决策提供依据。其中环境是改变组织的生存与发展、有着潜在影响的力量的总和，包括外部环境和内部环境。如世界贸易组织和世界银行潜在地影响着中国政府的经济活动，长虹集团实施的彩电降价策略迫使康佳集团作出相应对策，等等。

1. 外部环境

外部环境是指存在于组织外部的环境要素，包括一般环境和特定环境。

1) 一般环境(宏观环境)

一般环境是指影响着社会中的一切组织，不论管理者是否意识到这类环境要素的存在。它都或多或少地影响着组织的发展，区别只在于影响的大小。这些环境要素是指特定社会中的政治、经济、法律、文化、技术等要素构成的社会环境及这个社会所处的国际环境。

(1) 经济环境：指工农业生产情况、科技发展水平、自然资源和能源的储量及开发情况、国内生产总值和国民收入的增长情况及其对社会购买力变化的影响、人口数量及其构成、消费规模及结构、投资规模及结构和内外贸易状况等。

📖 知识链接

资料显示，从 2007 年到 2009 年，由于美元贬值，3 年美中的贸易逆差从 7100 亿美元降为 3800 亿美元。有人说，美元贬值是美国把国内经济危机转嫁别国头上，尤其是常年贸易逆差国。在这种经济环境下，我国出口企业应该如何应对？

(2) 政治环境：指一定时期内政治形势和国家有关的方针、政策、法令、条例及规章制度实施情况及其对市场经济运行产生的影响。

📖 知识链接

2012 年中日钓鱼岛事件，让日本经济全线下滑。据日本财务省公布的最新数据，当年

9 月份日本对华出口额锐减 14.1%，贸易逆差达 3295 亿日元。日产尼桑、丰田、本田、铃木、马自达的汽车销量降幅分别高达 35.3%、48.9%、40.5%、44.5%和 34.6%，三菱降幅更是超过 60%。当时有专家分析："如果钓鱼岛争端持续，今年第四季度，中国赴日游客下降70%，日本旅游收入减少 670 亿日元，全年日本对华出口将减少 1 万亿日元，日本 GDP 损失 8200 亿日元。"

2011 年与 2012 年日产品牌汽车在华销售对比见表 3-1。

表 3-1　2011 年与 2012 年日产品牌汽车在华销量对比

汽车品牌	2012 年 9 月在华销量/台	与 2011 年同比变化/(%)
丰田	44 100	−48.9
日产尼桑	76 100	−35.3
本田	33 931	−40.5
铃木	15 446	−44.5
马自达	13 258	−34.6
三菱	2 340	−62.9
斯巴鲁	1 857	−64.5

(3) 自然地理环境：指地理位置、气候条件、地形地貌、交通运输及其他地理特征。

知识链接

1986 年 9 月下旬，肯德基公司开始考虑如何打入世界上人口最多的中国市场。决策者对天津、上海、广州、北京等大城市的优势和弱点分别进行了考察。考察目标：建立第一家快餐店，占领战略制高点，辐射今后的其他中国分店。其中，肯德基对四个城市的交通情况进行了比较：天津是北京的门户，地理位置较好；上海交通拥挤，城市噪声和污染让旅游者感到沮丧；广州离香港只有不到 120 km 路程，公路、铁路都很便利；北京有发达的地下铁路、快车道系统和现代化的国际机场。

(4) 社会文化环境：指居民职业构成、家庭组织规模、各民族的分布及其宗教信仰、风俗习惯、审美观念及社会风尚和居民受教育程度等方面。

知识链接

美国百事可乐公司有一个著名的促销广告词："畅饮百事可乐，使你心旷神怡"(Come alive with Pepsi)。在中国这一广告和其产品名称的绝妙翻译相配合，取得了极好的效果；然而，同样的广告词在德国却遇到麻烦，因为若直译为德语，"come alive"的意思是"死而复生"。

2) 特定环境(微观环境)

特定环境是指只影响社会中的特定组织，管理者一般都能意识到这类环境要素的存在。这类环境力量对组织的作用是具体的，管理者能直接感受到它产生的压力。以企业为例，这些要素是指对企业具有潜在影响的竞争对手、服务对象、资源供应者、公众等因素构成的具体环境。

(1) 竞争对手。竞争对手是那些与本企业提供的产品或服务相类似、并且所服务的目标顾客也相似的其他企业。

知识链接

临近重要节假日，家电市场价格战一触即发：美的推出变频空调买一台送两台、买柜机送挂机，或买套餐送上网笔记本的活动；格力推出买套餐送价值 2888 元的空气净化器；格兰仕指定机型半价出售。诸多厂家竞争，让部分家电单品的价格创下近年来最低，如 1 匹 1 级强冷挂机一举跌破 1000 元，包括格力、美的、格兰仕、奥克斯等多个厂家在 998 元和 999 元之间相互较劲；小天鹅洗衣机不锈钢内筒洗衣机也跌破千元，售价 998 元。

(2) 服务对象。普通消费者、政府机关、企事业单位等，凡是购买企业产品或服务的组织或个人，都可称之为服务对象。满足服务对象的需求，是一个企业的出发点和归宿。因此，服务对象是企业最重要的环境因素。可以从文化因素、社会因素、个人因素、心理因素等多个方面对它进行分析。

(3) 资源供应者。资源供应者是向企业及其竞争对手提供生产经营所需要资源的企业或个人，包括提供原材料、零配件、设备、能源、劳务及其他用品等。资源供应者对企业营销业务有实质性的影响，它所供应的原材料数量和质量将直接影响产品的数量和质量；所提供的资源价格会直接影响产品成本、价格和利润。在物资供应紧张时，供应商更起着决定性的作用。例如企业开发新产品，若无开发新产品所需要的原材料或设备的及时的、保质保量的供应，就不可能成功。

知识链接

2012 年成品油价格上涨，这对于快递业来说，成本增加了不少。相对于韵达、顺丰、圆通这些大的快递公司，一些中小型快递公司就是以低价吸引客户，本来利润就不多，油价上涨对于大快递公司可能会产生一些小的影响，但是对于这些中小型快递公司来说影响比较大，不涨价就面临着生存的压力，涨价就有可能失去大批客户，所以油价的上涨让一些中小型快递公司陷入了两难的局面。由于部分快递公司上调了快递费用，部分电商网站也纷纷提高了免运费的门槛，其中一家以销售服装为主的电商网站，从之前的 59 元免运费上调至 99 元免运费。快递费用增加，如果电商网站实行免邮费，那么就增加了成本，所以一些电商网站不得不提高免邮费的门槛。

(4) 公众。公众是指对企业实现营销目标的能力有实际或潜在利害关系和影响力的团体和个人。企业面对的广大公众的态度会协助或妨碍企业营销活动的正常开展。所有企业都必须采取积极措施，树立良好的企业形象，力求保持和主要目标公众之间的良好关系。企业所面对的公众主要有以下几种：融资公众、媒介公众、政府公众、社团公众、社区公众、一般公众、内部公众。

知识链接

2001 年正值中秋节也是国庆节的前夕，中央电视台新闻 30 分播出了一条爆炸性新闻——南京冠生园旧月饼翻新再利用，并将其回收旧月饼、冷冻月饼馅，然后再加工生产的过程同时播放。冠生园工人声称：自己不会买冠生园月饼。消息一出，舆论哗然。南京冠生园成为众矢之的，月饼无人问津；全国其他地区的冠生园也受牵连，产品销量急剧下降。中央电视台新闻报道的真实性、权威性毋庸置疑，这个事件引起公众的极大反响。因此，冠生园必须拿出"壮士断腕"的勇气，勇敢地向公众承认自己的错，向公众致以真诚的歉意，表明自己的立场，争取舆论公众的谅解，并承诺永不再犯。

2．内部环境

内部环境是指组织内部的环境要素，包括组织的物资资源及文化价值观等。其中物质资源包含实物资源、人力资源、财务资源等。

变化着的环境具有不确定性，这种不确定性对管理活动产生着巨大影响，对管理者的管理行为有着强大的约束力。一般说来，管理者难以改变环境力量的大小和方向。他只要能正确地分辨和评价环境力量，并能正确地预测其发展趋势和它对组织将产生的影响，并拿出有效对策，就是一个优秀的管理者。如果一个组织能长期顺应环境的发展，那么它就极有可能成为影响其他组织之环境的主导力量，从而实现对环境的反影响。

二、环境调查的程序和方法

1．界定问题和调研目标

确定调研问题及调研目标往往是整个调研过程中最困难的一步。管理者可能知道出了问题，但却不知道确切的原因在哪里。例如，一个大型连锁折扣商店的经理盲目地认为商店销售额的下降是由于广告不当引起的，于是下令调查公司的广告。当调查结果显示目前的广告在信息内容及目标顾客方面都没有问题时，他困惑了。最终发现原来是连锁店没有提供广告中承诺的价格、产品和服务。仔细地确定调查的问题可以节省用于调查的时间和费用。

那么如何界定调研课题呢？要确定调研课题，首先应分析问题产生的环境背景，包括对某些重要的影响因素进行分析和评价；其次是与决策人沟通，访问行业专家和其他有识之士，分析二手资料，同时还要进行定性调研，这些工作可以使调研人员明确管理决策问题；最后将管理决策问题转化成环境调研问题，确定调研目标。

2．制订调研计划

环境调查的第二步工作是确定所需信息、制订有效收集信息的计划。这个计划应简述现存信息的来源、指出调研人员收集新信息的特定调查方法、对象、范围、时间、接触方式、取样计划和调查工具等。其关键工作是设计调研方案。调研方案设计的具体工作程序如下。

1) 建立调研理论假设

建立理论假设和研究架构，是实施调查研究的重要程序之一，是科学地、有效地实施调研的前提。恩格斯指出："只要自然科学在思维着，它的发展形式就是假说。"可见，提出假说是科学发明、发现和发展的重要方法。在调研课题确定之后，必须对课题所包含的领域的问题进行研究，提出理论假设和研究架构，作为调研的导向和蓝图。

调研理论假设即理论猜测或假定。是用已有的事实材料和科学原理为依据，经过科学抽象和逻辑推理，对考察的未知事实及其规律作出一种带理论色彩的猜测或假定性的理论阐释与说明。

理论假设的提出有两个步骤。第一步，摆出已有的事实材料和科学原理，以此作为推出未知事物及其规律的依据。第二步，从已有的事实和科学原理中推出未知事物及其规律。

2) 建立调研架构

调研架构，就是进行调研时所假设的各个变项的关系。变项分为自变项、依变项和中介项。自变项为可能原因，依变项为后果或被测的变项，中介变项是动机、愿望等无法感知的心路历程。调查者从自变项(行为原因)测量中介变项，然后用中介变项解释行为。例如"青年生活方式调查的研究架构"，自变项为个人特质、家庭背景、工作环境、条件、个人境况等。从上述自变项推断中介变项思想价值观，然后又用中介变项解释依变项的各种行为(劳动、生产活动、日常消费活动、恋爱、婚姻、行为、业余活动)。这是一个纵横连接、立体交叉的网络。

科学地建立研究架构，是环境调研活动的关键性环节。研究架构是调研活动的"支撑骨架"，使内容有整体联系，避免盲目、模糊的调查。

3) 编写调研提纲

调研提纲是为实现调研目的而编写的纲目，是完成调研任务的实施细则。调研提纲使理论假设和研究架构具体化，调研内容明确化，明确用什么资料来说明调研架构，从而决定调研的成败得失。因此，在实施调研之前，要把调研提纲写好。

编写调研提纲的要求是：

(1) 提纲的拟定，要以理论假设为纲，从揭示事物发展规律出发，全面考虑和表达调查的问题。

(2) 提纲要做到主题鲜明，目的明确，重点突出。

(3) 调查内容要点面结合，抓骨干材料，并注意调查材料的完整性和系统性。

(4) 按调研程序安排提纲的结构，做到条理清晰，层次清楚。

(5) 提纲所列项目要明确具体，措施要切实可行。

3．确定调查方法

搜集各种信息资料所使用的技能和办法，称为调查的技术方法。不同的技术方法适用于不同的调查对象，对市场信息的回收率、真实性及调查费用等都有不同的影响，对调查员的素质也有不同的要求。调查的技术方法分为实地调查法和文案调查法两大类。其中实地调查法又分为观察调查法、实验调查法和询问调查法。

1) 观察调查法

观察调查法简称观察法，是调查员凭借自己的感官和各种记录工具，深入调查现场，在被调查者未察觉的情况下，直接观察和记录被调查者行为，以收集信息的一种方法。观察调查法有直接观察和测量观察两种基本类型。

2) 实验调查法

实验调查法是指调研者有目的、有意识地改变一个或几个影响因素，来观察现象在这些因素影响下的变动情况，以认识现象的本质特征和发展规律。实验调查既是一种实践过程，又是一种认识过程，并将实践与认识统一为调查研究过程。企业的经营活动中经常运用这种方法，如开展一些小规模的包装实验、价格实验、广告实验、新产品销售实验等，来测验这些措施在市场上的反映，以实现对市场总体的推断。

3) 询问调查法

询问调查法是由访问者向被访问者提出问题，通过被访问者的口头回答或填写调查表等形式来收集市场信息资料的一种方法。询问法是收集第一手资料最主要的方法，它既可以独立使用，也可以与观察法结合应用。询问调查法的具体形式有面谈询问、电话询问和信函询问。

问卷调查是进行市场调查时经常采用的问询方式之一。它通过精心设计的一系列问题来征求被调查者的答案，并从中筛选出你想了解的问题及答案。问卷中的问题设计、提问方式、问卷形式以及遣词造句等，都直接关系到能否达到市场调查的目标。一份设计得体的调查问卷应该具备如下条件：语言简单扼要，内容全面周到；方便评价，易于分析；包括数条过滤性问题，以测试答卷者是否诚实与严肃；便于对方无顾虑地回答；保证对方觉得回答此问题于己无害。问卷设计按如下步骤进行：首先，确定调查的目的、对象、时间、方式(面谈、电话、信函)等；其次，要设计出全部问题，当对方回答完，就能得到你想了解的全部答案；第三，要技巧性地排列上述问题；第四，尽量使提出的问题具有趣味性；第五，选择一个拟调查的对象试答问卷；第六，修改问卷，趋于完美；最后是正式采用。

4) 文案调查法

文案调查法是指调查员在充分了解调查的目的后，通过搜集各种文献资料，摘取现成的数据加以整理、衔接、调整及融合，以归纳或演绎等方法予以分析，进而提出调查报告及有关建议的调查方法。文案调查可查阅的文献资料主要包括：图书、期刊、报纸、科研报告、会议文件、情况简报、经济年鉴、统计年鉴、学术论文、专利文献、档案文献、内部资料、照片或图片、录音、录像、电影、幻灯片等。这种调查方法是在室内进行的，因此又称室内研究法。

4. 现场工作或数据收集(实地考察)

实地考察有动态资料调查和静态资料调查。动态资料是通过观察、访谈、问卷等方式获取的资料。搜集动态资料，要采取预约(或问卷)、访谈提问(或寄发问卷)、讨论和记录(或问卷反馈资料的搜集)等步骤。静态资料是通过文献法或统计法获取的资料。采用文献法获取资料，要通过浏览、粗读、精读、记录等步骤。统计法则要采用表格制订、寄发、填写、统计等程序。

5．调查资料的审核、整理和统计分析

1) 调查资料的审核

资料审核是对调查得到的资料进行审查和核对，看其是否客观、准确、完整。

对第一手资料进行审核：即对调查主体通过各种调查方法，如观察、访谈、问卷法等得到的资料进行审核。

对观察法所获取资料的审核方法有：

(1) 审核调查资料是否偏离调查目的和提纲；

(2) 将不同调查者对同一事物的观察记录进行比较；

(3) 将观察所得资料与其他调查方法所得的资料进行比较，发现差异立即纠正。

对访谈所获得的资料的审核方法有：

(1) 进行前后比较、同类比较，发现错漏进行复查、验证和纠正；

(2) 分析谈话环境和调查人员的自我行为，若发现谈话环境不利于被调查者说真话或调查方式方法(包括行为语言)不当，则放弃所得资料或补充新资料。

审查问卷资料主要查看资料是否完整、有无逻辑矛盾、答案中是否有明显错误。筛选出无效问卷，对于数据缺损的问卷退回重写或按缺失数据处理。

对二手资料的审核，首先搞清楚二手资料的作者、出版者、时间；其次，鉴定文献的真伪。

2) 调查资料的整理

资料整理是运用科学的方法，对经过审核后的各种原始资料进行分类、汇总，使之条理化、系统化，从而以集中、简明的方式反映调查对象总体情况的工作过程。任何资料如果不经过科学的整理，就不可能进行科学的分析，得出正确的结论。资料加工整理得好，会使综合资料十分丰富，能说明更多的问题及事物的内在联系。

3) 调查资料的统计分析

调查人员不需要深入了解各种统计工具的工作情况，但必须懂得根据数据和报告的性质选择正确的统计工具。统计工具可分为：单变量统计、双变量统计和多变量统计。

如果对一个变量取值的归纳整理及对其分布形态的研究，用频数分析(计算百分比)众数、中位数、均值和标准差等方法或统计量来描述。将变量所有取值的频数和百分比列在一个表中，这种表叫频数表，从中可以看出各变量取值的分布情况。为了直观还可以做出相应的条形图、圆饼图等。

对双变量的相关性分析，可以用卡方分析、单因素方差分析、简单相关系数、一元线性回归分析等方法；对多变量的相关分析，可以用多元线性回归、判别分析、聚类分析、因子分析等方法。

6．调研报告撰写

1) 调研报告的内容与结构

调研报告的主要作用就是全面而精确地描述调研项目的有关结果，因此它应详细说明如下内容：调研内容、主要背景信息、调研方法概述、用图表展示调研结果、调研结果的概括、结论、建议等。一般的调查报告主要把执行摘要、分析和结果、结论与建议写清楚，其中摘要尽可能简短。

2) 撰写调研报告应注意的问题

(1) 充分解释。有些研究者只是将表格的数据作简单的重复，而缺乏必要的阐述。虽然绝大多数人能看懂表格，但是解释数据正是研究者的职责。

(2) 用调研资料说明观点。在撰写调研报告时，发表大量与调研目的无关的数据、资料是另一种常见的错误。读者想知道的是调研结果对于市场目标、决策意味着什么；这些目标能达到吗？还需要投入其他资源吗？所以调研报告必须注意用事实说话。

3) 如何撰写调查报告

如何准备一份好的调查报告，美国芝加哥乔治弗雷德里克公司给出如下建议：

(1) 用现在时态为佳。用现在时态，比其他时态好，容易阅读。调查报告是为客户今天和未来的决策而工作——而不是昨天。

(2) 用积极的语气。尽可能地用积极的语气，消极被动的语气有负面影响。用第一人称而不是第三人称。现在时态和积极的语气更有商业气息。

(3) 用建议性的标题，而不是用标签。读者肯定更愿意看到这样的标题："方便的包装是顾客追求的主要利益点"，而不是"包装分析""顾客如何看待包装？"等。

(4) 使表格、图形施展身手，适当用文字加以解释。不要用连篇累牍的文字重复图表的意思，如果没必要解释图表，可以不加说明。图表的意义在于简化报告，用文字提纲挈领地揭示图表中不太清楚的含义。

(5) 精心排版。良好的格式将减少报告的累赘感，一般可以在左边排图表，右边加上建议性的标题和文字说明。许多人不爱看调研报告只是因为报告太冗长、啰嗦，这种报告读者难以认同。短小精悍的报告方便读者拿回家阅读，或者在旅途乘飞机、火车时阅读。

(6) 语言生动活泼。活泼生动、富于个性的语言是调研报告中的闪光点。在恰当的地方用上一些成语、俗语或典故来表达。这些有助于提高阅读的兴趣。

人们如果认为一份报告具有可读性、有趣、有价值、有益的话，他们往往会带来更多的调研项目。

第二节　决　策　概　述

一、决策的定义

对于决策的定义，不同的学者看法不同。一种简单的定义是："从两个以上的备选方案中选择一个的过程就是决策"。一种较具体的定义是："所谓决策，是指组织或个人为了实现某种目标而对未来一定时期内有关活动的方向、内容及方式的选择或调整过程"。许多管理学家都对决策的定义进行过探讨，尽管众说纷纭，但基本内涵大致相同，主要区别在于对决策概念作狭义的理解还是广义的理解。狭义地说，决策是在几种行动方案中进行选择。广义地说，决策还包括在做出最后选择之前必须进行的一切活动。所以，决策就是人们为了达到一定目标，在掌握充分的信息和对有关情况进行深刻分析的基础上，用科学的方法拟定并评估各种方案，从中选出合理方案的过程。

在本书中，采纳路易斯、古德曼和范特的说法，将决策定义为"管理者识别并解决问题以及利用机会的过程"。对于这一定义，可作如下理解：

1. 决策的主体是管理者

决策的主体是管理者(既可以是单个的管理者，也可以是多个管理者组成的集体或小组)。管理者以决策让工作小组按照既定的路线行事，并分配资源以保证计划的实施。信息是决策制定的基本投入。管理者在组织的决策制定系统中起着主要作用。作为具有正式权力的人，只有管理者能够使组织专注于重要的行动计划；作为组织的神经中枢，只有管理者拥有及时全面的信息来制定战略。

2. 决策的本质是一个过程

决策的本质是一个过程，这一过程由多个步骤组成。也就是说，决策是为达到一定的目标，从两个或多个可行方案中选择一个合理方案的分析判断和抉择的过程。一般认为，决策过程可以划分为四个主要阶段。

(1) 找出制定决策的理由；

(2) 找到可能的行动方案；

(3) 对各行动方案进行评价和抉择；

(4) 对于已实施的抉择进行评价。

这就是决策理论学派的代表人物西蒙给决策所下的定义。从心理学的角度看，决策过程的前三个阶段，与人类解决问题的思维过程的基本步骤是紧密联系的。这三个基本步骤是：问题是什么？备选方案是什么？哪个备选方案最好？显然，前三个阶段是决策过程的核心，然后经过执行过程中的评价阶段，最后又进入一轮新的决策循环。因此决策实际上是一个"决策—实施—再决策—再实施"的连续不断的循环过程，贯穿于全部管理活动的始终，贯穿于管理的各种职能活动中，即贯穿于计划、组织、人员配备、指导与领导和控制活动之中。

3. 决策的目的是解决问题或利用机会

决策的目的是解决问题或利用机会，这就是说，决策不仅仅是为了解决问题，有时也为了利用机会。

管理故事 📄

英国的麦克斯亚郡曾有一个妇女向法院控告，说她丈夫迷恋足球已经到了无以复加、不能容忍的地步，严重影响了他们的夫妻关系。她要求生产足球的厂商——宇宙足球厂赔偿她精神损失费10万英镑。从通常角度来看，这一指控毫无道理。但在结果宣判之前，种种迹象表明，这位妇女的要求得到了大多数陪审团成员的支持。想到马上就要支付巨额的赔偿费，宇宙足球厂的老板很忧虑。

这时，宇宙足球厂的公关顾问认为，对公司来说，问题的关键就是这位妇女的控告让公司损失了一大笔钱，要是能通过这次控告重新赚回损失的钱，问题不就迎刃而解了吗？于是，他向公司建议：与其在法庭上与陪审团进行无谓的陈述，还不如利用这一离谱的案例，为公司大造声势，向人们证明宇宙厂生产的足球魅力之大。于是，他们与各媒体进行了沟通，让他们对这场官司进行大肆渲染。果然，这场官司经传媒的不断轰炸后，宇宙足球厂名声大振，产品销量一下子就翻了四倍。与损失 10 万英镑比起来，宇宙足球厂算是因小祸而得了大福。

管理启示 ✍

吉德林法则：只有先认清问题，才能很好地解决问题。这个观点的提出者是美国通用汽车公司管理顾问查尔斯·吉德林。谁都会遇到难题，人如此，企业也是如此。在瞬息万变的环境下，怎样才能最有效地解决难题，并没有一个固定的规律。但是，成功并不是没有程序可循的。遇到难题，不管你要怎样解决它，成功的前提是看清难题的关键在哪里。找到了问题的关键，也就找到了解决问题的方法，剩下的就是如何来具体实行了。

二、正确决策的基本程序

决策并非主观武断，或盲目"拍板"。科学的决策，应当通过认真地研究，实事求是地分析，去粗取精，去伪存真，由此及彼，由表及里，把握事物变化的规律，从而作出合理、可行的决断。因此，为了保证决策的正确和合理，决策必须遵循一定的程序和步骤。

1. 把握住问题的要害

决策过程的第一阶段，首先要求找出关键性问题和认准问题的要害。要找出为什么要针对这个问题而不是针对其他问题作决策的理由。关键问题抓不准或者问题的要害抓不准，就解决不了问题，所作的各种决策就不可能是合理的、有效的。

2. 明确决策的目标

在决策过程的第一阶段，除了要找出关键的问题以外，还需要明确决策的目标。

实践证明，失败的决策，往往是由于决策目标不正确或不明确造成的。犹豫不决，通常也是因为目标很模糊或树立得不合理。

知识链接

美国管理学家德鲁克曾在他所著的《有效的管理者》一书中举过这样一个例子：1965年 11 月间，美国整个东北部地区，从圣罗伦斯到华盛顿一带，发生过一次美国历史上最严重的全面停电事件，在大停电的那天早上，纽约市几乎所有的报纸都没有出版，只有《纽约时报》出版了。原来，在那天停电时，《纽约时报》当即决定把报纸改在赫德逊河对岸的纽华克印刷。当时，纽华克还没有停电。但虽有此英明决策，发行一百多万份的《纽约时报》，也只有不到半数的份数送到了读者手中。这其中有个原因，据说当《纽约时报》上了印刷机后，时报总编辑忽然跟他的三位助手发生了争论，争论的问题只是某一英文单词如何分节。据说争论持续了 48 分钟之久，恰好占去了该报仅有的印刷时间的一半。争论的原因是该报制定了一套英文写作标准，印出的报纸绝不允许有任何文法上错误。这就造成他在出现意外停电的情况下，认识不到保证时报每天的发行份数已成为更紧迫的目标，从而使上述正确决策未能有效贯彻实施。可见，目标对于正确决策起着多么大的决定作用。

3. 至少要有两个以上的可行方案

决策过程的第二阶段强调要找到几个可能的行动方案。决策的基本含义是抉择，而如果只有一种方案，无选择余地，也就无所谓决策。没有比较就没有鉴别，更谈不上所谓"最佳"。国外有一条管理人员熟悉的格言：如果看来只有一种行事方法，那么这种方法很可能是错的。要求多个可行方案的过程，通常是一个创新的过程。每个可行方案都要具有下列条件：

(1) 能够实现预期目标；

(2) 各种影响因素都能定性与定量地分析；

(3) 不可控的因素也大体能估计出其发生的概率。

在制订可行方案时，还应满足整体详尽性和相互排斥性的要求。所谓整体详尽性，是指将各种可能实现的方案尽量都考虑到，以免漏掉那些可能是最好的方案。例如，20 世纪 60 年代美国顺利实施的阿波罗工程，就是在三种可能的方案中进行正确选择的结果。这三种方案是：① 直接发射飞船；② 在地球轨道上交汇后向月球发射飞船；③ 在月球轨道上交汇后向月面发射登月舱。前两个方案的研制难度、研制时间都不能保证实现 20 世纪 60 年代末把人送上月球的目标；第三个方案需要的助推火箭推力最小，实现的技术难度较低，最有可能保证实施上述目标。事实证明，这种决策是正确的。所谓相互排斥性，是指可行方案本身要尽量相互独立，不要互相包含，当然更不应当为了选择硬凑出某个方案。

4. 对决策方案进行综合评价

决策过程的第三个阶段是对各个可行方案进行评价和抉择。每个实现决策目标的可行方案，都会对目标的实现有积极和消极两个方面的作用和影响。因此必须对每个可行方案进行综合分析和评价，即进行可行性研究。可行性研究是决策的重要环节。决策方案不但必须在技术上和经济上可行，而且应当考虑社会、政治、文化等方面的因素，还要使决策结果的负作用(如环境污染)减小到可以允许的范围内。通过可行性分析，确定出每个方案的经济效益和社会效益以及可能带来的潜在问题，以便比较各个方案的优劣，从中选择最佳方案。在方案选择方面，主要的困难往往是由于存在多个目标，各个目标间可能存在冲突。"既要马儿跑得快，又要马儿不吃草"是不可能的。然而，现实中让马儿跑得更快，同时草吃得更少的事情不但比比皆是，而且正是人们实际追求的目标。为了解决目标决策的困难，通常的方法是根据目标的相对重要性排出先后次序，然后通过加权求和的方式将其综合为一个目标；或者将一些次要目标看作决策的限制条件，再按使某个主要目标达到最大(或最小)来选择方案。多目标决策问题，至今仍是一个非常活跃的研究领域。

5. 实施决策方案

在多个互相冲突的目标下进行方案抉择是有一定困难的，然而，决策的困难还不止于此。决策的风险是抉择时始终会遇到的另一个主要困难。因为人们不是对过去的事作决策，决策必然是为将来而作，而将来几乎总是包含着不确定的因素。所以，那种有百分之百的把握，不冒任何风险的决策，不但因为它过于保守不合管理的需要，而且客观上也是少有的。一般来说，那些看上去越是可能获得高收益的方案，包含的风险因素往往也越大，这几乎成为一种常识。因此，对于决策者来说，一方面，要敢于冒风险，敢于承担责任。也就是说，要求决策者要有胆识，要有勇气；另一方面，管理决策不是赌博，敢于冒风险不等于蛮干。决策者必须清醒地估计到各项决策方案的风险程度；估计到最坏的可能性并拟定出相应的对策，使风险损失不致引起灾难性的、不可挽回的后果。必须尽量收集与决策的未来环境有关的必要信息，以便作出正确的判断；同时还应考虑到是不是到了非冒更大风险不可的地步。最后，决策者还应当对决策的时机是否成熟有准确的判断。这些都有助于决策者将决策方案的风险减至最小。正如俗话所说的："情况明，决心大"。

6. 决策效果评价

决策过程的最后阶段是对已实施的抉择进行评价。这是在决策方案已经实施了一段时间后，对其效果进行评价，以检验决策的正确性，及时修正偏离目标的偏差。评价的结果常常导致一个新的决策，也就是决定要不要继续干下去，怎么继续干下去等问题。应当把决策看作是一种学习过程，即在做出最初的抉择之后，还需要不断地对实行的情况进行检查，注意对那些新出现的未曾预料到的情况进行分析和判断，及时补充新的决策。例如，我国当前正在进行的经济体制改革，就是一个不断评价前一阶段改革的成果和失误，进一步明确改革的方向和重点，然后开始一个新的改革阶段这样一个循环往复的过程，它被形象地称为"摸着石头过河"。

三、决策的合理性标准

什么是有效的决策？什么是正确的抉择？其判断标准是什么？除了根据决策实施的效果来判断以外，在方案抉择阶段还有没有更直接的判断标准？对于这个问题，有三种代表性的观点：

第一种观点，是由科学管理的创始人泰罗首先提出的，也是运筹学家和管理科学家一贯坚持的"最优"标准。在泰罗看来，任何一项管理工作，都存在一种最佳的工作方式。但是，并非所有的管理问题和管理工作都能够数字模型化，从而求出其最优解来。管理既是科学，又是艺术。对决策来说，也是如此。所谓"最优"，只能是有条件的，并且是在有限的、极为严格的条件下达到的。

第二种观点，是西蒙提出的"满意"标准。他对运筹学家的"最优"决策标准提出了尖锐的批评，他指出："所谓'最优'是指在数学模型范围内的最优决策而言"。热衷于"运筹学"的人很容易低估这种方法的适用条件的严格性。西蒙的"满意"标准："对于使用'运筹学'方法来说，不需要什么精确性——只要能给出一个近似的、比不用数学而单靠常识得出的那种结果要更好的结果来，而这样的标准是不难达到的。"但是"满意"决策标准，是一种模糊的概念，容易使人们对决策产生某种误解。

第三种观点，是由美国管理学家哈罗德·孔茨提出的"合理性"决策标准。他对合理性决策标准的解释是："首先，他们必须力图达到如果没有积极的行动就不可能达到的某些目标；其次，他们必须对现有环境和限定条件下依循什么方针去达到目标有清楚的了解；

第三，他们必须有情报资料的依据，并有能力根据所要达到的目标去分析和评价抉择方案；最后，他们必须有以最好的办法解决问题的强烈愿望，并选出能最满意地达到目标的方案。"孔茨的合理性决策标准的实质，是强调决策过程各个阶段的工作质量最终决定了决策的正确性和有效性，而不仅仅在于进行方案抉择时采用"最优"还是"满意"的标准。这个观点是很有指导意义的。本书作者倾向于第三种观点。

四、决策的类型

按不同的标准可对决策进行分类。

1．长期决策与短期决策

1) 长期决策

长期决策是指有关组织今后发展方向的长远性、全局性的重大决策，又称长期战略决策，如投资方向的选择、人力资源的开发和组织规模的确定等。

2) 短期决策

短期决策是为实现长期战略目标而采取的短期策略手段，又称短期战术决策，如企业日常营销、物资储备以及生产中资源配置等问题的决策。

2．战略决策、战术决策与业务决策

1) 战略决策

战略决策对组织最重要，通常包括组织目标、方针的确定，组织机构的调整，企业产品的更新换代，技术改造等，这些决策牵涉组织的方方面面，具有长期性和方向性。

2) 战术决策

战术决策又称管理决策，是在组织内贯彻的决策，属于战略决策执行过程中的具体决策。战术决策旨在实现组织中各环节的高度协调和资源的合理使用，如企业生产计划和销售计划的制订、设备的更新、新产品的定价以及资金的筹措等。

3) 业务决策

业务决策又称执行性决策，是日常工作中为提高生产效率、工作效率而作出的决策，牵涉范围较窄，只对组织产生局部影响。属于业务决策范畴的主要有：工作任务的日常分配和检查、工作日程(生产进度)的安排和监督、岗位责任制的制订和执行、库存的控制以及材料的采购等。

3．集体决策与个人决策

从决策的主体看，可把决策分为集体决策与个人决策。

集体决策是指多人一起作出的决策，个人决策则是指一个人作出的决策。相对于个人决策，集体决策有一些优点：

(1) 能更大范围地汇总信息；

(2) 能拟定更多的备选方案；

(3) 能得到更多的认同；

(4) 能更好地沟通；

(5) 能作出更好的决策等。但集体决策也有一些缺点，如花费较多的时间、产生"群体思维"以及责任不明等。

4．初始决策与追踪决策

从决策的起点看，可把决策分为初始决策与追踪决策。初始决策是零起点决策，它是在有关活动尚未进行从而环境未受到影响的情况下进行的。随着初始决策的实施，组织环境发生变化，这种情况下所进行的决策就是追踪决策。因此，追踪决策是非零起点决策。

5．程序化决策与非程序化决策

从决策所涉及的问题看，可把决策分为程序化决策与非程序化决策。组织中的问题可被分为两类：一类是例行问题；另一类是例外问题。例行问题是指那些重复出现的、日常的管理问题；例外问题则是指那些偶然发生的、新颖的、性质和结构不明的、具有重大影响的问题。赫伯特·A.西蒙根据问题的性质把决策分为程序化决策与非程序化决策。程序化决策涉及的是例行问题；而非程序化决策涉及的是例外问题。

6．确定型决策、风险型决策与不确定型决策

从环境因素的可控程度看，可把决策分为确定型决策、风险型决策与不确定型决策。

1) 确定型决策

确定型决策是指在稳定(可控)条件下进行的决策。在确定型决策中，决策者确切知道自然状态的发生，每个方案只有一个确定的结果，最终选择哪个方案取决于对各个方案结果的直接比较。

2) 风险型决策

风险型决策也称随机决策。在这类决策中，自然状态不止一种，决策者不可能知道哪种自然状态会发生，但可以知道有多少种自然状态以及每种自然状态发生的概率。

3) 不确定型决策

不确定型决策是指在不稳定条件下进行的决策。在不确定型决策中，决策者可能不知道有多少种自然状态，即便知道，也不知道每种自然状态发生的概率。

五、决策的特点

1．目标性

任何决策都包含着目标的确定。目标体现的是组织想要获得的结果。目标明确以后，方案的拟定、比较、选择、实施及实施效果的检查就有了标准与依据。

2．可行性

方案的实施需要利用一定的资源。缺乏必要的人力、物力、财力，理论上十分完善的方案也只能是空中楼阁。因此，在决策过程中，决策者不仅要考虑采取某种行动的必要性，而且要注意实施条件的限制。

3．选择性

决策的关键是选择。没有选择就没有决策。而要能有所选择，就必须提供可以相互替

代的多种方案。事实上，为了实现同样的目标，组织总是可以从事多种不同的活动。这些活动在资源要求、可能结果及风险程度等方面存在着或多或少的差异。因此，不仅要有选择的可能，而且还要有选择的必要。

4. 满意性

决策的原则是"满意"，而不是"最优"。由于第一节已有较多的介绍，此处不再重复。

5. 过程性

(1) 组织中的决策并不是单项决策，而是一系列决策的综合。这是因为组织中的决策牵涉到很多方面。当令人满意的行动方案被选出后，决策者还要就其他一些问题(如资金筹集、结构调整和人员安排等)作出决策，以保证该方案的顺利实施。只有当配套决策都作出后，才能认为组织的决策已经完成。

(2) 在这一系列决策中，每个决策本身就是一个过程。为了理论分析的方便，我们把决策的过程划分为几个阶段。但在实际工作中，这些阶段往往是相互联系、交错重叠的，难以截然分开。

6. 动态性

决策的动态性与过程性有关。决策不仅是一个过程，而且是一个不断循环的过程。作为过程，决策是动态的，没有真正的起点，也没有真正的终点。我们知道，组织的外部环境处在不断变化中的。这要求决策者密切关注并研究外部环境及其变化，从中发现问题或找到机会，及时调整组织的活动，以实现组织与环境的动态平衡。

第三节　程序化决策和非程序化决策

一、例行问题和例外问题

管理人员的主要任务是作决策。大量管理实践表明，一位主管人员整天忙于作出各种各样的决策，常常是一种管理不善的征兆。事实上，当问题已发生，还没有着手解决之前，应首先自问："是不是需要一项决策？"这是思考的出发点，是正确判别问题的性质，即问题是属于例行问题还是例外问题。

1. 例行问题

例行问题是指那些重复出现的、日常的管理问题。与此相反，偶然发生的、性质不明的管理问题则属于例外问题。

处理例行问题的方法，从根本上说，不是每次都要作决策，而是要建立某些制度、规则或政策，使得当问题重复发生时，不必再作决策，只需根据已有的制度和规则按例行程序处理即可。只有例外问题，才真正是要管理者逐项、逐个认真研究，慎重决策的问题。

管理者每天遇到的是大量例行问题。例如产品质量、设备故障、现金短缺、供货单位未按时履行合同等方面的问题。但为什么不少主管人员总把这些问题当作例外问题处理呢？为什么很多主管人员每天、每时几乎都陷在这样或那样的各种决策中呢？原因多种多样，但主要原因在于诸多的管理问题本身所具有的某些特点，使得仅根据是否具有重复发生的性质这一简单特征，还不容易判明哪些问题属于例行问题，以及复杂问题中包含的例行性成分。

2. 例外问题

只有那些偶然发生的、新颖的、性质完全清楚、结构上不甚分明的、具有重大影响的问题才属于例外问题。例如，组织结构变革问题；重大的投资问题；开发新产品或打入新市场的问题；长期存在的产品质量隐患问题；重要的人事任免问题以及重大政策的制定问题等。这类问题为数不多，但却是真正要求主管人员倾注全部精力，进行正确决策的问题。处理例行问题和例外问题，无论从决策的性质还是方法上来看，都是两种不同类型的决策。前者一般有先例可循，有政策和规则可依；后者往往缺乏信息资料，无先例可循，无固定模式，最终解决问题可能需要创新。西蒙从解决上述两类不同性质的问题出发，将决策分为程序化决策和非程序化决策，并进一步指出，提高人们的非程序化决策能力，化非程序化决策为程序化决策，是今后决策研究的方向。

二、程序化决策和非程序化决策

西蒙认为：所谓程序化决策，是指决策可以程序化到呈现出重复和例行的状态，可以程序化到制定出一套处理这些决策的固定程序，以致每当它出现时，不需要再重复处理它们。通常又将程序化决策称为"结构良好"的决策。与此相反，非程序化决策是针对那些不常发生的或例外的非结构化问题而进行的决策。处理这类问题没有灵丹妙药，因为这类问题在过去尚未发生过，是一种例外问题；或因为其确切的性质和结构尚捉摸不定或很复杂，或因为其十分重要而需要用"现裁现做"的方式加以处理。因此，非程序化决策又被称为"结构不良"的决策。必须指出的是，它们并非是真正截然不同的两类决策，而是像光谱一样的连续统一体。在统一体的一端为高度程序化的决策；而另一端为高度非程序化的决策。沿着这个光谱式的统一体，可以找到不同灰色程度的各种决策。除了可以从问题本身的性质出发区分程序化决策和非程序化决策以外，还可以根据决策时采用的不同技术和方法来区分这两类决策。以简单地按程序化和非程序化以及传统式和现代式四种因素将决策制定技术分为四大类。如表 3-2 所示。

表 3-2 传统式与现代式决策制定技术

决策类型	决策制定技术	
	传统式	现代式
程序化的： 常规性，反复性的决策；组织为处理例行问题而研制的决策	1. 惯例； 2. 事务性常规工作标准操作规程； 3. 组织结构分目标系统；明确规定的信息通道	1. 运筹学结构分析模型计算机模拟； 2. 管理信息系统探索式解决问题技术
非程序化的： 偶发的、结构不良的、新的政策性决策；创新的思维而制定的决策	1. 判断、直觉和创造性； 2. 主观概率法； 3. 经理的遴选和培训	1. 培训决策者； 2. 编制人工智能程序

第四节　决策的行为

迄今为止，人们一直是把决策过程作为一种合理的、合乎逻辑的过程来看待的。但对于决策过程来说，还有其他因素起着重要的影响作用，这就是决策的行为，包括个人的行为特性和群体在决策中的行为特性。

一、个人的行为特征

心理学的基本观点之一是强调个人在心理上的差异，决策作为人们的一种思维心理活动，自然也不例外。这些差异体现在决策者感知问题的方式，处理情报资料从中获取信息的能力，乐于发掘各种备选方案的意愿和对决策风险的态度等方面。个人之间的差异决定最后选择的方案的特征，并将影响实施决策时的魄力和果断性。

影响决策过程的行为特性很多，这里仅就影响最大的、起决定作用的两个方面(个人对问题的感知方式和个人的价值系统进行扼要的讨论)。

1.　个人对问题的感知方式

所谓感知，即通过感觉而形成的知觉。它是对事物的各种不同属性、各个不同部分及其相互关系的综合反映，即对事物整体的反映。感知在确定决策问题、处理决策的情报资料、拟定决策的可行方案等方面起着重要作用。

心理学研究表明，影响人们对问题的感知的主要因素是经验。感知不是感觉的简单总和，感知中包含的某些成分并非都来自当时的感觉，而是在过去经验的基础上产生的。知识和经验会对感知产生巨大影响。在这方面，西蒙对人工智能的研究结果充分说明了这一点。在对人工智能的研究中，西蒙发现了一个引人入胜的结果。他和同事研究了为计算机下象棋编制程序的问题。最初的假设是：为计算机编制一套像一颗有多个枝杈的被称做决策树那样的程序，每走一步前，计算机都先搜索自己和对方所有可能的步子，然后作出选择。从理论上说，这是可以做到的，但事实上却是做不到的。因为可能性几乎有十的一百二十次方之多，而当今最快的计算机在一百年里不过进行大约十的二十次方运算。显然，为计算机编制弈棋程序必须寻求更简捷的途径。

西蒙继续研究了一些优秀棋手的做法。他要求世界上最优秀的象棋大师对一付棋盘上还有二十来个棋子的残局瞥一眼(10 秒钟)。他发现，这些象棋大师随后就能说出所有棋子在棋盘上的确切位置；而进一步对一些一级棋师进行相同的试验，这些人就相形见绌了。也许，那些象棋大师具有更好的短期记忆能力。但这种说法有一点不能解释，如果棋子的位置不是按棋局的进行，而是随意乱放的话，那么无论象棋大师或是一级棋师都不能记住。看来必定有别的因素在起作用。西蒙认为，这是因为那些象棋大师在象棋方面具有高度发达的长期记忆能力，这种记忆表现为下意识地记住的定式。西蒙称这是象棋"词汇"。一级棋师掌握的词汇量大约有 2000 种定式，而象棋大师则在 50 000 种上下。看来，棋师们在对弈时大都是从各种定式出发：以前见过这一定式吗？是在什么棋局上见到这种定式的？从前是怎么克敌制胜的？事实上，不仅象棋大师，其他如医生、修理工、网球运动员、工程设计人员等，都掌握有丰富的定式词汇。

西蒙的这一研究成果，进一步说明了经验对管理决策的重要作用。这也是为什么经验丰富的主管人员一般都具有良好的直觉的原因。这一研究成果表明，在进行关键的非程序化决策时，应重视经验和直觉。

2．个人价值系统

个人价值系统是个人的思想、价值观、道德标准、行为准则等所构成的相对稳定的思维体系。具体地讲，它包括个人对成就、财富、权力、责任、竞争、冒险、创新等的欲望，以及对正确与错误、好与坏、真与伪、善与恶、美与丑、得与失或其他类似的对立事物所持的观点。个人价值系统对决策过程特别是最后的方案抉择起着重要的影响和决定作用。概括而言，个人价值系统对决策的影响主要表现在两个方面：

(1) 它影响决策者以某种特殊的心理准备状态来回应刺激物。例如一个人往往以他正在感知的某种准备状态或他的情绪的某种状态甚至某种先入为主的准备状态来回应感知对象，把听到的内容变成了他想要听的东西，把看到的对象变成了他想要看的对象。心理学称这种心理状态为定势或心向。

(2) 个人价值系统影响决策者的判断，包括对问题的判断、对情报信息的判断和对方案的抉择。例如在某企业的上层主管人员中，对国家紧缩信贷、压缩基建规模、控制经济过热等措施，有人认为会给企业发展造成困难；有人则认为这反而会给企业的发展带来机会。

个人价值系统对决策的影响因决策者而异，有积极的作用，也有消极的作用。其积极作用表现在：

① 它能使人们对事物感知得更迅速、更有效；

② 有助于使人们透过事物的表面现象抓住事物的本质；

③ 有助于人们从不完全的情报中获取重要的变化信息；

④ 有助于人们形成决心、作出果断而大胆的选择。

其消极作用是，容易使人们在情况发生变化时固守过时的观点，因循守旧，错失成功的良机，以及固执先入为主的成见等。

由此可见，一个成功的主管人员，必须具有合理的、健康的、积极的、符合社会发展要求的良好的个人价值系统。

二、群体的行为特征

在正式组织里，一个人不是作为群体成员而独自完成决策制定的全过程是罕见的。因此，决策不仅受到个体心理的影响，还受到群体心理的影响。这里群体的概念，是指进行活动且相互制约的人群或人们的共同体。例如企业中的各级和各部门的领导班子、厂务委员会，生产班组等。群体有自己特有的心理现象，例如舆论、内隐的规范(默契)、士气、情绪气氛、风尚、社会助长现象和从众现象等。个体心理是头脑的机能，是外部世界的主观映像；而群体心理则是普遍存在于各个群体成员头脑中反映群体社会关系的共同心理状态与心理倾向。群体心理对决策的影响，既有积极的方面，也有消极的方面。

1. 群体决策的优点

群体制定决策的一个最大优点，是群体可能比任何单个成员具有更广泛的知识和经验。这势必有利于确定问题和制订备选方案，并且能够更严格地分析所制订的方案。此外，群体参与制定决策，还能够使人们更好地了解所制定的决策，特别当参与决策制定的群体还负有实施决策的责任时，可增加群体每个成员对决策许诺的可能性。群体决策的上述优点是由于群体心理中的社会助长作用。所谓社会助长作用是指很多人在一起共同工作，可以促进个人活动的效率，出现增量或增质的现象。一般认为，社会助长作用引起的个人行为增量的效果远超过增质的效果。

2. 群体决策的缺点

决定群体参与决策效果的主要限制因素是由于存在"从众现象"所产生的。所谓"从众现象"，是指个人由于真实的或臆想的群体心理压力，在认知或行动上不由自主地趋向于跟多数人相一致的现象。在正式组织里，上下级关系会导致下级并非真正参与决策，下级为了迎合上级，宁愿顺着上级的意图而不提出自己的真正意见。此外，用花费的总时间来衡量，群体决策一般比个人决策要花费更多的时间才能作出一个决策。

群体决策的广泛存在，促使管理学家和心理学家提出各种有效的方法以发挥其优点，避免其缺点。

3. 发挥群体决策的积极作用

关于群体对于个体"解决问题"的智力活动是否真的具有助长作用，或在什么条件下有助长作用，目前还是一个有争论和正在研究的课题。

1957 年，英国的心理学家奥斯本在《应用的现象》一文中提出了"头脑风暴法"，即让主持人提出待解决的问题，鼓励群体成员尽量多地提出新颖创意，而不允许互相批评。由于每一个体受到其他人提出意见的刺激和启发，激起发散性思维，结果在同样时间得到两倍于他独立思考时的意见数量。据报道，这种方法在用于拟定可行方案的决策阶段时，可以获得大量的新颖的方案和设想。但另一些心理实验研究不支持这一假设。例如美国心理学家邓尼特 1963 年以科研人员与设计师为对象，分别让他们在独立思考和以四人为一组采用"头脑风暴法"的两种情境中，对两个问题提供解决的办法。结果发现，独立思考时提出的意见较群体思考提出的意见更多、更高明。研究者认为，在群体中采用"头脑风暴法"，个人常因注意别人发表意见或自己的表达机会受剥夺，使自己的思维受到干扰而中断，因此它无助于新思想的产生。还有一些研究者根据他们实验结果认为，在群体中应用"头脑风暴法"具有"预热效应"，即由于大家交流想法的气氛与互相启发，会使个人对本来不大关注的问题或工作发生兴趣，并把群体的创造行为当作社会规范迫使自己去思考，从而起到为创造性思维做准备的作用。一般认为，在解决问题的初期使用"头脑风暴法"，而后再引导人们深入地去独立思考，就会使社会助长作用发挥远期的效果。从根本上说，群体参与决策的潜在效益能够发挥到什么程度，以及最终的效果如何，取决于主管人员的领导水平。作为群体的领导人，应具有创造一种鼓励每个成员作出充分贡献的环境的才能。一方面主管人员必须引导群体的讨论，这样才能得到质量最高、符合规定目标的决策；另一方面，主管人员必须承担起作出最后抉择并坚持实施的责任，而不应滥用表决的方式，把责任推给大家。

第五节　决 策 的 方 法

一、定性决策方法

1．德尔菲法

德尔菲法是由美国兰德公司首创并用于预测和决策的方法。该法以匿名方式通过几轮函询征求专家的意见，组织预测小组对每一轮的意见进行汇总整理后作为参考再发给各专家，供他们分析判断，以提出新的论证。几轮反复后，专家意见渐趋一致，最后供决策者进行决策。其基本程序如下：

(1) 确定预测或决策题目——预测或决策题目即所要解决的问题，题目要具体明确，适合实际需要。

(2) 选择专家——选择专家是德尔菲法的重要环节，因为预测或决策结果的可靠性取决于所选专家对主题了解的深度和广度。选择专家须解决四个问题：第一，什么是专家？德尔菲法所选专家是指在预测主题领域从事预测决策工作 10 年以上的技术人员或管理者。第二，怎样选专家？这要视预测或决策任务而定。如果预测或决策主题较多地涉及组织内部情况或组织机密，则最好从内部选取专家。如果预测或决策主题仅关系某一具体技术的发展，则最好从组织外部挑选甚至从国外挑选。第三，选择什么样的专家？所选专家不仅要精通技术、有一定的名望和代表性，而且还应具备一定的边缘科学知识。第四，确定专家人数。专家人数要视所预测或决策问题的复杂性而定。人数太少会限制学科的代表性和权威性；人数太多则难以组织。一般以 10～15 人为宜，对重大问题的预测或决策，专家人数可相应增加。

(3) 制订调查表——把预测或决策问题项目有次序地排列成表格形式，调查表项目应少而精。为使专家对德尔菲法有所了解，调查表的前言部分应对德尔菲法进行介绍。

(4) 预测或决策过程——德尔菲法预测或决策一般要分四轮进行。第一轮把调查表发给各专家，调查表只提出预测或决策主题，让各专家提出应预测或决策的事件。第二轮由决策者对第一轮调查表进行综合整理，归并同类事件，排除次要事件，做出第二轮调查表再返给各专家，由各专家对第二轮调查表所列事件作出评价，阐明自己的意见。第三轮对第二轮的结果进行统计整理后再次反馈给每个专家，以便其重新考虑自己的意见并充分陈述理由，尤其是要求持不同意见的专家充分阐述理由。因为他们的依据经常是其他专家所忽略的或未曾研究的一些问题，而这些依据又会对其他成员的重新判断产生影响。第四轮是在第三轮基础上，让专家们再进行预测，最后由决策者在统计分析基础上作出结论。

国内外许多大型企业集团都对德尔菲法感兴趣，视之为一种行之有效的决策方法，尤其在新技术发展和新产品开发的决策上，这种方法卓有成效。但这种方法一般不适合于日常决策，它耗时多，占用较多精力。

2. 名义群体法

名义群体这一决策法是指在决策制定过程中限制群体讨论，故称为名义群体法。如同参加传统委员会会议一样，群体成员必须出席，但需要独立思考。名义群体法具体步骤如下：

(1) 将成员集合成一个群体，在安静的环境中，群体成员之间互相传递书面反馈意见。在一张简单的图表上，用简洁的语言记下每一种想法进行书面讨论，但在进行任何讨论之前，每个成员独立地写下他对问题的看法。

(2) 经过自己独立思考后，每个成员将自己的想法提交给群体，然后分别地向大家说明自己的观点。

(3) 最后，小组成员对各种想法进行投票，用数学方法，通过等级排列和次序得出决策。

在现实生活中，集体决策由于言语交流抑制了个体的创造力，而名义群体成员思路的流畅性和独创性更高一筹，名义群体可以产生更多的想法和建议。该方法耗时较少，成本较低。

3. 头脑风暴法

头脑风暴法是比较常用的集体决策方法。因为便于发表创造性意见，所以主要用于收集新设想。通常，它是将对解决某一问题感兴趣的人集合在一起，在完全不受约束的条件下，敞开思路，畅所欲言。头脑风暴法的创始人英国心理学家奥斯本为该决策方法的实施提出了四项原则：

(1) 对别人的建议不作任何评价，将讨论限制在最低限度内；

(2) 建议越多越好，在这个阶段，参与者不要考虑自己建议的质量，想到什么就应该说出来；

(3) 鼓励每个人独立思考，广开思路，想法越新颖、奇特越好；

(4) 可以补充和完善已有的建议使它更具说服力。

在典型的头脑风暴会议中，一些人围桌而坐。集体领导者以一种明确的方式向所有参与者阐明问题；然后成员在一定的时间内"自由"提出尽可能多的方案，不允许任何批评，并且将所有的方案当场记录下来，留待稍后再讨论和分析。头脑风暴法仅是一个产生思想的过程，后面的电子会议法则进一步提供了取得期望决策的途径。

4. 电子会议

最新的集体决策方法是将名义群体法与尖端的计算机技术相结合的电子会议。会议所需的技术即用一系列的计算机终端，将问题在屏幕上显示给决策参与者，他们把自己的答案打在计算机屏幕上。个人评论和票数统计都投影在会议室的屏幕上。这种方法的主要优点是快速、有效。

二、定量决策方法

定量决策方法是利用数学模型进行优选决策方案的决策方法。根据数学模型涉及的决策问题的性质的不同，定量决策方法分为：确定型决策、风险型决策和非确定型决策。

1. 确定型决策方法

在比较和选择活动方案时，如果未来情况只有一种并为管理者所知，则须采用确定型决策方法。常用的确定型决策方法有线性规划和量本利分析法等。本书主要介绍量本利分析法。

量本利分析法又称盈亏平衡分析法。它是通过考察产量(或销量)、成本和利润的关系以及盈亏变化的规律来为决策提供依据的方法。其基本原理是依据边际分析理论，把企业生产总成本分为同产量无关的固定成本和同产量同步增长的变动成本，只要产品的单位售价大于单位变动成本，就存在边际贡献，即单位售价与单位变动成本的差额。当总的边际贡献与固定成本相等时，恰好盈亏平衡，之后每增加一个单位产品，就会增加一个边际贡献的利润。

(1) 量本利的图示分析法。

盈亏平衡点分析如图 3-1 所示，图中纵坐标表示总收入(Y)、总成本(C)、固定成本(F)及可变总成本(QV)。横坐标表示产量(或销量)用 Q 表示。该方法假定产销量一致。总收入 Y 是单位销售价格 P 与产量 Q 的乘积；总成本 C 等于固定成本 F 加上可变成本 QV。

总收入曲线 Y 与总成本曲线 C 的交点 E 对应的产量 Q_* 就是总收入等于总成本(即盈亏平衡)时的产量，收益等于总成本(即盈亏平衡)时的产量，E 点就是盈亏平衡点。

在 E 的左边，即 $Q < Q_*$，总成本曲线位于总收益曲线之上，即亏损区域，其中 C 与 Y 之间的纵坐标距离就是相应产量下的亏损额，如 Q_1 处的亏损额为 AB。

在 E 点的右边，即 $Q > Q_*$，总收益线位于总成本之上，即盈利区域，Y 与 C 之间的垂直距离就是相应产量下的盈利额。如 Q_2 对应的盈利额为 CD。

用盈亏平衡点法进行产量决策时应以 Q_* 为最低点，因为低于该产量就会产生亏损。对新方案的选择如此，对于现有的生产能力是否在 $Q < Q_*$ 时就一定要停产呢？由图 3-1 可知，停产时的亏损额为 F，即固定成本支出，而在 OQ_* 区间内的任一点的亏损额(C–Y)都低于 F。所以企业生产能力形成后，即使受市场销量的约束使产量进入亏损区也不应作出停产决策，即"两害相权取其轻"。

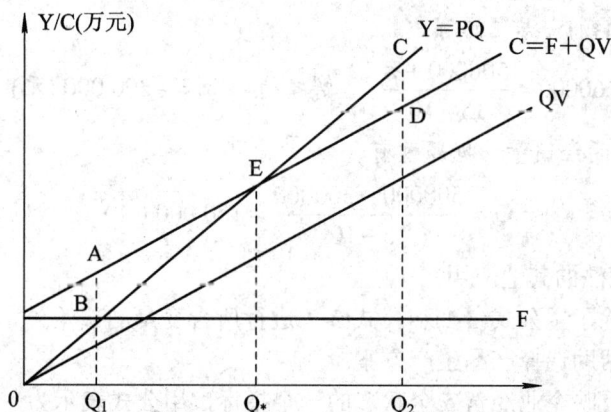

图 3-1 盈亏平衡点分析示意图

(2) 量本利的计算分析法。

图 3-1 所示盈亏平衡点基本原理也可由公式来表示。

由于在 Q_* 点有 $Y = C$，即

$$PQ_* = F + Q_* \cdot V$$

故盈亏平衡点产量

$$Q_* = \frac{F}{P - V} \tag{3-1}$$

公式(3-1)中有四个变量，给定任何三个便可求出另外一个变量的值。

该模型除了用于盈亏平衡点的产量、成本决策外，再增加一个利润变量，便扩展为任意产量决策的模型。设利润为 π，根据定义有：

$$\pi = PQ - (F + V \cdot Q)$$

即

$$Q = \frac{F + \pi}{P - V} \tag{3-2}$$

公式(3-2)中共有五个变量，给定任意四个便可求出另外一个变量的值。

教学例题

某公司生产某产品的固定成本为 50 万元，单位可变成本为 10 元，产品单位售价为 15 元，其盈亏平衡点的产量为多少？本年度产品订单为 5 万件，问单位可变成本降至什么水平才不至于亏损？若单价和单位可变成本不变，本年预计销量为 6 万件，求利润额(亏损额)是多少？若单价和单位可变成本不变，企业目标利润为 30 万元，问企业应完成多少销量？

解：① 盈亏平衡点产量

$$Q_* = \frac{F}{P - V} = \frac{500000}{15 - 10} = 100\,000 \text{ (件)}$$

② 单位可变成本：据题意有

$$50000 = \frac{500000}{15 - V} \qquad 解之得 \qquad V = 5 \text{ (元/件)}$$

③ 利润额(亏损额)：据题意有

$$60000 = \frac{500000 + \pi}{15 - 10} \qquad 解之得 \qquad \pi = -200\,000 \text{ (元)}$$

④ 企业应完成的经销量：据题意有

$$Q = \frac{500000 - 300000}{15 - 10} = 160\,000 \text{ (件)}$$

(3) 盈亏平衡点法的其他应用。

盈亏平衡点法除了用公式(3-1)和公式(3-2)进行所含变量的决策外，还可用于判断企业的经营安全状态及帮助选择产品生产方案。

经营安全率是反映企业经营安全状况的一个指标，用公式表示为

$$S = \frac{Q - Q_*}{Q}$$

式中 S 为经营安全率，S 值越大说明企业对市场的适应能力越强，企业经营状况越好；Q 为现实产量，Q_* 为盈亏平衡点产量。企业经营安全状态可由表 3-3 来判断。

表 3-3　经营安全率和经营安全状况表

经营安全率 S(%)	>30	25～30	15～25	10～15	<10
经营安全状况	安全	较安全	不太好	要警惕	危险

经营安全率可作为反映企业经营状况的综合性指标。由定义可知，增加现实产量 Q 或降低盈亏平衡点的产量 Q_* 都可提高经营安全率。

(4) 使用盈亏平衡点法作决策时应注意的问题。

① 应考虑产量适用区间。按上述假定，成本中的固定成本与产量无关，显然，该假定只能在一定的产量区间内有效，当产量超过了现有生产能力并导致规模扩张时，原来的固定成本假定不再成立。

② 是总收益与可变成本及产量之间的线性关系假设。只有在线性假设下，各变量之间有上述公式(3-1)和公式(3-2)关系。当出现产量的非线性收益或成本时(如因市场约束和价格折扣而产生的价格随销量的增加而下降，因扩大规模产生的单位可变成本随产量增加而下降等)，仍可由"总收益＝总成本"求解盈亏平衡点产量，也可由"利润＝总收益－总成本"求解利润量或目标利润下的产量，但不能直接套用公式(3-1)和公式(3-2)。

2. 风险型决策方法

1) 风险型决策

所谓风险型决策，即在不肯定的情况下决策。这是企业经营中大量碰到的决策问题。例如建设新工厂的投资决策、新产品开发决策、企业兼并决策等。风险决策的特点是：

(1) 决策目标一般是经济性的，可以用货币来计量。

(2) 存在多个可行方案，每个方案的收益或损失(包括直接损失或机会损失)，可以根据项目的生产能力和市场预测资料比较准确地进行估计。

(3) 未来环境可能出现多种自然状态。

(4) 各种自然状态发生的概率可以根据历史资料或经验进行判断。

(5) 决策标准是使期望净收益达到最大或期望损失减至最小。

迄今为止，已开发出多种风险决策方法，例如收益表法、边际分析法、决策树法、效用理论法等。其中决策树法是一种应用最广、效果最显著的方法。

2) 决策树

如前所述，决策是一个过程。它包括四个主要阶段，这些阶段与人类解决问题的思维过程诸阶段之间有紧密的联系。正如思维离不开语言一样，决策作为一种复杂的思维过程也需要一种"语言"，或者说需要通过一定的模型来表达。将决策过程各个阶段之间的逻辑结构绘成一张箭线图，称为决策树。

决策过程流程图的表明，通过比较现状与目标间的差距发现问题。根据问题设计出几个可行方案，每个方案实施后，都可能出现若干个状态，每种状态下，企业都产生一定的收益或损失。每种状态出现的概率是可以预测出来的。决策者在权衡各方案时，除了考虑到方案的收益外，还需全面衡量各方案的利弊。

决策树是一种探索式决策过程的模型，实际上它早已存在于人们的思维过程中，一直被决策者有意无意地使用着。下面通过一个简单的例子来说明决策树的原理和应用。

教学例题

假设，某公司为满足某种新产品的市场需求，拟规划建设新厂。预计市场对这种新产品的需求量比较大，但也存在销路一般和销路差的可能性。另一种可能是最初几年销路很好，但几年后可能保持旺销，也可能需求量减少。公司面临几种选择：新建一座大厂，如果需求量很大则产品可完全占领市场，并获得很大的收益；如果需求量小，工厂会亏损。若扩建原厂，在需求量大的情况下仍可收回投资，并可获得一定的收益；如果遇到需求量小，则很快会让竞争对手占领市场，这样不仅失去了获得高收益的机会，还可能因竞争而使原有的收益降低。还有一种方案是改建原厂。

为了叙述的方便，将问题作适当的简化，但这绝不是说，决策树不能用于更复杂的问题。上述问题的三种可行方案如下：

(1) 新建大厂，需投资 16 万元。据初步设计，销路好时每年可获利 20 万元；销路一般时获利 8 万元；销路不好时亏损 6 万元。服务期限 6 年。

(2) 扩建原厂，需投资 10 万元。销路好时每年可获得 16 万元；销路一般时获利 10 万元；销路不好时则没有收益。服务期限 6 年。

(3) 改造原厂，需投资 4 万元。销路好时每年可获利 12 万元；销路一般时获利 6 万元；销路不好时可获利 2 万元。服务期限 6 年。

进一步假设，根据市场预测，新产品销路好的概率为 0.3，销路一般的概率为 0.5，销路不好的概率为 0.2。现在来看一下根据这些情况应如何选择最优方案。该问题的决策树如图 3-2 所示。

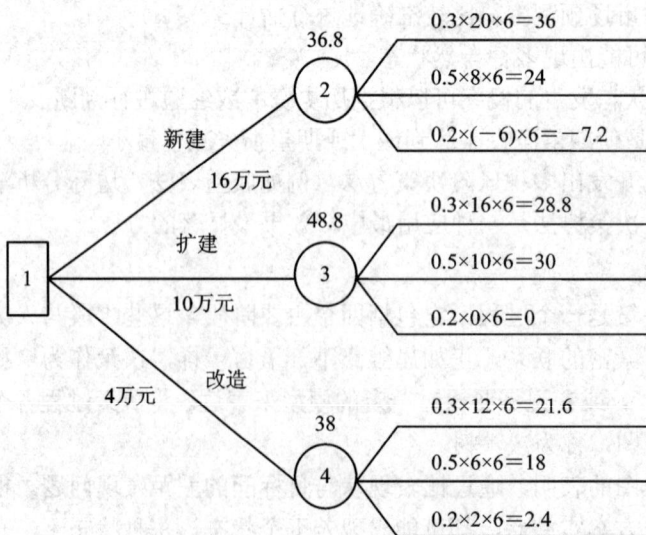

图 3-2　一个多阶段决策的决策树

图 3-2 的矩形节点为决策点；从决策点引出的若干条树枝代表若干个方案，称为方案枝。圆形结点称为状态结点；由状态结点引出的若干条树枝表示不同的自然状态，称为状态枝。在该问题里有三种自然状态，即销路好、销路一般和销路不好，且已知其出现的概率。在状态枝的末端，列出了不同状态下各方案的收益值(或损失值)。各方案的期望收益计算如下：

各状态结点的期望值 = $\sum$ (损益值 × 概率值) × 经营年限 − 投资

新建方案的损益期望值 = $[0.3 × 20 + 0.5 × 8 + 0.2 × (−6)] × 6 − 16 = 36.8$ (万元)

扩建方案的损益期望值 = $[0.3 × 16 + 0.5 × 10 + 0.2 × 0] × 6 − 10 = 48.8$ (万元)

改造方案的损益期望值 = $[0.3 × 12 + 0.5 × 6 + 0.2 × 2] × 6 − 4 = 38$ (万元)

经比较各方案的损益期望值，应选择扩建这一方案。注意，这里为了简化问题，忽略了时间因素对不同时期内的收益和投资的实际价值的影响。也就是说，没有考虑资金的时间价值。但现实中，这种多阶段决策的时间差别可能对决策结果有重要影响。

3. 现值分析

所谓考虑资金的时间价值就是计入利息的影响。常用的方法有现值分析法。其基本原理是将不同时期内发生的收益或追加投资和经营费用，都折算为投资起点的现值，然后与期初的投资比较，净现值大于零的方案为可行方案；净现值最大的方案为最佳方案。利息一般分为单利和复利两种，在方案评价中多采用复利计算。

4. 其他方法

决策中还有以下常用的计量方法和理论。

1) 边际分析法

评价决策方案可以使用边际分析法，即把追加的支出和追加的收入相比较，二者相等时为临界点，也就是投入的资金所得到的利益与输出损失相等时的点，如果组织的目标是取得最大利润，那么当追加的收入和追加的支出相等时，这一目标就能达到。

2) 经济效益分析法

当各个选择方案的数量、目标远不像利润、生产率、费用等所表示的那样具体明确时，用经济效益分析是一种选择方案的好办法。它是传统的边际分析法的进一步完善或变种。经济效益分析的主要特点是：把注意力集中在一个方案或系统的最终结果上，即根据每个方案在为目标服务时的效果，来权衡它们的优缺点。同时还要从效果着眼，比较每个方案的费用(或成本)。经济效益分析是解决综合性非程序决策问题的效益费用(成本)分析。

3) 概率论

概率论在科研、工商业和许多日常生活问题中起重要作用。它分为两个学派：一派叫客观派，相信只有经过大量的试验而反复出现的事件才能用概率论来分析；另一派叫主观派，是第二次世界大战后才应用于决策的学派。按照它的概念，决策者根据所能得到的证据，对一事件的发生具有什么样的信念，就是这事件的概率。主观概率对决策是有用的，且往往是必需的。因为它以经验推理为基础，推论事件发生的可能性。一般来说，主观概率适合于非程序的和不重要的决策，而客观概率却可用于程序和重复的选择。

4) 效用论

效用论主要以决策者要求的最大值作根据。效用最大值的含义，就是决策者所要选择的目标，在于获得最大量的满足。计算效用论的方法虽然有几种，但如果遇到大量的、性质复杂而结果又很难确定的方案，任何一种计量方法都是没有意义的。

5) 博弈论

博弈论含有冲突的因素，这种决策不能单顾自己一方，而要估计到对手一方，犹如两人对弈，是一个胜负问题。它的理论基础是数学。

教学案例

口味改变背后的故事

刚起步的百事可乐曾经要求被可口可乐收购，可口可乐拒绝了。八十年代初，百事可乐打营销战，给顾客两杯可乐，但并不告诉顾客杯子里盛的是什么品牌的可乐，由顾客根据自己的口感来判断谁的口味更好，结果80%的顾客都选择了百事可乐，这则广告在美国狂轰滥炸几个月可谓是威力巨大，使百事可乐的市场份额迅速地从6%猛升到14%。1985年，可口可乐公司作出了一个重大决策：口味分裂。一种是传统的可口可乐，一种是添加了其他原料的可乐。添加其他原料的又分成三种：苹果、草莓和樱桃口味。这三种口味再分成两种：健怡可乐和普通可乐。

这时，顾客再买可乐时，会与销售员发生如下对话：

顾客："买瓶可乐。"

售货员："百事可乐还是可口可乐？"

顾客："可口可乐。"

售货员："传统的还是水果的？"

顾客："水果味的。"

售货员："是草莓的、苹果的还是樱桃的？"

顾客："樱桃的。"

售货员："健怡可乐还是普通可乐？"

顾客说："算了算了，给我瓶百事可乐吧！"

连续9个月，可口可乐营业额减少了6000万美元。许多分析家认为错误出在糟糕的市场调研上。

实际上，可口可乐花了3年多时间和400万美元，进行了20万次口感测验。60%的消费者认为新可乐比百事好。

那么问题到底出在哪里？原来是市场调研。

可口可乐的市场调研只限于味道问题，未考虑可口可乐的名称、历史、包装、文化遗产和产品形象。

百事可乐之所以发展壮大很大程度上是对可口可乐的模仿，而可口可乐这一改变口味的举措间接地把行业老大的地位让给了百事可乐。

对许多人来说，可口可乐、棒球、热狗和苹果派一起成为美国的习俗，它代表了美国社会中最根本的东西(自由、乐观、进取、生机勃勃……)。可口可乐的象征性意义比它的口味更重要。若加大调查范围，应发现这些强烈的情感。

【教学功能】 本案例主要涉及对市场环境的调研。管理者到底应该怎样进行市场调研？采用什么方法？怎样才能获得准确的市场信息，从而形成正确的决策？通过本案例，学生们可以体验到著名企业在市场调研方面也会犯错。

知识链接

市场调查也被称为市场研究或市场营销调研(Marketing Research)。美国市场营销协会(the American Marketing Association，简称AMA)对市场调查的定义是：市场调查是一种通过信息将消费者和公众与营销联系起来的职能。市场调查是指运用科学的方法，有目的、有系统地收集、记录、整理有关市场营销的信息和资料，分析市场情况，了解市场的现状及发展趋势，为市场预测和营销决策提供客观、正确的资料。市场调查具体包括市场环境调查、市场状况调查、销售可能性调查，还包括对消费者及其消费需求、企业产品、产品价格、影响销售的社会和自然因素、销售渠道等方面的调查。

模块二 技能训练

实训目标

决策树应用。

实训内容与要求

承包商招投标方案有3个：① 投A标；② 投B标；③ 不投标。

投任何一个方案，都可能中标或失标。失标时，投A标损失50万元，投A标的失标概率为0.7；投B标损失100万元，投B标的失标概率为0.5。

中标时，投A标，中标概率为0.3；投B标，中标概率为0.5。

每种方案都可能出现三种状态：优、一般、赔。每种状态出现的概率以及每种状态下各方案的收益如下：

状态(概率) / 方案	优(0.3)	一般(0.4)	赔(0.3)
A	5000	1000	−3000
B	4000	2000	−1000

要求：运用决策树的方法，为该承包商选择方案。

模块三　管理案例

Toby 的抉择

Toby 是美国西海岸家庭保健计划公司的高级经理,相比较全国性的 Planned Parenthood 来说，西海岸保健计划公司是一个比较小的地区性医疗保健服务公司，主要为当地符合低消费以及免费条件的居民提供诊所服务或者其他服务。当然，它也没那么多的资源从事更高昂的医疗服务。

医疗保健这个行业从 90 年代以来突然竞争激烈，大幅提高的医疗费用导致许多巨无霸型的保险公司和管理咨询公司进入这个行业，通过医疗管理模式瓜分行业市场，个体经营的诊所和小本经营的小公司发觉它们的处境越来越困难了。他们不得不被一些公司收编，通过开诊收取公司提供固定费率的服务费来维持生计。西海岸家庭保健计划公司本来就是定位于营利性医疗管理机构和非营利性医疗保障机构的中间市场，向低收入的年轻人提供低消费甚至免费的家庭保健计划，同时从联邦财政获得一定程度的支持来获利。但是随着许多大型企业的加入竞争，Toby 发现许多原本只针对高收入群的医疗公司也开始抢夺西海岸公司的客户资源，她心里明白，这样下去，西岸公司肯定招架不住，如果再不改变，倒闭是迟早的事情。Toby 本身是西海岸公司一家比较大的诊所的总监。五年来，她始终在做家庭保健计划的同时，也做详细的其他流动病人的求诊统计资料，她发现 1999 年，约有 30 000 个病人来寻求帮助，每人平均花费$35.20 元。

现在，她觉得危机时代已经到来。于是给朋友 Martin(一个大学的市场学教授)打电话求助：

"我知道这有些痴人说梦，" Toby 说，"不过我必须在不开销广告费的前提下增加收入。"

"好像不容易，你打算怎么提高西海岸公司的知名度？怎么让新居民知道西海岸公司呢？"

"政府机构会提供一些英语和西班牙语的电视广告，但是地区的诊所恐怕还得靠口碑。"

"那么你的诊所有资金吗？打不打算花钱请人作市场调研？"

"恐怕没钱做这个。"

"那么，Toby，你能有什么办法？"

"我觉得我可以作现有客户调查，问问他们现在服务怎么样，需要什么改进，这应该不花什么钱。"

"未必啊，谁来搜集资料啊？谁来整理资料啊？谁来计算资料数据啊？谁来分析资料提供决策啊？"

"唔……这样子好像很复杂很花钱的。" Toby 的热情低了下去。

"那也不一定，关键是让大家都来配合调查，你还得找些临时工来做基础工作。"

"嗯。我还要建议西海岸高层转向新的市场，让旗下诊所提供小而全的医疗服务，而不仅仅放在家庭保健上面。与其做小潭里的一条大鱼，还不如做大潭里的一条小鱼呢。"

"你不是开玩笑吧？这么大的动作必须经过西海岸公司的高层会议和首肯，这起码要三四个月的时间，而且不一定会批准，就算批准了，这样的转型花费也是巨大的！"

"可是现在是生死存亡的时候了，我必须做，但是你得帮我，告诉我怎么做。"

"恐怕你得准备一个详细的建议书，然后说服高层同意。"

"如果我能得到同意呢，接下来要做什么？"

"你跑得太快了，先慢下来，Toby。你不如先想想，怎么说服高层同意你花费这么多钱来实施转型计划？怎么说服他们把紧缺资金用来购买转型所需要的设备，雇佣更专业的人员？"Martin说，"你现在连基础还没打好呢。"

Toby沉默了几分钟，然后说："就算你说得对，那么，我到底应该先做什么，后做什么？"

思考：

如果你是Toby，你会怎么办？

模块四　复习与思考

一、简答题

1. 决策的含义？
2. 程序化决策和非程序化决策的含义？两者有什么区别？
3. 决策行为受哪些因素影响？
4. 决策的方法有哪些？

二、案例分析

某运输公司的营业利润像纸一样薄，并无力支撑空车调运，或者让司机和车辆随时待命，以满足业务量猛增的需要。在集散站，经常看到工作人员取笑乘客，不理睬他们，随意处置他们的行李。为了降低运营成本和提高客户服务水平，该公司的高层管理者提出了一个重组计划，要大规模削减人员、线路和服务，乘客预定、车队日程安排等系统都要实行计算机化管理。

然而，中层管理者并不赞成这一计划。许多人认为，大量裁员只会使公司当前的客户服务问题更加恶化。负责计算机编程的管理者主张，推迟引入计算机化的预定系统Trip，要找出异常复杂的软件系统中的程序缺陷。人力资源部人员指出，集散站工作人员的学历往往在中学以下，需要经过大量培训才能有效操作。集散站主管警告说，在本公司低收入的乘客中，很多人都没有信用卡，甚至还没有电话，因此无法使用Trips系统。尽管众说纷纭，高级管理层还是推出了新系统，并强调他们研究过的数据显示，Trips能够改进客户服务质量，使购票更便捷，顾客还可以预定特定行程的车位。可是，噩梦也接踵而至。公司操作人员花在接听电话上的时间急剧增加。许多人甚至因为新交换系统的问题而打不通电话。大多数乘客像过去一样，到了车站以后再买票上车。计算机也不堪重负，有时敲一下键盘要45秒钟才有反应，打印一张车票要5分钟。系统频繁崩溃，以致代理人经常被迫手写车票。乘客排成长队，与行李分离，失去联系，被滞留在车站里过夜。由于裁员以后更少的劳动力在疲于奔命，对顾客的不礼貌现象日渐增多。乘客人数陡然下降，当地竞争者继续在拦截对本公司不满意的那些乘客。

请回答以下问题：

1. 该公司的高层管理者面临的是程序性决策还是非程序性决策？

2. 用管理决策过程的 6 个基本要求来分析此案例。你认为最高管理层足够重视 6 个要求吗？如果你是其中一员，现在会做什么？为什么？

本 章 小 结

1. 组织环境包括外部环境和内部环境。为了使调研工作确有成效，在调研之前，首先要确定调研问题和目标，并在此基础上设计调研方案，然后围绕方案开展实地考察，最后编写出调研报告。

2. 决策就是人们为了达到一定目标，在掌握充分的信息和对有关情况进行深刻分析的基础上，用科学的方法拟定并评估各种方案，从中选出合理方案的过程。

3. 决策的程序：

(1) 把握住问题要害；

(2) 明确决策的目标；

(3) 至少要有两个以上的可行方案；

(4) 对决策方案进行综合评价；

(5) 决策方案实施；

(6) 决策效果评价。

4. 程序化决策和非程序化决策见表 3-3。

5. 决策行为：

(1) 个人的行为特征：个人对问题的感知方式；个人的价值体系。

(2) 群体的行为特征：群体决策的优点；群体决策的缺点。

6. 常见决策方法：

(1) 定性决策方法：德尔菲法、名义群体法、头脑风暴法和电子会议。

(2) 定量决策方法：确定型决策方法、风险型决策方法、现值分析和其他方法。

第四章 计 划

模块一 基 础 知 识

教学要求

(1) 计划的定义。

(2) 计划的潜在利益。

(3) 战略计划和作业计划。

(4) 指导性计划和具体计划。

技能要求

(1) 识别计划的 4 种权变因素。

(2) 解释计划的概念。

(3) 解释为什么一个组织宣称的目标,有可能与其实际目标不一致。

案例导入

马拉松运动员的故事

山田本一是日本著名的马拉松运动员。他曾在 1984 年和 1987 年的国际马拉松比赛中,两次夺得世界冠军。记者问他靠什么取得如此惊人的成绩,山田本一总是回答:"靠智慧战胜对手!"马拉松比赛主要是运动员体力和耐力的较量,爆发力、速度和技巧都在其次。因此,对山田本一的回答,许多人觉得他在故弄玄虚。

10 年之后,这个谜底被揭开了。山田本一在自传中这样写到:"每次比赛之前,我都要乘车把比赛的路线仔细地看一遍,并把沿途比较醒目的标志画下来,比如第一标志是银行;第二标志是一个古怪的大树;第三标志是一座高楼……这样一直画到赛程的结束。比赛开始后,我就以百米的速度奋力地向第一个目标冲去;到达第一个目标后,我又以同样的速度向第二个目标冲去。40 多公里的赛程,被我分解成几个小目标,跑起来就轻松多了。如果开始我把目标定在终点线的旗帜上,结果当我跑到十几公里的时候就疲惫不堪了,因为我被前面那段遥远的路吓倒了。"

【管理启示】 这个故事告诉我们,目标是需要分解的。一个人制定目标的时候,要有最终目标,比如成为世界冠军;更要有阶段目标,比如在某个时间内成绩提高多少。

企业也是如此，企业首先有愿景，比如微软的愿景是让每个家庭每张桌子上都有一台电脑，然后有战略目标，最后有具体的考核指标，一步一步地进行分解。当目标被清晰地分解了，目标的激励作用就显现了。在员工实现了一个小目标的时候，他们就会及时地得到一个正面激励，这对于培养员工挑战目标的信心的作用是非常巨大的！

第一节　计划的涵义

一、什么是计划

计划(Plan)这个术语的含义是什么？计划包括：定义组织的目标；制定全局战略以实现这些目标；开发一个全面的分层计划体系以综合和协调各种活动。

因此，计划既涉及目标(做什么)，也涉及达到目标的方法(怎么做)。

计划还可以被进一步定义为正式的计划和非正式的计划。所有的管理者都制订计划，但很多只是一种非正式的计划。在非正式计划中，什么都不写出来，很少或没有与组织中其他人共享的目标。这种非正式计划大量存在于小企业，在这些企业中只是所有者兼管理者本人考虑过企业想要达到什么目标，以及怎么实现目标，计划是粗略的且缺乏连续性。当然，非正式计划也存在于某些大型企业，而一些小企业也会制订非常详细的正式计划。

本书使用计划这个术语时，指的是正式计划。即每一个时期都有具体的目标，这些目标被郑重地写下来并使组织的全体成员都知道，就是说，管理当局明确规定组织想要达到什么目标和怎么实现这些目标。

计划工作有广义和狭义之分。广义的计划工作是指制订计划、执行计划和检查计划执行情况三个紧密衔接的工作过程。狭义的计划工作则是指制订计划，也就是说，根据实际情况，通过科学的预测，权衡客观的需要和主观的可能，提出在未来一定时期内要达到的目标，以及实现目标的途径。它是使组织中各种活动有条不紊地进行的保证。计划工作还是一个需要运用智力和发挥创造力的过程，它要求高瞻远瞩地制定目标和战略，严密地规划和部署，把决策建立在反复权衡的基础之上。

我们现在正处于一个新技术革命孕育、发生和发展的时代，变革和经济发展带来了机会，同时也带来了风险。在世界范围内争夺市场和资源的竞争十分激烈。处在这样的时代，计划职能和主管人员的其他职能一样，已成为企业生存的必要条件。计划工作的一个重要任务就是在充分利用机会的同时，使风险降到最低。

为了把计划工作做好，使编制的计划能够顺利实现，计划职能和其他管理职能一样，必须按基本原理、方法和技术去执行。实践表明，计划工作中的许多失误，就是因为对这些基本的东西缺乏了解所致。

二、计划与决策

计划与决策是何关系？两者中谁的内容更为宽泛，或者说哪一个概念是被另一个包含的？在管理理论研究中对这个问题有着不同的认识。

有人认为，计划是一个较为宽泛的概念：作为管理的首要工作，计划是一个包括环境分析、目标确定、方案选择的过程；决策只是这一过程中某一阶段的工作内容。比如，法约尔认为，计划是管理的一个基本部分，包括预测未来并在此基础上对未来的行动予以安排；西斯克认为，"计划工作在管理职能中处于首位"，是"评价有关信息资料、预估未来的可能发展、拟定行动方案的建议说明"的过程；决策是这个过程中的一项活动，是在"两个或两个以上的可择方案中作一个选择"。

知识链接

以西蒙为代表的决策理论学派强调，管理就是决策。决策是包括情报活动、设计活动、抉择活动和审查活动等一系列活动的过程；决策是管理的核心，贯穿于整个管理过程。因此，决策不仅包括了计划，而且包容了整个管理，甚至就是管理本身。

本书作者认为，决策与计划是两个既相互区别，又相互联系的概念。因为这两项工作需要解决的问题不同，所以说它们是相互区别的。决策是关于组织活动方向、内容以及方式的选择。从"管理的首要工作"这个意义上来把握决策的内涵。任何组织，在任何时期，为了表现其社会存在，必须从事某种为社会所需要的活动。在从事这项活动之前，组织当然必须首先对活动的方向和方式进行选择；计划则是对组织内部不同部门和不同成员在一定时期内行动任务的具体安排，它详细规定了不同部门和成员在该时期内从事活动的具体内容和要求。

(1) 决策是计划的前提；计划是决策的逻辑延续。决策为计划的任务安排提供了依据；计划则为决策所选择的目标活动的实施提供了组织保证。

(2) 在实际工作中，决策与计划是相互渗透的，有时甚至是不可分割地交织在一起的。

决策制定过程中，不论是对内部能力优势或劣势的分析，还是在方案选择时关于各方案执行效果或要求的评价，实际上都已经开始孕育着决策的实施计划。反过来，计划的编制过程，既是决策的组织落实过程，也是决策的更为详细的检查和修订的过程。无法落实的决策，或者说决策选择的活动中某些任务的无法安排，必然导致决策一定程度的调整。

三、计划工作的内容

计划工作的内容，就是根据社会的需要以及组织的自身能力，确定组织在一定时期内的奋斗目标；通过计划的编制、执行和检查，协调和合理地安排组织中各方面的经营和管理活动，有效地利用组织的人力、物力和财力等资源，取得最佳的经济效益和社会效益。

我们可以通俗扼要地将计划工作的任务和内容概括为六个方面，即：

(1) What——做什么？
(2) Why——为什么做？
(3) When——何时做？
(4) Who——谁去做？

(5) Where——在哪里做？

(6) How——怎样做？

这六个方面的具体含义如下：

"做什么"：要明确计划工作的具体任务和要求，明确每一个时期的中心任务和工作重点。例如，企业生产计划的任务主要是确定生产哪些产品，生产多少，合理安排产品投入和产出的数量和进度，在保证按期、按质和按量完成订货合同的前提下，使得生产能力得到尽可能充分的利用。

"为什么做"：要明确计划工作的宗旨、目标和战略，并论证可行性。实践表明，计划工作人员对组织和企业的宗旨、目标和战略了解得越清楚，认识得越深刻，就越有助于他们在计划工作中发挥主动性和创造性。正如通常所说的"要我做"和"我要做"的结果是大不一样的，其道理就在于此。

"何时做"：规定计划中各项工作的开始和完成的进度，以便进行有效的控制和对能力及资源进行平衡。

"谁去做"：计划不仅要明确规定目标、任务、地点和进度，还应规定由哪个主管部门负责。例如，开发一种新产品，要经过产品设计、样机试制、小批试制和正式投产几个阶段。在计划中要明确规定每个阶段由哪个部门负主要责任，哪些部门协助，各阶段交接时，由哪些部门和哪些人员参加鉴定和审核等。

"在哪里做"：规定计划的实施地点或场所，了解计划实施的环境条件和限制，以便合理安排计划实施的空间和布局。

"怎样做"：制订实现计划的措施以及相应的政策和规则，对资源进行合理分配和集中使用，对人力、生产能力进行平衡，对各种派生计划进行综合平衡等。实际上，一个完整的计划还应包括控制标准和考核指标的制定，也就是告诉实施计划的部门或人员，做成什么样，达到什么标准才算是完成了计划。

四、计划工作的性质

计划工作的性质可以概括为五个主要方面，即目的性、首位性、普遍性、效率性和创新性。

1．目的性

每一个计划及其派生计划都是旨在促使企业或各类组织的总目标和一定时期目标的实现。计划工作是最清晰地显示出管理基本特征的主要职能活动。

2．首位性

计划工作在其他管理职能中处于首位。把计划工作摆在首位的原因，不仅因为从管理过程的角度来看，计划工作先于其他管理职能，而且因为在某些场合，计划工作是付诸实施的唯一管理职能。计划工作的结果可能得出一个决策，即无需进行随后的组织工作、领导工作及控制工作等。例如，对于一个要否建立新工厂的计划研究工作，如果得出的结论是新工厂在经济上是不合算的，那也就没有筹建、组织、领导和控制一个新厂的问题了。

计划工作具有首位性的原因，还在于计划工作影响和贯穿于组织工作、人员配备、指导和领导工作以及控制工作中。

计划工作对组织工作的影响是，可能需要在局部或整体上改变一个组织的结构，设立新的职能部门或改变原有的职权关系。例如，一个企业要开发一种重要的新产品，可能要为此专门成立一个项目小组，并实行一种矩阵式的组织形式和职权关系。

3. 普遍性

虽然计划工作的特点和范围随各级主管人员职权的不同而不同，但它却是各级主管人员的一个共同职能。所有的主管人员无论是总经理还是班组长都要从事计划工作。人们常说，主管人员的主要任务是作决策，而决策本身就是计划工作的核心。如果将主管人员的决策权限制过严，那就会束缚他们的手脚，使他们无法自由地处置那些本应由他们处置的问题。久而久之，他们就会失去计划工作的职能与职责，养成依赖上级的习惯。这样，他们也就丧失了主管人员的基本特征。

4. 效率性

计划工作的任务，不仅是要确保实现目标，而且是要从众多方案中选择最优的资源配置方案，以合理利用资源和提高效率。用通俗的语言来表达，就是既要"做正确的事"又要"正确地做事"。显然，计划工作的任务同经济学所追求的目标是一致的。计划工作的效率，是以实现企业的总目标和一定时期的目标所得到的利益，扣除为制订和执行计划所需要的费用和其他预计不到的损失之后的总额来测定的。效率这个概念的一般含义是指投入和产出之间的比率。但在这个概念中，不仅包括人们通常理解的按资金、工时或成本表示的投入产出比率，如资金利润率、劳动生产率和成本利润率等，还包括组织成本、个人和群体的动机与程度这一类主观的评价标准。所以，只有能够实现收入大于支出，并且顾及国家、集体和个人三者利益的计划才是一个完美的计划，才能真正体现计划的效率。

5. 创造性

计划工作总是针对需要解决的新问题和可能发生的新变化、新机会而作出决定的，因此它是一个创造性的管理过程。计划有点类似于一项产品或一项工程的设计，它是对管理活动的设计。正如一种新产品的成功在于创新一样，成功的计划也依赖于创新。

综上所述，计划工作是一个指导性、预测性、科学性和创造性很强的管理活动，但同时又是一项复杂而又困难的工作。

第二节 计划的种类

计划是对未来行动的事先安排。计划的种类很多，可以按不同的方法进行分类。主要分类方法有：按形式进行分类、按职能进行分类和按计划期限进行分类。不同的分类方法有助于全面地了解计划的各种类型。在实践中，由于一些主管人员认识不到计划的多样性，使得在编制计划时常常忽视某些计划的重要方面，因而降低了计划的有效性。

一、按计划的形式分类

按照不同的表现形式，可以将计划分为宗旨、目标、战略、政策、程序、规则、规划和预算等几种类型。

1. 宗旨

各种有组织的集体经营活动，如果是有意义的，都至少应当有一个目的或使命。这种目的或使命，是社会对该组织的基本要求，称之为宗旨。换句话说，宗旨即表明组织是干什么的，应该干什么。例如，一个工商企业的基本宗旨是向社会提供有经济价值的商品或劳务；法院的宗旨是解释和执行法律；大学的宗旨是培养高级人才；等等。

以企业为例，毋庸置疑，为了系统地阐明企业在某个时期应达到的目标，就必须首先明确它的宗旨。对于这一点，虽然每一个企业职工都应当知道自己的企业是做什么产品的，但是许多企业的经理人却很难清楚地回答这样的问题。这些企业的经理还没有体会到深入思考企业的宗旨，并将它明确阐述出来用以指导日常的经营活动的重要意义。相反，当把眼光转向一些取得了巨大成功的公司时，会发现他们成功的原因首先在于有明确的宗旨。

知识链接

在电子计算机芯片行业中首屈一指的英特尔公司，就有着明确的宗旨："英特尔公司的目标是在工艺技术和营业这两方面都成为并被承认是最好的，是领先的，是第一流的。"著名的日本索尼公司的宗旨便是："索尼是开拓者、永远向着那未知的世界探索。"表示索尼公司绝不步别人后尘的意志。正是从这一宗旨出发，索尼公司把最大限度地发掘人才、信任人才、鼓励人才不断前进视为自己的唯一生命，从而在世界上最早发明出家用录像机、首创电视的单枪三束彩色显像管，发明的电子计算机软盘，以及无需使用胶卷的小型磁带式照相机和微型立体声单放机等等，并取得了巨大成功。

2. 目标

一定时期的目标或各项具体目标是在宗旨指导下提出的，它具体规定了组织及其各个部门的经营管理活动在一定时期要取得的具体成果。目标不仅是计划工作的终点，而且也是组织工作、人员配备、指导与领导工作和控制活动所要达到的结果。确定目标本身也是计划工作，其方法与制订其他形式的计划类似。

3. 战略

战略是为实现组织或企业长远目标所选择的发展方向、所确定的行动方针，以及资源分配方针和资源分配方案的一个总纲。战略是指导全局和长远发展的方针，它不需要具体地说明企业如何实现目标，因为说明这一切是计划的任务。战略是要指明方向、重点和资源分配的优先次序。

战略这个词来自军事用语，原意是指为实现战争目标对战术的运用，具有对抗的含义。它总是针对竞争对手(在军队中是敌人)的优势和劣势，以及正在和可能采取的行动而制定的。因此，竞争获胜取决于优势地位，而优势地位又取决于长期的准备和持续努力，这就需要制定战略。对于一个企业来说，制定战略的根本目的，是使公司尽可能有效地比竞争对手占有持久的优势。因此，可以这样说，企业战略就是以最有效的方式，努力提高企业相对于其竞争对手的实力。不仅企业需要战略，一个城市也有城市的发展战略，一个国家要有国家的发展战略。除了长期竞争需要战略以外，那些涉及长远发展、全局部署的管理活动也需要制定战略。因为从实现长远目标的要求来看，选择方向，确定资源分配的优先次序要比其余各种管理工作更加重要。

4. 政策

政策是组织在决策时或处理问题时用来指导和沟通思想与行动方针的。政策通常列入计划之中，但是重大的政策往往单独发布。政策有助于将一些问题事先确定下来，避免重复分析，并给其他派生的计划以一个全局性的概貌，从而使主管人员能够控制全局。制定政策还有助于主管人员把职权授予下级。

政策的种类是很多的。例如：企业销售部门鼓励顾客用现金支付货款的优惠政策；劳动工资部门对超额完成任务者给予奖励的政策；企业承包中的工资总额与实现利税挂钩政策；国家对经济特区实行的吸引外资和进出口方面的特殊政策等等。既然政策是决策时考虑问题的指南，它就必须有斟酌的余地。政策要规定范围和界限，但其目的不是要约束下级使之不敢擅自决策，而是鼓励下级在规定的范围内自由处置问题，主动承担责任，是要将一定范围内的决策权授予下级，这是政策与规则的主要区别。例如，上级主管部门对企业更新改造项目的立项审批权一般都规定一个范围，这是一种政策。它把凡低于规定限额的更新改造项目的立项审批权下放给企业，只有那些超过限额的项目才报上级主管部门审批。组织为了促使目标的实现，就要保持政策的连续性和完整性，这样才能使政策深入员工的思想，形成一种持久作用的机制。政策多变，前后不连贯，只会促成员工和下级主管人员追求眼前利益的短期行为，即所谓"政多变，民多惑"。但保持政策的连续性，常常因种种原因而很难做到。如：

(1) 政策的表述往往不容易做到十分规范和精确，这难免使人们发生曲解。

(2) 正是组织所实施的逐级授权的政策，造成了权力的分散，从而导致人们广泛地参与政策的制定和对政策的解释，这就肯定会出现曲解和歪曲政策的现象。

(3) 情况在不断变化。政策的制定大多只是针对当时、当地、当事的特殊情况，当情况发生变化时，就不得不修改政策以适应变化了的情况。这很容易带来政策不稳定和不连贯的问题。可见，制定政策和保持政策的连续性是一种比较困难的计划工作。

5. 程序

程序也是一种计划，它规定了如何处理那些重复发生的例行问题的标准方法。程序是指导如何采取行动，而不是指导如何去思考问题。程序的实质是对所要进行的活动规定时间顺序，因此，程序也是一种工作步骤。制定程序的目的是减轻主管人员决策的负担，明确各个工作岗位的职责，提高管理活动的效率和质量。此外，程序通常还是一种经过优化的计划，它是对大量日常工作过程及工作方法的提炼和规范化。程序是多种多样的，几乎可以这样说，组织中所有重复发生的管理活动都应当有程序。例如：在组织的上层主管部门，应当有重大决策程序、预算审批程序、会议程序等；在组织的中层职能管理部门，应当有各自的业务管理程序；组织中有些工作是跨部门的，如新产品的开发研制工作，则应当有相应的跨部门管理程序。一般来说，越是基层，所规定的程序也就越细，数量也越多。例如，制造企业的工艺路线就是一种程序，它明确规定了某个零件的加工顺序、使用的设备、加工的方法等，对于保证零件的质量起着关键的作用。

管理的程序化水平是管理水平的重要标志。制定和贯彻各项管理工作的程序是组织的一项基础工作。

6. 规则

规则也是一种计划，只不过是一种最简单的计划。它是对具体场合和具体情况下，允许或不允许采取某种特定行动的规定。规则常常与政策和程序相混淆，所以要特别注意区分。规则与政策的区别在于规则在应用中不具有自由处置权；规则与程序的区别在于规则不规定时间顺序，可以把程序看成是一系列规则的总和。规则和程序，就其实质而言，旨在抑制思考。所以，有些组织只是在不希望它的员工运用自由处理权的情况下才加以采用。

7. 规划

规划是为了实施既定方针所必需的目标、政策、程序、规则、任务分配、执行步骤、使用的资源等而制订的综合性计划。规划有大有小。大的有如国家的科学技术发展规划；小的像企业中质量管理小组的活动规划等。规划有长远的和近期的。

规划一般是粗线条的、纲要性的。大的规划往往派生有许多小的规划，而每个小的派生规划都会给总规划带来影响，它们相互依赖，互相影响。由于计划工作的质量总是取决于它的薄弱环节，所以，小规划不当或不周的后果会影响整个规划。甚至一个表面看来不重要的程序或规则，如果考虑不当，也会使一个重要的规划遭受失败。所以，要使规划工作的各个部分彼此协调，需要有特别严格精湛的管理技能，需要最严谨地应用系统思想和系统方法。

8. 预算

预算作为一种计划，是以数字表示预期结果的一种报告书，也可称之为"数字化"的计划。例如，企业中的财务收支预算也可称为"利润计划"或"财务收支计划"。预算可以帮助组织或企业的上层和各级管理部门的主管人员，从资金和现金收支的角度，全面、细致地了解企业经营管理活动的规模、重点和预期成果。例如，某企业的财务预算包括利税计划、流动资金计划、财务收支计划、财务收支明细计划表和成本计划等，其中财务收支明细计划表详细地规划出企业各管理部门的主要收支项目的金额数量。又例如，某企业财务收支明细计划中科技开发费一项，就具体规划出新产品的研制、老产品的完善、科研、新工艺开发、日常经费、描图费和其他项目的预算金额。它事实上规定了新产品试制计划、新产品试验计划、产品完善化工作计划、采用国际标准计划、新工艺计划、科研工作的计划等派生计划的规模，同时也是这些派生计划的综合反映。

预算也是一种控制方法。预算工作的主要优点是促使人们详细地制订计划和平衡各种计划。由于预算总要用数字来表现，所以它能使计划工作做得更细致、更精确。

二、按职能分类

计划还可以按职能进行分类。这里的"职能"是指企业的职能，而不是管理的五项职能。例如，可以按职能将某个企业的经营计划分为销售计划、生产计划、供应计划、新产品开发计划、财务计划、人事计划、后勤保障计划等。这些职能计划通常就是企业相应的职能部门编制和执行的计划。按职能分类的计划体系，一般是与组织中按职能划分管理部门的组织结构体系并行的。在一种职能计划中，通常包含着宗旨、目标、战略、政策、规则、程序、规划、预算这些计划形式中的一种或多种。例如，企业的年度新产品研制计划中，一般要有对计划所依据的企业宗旨、战略和基本政策的说明，年度开发目标的确定，研制项目的技术经济指标和进度的规划，项目预算资金的分配，负责实施项目的部门和负责人的指定，以及考核规则和奖励政策的规定等内容。

三、按计划的期限分类

按计划的期限或时间，可以将计划分为短期计划和长期计划，以及介于长短期计划之间的中期计划。显而易见，短期计划包括的计划期限较短。可惜的是，没有一个分界线能说清楚，超过多少时间的计划是长期计划以及少于多少时间的计划是短期计划。只能从短期计划与长期计划的相互关系中区分二者。或者说，计划期的长短是一个相对的概念。

大量统计研究表明，长期计划工作越来越受到企业的重视，那些有正式长期计划的公司，其成绩普遍胜过没有长期计划或只有一些非正式长期计划的公司。"人无远虑，必有近忧"，一个企业如果在新产品开发、技术开发、市场开发、人才开发方面没有长期规划，迟早会陷入困境。一个国家如果在科学技术进步、教育和能源交通等基础设施方面没有一个长期规划，其经济发展是不可能保持持久高速度的。

计划的期限不仅可以作为计划分类的依据，而且可以作为评价计划工作难易程度的标志。因为长期计划持续的时间长，故计划的最后成败难于确定。

四、按战略制定者层次分类

1. 战略计划

战略计划是对组织的长期目标和战略进行决策。战略计划有很强的外部导向。尽管高层主管通常并不亲自制订和实施整个战略计划，但是他们却要对计划的形成和执行负责。

战略目标是与组织长期生存价值和增长相关的主要目标或最终结果。战略管理者——高层管理者通常制定反映效果(提供合适的产出)和效率(较高的投入产出比率)的目标。典型的战略目标包括股东回报率、盈利能力、产出的质量和数量、市场份额、生产率和对社会的贡献等。

2. 战术计划

组织的战略目标和计划一旦被确认，就成为中层和基层管理者制订计划的基础。计划从战略层次向战术转换的时候，要求更加具体，涉及的时间也较短。战术计划是在概括的战略计划的基础上，制订与组织的特定部门相关的特定目标和计划，通常是针对某一个职能部门，例如市场或人力资源部。战术计划强调的是每个部门必须实现战略计划中与本部门相关的部分。

3. 作业计划

作业计划确定组织内较低层次所需的具体步骤和过程。基层的管理者通常制订短期计划，关注于日常工作，如生产运行、发货日程和人力资源需求等。

第三节   计划工作的原理

一、限定因素原理

所谓限定因素，是指妨碍组织目标实现的因素。也就是说，在其他因素不变的情况下，仅仅改变这些因素，就可以影响组织目标的实现程度。限定因素原理可以表述如下：主管人员越了解对达到目标起主要限制作用的因素，就越有针对性地、有效地拟定各种行动方案。限定因素原理有时又被形象地称做"木桶原理"。其含义是木桶能盛多少水，取决于桶壁上最短的那块木板条。限定因素原理表明，主管人员在制订计划时，必须全力找出影响计划目标实现的主要限定因素或战略因素，有针对性地采取措施。

二、许诺原理

在计划工作中选择合理的期限应当有某些规律可循。许诺原理可以表述为：任何一项计划都是对完成各项工作所作出的许诺。因此，许诺越大，实现许诺的时间就越长，实现许诺的可能性就越小。这一原理涉及计划期限的问题。一般来说，经济上的考虑影响到计划期限的选择。由于计划工作和它所依据的预测工作花费大，所以，如果在经济上不合算，就不应当把计划期限定得太长。

当然短期计划也有风险，那么合理的计划期限如何确定呢？关于合理的计划期限的确定问题体现在"许诺原理"上，即合理计划工作要确定一个未来的时期，这个时期的长短取决于实现决策中所许诺的任务所必需的时间。例如，由于出现了意料之外的原材料大幅度涨价，某企业为了保证实现年度生产经营计划的利润目标，需要补充制订一个增加销售收入的计划，那么这个计划的期限至少要多长时间呢？这个计划至少要在一年中的什么时间以前制订，并实施才能确保实现呢？

根据许诺原理，该计划期限主要取决于从增加订货到最后实现销售收入的最短周期。对于该企业来说，从接收订单、签订合同到完成工程图设计，一般要2个月的时间；进行生产准备、投产到出产品的生产周期一般也为2个月；商品通过铁路发运，整个发运过程的延续时间均为半个月左右；结算周期一般为1个月以上，而且有逐渐延长的趋势。因此，计划期限应定为半年，也就是说，计划工作的开始时间至少要在6月底以前。这也是为什么该企业每年要在6月底以前审查年度计划完成情况的原因。这项工作已成为一项惯例。

三、灵活性原理

计划必须具有灵活性，即当出现意外情况时，有能力改变方向而不必花太大的代价。灵活性原理可以表述为：计划中体现的灵活性越大，由于未来意外事件引起损失的危险性就越小。必须指出，灵活性原理就是制订计划时要留有余地，至于执行计划，则一般不应有灵活性。例如，执行一个生产作业计划必须严格准确，否则就会发生组装车间停工待料或在制品大量积压的现象。对主管人员来说，灵活性原理是计划工作中最重要的原理，在承担的任务重，而目标计划期限长的情况下，灵活性便显出它的作用。当然，灵活性是有一定限度的。

四、改变航道原理

计划制订出来后，计划工作者就要管理计划，促使计划的实施，而不能被计划所"管理"，不能被计划框住。必要时可以根据当时的实际情况做必要的检查和修订。因为未来情况随时都可能发生变化，制订的计划就不能一成不变。尽管在制订计划时预见了未来可能发生的情况，并制订出相应的应变措施，但正如前面所提到的，一来不可能面面俱到，二来情况是在不断变化，三是计划往往赶不上变化，总有一些问题是不可能预见到的，所以要定期检查计划。如果情况已经发生变化，就要调整计划或重新制订计划，像航海家一样，必须经常核对航线，一旦遇到障碍就可绕道而行。故改变航道原理可以表述为：计划的总目标不变，但实现目标的进程(即航道)可以因情况的变化随时改变。这个原理与灵活性原理不同，灵活性原理是使计划本身具有适应性；而改变航道原理是使计划执行过程具有应变能力。为此，计划工作者就必须经常检查计划，重新调整、修订计划，以此达到预期的目标。

第四节　计划工作的程序和方法

一、计划工作的程序

任何计划工作的程序，即工作步骤都是相似的，依次包括以下内容：估量机会；确定目标；确定计划工作的前提条件；拟订可供选择的方案；评价备选方案；选择方案；拟订派生计划；编制预算使计划数字化。

1. 估量机会

对机会的估量，要在实际的计划工作开始之前就着手进行，它虽然不是计划的一个组成部分，但却是计划工作的一个真正起点。其内容包括：对未来可能出现变化和预示的机会进行初步分析，形成判断；根据自己的长处和短处搞清自己所处的地位；了解自己利用机会的能力；列举主要的不肯定因素，分析其发生的可能性和影响程度；在反复斟酌的基础上，定下决心，扬长避短。

2. 确定目标

计划工作的第一步是在估量机会的基础上，为组织及其所属的下级单位确定计划工作的目标。在这一步上，要说明基本的方针和要达到的目标，说明制定战略、政策、规则、程序、规划和预算的任务，指出工作的重点。

3. 确定前提条件

计划工作的第二步是确定一些关键性的计划前提条件，并使设计人员对此取得共识。

所谓计划工作的前提条件就是计划工作的假设条件，换言之，即计划实施时的预期环境。负责计划工作的人员对计划前提了解得愈细愈透彻，并能始终如一地运用它，则计划工作也将做得协调。

按照组织的内外环境，可以将计划工作的前提条件分为外部前提条件和内部前提条件；还可以按可控程度，将计划工作前提条件分为不可控的、部分可控的和可控的三种前提条件。前面所述的外部前提条件多为不可控的和部分可控的，而内部前提条件大多是可控的。不可控的前提条件越多，不肯定性越大，就越需要通过预测工作确定其发生的概率和影响程度的大小。

4．拟订可供选择的方案

计划工作的第三步是调查和设想可供选择的行动方案。通常，最显眼的方案不一定就是最好的方案。在过去的计划方案上稍加修改和略加推演也不会得到最好的方案。这一步工作需要发挥创造性。此外，方案也不是越多越好。即使可以采用数学方法和借助电子计算机的手段，还是要对候选方案的数量加以限制，以便把主要精力集中放在对少数最有希望的方案的分析方面。

5．评价备选方案

计划工作的第四步是按照前提和目标来权衡各种因素，比较各个方案的利弊，对各个方案进行评价。评价实质上是一种价值判断。它一方面取决于评价者所采用的标准；另一方面取决于评价者对各个标准所赋予的权数。显然，确定目标和确定计划前提条件的工作质量，直接影响到方案的评价。在评价方法方面，可以采用运筹学中较为成熟的矩阵评价法、层次分析法以及在条件许可的情况下采用多目标评价方法。

6．选择方案

计划工作的第五步是选定方案。这是在前四步工作的基础上作出的关键一步，也是决策的实质性阶段——抉择阶段。有时可能遇到这样的情况：同时有两个可取的方案而难以抉择。在这种情况下，必须确定出首先采取哪个方案，而将另一个方案也进行细化和完善，并作为备选方案。

7．拟订派生计划

派生计划就是总计划下的分计划。总计划要靠派生计划来保证；派生计划是总计划的基础。

8．编制预算

计划工作的最后一步是把计划转化为预算，使之数字化。预算实质上是资源的分配计划。预算工作做好了，可以成为汇总和综合平衡各类计划的一种工具，也可以成为衡量计划完成进度的重要标准。

二、计划工作的方法

计划工作的方法很多，这里仅简要介绍四种常用的方法，即运筹学方法、滚动计划方法、计划—规划—预算方法和网络计划技术。

1．运筹学方法

运筹学方法是计划工作最全面的分析方法之一。运筹学是"管理科学"理论的基础，也是一种分析的、实验的和定量的科学方法。它用于研究在物质条件(人、财、物)已定的情况下，为了达到一定的目的，如何统筹兼顾整个活动所有各个环节之间的关系，为选择一个最好的方案提供数量上的依据，以便能为最经济、最有效地使用人、财、物作出综合性的合理安排，取得最好的效果。

在计划工作中应用运筹学一般包括以下主要步骤：

(1) 建立问题的数学模型。首先根据研究的目的对问题的范围进行界定，确定描述问题的主要变量和问题的约束条件；然后根据问题的性质确定采用哪一类运筹学方法，并按此方法将问题描述为一定的数学模型。为了使问题简化和突出主要的影响因素，需要作各种必要的假定。

(2) 规定一个目标函数，作为对各种可能的行动方案进行比较的尺度。

(3) 确定模型中各参量的具体数值。

(4) 求解模型，找出使目标函数达到最大值(或最小值)的最优解。通常，即使是管理问题模型的最优解，也要编制计算机程序上机运算。

2．滚动计划方法

1) 含义

滚动计划是一种动态编制计划的方法。它不像静态分析那样，等一项计划全部执行完了之后再重新编制下一时期的计划，而是在每次编制或调整计划时，均将计划按时间顺序向前推进一个计划期，即向前滚动一次，按照制订的项目计划进行施工，这样对保证项目的顺利完成具有十分重要的意义。但是由于各种原因，在项目进行过程中经常出现偏离计划的情况，因此要跟踪计划的执行过程，以发现存在的问题。另外，跟踪计划还可以监督执行过程的费用支出情况，跟踪计划的结果通常还可以作为向承包商部分支付的依据。

2) 编制方法

在已编制的计划基础上，每经过一个固定的时期(例如一年或一个季度，这个固定的时期被称为滚动期)便根据变化了的环境条件和计划的实际执行情况，从确保实现计划目标出发对原计划进行调整。每次调整时，保持原计划期限不变，而将计划期顺序向前推进一个滚动期。

3) 滚动计划法制订计划的流程

在计划编制过程中，尤其是编制长期计划时，为了能准确地预测影响计划执行的各种因素，可以采取近细远粗的办法，把近期计划订得较细、较具体，远期计划订得较粗、较概略。在一个计划期终了时，根据上期计划执行的结果和产生条件，以及市场需求的变化，对原订计划进行必要的调整和修订，并将计划期顺序向前推进一期，如此不断滚动、不断延伸。例如，某企业在 2010 年年底制订了 2011—2015 年的五年计划，如采用滚动计划法，到 2011 年年底，根据当年计划完成的实际情况和客观条件的变化，对原来的五年计划进行必要的调整，在此基础上再编制 2012—2016 年的五年计划。其后依此类推，如图 4-1 所示。

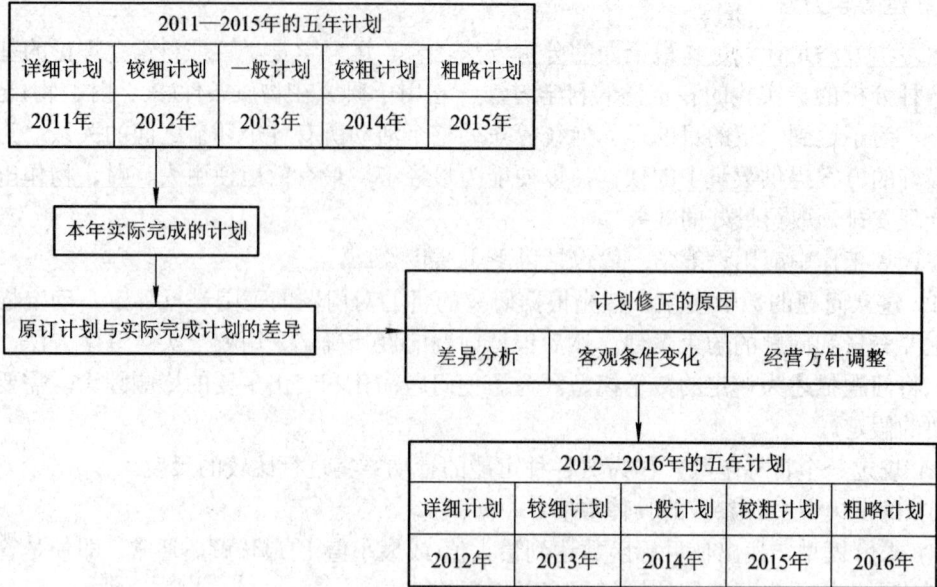

图 4-1　滚动计划法

可见，滚动计划法能够根据变化的组织环境及时调整和修正组织计划，体现了计划的动态适应性。而且，它可使中长期计划与年度计划紧紧地衔接起来。

滚动计划法既可用于编制长期计划，也可用于编制年度、季度生产计划和月度生产作业计划。不同计划的滚动期不一样，一般长期计划按年滚动，年度计划按季滚动，月度计划按旬滚动。

4) 滚动计划法的优点

滚动计划的优点如下：

(1) 把计划期内各阶段以及下一个时期的预先安排有机地衔接起来，而且定期调整补充，从而从方法上解决了各阶段计划的衔接和符合实际的问题。

(2) 较好地解决了计划的相对稳定性和实际情况的多变性这一矛盾，使计划更好地发挥其指导生产实际的作用。

(3) 采用滚动计划法，使企业的生产活动能够灵活地适应市场需求，把供产销密切结合起来，从而有利于实现企业预期的目标。

需要指出的是，滚动间隔期的选择，要适应企业的具体情况。如果滚动间隔期偏短，则计划调整较频繁，好处是有利于计划符合实际，缺点是降低了计划的严肃性。一般情况是，生产比较稳定的大批量企业宜采用较长的滚动间隔期，生产不太稳定的单件小批生产企业则可考虑采用较短的间隔期。

3. 计划—规划—预算方法

计划—规则—预算方法是 19 世纪 60 年代中期美国国防部在编制国防部预算时创造的方法。传统的预算是分部门编制的，编制预算时，首先由下级部门提交下年度的预算报告；然后由上级预算部门根据资源的数量经过平衡后批准下达。下级部门在编制预算时，大多是在上年支出的基础上增列一笔数额；而上级部门在平衡预算时，通常采取不分青红皂白一律"砍一刀"的做法。这种传统的预算方法的缺点是预算既脱离组织的目标，又不反映计划实施的实际情况，因为计划是按项目实施的，而不是按职能部门实施的。因此，传统的预算方法难以做到按组织目标合理地分配资源。

4．网络计划技术

1）网络计划技术概述

网络计划技术是19世纪50年代后期发展起来的一种科学的计划管理和系统分析方法。它借助网络图的基本理论对项目的进展及内部逻辑关系进行综合描述和具体规划，有利于计划系统优化、调整和计算机的应用。

网络计划技术最基本的优点就是能直观地反映工作项目之间的相互关系，使一项计划成为一个系统的整体，为实现计划的定量分析奠定基础。同时，它从数学的角度运用最优化原理，去揭示整个计划的关键工作以及巧妙地安排计划中的各项工作，从而可使计划管理人员依照执行的情况信息，有科学根据地对未来作出预测；此外，它还可以使计划自始至终在人们的监督和控制之中，达到以最短的工期、最少的资源、最好的流程、最低的成本来完成所控制的项目。因此，它广泛地应用于军事、航天、科学研究、投资决策、工程管理等各个领域，并取得了显著的效果，保证了项目的时间、投资目标，也提高了效率、节约了资源。

网络计划技术的基本形式是 CPM(关键线路法)与 PERT(计划评审技术)。前者是美国杜邦公司和兰德公司于 1957 年联合研究提出的，后者则是在 1958 年由美国海军特种计划局和洛克希德航空公司在规划和研究从核潜艇上发射"北极星"导弹的计划中首先提出的。

2）与网络计划技术相关的基本概念

(1) 工序：一项有具体内容的，需要人力、物力、财力，占用一定空间和时间才能完成的活动过程。

(2) 事项：工程(计划)的始点、终点(完成点)或其各项作业的连接点(交接瞬间)，一般用①、②、③表示。

(3) 路径：从网络图始点开始，顺着箭头方向前进，连续不断地到达终点的一条通道称为网络图的一条路线。各条路线所需的周期为对应的作业时间之和。

(4) 关键路径：网络图中所需工时最长的路线。

(5) 关键工序：关键路线上的工序。

3）应用网络计划技术的步骤

第一步，项目分解。

项目分解就是将一个工程项目分解成各种活动。在进行项目分解时，可采用"任务分解结构"(Work Breakdown Structure，WBS)。WBS 类似于产品结构，它将整个项目分解成任务包(Work Package)；再将任务包分解成主要成分；最后再分解成具体活动。WBS 有助于管理人员确定所要做的工作，便于管理人员编制预算和作业计划。

分解一个项目之前，必须确定分解的粗细程度。项目分解的粗细程度按需要决定。给上级领导使用的网络计划较粗略，项目可分解成一些较大的活动，如设计、制造、安装等，这样做的目的是便于他们从总体上把握进度；而给施工单位使用的网络计划则较细，项目可分解成一些较细的活动，如挖地基、浇灌水泥等，这样便于具体应用。

一般可以从以下几个角度进行项目分解：

(1) 按项目的结构层次分解，如建设火电站需要制造锅炉、汽轮机、发电机以及辅机；制造锅炉需要制造水冷壁、汽包、空气预热器等：而制造水冷壁需要对钢管进行加工。

(2) 按项目的承担单位或部门分解，如设计、施工、验收等。

(3) 按工程的发展阶段分解，如分成论证、设计、试制等。

(4) 按专业或工种分解，如机械、电气、装配、焊接等。

可以混合使用以上几种项目分解方式，使工程进展的某一阶段与某个部门发生联系。

第二步，确定各种活动的先后关系，绘制网络计划图。

网络计划图是网络计划技术的基础。任何一项任务都可分解成由许多步骤组成的工作。根据这些工作在时间上的衔接关系，用箭线表示它们的先后顺序，画出一个由各项工作相互联系并注明所需时间的箭线图。这个箭线图就称做网络计划图。图 4-2 便是一个简单的网络计划图。

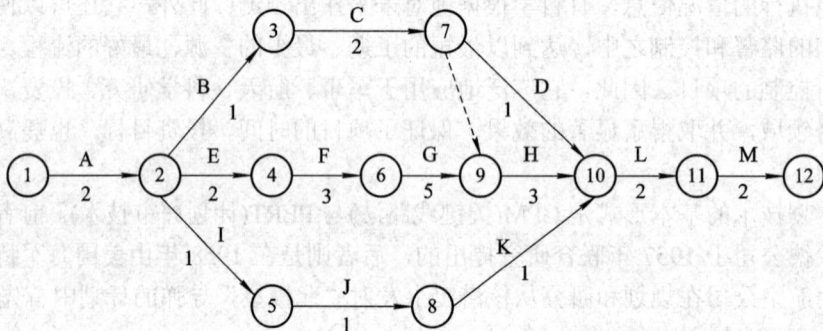

图 4-2　网络计划图

例如，建一个小型加工车间建筑的计划作业划分表，如表 4-1 所示。绘出的网络计划图如图 4-2 所示。要求：找出关键路径。

表 4-1　计划作业划分表

作业	所需时间	紧前作业
A	2	—
B	1	A
C	2	B
D	1	C
E	2	A
F	3	E
G	5	F
H	3	C、G
I	1	A
J	1	I
K	1	J
L	2	D、H、K
M	2	L

网络计划图的构成要素如下：

(1)"→"代表工序。工序是一项工作的过程，有人力、物力参加，经过一段时间才能完成。图中箭线下的数字便是完成该项工作所需的时间。此外，还有一些工序既不占用时间，也不消耗资源，是虚设的，叫虚工序，在图中用虚线箭头表示。网络计划图中应用虚工序的目的是避免工序之间的关系含混不清，以正确表明工序先后衔接的逻辑关系。

(2)"○"代表事项。事项是两个工序间的连接点。事项既不消耗资源，也不占用时间，只表示前道工序结束、后道工序开始的瞬间。一个网络计划图中只有一个始点事项和一个终点事项。

(3)路径。路径是网络计划图中由始点事项出发，沿箭线方向前进，连续不断地到达终点事项为止的一条通道。一个网络计划图中往往存在多条路径，如图 4-2 中从始点①连续不断地走到终点⑫的路径有 4 条，即

Ⅰ：①→②→③→⑦→⑩→⑪→⑫；

Ⅱ：①→②→③→⑦→⑨→⑩→⑪→⑫；

Ⅲ：①→②→④→⑥→⑨→⑩→⑪→⑫；

Ⅳ：①→②→⑤→⑧→⑩→⑪→⑫。

比较各路径的路长，可以找出一条或几条最长的路径，这种路线被称为关键路径。关键路径上的工序被称为关键工序。关键路径的路长决定了整个计划任务所需的时间。关键路径上各工序完工时间提前或推迟都直接影响着整个活动能否按时完工。确定关键路径，据此合理地安排各种资源，对各工序活动进行进度控制，是利用网络计划技术的主要目的。

4. 网络计划技术的评价

网络计划技术虽然需要大量而繁琐的计算，但在计算机广泛运用的时代，这些计算大都已程序化了。这种技术之所以被广泛地运用是因为它有一系列的优点：

(1)它能清晰地表明整个工程的各个项目的时间顺序和相互关系，并指出完成任务的关键环节和路线。因此，管理者在制订计划时可以统筹安排，全面考虑，又不失重点。在实施过程中，管理者可以进行重点管理。

(2)可对工程的时间进度与资源利用实施优化。在计划实施过程中，管理者可调动非关键路径上的人力、物力和财力从事关键作业，进行综合平衡。这既可节省资源又能加快工程进度。

(3)可事先评价达到目标的可能性。该技术指出了计划实施过程中可能发生的困难点，以及这些困难点对整个任务产生的影响，准备好应急措施，从而减少不能完成任务的风险。

(4)便于组织与控制。管理者可以将工程特别是复杂的大项目分成许多支持系统来分别组织实施与控制，这种既化整为零又聚零为整的管理方法可以达到局部和整体的协调一致。

(5)易于操作，并具有广泛的应用范围，适用于各行各业以及各种任务。

第五节 目 标 管 理

如果一个组织的最高层管理者确定了组织的宗旨，那么这个宗旨怎样才能变成组织的

目标？整个组织的目标怎样才能变成各个部门以及每个人的分目标？解决这些问题的一种较新方法就是目标管理。

一、组织目标

1. 目标的内容

目标是组织期望在未来一段时间要达到的结果。它有三个构成要素：目标对象(目标指向的客体)、目标定额(期望成果的衡量标准)和目标时限(目标实现的承诺期)。如国家确立的每年增长 7%的经济发展目标，其目标对象是经济增长，目标定额为 7%，目标时限为 1 年。

现代组织从系统科学的观点出发，注重组织内外多方利益的平衡，排斥单一目标的发展模式，采用多目标综合发展模式，以保证组织长期的稳定和发展。不同的组织在不同时期总体目标内容不尽相同。德鲁克在《管理实践》一书中归纳了成功企业在八个方面的目标：

(1) 提高生产力方面的目标：公司希望的产品数量、质量和原材料的有效利用程度，表明公司应有的生产效率。

(2) 社会责任方面的目标：公司对社会的贡献(纳税、环保、创造就业机会等)。

(3) 市场方面的目标：公司希望获得的市场份额，表明公司在竞争中占据的地位。

(4) 技术改进和发展方面的目标：公司希望对旧产品、旧工艺、旧技术的改造和对新产品、新工艺、新技术的发展成果，表明公司应有的技术竞争能力。

(5) 物资和金融方面的目标：公司希望的物资和金融资源获取情况及有效利用的程度，表明公司应有的资源获取能力和资源利用率。

(6) 人力资源方面的目标：公司希望的人力资源开发(人才获得、培训与发展)成果。

(7) 发挥职工积极性方面的目标：公司希望对职工的激励和报酬情况。

(8) 利润方面的目标：用一个或几个经济指标表明公司希望达到的利润率。

2. 目标的结构

从组织结构角度看，目标的制订是分层次和分部门的，结构就形成了目的链——手段。某一级目标的实现依赖某些支持手段，而这些手段就构成了下一级各部门的目标，按级顺推下去，就产生更为直接、更为具体的工作目标。西蒙曾在《管理行为》一书中举例说明这种手段——目的链：消防部门的目标是减少火灾损失，达到这一目标的手段是防火和灭火。这一手段就成为下一级的两个目标，由此引出了防火、灭火两项基本职能。而实现这两个目标的手段又有宣传防火知识、设置防火设备和通道、制定防火制度、按地区设置消防站、培训消防人员等，这些手段就成为基层部门和工作人员的目标。

目的链——手段概念可以帮助人们分析和认识组织的目标结构(或称为目标网络)，有益于管理者制订组织目标。有效的目标结构组织各级的横向目标和级间的纵向目标有机联系和相互支持，以便整合组织行为。

3. 组织目标与个人目标

在组织目标的制订和执行过程中，真正的困难在于如何使组织成员对组织目标作出承诺，使每个人感到有责任承担义务去实现组织目标。这个问题在本质上是组织目标与个人目标和谐一致的问题。个人怀着不同目的或期望加入组织，他的目标也呈现多样化——有经济方面的，也有技术、社会、心理方面的。虽然组织成员会不断调整个人目标以适应组织，但个人目标有其最低期望值，如果组织目标实现对个人目标最低期望的达成无所帮助，那么个人目标就与组织目标处于一个高度分离的状态，成员就不会以一种积极的态度对组织目标的实现作出积极的贡献，甚至对组织目标形成障碍。而组织目标是组织利益相关者相互"讨价还价"的结果，是一个平衡的产物，并不是个人目标的"集合"，二者之间存在着"落差"，有时直接表现为冲突和矛盾。例如组织目标追求高度的专业化以提高效率，但却给成员带来厌烦和冷漠的情绪；个人追求更多的经济收入，但组织追求更多的资本积累以拓展业务；组织追求工作程序标准化，但个人却追求工作自主权。必须承认，组织目标与个人目标之间存在着不一致是一种客观现象。

管理者的任务就在于努力减少组织目标与个人目标之间的"落差"，提高二者之间的和谐程度。不能一味地强调个人目标对组织目标的"服从"，而应该强调二者的互补性，即个人与组织之间的互惠，由此形成个人与组织之间的一种心理契约，以帮助完成各自的目标。正如 H.莱文森在《非凡的管理》一书中所言："在个人与其工作的组织之间完成共同的期望和满足共同需要的过程被概念化为一种互惠的过程。互惠是实现个人和公司或其他工作机构之间心理契约的过程。这是一种个人与组织似乎变成彼此互为一部分的补充的过程。个人觉得他是公司或机构的一部分，同时他也是整个组织人格化的象征。"

4. 目标的特征

目标的层次性——从组织纵向结构的要求看，组织目标是分层次、分等级的。它的上层目标和下层目标是一个有机统一体，在这个多层次的目标体系中，上层是组织的总体目标，其目标越小，重要程度越大。下层是组织的具体目标，下层目标是由上层目标派生下来的，是实现上层目标的前提和保证。

目标的客观性——社会是由组织构成的。组织的存在是社会发展的客观需要。组织存在与组织同体同根的目标也必然存在。虽然组织目标项目的多少、指标数值的大小受组织管理中的客观条件和主观因素的影响，但目标本质的客观性是不容抹杀的，人的主观因素可以影响组织目标但不能否定组织目标。

目标的多样性——组织目标不是单一的，而是多种多样的：有大目标和小目标，有总体目标和具体目标，有主要目标和次要目标，有定性目标和定量目标。总之，这种多样性既表现在目标的数量上，又表现在这些目标常常分属于不同的领域和不同的利益主题上。了解目标的多样性，有助于管理人员正确地确定目标和充分发挥目标的作用。

目标的系统性——组织是由不同部门、很多成员组成的有机整体。它的各种活动都是相互联系、相互促进和相互制约的。所以，反映组织活动的计划目标也必然形成上下沟通、左右衔接的系统网络，组织管理人员要很好地研究各项目标之间的关系，使各项目标互相衔接、彼此协调，只有这样，才能保证组织活动的高效率和高效益。

目标的时间性——从目标的含义中得知，没有时期的目标是没有意义的目标。所以，任何目标都具有时间性。从时间角度分析，目标分长期目标和短期目标。通常，短期目标是长期目标的基础，长期目标是纲，短期目标是目，纲举目张。另外，计划目标的时间一般来说应该是稳定的，但在计划期内，依据客观环境的变化，对计划目标进行修正也是必要的。

目标的考核性——从量化角度看目标应具有可考核性。对于定量目标进行考核是比较容易的，但对定性目标进行考核是十分困难的。在组织活动中，定性目标也是不可缺少的，管理人员在组织中地位越高，其定性目标就可能越多。要解决这一困难，可以从全局上、整体上、宏观上加以考核。

🛠 知识链接

....

好目标的特征一般具备以下特征：一是与高层目标一致；二是满足 S.M.A.R.T 原则，其中 S(Specific)表示目标具体明确，M(Measurable)表示目标可以衡量，A(Acceptable)表示目标可以接受，R(Realistic)表示目标现实可行，T(Time)表示目标有时间限制；三是具有挑战性，即经过努力才能达到。

二、目标管理

1. 目标管理的涵义与特点

目标管理是美国著名管理专家彼得·德鲁克提出的一种管理制度。他在《管理的实践》一书中，首先提出了"目标管理与自我控制"的主张，对于目标管理的基本原理作了较全面的概括。彼得·德鲁克认为："企业的目的和任务必须转化为目标。""并不是因为有了工作才有目标，而是因为有了目标才需要确定每个人应该做的工作。如果一个部门没有目标，这个部门就会被忽视。如果没有方向一致的目标来指导每个人的工作，那么组织规模越大、人员越多，发生冲突和浪费的可能性就越大。"目标管理是一种现代管理思想，是一种管理制度，也是参与管理的一种形式。它打破了传统管理对管理过程进行严格监督控制和目标不明确的管理理念，提倡管理者在目标明确的条件下来进行激励和控制，让组织各部门成员在自我控制的前提下自觉、自愿、自主地实现组织目标。它强调事先通过目标进行预先控制，事后注重成果评价，而事中则完全由管理者自我控制。德鲁克强调：凡是其业绩影响组织的健康成长的所有方面，都必须建立目标。

概括地说，目标管理是一种综合的以工作为中心和以人为中心的系统管理方式。它是一个组织中各级管理人员和员工一起共同来制订组织目标，并把组织目标具体化展开至组织中的每个部门、每个层次和每个成员，明确地规定他们的职责范围，使组织目标成为每个成员、每个层次、每个部门行动的方向和激励，同时又使其成为评价组织内每个成员、每个层次、每个部门的工作绩效的标准和实施奖励报酬的依据，从而使组织能够有效运作的一整套系统化的管理方式。

有些研究者认为，目标管理是一个组织有效运作的管理体系，而不能把目标管理看作是一种附加的管理职务。

目标管理与传统管理制度相比，概括起来，主要有以下特点：

1) 实行参与式管理

目标的实现者同时也是目标的制订者，即由上级与下级共同确定目标。先确定组织的总目标；然后对总目标进行分解，逐级展开，再通过上下协商，制订出各部门直至每个员工的目标。用总目标指导分目标；用分目标保证总目标。

2) 强调"自我控制"

大力倡导目标管理的德鲁克认为，员工是愿意负责的，是愿意在工作中发挥自己的聪明才智和创造性的；如果控制的对象是一个社会组织中的"人"，则应"控制"的必须是行为的动机，而不应当是行为本身，也就是说必须以对动机的控制达到对行为的控制。目标管理的主旨在于，用"自我控制的管理"代替"压制性的管理"，使管理人员和员工能够控制他们自己的成绩。这种自我控制可以成为更强烈的动力，推动他们尽自己最大的力量把工作做好。

3) 促使权力下放

集权和分权的矛盾是组织的基本矛盾之一。唯恐失去控制是阻碍大胆授权的主要原因之一。推行目标管理有助于协调这一对矛盾，促使权力下放，有助于在保持有效控制的前提下，使局面更有活力。

4) 注重成果第一

采用传统的管理方法评价员工的表现，往往容易根据印象、本人的思想和对某些问题的态度等定性因素来评价。实行目标管理后，由于有了一套完善的目标考核体系，从而能够按员工的实际贡献大小如实地评价一个人。

目标管理还力求使组织目标与个人目标更密切地结合在一起，以增强员工在工作中的满足感。这对于调动员工的积极性，增强组织的凝聚力起到了很好的作用。

目标管理的好处：抓住重点；关注结果；考核明确；激发工作主动性；统一目标；全力以赴，各司其职；提升下属的能力和加快职业发展。

2. 目标管理工作程序

1) 目标制订

目标制订是实施目标管理的第一阶段，同时也是最重要的阶段。目标制订得是否合理、明确、先进，直接关系到后两个阶段能否顺利而有效地进行。这一阶段可分为两个步骤：

(1) 内外环境分析，建立组织目标。目标的制定要对企业内外环境进行分析，以此为依据来建立目标体系。企业外部环境主要包括国家政策法令、市场竞争对手动向、科技发展趋势等。企业内部环境主要来自两个方面的因素：一方面是企业当局的战略思想和意图及下属职工个人的愿望要求；另一方面是企业过去情况、现在状况和将来发展趋势等。在综合内外环境分析的基础上，再通过对目标项目和目标指标的反复商讨、评议、修改，取得统一看法，最终形成组织目标。制订的目标既要符合整体性要求，又要符合激励性要求。也就是说下级目标要服从于上级目标，使企业目标形成一个整体；企业目标也要有利于调动和激励广大职工的积极性和创造性，充分发挥全体职工的聪明才智。制订的目标还要符合可行性和可衡量性的要求。也就是说，目标既要体现先进合理性和现实可能性，也要符合下属部门结构、资源和能力要求，使目标尽量数量化，以便于考核与评价。

🦀 **知识链接**
••••••••••••••••

某医药企业 2005 年公司发展目标如下：

目标一：公司保健药品的销售占公司销售的 50%；

目标二：开发三个以上国家一类新药品种，并进入国家医药目录；

目标三：2005 年 6 月前完成 GMP 认证；

目标四：公司的营业收入增长 30%，达到 5 亿元；

目标五：OTC 药品销售达到公司营业收入的 50%；

目标六：实现公司的股份制改造，力争实现在主板上市。

(2) 进行目标展开，确定分级目标。组织总体目标制订以后，就应该将其按照组织架构进行纵向与横向的分解，也就是为每一个子系统和个人确定各自的分目标，从而形成一个自上而下的目标体系，以使总目标的实现有可靠的保证。这就叫目标展开。目标展开分纵向展开体系和横向展开体系，如图 4-3 和图 4-4 所示。

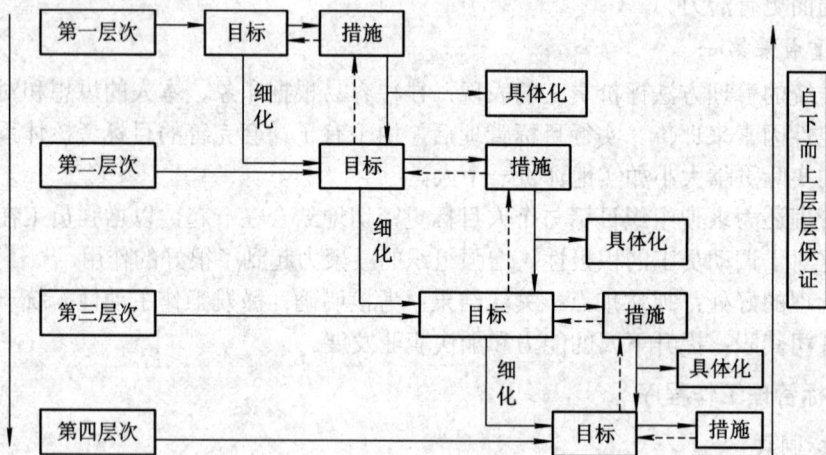

图 4-3 组织目标纵向展开图

××× 分目标	主要措施			实施				检查				检查人	评价	
	序号	措施内容	负责人	进度				检查时间					效果评价	
				1	2	…	11 12	1	2	…	11 12		评价时间	评价意见
1. 2. 3. 4. 5. …														

图 4-4 组织目标横向展开系统图

为保证总目标的实现，在对总目标进行分解的时候，应注意以下几点：

① 目标分解应做到纵向到底、横向到边。纵向到底，是指将总目标按管理层次的纵向分解，从最高层开始，自上而下分解为不同层次的分目标，直至具体到每个员工；横向到边，是指按职能部门的横向分解，要完全将上一层次的目标分解为下一层次所属的各个子系统的分目标。要做到纵向到底、横向到边，就要依据整个组织的组织结构进行。

② 目标分解应按整分合原则进行。也就是将总目标分解为不同层次、不同部门、直至个人的分目标；而各个分目标的综合又体现总目标，即自下而上的层层支撑、层层保证。要做到这一点，一方面上级在制定目标时应与下级充分协商，广泛征求意见，以调动下级的积极性和创造性。上级在制订出目标后，也应适时向下级明确宣布，讲清其意义，以使下级在制订自己的目标时有依据。另一方面下级也应在充分了解上级目标的基础上，着手制订自己的目标。制订出本级目标后，必须主动向上级报告，征求上级的意见，得到上级认可方能最后决定。另外，对有分歧或需共同完成的目标，要做好协调，避免出现遗漏和内耗。

③ 目标分解应使各个分目标之间在时间上达到平衡协调，同步发展，不影响总目标的按时实现。也就是说，必须使各子系统的目标在完成时限上与总目标完成的时限相一致，防止出现时差。

④ 目标分解中，要注意到各分目标所需要的的条件及其限制因素，如人力、物力、财力等。

⑤ 在目标分解的过程中，要进行目标谈话(目标沟通)，以确保个人目标与组织目标相一致。

知识链接

根据公司2005年的发展目标，人力资源部经理制订其部门工作目标如下：

目标一：在2005年元月以前制订出公司2005年的人力资源规划；

目标二：在2005年3月以前完成OTC销售队伍、新药开发队伍的招聘工作；

目标三：在2005年4月底以前制订出公司新的考核制度；

目标四：在2005年4月底以前制订出公司的年度培训计划，并按计划开始实施。

2) 目标实施

目标实施是目标管理过程的第二阶段工作，它是关系到目标能否实现的关键环节。这一阶段的所有工作都是围绕实现目标体系所确定的目标和要求来进行的。为保证目标的顺利实现，在实施阶段要做好以下几方面工作：

(1) 逐级授权和自我控制。目标展开后，上一级就根据责权相等的原则，授予下级部门或员工以相应的权力，让他们有权有责，在各自职责和权限范围内自主地开展活动，自行决定目标实施的具体途径和方法，实行自主管理。

(2) 实施过程的检查和控制。目标的实施过程中主要依靠目标的执行者进行自主的管理，但也并不排除实施过程的检查和控制。通过检查可以促进各部门和员工自觉地、主动地、创造性地工作并能认真实现目标。检查一般实行下级自查报告和上级巡视指导相结合的办法。如果发现问题，应及时给予解决。另外，在对实施过程检查的基础上，应将目标实施的各项进展情况、存在的问题等用图表和文字反映出来，对目标值和实际值进行比较分析，实行目标实施的动态控制。

3）成果评价

成果评价是一个目标管理周期循环的结束，也是下一周期的开始。通常采用综合评定法。即成果评价实行自我评价和上级评价相结合，共同协商确定成果。目标成果评价的具体步骤如下：

(1) 评定"达到程度"。一般采用实际值与目标值之比，根据达到率分为 A、B、C 三级。

(2) 评定"复杂困难程度"。复杂困难程度通过协调确认，也分为 A、B、C 三级。

(3) 评定"努力程度"。根据对达标过程中的种种条件分析，将"努力程度"分为 A、B、C 三级。

(4) 规定以上三要素在目标项内的比重，作出单项目标的初步评价值。

(5) 针对达标过程中出现的非本人责任或经个人努力可以排除的不利条件，修正数值，得出各单项目标评定值。

(6) 将各单项目标评定值分别乘以其在全部目标中的权数，得出单项目标的权重值，相加后即可获得综合评价；然后再按 A、B、C 三级评定目标成果的等级。各部门的目标成果也可用同样的方法进行评价。

除以上步骤以外，在对评价按其不同成果等级进行奖罚的同时，及时总结经验教训，把成功的经验和好的做法继续下去，加以完善，使之系统化、标准化、制度化和科学化，对不足之处分析原因，采取措施加以改进，为下一循环打好基础。

教学案例

乔森家具公司的目标

乔森家具公司是乔森先生在 20 世纪中期创建的，则开始主要经营卧室和会客室家具，取得了很大的成功；随着规模的扩大，自 70 年代开始，公司又进一步经营餐桌和儿童家具。1975 年，乔森退休，他的儿子约翰继承父业。约翰不断拓展卧室家具业务，扩大市场占有率，使得公司产品深受顾客欢迎。到 1985 年，公司卧室家具方面的销售量比 1975 年增长了近两倍。但公司在餐桌和儿童家具的经营方面一直不得法，面临着严重的困难。

乔森家具公司自创建之日起便规定，每年 12 月份召开一次公司中、高层管理人员会议，研究讨论战略和有关的政策。1985 年 12 月 14 日，公司又召开了每年一次的例会，会议由董事长兼总经理约翰先生主持。约翰先生在会上首先指出了公司存在的员工思想懒散、生产效率不高的问题，并对此进行了严厉的批评，要求迅速扭转这种局面。与此同时，他还为公司制订了今后五年的发展目标，具体包括：

(1) 卧室和会客室家具销售量增加 20%；

(2) 餐桌和儿童家具销售量增长 100%；

(3) 总生产费用降低 10%；

(4) 减少补缺职工人数 3%；

(5) 建立一条庭院金属桌椅生产线，争取五年内达到年销售额 500 万美元。

这些目标主要是为想增加公司收入，降低成本，获取更大的利润。公司副总经理托马斯跟随乔森先生工作多年，了解约翰董事长制订这些目标的真实意图。尽管约翰开始承接父业时，对家具经营还颇感兴趣，但后来他的兴趣开始转移，试图经营房地产。为此，他努力寻找机会想以一个好价钱将公司卖掉。为了能提高公司的声望和价值，他准备在近几年狠抓经营，改善公司的效益。

托马斯副总经理意识到自己历来与约翰董事长的意见不一致，因此在会议上没有发表意见。会议很快就结束了，大部分与会者都带着反应冷淡的表情离开了会场。托马斯有些垂头丧气，但他仍想会后找董事长就公司发展目标问题谈谈自己的看法。

【教学功能】 本案例主要涉及计划的制订。管理者应该如何制订计划？应选用哪种计划制订方法？计划的程序是什么？制订计划应该怎样才能不脱离目标？通过本案例，学生们可以了解到计划制订与目标管理的方法与程序。

模块二 技能训练

实训目标

了解企业战略计划。

实训内容与要求

老师组织学生参观一个生产厂家。由工厂管理人员介绍工厂的基本情况，学生重点了解企业最新项目情况。

以该厂为模板，讨论假设自己也准备做这样一个项目，应该如何开展工作。

成果检测

利用网络计划技术每人绘制一份项目工作网络图；根据绘制的网络图，组织一次课堂交流与讨论；由教师根据各成员讨论发言情况及项目工作网络图分别评估打分。

模块三 管理案例

某机床厂的目标管理

某机床厂从 1981 年开始推行目标管理。厂里首先对厂部和科室实施了目标管理。经过一段时间的试点后，逐步推广到全厂各车间、工段和班组。

第一阶段：目标制订阶段。

1. 总目标的制订

该厂提出了 19XX 年"三提高""三突破"的总方针，即提高经济效益、提高管理水平和提高竞争能力，在新产品数目、创汇和增收节支方面要有较大的突破。在此基础上，该厂把总方针具体化、数量化，初步制订出总目标方案，并发动全厂员工反复讨论，最后由职工代表大会通过，正式制订出全厂 19XX 年的总目标。

2. 部门目标的制订

各部门的分目标由各部门和厂企业管理委员会共同商定，先确定项目，再制订各项目的指标标准。各部门的目标分为必考目标和参考目标两种。必考目标包括厂部明确下达目标和部门主要的经济技术指标；参考目标包括部门的日常工作目标或主要协作项目。其中必考目标一般控制在 2～4 项，参考目标项目可以多一些。目标完成标准由各部门以目标卡片的形式填报厂部，通过协调和讨论最后由厂部批准。

3. 目标的进一步分解和落实

(1) 部门内部小组(个人)目标管理，其形式和要求与部门目标制订相类似，拟定目标也采用目标卡片，由部门自行负责实施和考核。

(2) 该厂部门目标的分解是采用流程图方式进行的。具体方法是：先把部门目标分解落实到职能组；职能组再分解落实到工段；再由工段下达给个人。

第二阶段：目标实施阶段。

1. 自我检查、自我控制和自我管理

目标卡片经主管副厂长批准后，一份存企业管理委员会，一份由制订单位自存。每一个部门、每一个人都有具体的、定量的明确目标，并对照目标进行自我检查、自我控制和自我管理。

2. 加强经济考核

虽然该厂目标管理的循环周期为一年，但该厂实行每一季度考核一次和年终总评定。

3. 重视信息反馈工作

(1) 建立"工作质量联系单"来及时反映工作质量和服务协作方面的情况。当两个部门发生工作纠纷时，厂管理部门就能从"工作质量联系单"中及时了解情况，经过深入调查，尽快加以解决。

(2) 通过"修正目标方案"来调整目标。其内容包括目标项目、原定目标、修正目标以及修正原因等，并规定在工作条件发生重大变化需修改目标时，责任部门必须填写"修正目标方案"提交企业管理委员会，由该委员会提出意见交主管副厂长批准后方能修正目标。

该厂采用了"自我评价"和上级主管部门评价相结合的做法，即在下一个季度第一个月的 10 日之前，每一部门必须把一份季度工作目标完成情况表报送企业管理委员会(在这份报表上，要求每一部门自己对上一阶段的工作作一恰如其分的评价)；企业管理委员会核实后，也给予恰当的评分，例如必考目标为 30 分，一般目标为 15 分。每一项目标超过指标 3%加 1 分，以后每增加 3%再加 1 分。一般目标如果未完成但不影响其他部门目标完成的，扣一般项目中的 3 分；影响其他部门目标完成的则扣 5 分。加 1 分相当于增加该部门基本奖金的 1%，减 1 分则扣该部门奖金的 1%。如果有一项必考目标未完成则扣至少 10% 的奖金。

该厂在目标成果评定工作中深深体会到：目标管理的基础是经济责任制，目标管理只有和明确的责任划分结合起来，才能深入持久，才能具有生命力，达到最终的成功。

思考：

1. 在目标管理过程中，应注意什么问题？

2. 目标管理有什么优缺点？

3. 你认为实行目标管理时，营造完整严肃的管理环境和制订自我管理的组织机制哪个更重要？

模块四 复习与思考

1. 简述计划的概念及其性质。

2. 理解计划的类型及其作用。

3. 解释孔茨与韦里克的计划层次体系的基本内容。

4. 计划编制包括哪几个阶段的工作？

5. 建一个小型加工车间建筑的计划作业划分表如下：

事件	描述	期望时间	紧前事件
A	审查设计和批准动工	10	—
B	挖地基	6	A
C	立屋架和砌墙	14	B
D	建造楼板	6	C
E	安装窗户	3	C
F	搭屋顶	3	C
G	室内布线	5	D
H	安装电梯	5	G、E
I	铺地板和嵌墙板	4	H、F
J	安装门和内部装饰	3	B
K	验收和交接	1	J、I

思考：

(1) 绘出网络分析图。

(2) 找出关键路径。

本 章 小 结

1. 计划是为了从事某些工作而预先规划好的详细方案；计划工作是对将来活动作出决策所进行的周密思考和准备工作。

2. 计划的性质包括计划的目的性、计划的首要性、计划的普遍性和计划的创造性。

3. 计划的种类：按期限划分，可分为长期计划、中期计划和短期计划；按层次划分，可分为战略计划、战术计划和作业计划；按对象划分，可分为综合计划、局部计划和项目计划。

4. 制订计划的程序既有严格的规律性，又有运用的灵活性，要从实际出发。一般来说包括估量机会、确定目标、确定前提条件、拟订可供选择的方案、评价备选方案、选择方案、拟订派生计划、编制预算八个步骤。

5. 制订计划的方法有滚动计划方法、计划—规划—预算方法和网络计划技术。

6. 目标管理以制定目标为起点，以目标完成情况的考核为终结。工作成果是评定目标完成程度的关键。目标管理的具体做法分三个阶段：第一阶段为目标的设置；第二阶段为实现目标过程的管理；第三阶段为测定与评价所取得的成果。

第五章　组　织

模块一　基 础 知 识

教学要求

(1) 掌握组织和组织结构的概念。

(2) 理解组织的功能。

(3) 掌握组织部门化的主要方法。

(4) 理解管理幅度与管理层次的关系。

(5) 掌握基本的组织结构类型的特征。

(6) 了解组织变革的内容。

(7) 掌握组织文化的结构。

技能要求

(1) 了解组织设计的影响因素和应注意的原则。

(2) 了解当代组织变革的主要趋势。

(3) 掌握塑造和培育适合组织需要的组织文化的步骤。

案例导入

冲突的解决

东方公司在 20 世纪 80 年代早期,从化学制药转为生产制药业中的药品包装产品,如新的生物药剂所用的胶囊和糖衣。公司位于南京郊区,包括六个分部:营销部、研究部、开发部、生产部、行政部和人事部。1988 年公司成功地研制出几种现代药品,把生产范围扩大到各种药丸、糖衣。公司研究部对生化技术进行了深入地了解,发明了很多高价值的产品。"生物多态糖衣"是公司最新的一项研究成果,对公司产生了深远影响。

随着生产规模的扩大,公司研究部和生产部的冲突越加明显,并严重影响到整个公司的业绩。引起冲突的主要几个原因是:新技术进入了公司,生产方法和产品经常变化,越来越复杂。公司从传统的化学反应制药法转为包括生物技术在内的高科技生产法,这导致了生产部面临,因为该部的工作人员没有足够的能力来面对这些复杂的新技术,因此常对新技术持抵触态度。公司研究部主管杨同说："现在需要更多的专业生产人员，他们应该有大学文凭并做过研究助理。但生产部没有足够的这类人，这在创新速度大大加快的今天就成为一个大问题了。"他还描绘了生产人员对新技术的不信任。研究人员不能从生产部得到预期的反应，他们自然要问：既然没人对我们的新技术感兴趣，创新又有什么用？同时，当研究人员向生产人员解释为什么出了问题并试图帮助他们时，生产人员并不感激他们。

生产部负责人李瑞则说，这是一个生物工艺，由于生产人员没有足够的技术工艺背景，他们在准备发酵所产生的生物多态糖衣时就面临困难。他们不喜欢研究人员插手他们的生产工作。生产人员总是认为研究人员在挑他们工作的错误。然而，研究人员却认为生产人员总是拒绝他们的计划和想法，这就导致更少的交流和生产部对新项目更强烈的抵制。

两个部门都对对方有些成见。生产人员认为研究人员太理想化，脱离实际。反过来，研究人员则认为生产人员不尊重他们的工作并抵制任何创新和进步。

并且，两个部门职员的动机和看法也不一样。研究人员更注重成功而不是盈利，生产人员则相反。另一个不同是生产人员总想保证工艺无差错，而研究人员则想通过试错来更好地开展实验工作。

杨同认为在质量控制水平上也有问题，生产部下面的质控部应提高效率。这些职员仍把新产品看成微不足道的生物质量监控问题。李瑞解释了这个部门的重要性，同时指出对于生物技术产品应正确处理，不然就会导致灾难性的后果。

由于质控部职员明显缺乏技术背景知识，他们不能适应工作的新思想。有时他们未和研究部商量就作分析并把结果送给客户。而公司的大多数客户有良好的技术背景知识，很容易看出错误。东方公司会因此而降低声誉。

杨同和李瑞对解决问题有一些想法，但不知道是否合理或者是否有其他解决方法。他们把这些想法交给公司管理顾问王飞，王飞分析后给出设计意见：

(1) 应通过足够的培训，以对生物技术有较多的了解来加强生产推动的作用。

(2) 在产品取得市场成功时，应强调生产部所起的重要作用。

(3) 研究人员应将工作扩展到生产部去，同时生产部也应涉及研究开发部的工作。建议高层管理成立一个工作组，让两个部门从项目一开始就讨论、合作。这样，生产人员就能知道研究人员的工作方式；而研究人员也能预见大规模生产时要碰到什么问题。

(4) 质量控制部由成立的工作组直接领导，所有资料经审核后，统一向外发布信息。

(5) 革新首先由研究部开始，研究部从事产品开发或程序改进，以满足营销部反馈的外部需求或自身的要求。产品或程序经测试分析后送到开发部，开发部将其从实验品阶段提高到可生产阶段。然后生产部在研究部监督下生产，如果没差错，就转入大规模生产。产品在包装运输前送到质量控制部检验。

【案例启示】 如何进行组织设计，工作流程是什么，各部门的职责怎样界定，部门之间要进行良好的沟通，是每个组织必须解决的问题。

第一节　组织概述

计划工作确定组织目标和战略，安排实现目标的途径和方法后，需要建立适合目标实现的组织结构来实施计划。继计划职能后，组织是管理工作的第二大基本职能，是促进组织发展、实现组织目标的关键职能。

一、组织的概念

通常情况下，我们认为组织是两个以上的人在一起为实现某个共同目标而协同行动的集合体。从管理学的角度来看讲，组织有静态组织和动态组织。静态组织对应作为名词的组织，动态组织对应作为动词的组织。

1. 静态组织

关于静态组织，管理学家有不同的阐述。美国管理学家切斯特·巴纳德(Chester I.Barnard)认为，"组织是一个有意识地对人的活动或力量进行协调的体系。"哈罗德·孔茨(Harold Koontz)认为，"组织一词指有意识形成的职务或职位结构。"

在这里，我们认为静态组织是指为实现一定目的而建立起来的人与单位的有序结构，即组织结构。具体来说，静态角度的组织包含以下三层含义。

1) 组织作为一个整体，应有共同的目标

任何组织都是为了一定的共同目标而存在的，不论这种目标是明确还是隐含的，目标都是组织产生和存在的前提和基础。

2) 组织中必须存在分工和协作

分工和协作是由组织目标限定的，一个组织为了达到共同的目标，需要分派不同的人去承担不同的工作，形成某些相对独立的部门，这就是分工。从经济学的角度来说，分工代表了效率的提高，社会的进步。

在一个企业，协作是指为实现预期的目标而用来协调员工之间、工作之间以及员工与工作之间关系的一种手段。协作能创造出一种比单个战略业务单元收益简单相加后的总和更大的收益，即实现协同效应。协作的优点是可以充分有效地利用组织资源，扩大企业经营空间范围，缩短产品的生产时间，便于集中力量在短时间内完成个人难以完成的任务。

3) 组织是由各种职务或职位所组织成的系统

这是由于分工之后就要赋予各部门及每个人相应的权力，以便于实现目标。同时又必须明确各部门和每个人所承担的责任，以防止对权力的滥用。组织中每个成员根据分工的不同，其所拥有的权力和承担的责任大小也不相同，这就形成了一个由各种职务或职位所组成的有机系统。

2. 动态组织

动态组织是指组织工作，即为了实现组织的目标，将所有必须进行的各项工作和活动加以分类和归并，设计出合理的组织结构，配备相应人员，分配权力并进行整合与协调的过程。

组织工作具体包含以下三方面的内容。

1) 组织结构的设计和变革

为了实现组织的目标，组织内部必然要进行分工和协作。如何合理设计和调整组织结构，建立分工合理、协调顺畅的组织方式，使得分工协作体系能够适应组织战略的要求，是组织保证不同时期的目标都能够得以实现所要解决的基本问题。

2) 人员的合理配置和使用

组织结构是完成组织战略的一种构架和手段，建立组织结构方式后，要为设置的岗位选择适合的在职人员，充分发挥人员才能，让其行使岗位权力，完成岗位职责。人员的合理配置和使用，是一项重要的组织工作内容。

3) 权力分配和关系的协调

建立组织结构、配置相应人员之后，为了使组织成员能够达成组织目标而履行其职责，应当赋予其完成相应工作所需要的权力；同时为了保证各项工作、岗位、部门之间能顺利进行合作，要对他们相互之间的责任和权力关系进行协调。通过分配权力和协调关系，保证各项工作的顺利开展，进而保证组织目标的实现。因此，权力的分配和关系的协调也是组织工作的一项重要内容。

二、组织的功能

组织活动的功能不是简单地把个体集合在一起，因为个体按照不同方式的集合所产生的效果完全不一样。正如都是由碳原子组成的金刚石和石墨，由于碳原子之间的空间关系、结构方式不同而形成了这两种物理性能差别极大的物质。所以，组织的功能就是为了使个体通过良好地分工协作，形成一个团队，以便更好地发挥每一个体的优势，而且寻求对个体力量进行汇聚和放大的效应。

1. 组织的力量凝聚功能

组织的力量凝聚功能是指一个组织把分散的个体汇聚成为整体，汇聚各个体的力量，满足 1+1=2 这一最基本要求。即同样数量的人，用不同的组织网络连接起来，形成不同的权责结构和协作关系，使这些个体不至于成为一盘散沙。在日常生活中，组织的力量汇聚功能是非常常见的，如搬家公司的多名工人共同搬运一件大型家具。

2. 组织的力量放大功能

比力量汇聚功能"1+1=2"的效果更进一步，良好的组织能够把力量汇聚后再进行放大，产生整体功能大于各要素功能的叠加之和的效果，表现为"1+1＞2"。在一个结构和运转良好的组织中，甚至能够出现乘法效应，出现以一当十的现象。

管理故事 📄

蚂蚁军团的力量

非洲有这样一个古老的寓言：在非洲的大草原上如果见到羚羊在奔逃，那一定是狮子来了；如果见到狮子在躲避，那就是象群发怒了；如果见到成百上千的狮子和大象集体奔逃的壮观景象，那就是什么来了——蚂蚁军团！

一只蚂蚁力量虽微薄，但组成了群体，就会形成一个庞大的集体，爆发出可怕的力量。蚂蚁内部分工明确。有生殖能力的蚁后主要负责产卵、繁殖后代和统管这个群体大家庭；雄蚁主要负责与蚁后交配；工蚁是没有生殖能力的雌性，年轻的工蚁往往在巢内做饲育、清洁等，而年长的工蚁则在巢外觅食、防卫、建筑蚁巢等；兵蚁主要负责战争和防卫。

蚂蚁还通过化学信息素和工蚁的分泌物来进行信息交流以确保相互之间的分工与合作。可以毫不夸张地说，分工与团队协作，是蚂蚁生存、发展的法宝。

3. 组织的交换功能

个体之所以加入组织，并对其投入时间、精力和技能，是希望能够从组织中得到相应的利益和报酬，以满足个人的需求。组织之所以愿意满足个人的要求，是希望个体能对组织有所贡献，达成相应的组织目标。组织的交换功能体现在成员为组织作出贡献，并能够从组织中获取相应的报酬作为交换。从个体的立场来看，往往会要求自己所在的组织付给自己的报酬和利益大于自身的投入；从组织的立场来看，它要求取自于个体的贡献大于其为个体所投入的成本支出，即人力作为一种资源，只有对资源的投入小于资源的产出，该项资源利用才是有效率的。双方目的能否同时实现，必须借助于组织活动的合成效应的发挥，使个人集合成的组织总体力量大于个体力量的简单叠加。

三、组织的分类

根据不同的划分标准，可以将组织分为不同的类型。

1. 按照组织规模划分

按照组织规模的大小，可以把组织划分为微型组织、小型组织、中型组织和大型组织。不同规模的组织所拥有的资源不同。这种划分具有普遍性，是对组织现象的表面认识。

2. 按照组织的性质划分

按照组织的性质不同，可以把组织划分为政治组织、经济组织、文化组织、群众组织、宗教组织。

3. 按照组织目标划分

按照组织目标的不同，可以把组织划分为营利性组织、非营利性组织和公共组织。

(1) 营利性组织(Profit organizations)。营利性组织是指以获利为主要目标的组织，如工厂、商店、酒店、旅行社等。所有的企业都属于营利性组织，企业成立及发展的目标就是追求长期利润最大化。按照罗纳德·科斯(Ronald H.Coase)在《企业的性质》一文中对企业性质的阐述，企业组织之所以会产生，就是因为组织的内部交易比市场交易成本低，因此更为有效。这表明，组织诞生本身就是追求成本最小、收益最大化的结果。一个组织如果不能盈利，就不能改善员工的状况，也不可能将投资回报的一部分用于研究、开发新产品，为顾客提供更多更富价值的新产品和服务，政府的税收也就成了无源之水、无本之木，这将影响整个社会的发展。利润动机不只是自私的，因为在市场机制的诱导下，组织在追求自身利润的同时也会带来整个社会福利的增加。从社会分工来看，营利组织是现代社会的基石，它们以产品或服务来满足其他组织和个人的各种需求，并以纳税的方式支持其他组织的正常运行。

(2) 非营利性组织。非营利性组织(Non-Profit Organization)是指一切不以盈利为主要目标的组织，如政府组织、各类社团、宗教组织、慈善机构等。非营利性组织的主要宗旨是向社会提供服务，如提供教育、医疗、安全等，并可能对这些服务收取一定的费用，但这些费用主要用于维持组织的生存。非营利性组织一般情况下无需向政府纳税，有时还会得到政府的财政补贴。

非营利性组织既是营利组织的重要目标市场，也承担着许多重要的社会职能，为其他组织提供独特的服务。

4. 按照组织的特征划分

按照组织的特征，可以把组织划分为机械式组织和有机式组织。机械式组织也被称为官僚行政组织，具有高度专业化、高正规化和集中化等特征。有机式组织也称为适应性组织，具有低复杂性、低正规化和分权化的特征。

5. 按照组织的形成方式划分

按照组织的形成方式不同，可以划分为正式组织和非正式组织。

(1) 正式组织。正式组织是指为了实现组织目标、规范组织成员在活动中的关系所特意建立的组织结构。这种组织具有明确的目标、结构、职能以及由此决定的成员之间的职权关系，对个人行为具有相当程度的强制性。

(2) 非正式组织。非正式组织是人们因相互联系而自发形成的，而不是正式组织建立或要求的人际关系和社会关系的网络。在没有自觉地制订共同目标的情况下所进行的个人联合的行动，都可以算作非正式组织。非正式组织通常是为了满足一些社会要求而形成的。这些组织能存在于正式组织之中，也可能独立存在和运营，如各种俱乐部、团体、协会及类似的其他群体都是非正式组织。

非正式组织是社会组织中普遍存在的现象，正式组织内都存在或多或少的非正式组织。非正式组织和正式组织同时存在、同时运行，非正式组织的活动对正式组织目标的实现、组织任务的完成有利也有弊。

非正式组织的积极影响：

① 满足成员的"归属感""安全感"等需求；

② 增强组织的凝聚力；

③ 有益于组织成员的沟通；

④ 有助于组织目标的实现。

非正式组织最基本的优点之一就是它辅助正式组织去完成工作。非正式组织本质上可以作为对正式组织的积极支持，它在实现组织目标的过程中起着不可或缺的作用。

同时，由于非正式组织成员的联结方式、运作规范及其目标与正式组织不尽一致，在对组织产生积极作用的同时，如果处理不当也会产生消极的影响。其消极面主要表现为：

① 非正式组织中普遍存在着一种"从众行为"现象。由于非正式组织本身具有一套非成文规范并以此对其成员施加压力，使其本身表现出一致向外的行动倾向。从消极的一面来说，若此倾向与组织目标相冲突，则会侵害整个组织功能的运行，从而导致严重的后果。

🐙 知识链接

从 众 行 为

从众行为(conformity behavior)，也译成"相符行为""遵守行为"。它是指在社会情境影响下或在群体压力下，个人改变自己的态度，放弃自己原先的意见，而产生和大多数人一致的行为。

社会心理学研究认为，群体对个体的影响主要是由于"感染"的结果。个体在受到群体精神感染式的暗示时，就会产生与他人行为相类似的模仿行为。与此同时，各个个体之间又会相互刺激、相互作用，形成循环反应，从而使个体行为与大多数人的行为趋向一致。上述暗示—模仿—循环反应的过程，就是心理学研究证实的求同心理过程。正是这种求同心理，构成了从众行为的心理基础。

② 这类组织中不允许有"标新立异"的成员出现。一旦出现这类成员，非正式组织将视其为"越轨者"，从而疏远并孤立这个成员，直至将之排斥出本组织，这将影响到整个组织的运行。

③ 非正式组织中的成员在本组织中获得"归属感""安全感"满足的同时，一旦整个组织的结构功能发生变革或组织制度的变动危及到这种非正式组织的存在，其成员便会一致抵制这种变革，从而阻碍组织改革的进程。

④ 此类非正式组织易于形成一种"集体思维"的模式。成员之间对群体内共同认可的规范准则持完全信任的态度，呈现出一种"心理相容"的趋势，并尽力对之作出一致的解释。当这种趋势与组织行为准则、规章制度相悖时，将会有碍于组织的发展。

⑤ 非正式组织成员间交往十分频繁，信息传递十分快捷，但易于导致小团体主义，对组织内的信息传递、人际交往、功能运作等往往产生阻碍甚至扭曲的反作用。

为了更好地发挥非正式组织的积极作用，减少和消除其消极影响，企业管理者应正视非正式组织的存在，接受并理解非正式组织。同时要辨明非正式组织的不同性质，区别对待，并用组织文化去引导非正式组织，尽可能地将非正式组织的利益与正式组织的利益结合在一起。另外需要注意的一点是，在管理非正式组织时，要关注非正式组织的关键人物，即非正式组织的"群体领袖"。

6. 按照组织的形态划分

按照组织的形态，可以把组织划分为实体组织和虚拟组织。实体组织就是一般意义上的组织。虚拟组织是一种区别于传统组织的、以信息技术为支撑的人机一体化组织。虚拟组织是信息时代的组织创新形式，在形式上它没有固定的地理空间，也没有时间限制，组织成员通过高度自律和高度的价值取向共同实现组织目标。

教学案例

员工为何辞职

阳贡公司是一家中外合资的高科技企业，其技术在国内同行业中居于领先水平。公司拥有员工 100 人左右，其中技术、业务人员绝大部分为近几年毕业的大学生，其余为高中学历的操作人员。

目前，在公司员工中普遍存在着对公司的不满情绪，辞职率相当高。

员工对公司的不满始于公司筹建初期，当时公司曾派遣一批技术人员出国培训，这批技术人员在培训期间结下了深厚的友谊，回国后也经常聚会。

在出国期间，他们合法获得了出国人员的学习补助金，但在回国后公司领导要求他们将补助金交给公司所有时，矛盾出现了。技术人员据理不交，双方僵持不下，公司领导便找这些人逐个反复谈话，言辞激烈，并采取一些行政制裁措施给他们施加压力。

少数几个人曾经出现了犹豫，却遭到其他人员的强烈批评，最终这批人员当中没有一个人按领导的意图行事，导致双方矛盾日趋激化。

最后，公司领导不得不承认这些人已形成了一个非正式组织团体。由于没有法律依据，公司只好作罢。因为这件事造成公司内耗相当大，公司领导因为这批技术人员"不服从"上级而非常气恼，对他们有了一些成见，而这些技术人员也知道领导对他们有看法。

于是，陆续有人开始寻找机会"跳槽"。一次，公司领导得知一家同行业的公司来"挖人"，公司内部也有不少技术人员前去应聘。为了准确地知道公司内部有哪些人去应聘，公司领导特意安排两个心腹装作应聘人员前去打探，并得到了应聘人员的名单。谁知这个秘密不胫而走，应聘人员都知道自己已经上了"黑名单"，于是后来都相继辞职而去。

【教学功能】 本案例主要涉及非正式组织在正式组织中的影响。非正式组织在正式组织中的存在必须得到重视，如何引导非正式组织，使其发挥积极作用是每一位管理者应该思考的问题。

第二节 组织设计

一、组织结构与组织设计

既然管理是对人们从事业务活动的计划、组织、协调和控制，组织是管理过程中不可或缺的手段，在组织目标明确后，就必须考虑进行有效的组织设计以保证组织目标的实现。

1. 组织结构

组织结构是指组织内关于职务及权力关系的一套形式化系统，它阐明各项工作如何分配，谁向谁负责及内部协调的机制。

组织结构是组织各部分之间的关系模式，是由组织的目标和任务以及环境所决定的。它对组织内部的正式指挥系统、沟通系统具有直接的决定作用，对组织中的人的社会心理也有影响。组织内各成员的互动模式，例如合作、竞争和冲突等，在一定程度上受到组织结构的影响。因此，认识组织结构的常见类型和恰当地设计组织结构，对于更好地实现组织目标是十分重要的。

适当的组织结构，清楚界定每个组织成员的权责角色，再加上适当的协调与控制，会提高组织的工作效率，亦会使组织的整体表现较为出色。相反，当组织的结构与其管理需要相脱节，将导致决策延误、应变失误、成本升高及士气低落等问题。

组织结构图是通过图示方式说明组织中的部门设置情况和权力层次结构，直观地反映了组织内部的分工和各部门之间的隶属关系(如图5-1所示)。

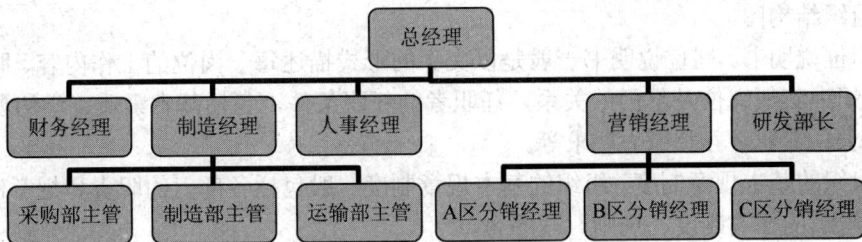

图 5-1　某公司的组织结构图

组织结构可以用复杂性、规范性和集权性三种特性来描述。

复杂性是指每一个组织内部的专业化分工程度、组织层级、管理幅度以及人员之间、部门之间关系存在着的巨大差别性。分工越细、组织层级越多、管理幅度越大，组织的复杂性就越高；组织的人员部门越多、分布越散，人员与事物之间的协调也就越难。

规范性是指组织需要靠制定规章制度以及程序化、标准化的工作来引导员工的行为。规范的内容既包括了以文字形式表述的规章制度、工作程序、各项指令，也包括了以非文字形式表达的组织文化、管理伦理以及行为准则等。组织中的规章条例越多，组织结构越正式化。

集权性是指组织作决策时正式权力在管理层级中分布与集中的程度。当组织的权力高度集中在上层，问题要由下至上反映，并最终要由最高层决策时，组织的集权化程度就较高；反之，一些组织授予下层人员更多决策权力时，组织的集权化程度较低，这种授权方式被称为分权。

2. 组织设计

当管理者新设计或者改变一个组织结构时，他们所进行的工作就是组织设计。组织设计就是根据组织目标对组织的结构和活动进行筹划和考虑；组织设计的任务是设计清晰的组织结构，规划和设计组织中各部门的职能和职权。具体来说，其主要内容为：

(1) 根据任务和目标的要求，进行职能和职务的分析与设计。

组织首先需要将总的任务目标进行层层分解，分析并确定完成组织任务究竟需要哪些基本的职能和职务；然后设计和确定组织内从事具体管理工作所需的各类职能部门以及各项管理职务的类别和数量，分析每位职务人员应具备的资格条件、应享有的权力范围和应负的职责。

(2) 进行层级设计和部门设计，划分各机构间的上下左右关系、职责权限和分工协作范围。

从图 5-1 中我们可以看出，组织结构可以分解为横向和纵向两种结构形式。组织纵向结构设计的结果是决策的层级化，即确定了由上到下的指挥链以及链上每一级的权责关系，显然，这种关系具有明确的方向性和连续性；组织横向结构设计的结果是组织的部门化，即确定了每一部门的基本职能，每一位经理和主管的管理幅度，部门划分的标准以及各部门之间的工作关系。

(3) 建立机构间的工作流程和沟通渠道。

(4) 制定一定的政策方针和措施使机构有序运转。

组织设计工作的结果通常体现在组织的三项书面文件上：

① 组织结构图。

② 岗位说明书。岗位说明书一般是以文字的形式描述每一岗位的工作内容、职责和职权，与组织中其他岗位及部门的关系，任职者的任职条件，包括基本素质、学历要求、工作经验要求、专业素养和能力要求等。

③ 组织的基本规章制度。组织的基本规章制度一般包括各部门的职责和规章制度，适用于整个组织的相关制度、规则、程序等。

知识链接

岗位说明书又称职务说明书、职位描述书、岗位责任制文件等，是人力资源管理中最基础的文件。编制岗位工作说明书的目的，是为企业的招聘录用、工作分派、签订劳动合同以及职业指导等现代企业治理业务，提供原始资料和科学依据。表 5-1 是某超市区经理的岗位说明书。

表 5-1　某超市区经理的岗位说明书

岗位名称	区经理	岗位级别		所属部门	区管理部
主管上级	公司总经理	所辖人员	各部门经理	工资等级	
岗位编号	Q01-01	编制时间		2016 年 7 月	

岗位目标
根据公司发展战略，制定本区发展规划，全面负责本区经营管理工作，不断扩大本区域业务，提高本区经济效益

岗位职责
1. 执行公司制定的发展战略与发展规划。
2. 制定并实施区域经营策略和年度经营计划、销售计划，依据具体情况下达各部、各店执行。
3. 主持制订和完善区域内各种重要的管理制度，规范日常运作体系。
4. 协调区域各店之间的业务关系，监督、检查各店经营、销售及资产运营情况。
5. 监督和指导区域内各部门工作，协调区内各部门、各店的工作关系。
6. 主持召开各店、各部门负责人会议。
7. 管理、考核部门经理和店长的工作。
8. 主持管理区内日常工作。
9. 为公司的经营、管理、决策提供咨询和依据。
10. 参加有关展览会及有关公关活动，与工商、税务、公安等相关部门接洽有关事宜。
11. 完成总经理交办的其他工作

工作权限
1. 对公司规划、投资计划和管理方案等提出咨询和建议。
2. 对区内总体发展计划和具体实施措施进行组织、决策、监控和管理。
3. 对区内部门经理、店长的任免、使用与管理。
4. 对低于 5 万元的资金使用的签发、支配。
5. 与财务部联系资产采纳、设备更新事宜。
6. 与谈判部商定商品价格、数量、供应商的选择等事宜

续表

工作联系
1. 公司内部
(1) 向公司提交本区发展规划, 汇报本区工作进展状况。
(2) 负责本区的人事管理工作。
(3) 监督和指导区内各部门的业务开展。
(4) 与公司财务部协调处理本区的资金结算、资金调拨等财务事宜。
(5) 与公司其他部门进行业务联系。
2. 公司外部
(1) 与区所在的政府管理部门保持良好联系。
(2) 与同等业开展接触和交流

监　督
1. 接受公司总经理的领导和监督, 接受公司各职能部门的业务指导。
2. 对区内各部门、各店进行领导和监督

任职资格
1. 学历与专业:
(1) 大学本科以上; (2) 经济类、管理类及相关专业。
2. 年龄: 30~40 岁
3. 经验
(1) 零售企业管理经验; (2) 市场运作经验; (3) 人事管理经验
4. 所受培训
(1) 最新超市管理模式培训; (2)财务管理知识培训; (3) 商业法律、法规培训; (4) 金融知识培训
5. 关键知识
(1) 经济学与管理学知识; (2)零售业管理运作知识; (3) 市场营销知识; (4)成本控制知识;
(5) 网络知识
6. 关键能力
(1) 全面的领导与策划能力; (2)决策与运营能力; (3) 协调与沟通能力; (4) 处理重大问题的能力;
(5) 人力资源的利用与开发能力; (6) 工作分配与授权能力; (7) 资源配置能力; (8) 行业研究能力
7. 素质特征
(1) 较强的支配力; (2) 感召力、决断性; (3) 坚韧、耐心、沉稳、创新; (4) 擅长思考;
(5) 发掘综合商机的能力
8. 相关资格证书
9. 其他条件
(1) 廉洁公正; (2) 敬业; (3) 广泛的客户基础

二、组织设计的影响因素

最适宜的组织结构主要取决于组织的目标和战略, 但是组织结构也受其他因素影响, 如组织的规模和发展阶段、组织所面临的环境状况、组织所采用的技术等。

1. 外部环境的影响

环境是组织设计的一个主要影响因素。在稳定的环境中运作有效的组织结构，一旦处于动态的、不确定的环境中将不能适应，从而使组织效率降低。当今社会，日趋激烈的全球竞争，日益加速的产品创新，乃至顾客对产品愈来愈高的要求，使组织处于不断变化的动态环境中。传统的组织结构已越来越不适应快速变化的环境。因此，越来越多的管理者开始致力于组织改组，力求使其精干、快速、灵活，更具有机动性。

关于环境对组织结构的影响，可参照表 5-2 所示的理查德·达夫特(Richard Daft)的分析框架。

表 5-2   理查德·达夫特的分析框架

外部环境特点	组织结构特点
低不确定性	机械结构，正规、集权；较少的部门；没有整合角色；着眼于眼前
低中不确定性	机械结构，正规、集权；部门多，有些跨边界；较少的整合角色；有一些计划
高中不确定性	有机结构，团队工作、参与、分权；较少的部门、较多的跨边界；较少的整合角色；计划型的
高不确定性	有机结构，团队、参与、分权；许多部门、差异化、广泛地跨边界；许多整合角色；广泛的计划、预测

环境的变化可能使组织中部门之间的地位及相互关系发生变化，即某些部门的地位变得重要，或者某些部门的地位变得相对次要。在这种情况下，部门角色的变化可能加剧部门之间的间隔和冲突。因此，当环境不确定性因素增强时，加强横向协调尤为重要。

2. 组织战略的影响

组织结构是实现组织战略目标的手段，因此，组织结构的设计和调整必须服从于组织战略。如果管理者对组织战略进行了重大的调整，就需要同时改变组织结构，以适应和支持这一调整。

对"战略—结构"关系率先进行研究的是埃尔弗雷德·钱德勒(Alfred Dupont Chandler)。他对美国 100 家大公司进行了考察，在追踪了这些组织长达 50 年的发展历程，并广泛收集历史案例资料后得出的结论是：公司战略的变化，导致了组织结构的变化。组织通常起始于单一产品或产品线生产。这种简单的战略要求相对简单、松散的组织结构形式。此时，决策可以集中在一个高层管理人员手中，组织的复杂性和正规性程度较低，而集权化程度较高。随着组织不断发展壮大，公司战略逐渐由单一产品先向一体化、再向多样化经营转变。战略的实施对控制手段和协调手段的要求也日益复杂，这就要求重新设计组织结构，采用相对复杂、严格的结构形式，以适应变化了的组织战略。

通常情况下，组织战略从两个方面影响组织设计：一是从结构形式方面，不同的战略要求通过不同的组织方式开展不同的活动，从而决定组织结构形式；二是从力量配备方面，不同的战略决定了不同的工作重点，从而决定各部门的重要程度和岗位数量。

战略与组织结构主从关系，决定了组织结构必须服从组织战略，管理者的战略选择规范着组织结构的形式，只有使结构与战略相匹配，才能成功地实现企业的目标。但是，组织结构也抑制着组织战略目标的实现，与战略不相适应的组织结构，将会成为限制、阻碍战略发挥其应有作用的巨大力量。一个企业如果在组织结构上没有重大的改变，则很少能在实质上改变当前的战略。

3. 技术的影响

任何组织都需要利用某种技术，将投入转换为产出。而无论采用什么样的技术和生产方式，都会对组织结构产生一定的影响。组织结构必须与之相适应才能使组织更有效。

技术是在产品和服务的设计、生产和分销中所运用的技能、知识、工具、机器、电脑和设备的结合。通常，一个组织运用的技术越复杂，管理者和工人就越难以对技术施加严格的控制或有效的监控。反之，技术越常规，规范的结构就越适合，因为任务是简单的，生产产品和服务所需要的步骤可以事先拟订出来。

决定技术是如何复杂或非常规有两个因素：任务多样性和任务分析能力。

任务多样性是个人或职能部门在工作时遇到的新问题或新状况的数量。任务分析能力是人员或职能部门用程序化的方法来解决问题的程度。非常规技术或复杂技术有高任务多样性和低任务分析能力的特点；这意味着会出现许多各种各样的问题，解决这些问题需要大量非程序性的决策。相反，常规技术的特点是低任务多样性和高任务分析能力；这意味着这些问题差别不大，且易于利用程序性决策解决。

著名的管理学家琼·伍德沃德(Joan Woodward)和她的助手曾对组织结构与企业所采用的技术之间的关系进行了许多专门研究。在对英国南部近 100 家小型制造企业进行调查时，按"工艺技术连续性"的程度，把企业分为三种类型：单件生产(如顾客定制的产品)、大量生产(如装配线式生产)和连续生产(如化工或炼油厂)，并提出与之相适应的组织结构。企业所采用的技术类型不同，其组织结构也具有非常不同的特点，如：

(1) 单件生产，即进行定制生产。组织成员人数不多，生产特点为小批量、多品种。与之相适应的组织结构较为简单，管理层级较少，整体的复杂性、规范程度都较低。

(2) 大量生产，包括大量和大批生产。由于这类企业的生产的产品标准化程度较高，为提高效率，组织结构中分工较细、专业化程度高，这就使得组织结构复杂化。同时，为了严格管理，必将制订健全的规章制度，组织结构的规范化程度较高，整个组织的集权程度也较高。

(3) 连续生产，这是所用技术中最复杂的一类，如炼油厂和化工厂这类连续流程的生产企业。这类企业工艺技术复杂，组织结构中各管理层级之间差异较小，管理人员和技术人员比例较大，因此其规范化和集权化程度都较低。

值得注意的是，随着计算机革命和信息技术的发展，制造业技术有了质的飞跃，包括机器人、计算机数控(CNC)、计算机辅助制造(CAM)、计算机辅助设计(CAD)、管理自动化等技术在内的计算机集成制造系统(CIMS)或柔性制造系统(FMS)的运用，使得生产部门能够以较低的成本、在较短的时间内大量生产出高质量的各种定制产品，从而改变了伍德沃德所描述的大量生产技术无法实现定制生产的传统格局。拥有 CIMS 或 FMS 技术的企业组织具有管理幅度较小、层级较少、专业化程度低、高度分权的结构特点，容易实现理想的规模经济和范围经济。我国许多企业正在尝试使他们的组织更有弹性，并且在充分利用复杂技术的价值创造这一优势。

4. 组织规模的影响

布劳(Peter Blau)等人曾对组织规模与组织设计之间的关系做了大量研究，认为组织规模是影响组织结构的最重要因素，即大规模会提高其复杂程度，并连带提高专业化和规范化程度。例如，对于一个生产单一产品，只有几十人的小型企业来说，采用简单的组织结构形式将是最好的选择。而对于一个拥有成千上万人的大型企业来讲，如果没有复杂而严密的组织结构、健全的规章制度以及分权计策，要使企业保持正常运行并取得高效率是很难想象的。

大型组织与小型组织的结构形式有极大的差别。小型组织通常是非正式的，劳动分工少，正规化程度低，专业人员和办公人员较少，甚至不存在正式的预算和业绩考核系统。而大型组织的分工专业化程度较高，有大量的专业人员来履行专门的职责；规范化程度较高，有大量的规章制度和书面文件来规定各部门和岗位的权责，并依据组织规章实现工作的标准化以及对各项工作进行有效的协调和控制；分权程度较高，很多决策都授予了中低层的管理者。

5. 组织发展阶段的影响

组织由小型组织向大型组织的发展过程要经过若干阶段，它的演化成长呈现出明显的生命周期特征，组织结构、内部控制系统以及管理目标在各阶段都有可能是不同的。

美国学者托马斯·卡农(J.Thomas Cannon)把组织发展分为五个阶段，并指出在不同的发展阶段对组织形态的要求有极大的不同。具体描述如下：

(1) 创业阶段：在这个阶段的组织是小型的、主要以单一产品为主的，组织面临许多未知的挑战，决策主要由高层管理者个人作出，组织结构不正规，对协调只有最低限度的要求，组织内部的信息沟通主要建立在非正式的基础上。

(2) 职能发展阶段：在这一阶段，企业仍是单一产品组织，但是其规模和经营区域扩大了。随着组织的成长，组织及其管理都变得比较复杂。当组织取得经验和自信后，决策开始越来越多地由其他管理者作出，而最高管理者亲自决策的数量减少，组织结构建立在职能专业化的基础上，各职能间的协调需要增加，信息沟通变得更重要，也更困难。

(3) 分权阶段：处于这一阶段的组织已不再具有单一产品线，而成为具有多种产品的企业。组织采用分权法来处理职能结构引起的各种问题，组织结构以产品或地区事业部为基础来建立，目的是在组织内建立"小组织"，使后者按创业阶段的特点来管理。但随之而来出现了新问题，各"小组织"成了内部不同利益集团，组织资源转移，用于开发新产品的相关活动减少，总部与"小组织"的许多重复性劳动使费用增加，高层管理者感到对"小组织"失去了控制。

(4) 参谋激增阶段：为了加强对各"小组织"的控制，组织高层的行政主管增加了许多参谋助手。这虽然增加了高层管理者的控制力量，但也带来了直线人员和参谋人员之间固有的矛盾，以及各种建议由于过多的参谋人员进行审核而被延误的问题。此外，参谋单位增长过快也会使效率下降。因此，需在许多公司正在日益减少参谋人员的数量。

(5) 再集权阶段：这一阶段组织采取再集权的办法来解决分权阶段和参谋激增阶段所出现的问题。再集权与职能发展阶段很相似，具有许多相同的问题。同时，信息处理的计算机化和复杂的控制系统，使许多企业的管理进入了这个阶段。

哈韦(Donald F. Harvey)依据卡农的组织五阶段发展模型，构出了美国公司主导性的发展道路以及所采用的战略导致的新的组织结构类型，如图 5-2 所示。

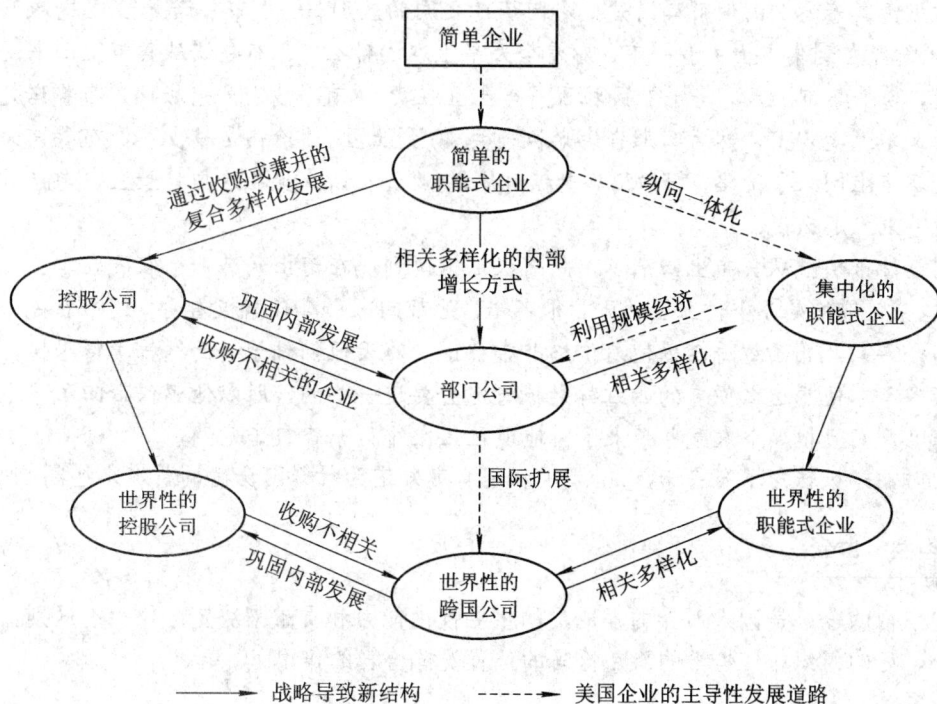

图 5-2　发展阶段模型

三、组织设计的原则

在组织设计的过程中，除了考虑上面提到的影响因素外，还应遵循一些最基本的原则，这些原则都是在长期的管理实践中积累的经验，应该为组织设计者所重视。

1. 目标一致原则

组织结构设计的目标必须紧紧围绕组织的生存和发展来进行，无论是组织局部的具体设计，还是组织整体框架的设计，都必须体现一切设计为目标服务的宗旨。组织是实现组织目标的有机载体，共同的目标是维系组织成员的纽带。

2. 分工与协作原则

一个组织无论设置多少部门，每一个部门都不可能承担组织的所有工作。必须按工作任务的性质进行专业化分工，组织整体目标的实现需要完成多种职能工作，包括：战略规划、人力资源、控制、财务、资源配置等；公司的整体行为并不是孤立的，各职能部门既明确分工，又协调一致。为了确保组织目标的实现，在组织内的各部门之间以及各部门的内部，都必须相互配合、相互协调地开展工作，这样才能保证整个组织活动的步调一致。

管理故事 🖹

两个同龄的年轻人同时受雇于一家店铺，并且拿同样的薪水。可是，一段时间以后，叫阿诺德的那个小伙子青云直上，而叫布鲁诺的小伙子却在原地踏步。布鲁诺很不满意老板的不公正待遇。终于有一天他到老板那儿发牢骚了。老板一边耐心地听着他的抱怨，一边在心里盘算着怎么向他解释清楚他和阿诺德之间的差别——"布鲁诺先生，"老板开口说话了，"您现在到集市上去看一下，看看今天早上在卖什么？"布鲁诺从集市上回来向老板汇报说，今早集市上只有一个农民拉了一车土豆在卖。"有多少？"老板问。布鲁诺赶紧戴上帽子又跑到集市上，然后回来告诉老板一共 40 袋土豆。"价格是多少？"布鲁诺又第三次跑到集市上问来了价格。"好吧，"老板对他说，"现在请您坐在这把椅子上一句话也不要说，看看别人怎么说？"

阿诺德很快就从集市上回来了，向老板汇报说到现在为止只有一个农民在卖土豆，一共 40 口袋，价格是多少，土豆的质量很不错，他带回来一个让老板看看。这个农民一个小时后还会弄来几箱西红柿，据他看价格非常公道。昨天他们铺子的西红柿卖得很快，库存已经不多了。他想这么便宜的西红柿老板肯定会要进一些的，所以他不仅带回了一个西红柿做样品，而且把那个农民也带来了，他现在正在外面等着回话呢。

此时，老板转向了布鲁诺，说，"现在您肯定知道为什么阿诺德的薪水比您高了吧？"

管理启示 ✍

组织内的分工是因人而异的，成员的重要性由能力和贡献来决定。能力有区别，贡献有大小，好的组织能让恰当的人在恰当的位置发挥恰当的作用。

3. 统一指挥原则

统一指挥原则是要求每一位下属应该有一个并且只有一个上级，要求在上下级之间形成一条清晰的指挥链。如果一个下属有多个上级，就会因为上级可能下达彼此不同甚至相互冲突的命令而无所适从。虽然有时在例外场合必须打破传统的统一指挥原则，但是为了避免多头领导和多头指挥，组织的各项活动应该有明确的区分，并且应该明确上下级的职权、职责以及沟通联系的具体方式。

4. 权责对等原则

权是指管理的职权，也就是职务范围内的管理权限。责是指管理上的职责，也就是当管理者占有某职位，担任某职务时所应履行的义务。责权关系是组织构成要素的核心内容。组织是各种责权关系的体现。设置的部门或单位有责任，就应该使其拥有相应的权力。如果没有对等的权力，根本无法完成相应的职责。

5. 有效管理幅度原则

所谓管理幅度，又称管理宽度，是指在组织结构中一个管理人员所能直接管理或控制的部属数目。一个上级直接领导与指挥下属的人数应该有一定的限度，并且应该是有效的。个人的知识、经验、时间、精力、能力等都是有限的，一个管理者的管理幅度太小，必然会造成知识和精力等的浪费，使管理者无法达到满负荷工作，或者对下属管得太严，束缚了下属的手脚，降低了下属的积极性和主动性；而管理幅度太大，也会产生管理不过来、管理不到位的问题。

管理故事 📖

《圣经》记载，希伯来人的领袖摩西率领希伯来人为摆脱埃及人的奴役出走埃及返回巴勒斯坦。开始时，每个人不管是大事小事都向摩西汇报，摩西很快便精疲力竭。摩西的岳父祭司叶忒罗建议摩西建立"千民之侯，百民之侯，半百民之侯和十民之侯"制度，对一些小的事情，让下面的人自己处理，大的事情由摩西解决。

摩西采纳了岳父的建议，顺利地完成了带领希伯来人出走埃及的任务。

6. 柔性、经济原则

所谓组织的柔性，是指组织的各部门、各人员都可以根据组织的内外环境变化和战略调整而进行灵活调整和变动的。组织的结构应当保持一定的柔性以减小组织变革所造成的冲击和震荡。

组织的经济，是指组织实际必须合理以达到管理的高效率。组织的柔性与经济是相符相成的，一个柔性的组织必须符合经济的原则；而一个经济的组织又必须使组织保持柔性。只有这样，才能保证组织结构既精简又高效，避免形式主义和官僚主义作风的滋长和蔓延。

四、组织设计的程序

尽管每个组织的目标不同，组织结构类型也具有很大差别，但是一个组织的基本设计程序还是相同的。具体而言，组织设计一般包括以下几个步骤：

1. 确定组织设计的基本方针

根据企业的战略、任务、目标以及企业的外部环境和内部条件，确定企业组织设计的基本思路。

2. 职能分析和岗位设计

职能分析与设计是进行组织设计的基础，是组织根据自身的任务和目标确定需要设置各项管理职能及其结构，并把它们层层分解为各项具体的管理业务和工作——岗位，明确各岗位所拥有的职责权限和任职资格的过程。在确定具体的管理业务和工作时，还应进行初步的管理流程总体设计，以优化流程，提高管理工作效率。

进行职能分析首先要明确企业应具备的基本职能。其次在各项基本职能中找出关键职能，关键职能是指对于完成企业的战略目标和任务，起到关键性作用的那个基本职能。现代管理学之父德鲁克(Peter F. Drucker)曾说："成功企业的共同特征是在组织结构上都突出了关键职能的作用。"各个组织所处的行业特点不同，关键职能也有所不同。以企业为例，有的企业将质量管理作为关键职能，如机械制造业和家电业；有的企业以技术开发作为关键职能，如联想等高新技术企业；有的企业把市场营销作为关键职能，如食品工业、服装和鞋帽制造业。第三要明确各职能之间的关系。紧密联系的职能应置于同一管理于系统内，相互制约的职能应独立分开，把各职能之间的关系理顺。

在职能分析的基础上，进一步进行岗位设计。通过估算每项工作所需的时间，就可以计算出完成组织目标所需要的操作人数，设定具体工作岗位。

3. 部门划分

部门是组织的细胞，部门设置直接关系组织的健康和组织运作绩效。部门划分就是根据一定标准把工作岗位组合在一起，通过部门划分，将整个组织划分为若干个管理单元，其目的是据此明确各单元的权力和责任。常见的部门划分方法有职能部门化、地区部门化、产品部门化、顾客部门化和程序部门化等，关于部门化的思路和方法在本章的第三节进行详细介绍。

4. 确定管理层次与管理幅度

部门划分解决了各项工作如何进行归类以实现统一领导的问题之后，接下来应当确定组织中每个部门的职位等级的数量，即管理层次问题。管理层次从表面上看，只是组织结构的层次数量，但其实质是组织内部纵向分工的表现形式。各个层次将担负不同的管理职能。对于一个组织而言，管理层次的多少往往要根据组织规模而定。另外，管理层次的多少与也与管理幅度的大小有直接关系。

组织规模、管理层次与管理幅度三者之间是相互制约的关系：

$$组织规模 = 管理幅度 \times 管理层次$$

在组织规模一定的条件下，管理层次与管理幅度成反比，管理幅度越宽，所需要的管理层次就越少；反之，管理幅度越窄，所需要的管理层次就越多。关于管理层次和管理幅度如何确定，详见本章的第三节。

5. 配置人员

根据各单位和部门所分管的业务工作和对人员素质的要求，挑选和配备称职的人员及其行政负责人，并明确其职务和职称。关于人员配置的工作内容和要求，在本书的第八章进行详细介绍。

6. 规定职责与权力

进行人员配置后，应根据组织目标的要求明确规定各单位和部门及其负责人的岗位职责和工作绩效评价标准。同时，为了便于在职人员完成相应的岗位职责，应授予该岗位所必须的岗位职权。关于职权的分类、集权和分权的问题，将在本书第六章的职权配置中进行详细介绍。

7. 连成一体

进一步明确各单位、各部门之间的相互关系，以及它们之间的信息沟通和相互协调方面的原则和方法，把各个组织实体从多个角度连接起来，形成一个能够协调运作，从而有效地实现组织目标的管理组织系统。

8. 反馈和修正

组织设计完成之后，便进入了运行状态。在运行过程中，会暴露出许多漏洞和矛盾，把这一切都作为反馈信息，促使领导者重视审视原有的组织设计，根据出现的情况对组织结构及时作出调整，使组织结构在运行过程中得到不断修正和完善。

第三节　组织的部门化与层级化

组织的部门化是指组织的横向结构设计中，在根据分工协作和专业化原则的基础上，把性质类似或有密切关系的活动划分在同一部门内，以提高工作效率。

组织的层级化是指组织在纵向结构设计中需要确定层级数目和有效的管理幅度，需要根据组织集权化的程度，规定纵向各层级之间的权责关系，最终形成一个能够对内外环境要求做出动态反应的有效组织结构形式。

一、组织部门化

部门指的是组织中主管人员为完成规定的任务有权管辖的一个特殊的领域。部门是组织设计的基础，是同类职务的集合，也是管理活动的分组。

"部门"在不同的组织中有不同的名称，企业中一般用分公司、事业部、车间、班组等；政府单位称为部、厅、局、处、科等；在学校则是以院、系、教研室等。

组织部门划分的方法很多，主要可依据人数、时间、职能、地区、产品、程序和顾客等标准来进行划分。

1. 按人数划分

完全按照人数的多寡来划分部门是最原始、最简单的划分方法，划分部门时仅考虑的是人数的多少，传统的军队编制即按照此种划分方法来进行。这种划分方法是抽出一定数量的人在管理者的指挥下去执行一定的任务。在现代科学技术高度发达的社会，组织人员的专业化技能区分越来越精细，单纯的从数量角度来考虑问题已经越来越不能反映不同部门的生产运营能力，所以这种划分方法有被逐渐淘汰的趋势。

2. 按时间划分

按时间划分部门也是较早的一种划分部门的方法，主要适用于组织的基层，这是在正常工作日不能满足生产需要时所采用的。例如，在许多企业里，由于技术和经济上的原因需要实行员工轮班制，将员工划分为早班、中班和晚班三班制。

这种部门划分形式可以有效地利用设备，它所带来的管理问题主要是监督、效率以及中班和晚班费用较高等问题。

3. 按职能划分

按职能划分部门是最普遍采用的一种划分方法。职能部门化是按照生产、财务、工程、质量、营销、人事、研发等基本职能活动相似或技能相似的要求，分类设立专门的管理部门，图 5-3 是一个典型的按职能划分部门的组织结构图。这种划分方式适合于品种单一、规模较小的企业。

职能划分部门的优点：能够突出业务活动的重点，确保高层主管的权威性并使之能有效地管理组织的基本活动；符合活动专业化的分工要求，能够充分地发挥员工的才能，调动员工的学习积极性；并且简化了培训，强化了控制，避免了重叠，最终有利于管理目标的实现。

职能部门化的缺点：由于人、财、物等资源的过分集中，不利于开拓远区市场或按照目标顾客的需求组织分工。同时，这种划分方式也可能助长部门主义风气，使得部门之间难以协调配合。部门利益高于企业整体利益的思想可能会影响到组织总目标的实现。另外，由于职权的过分集中，部门主管虽容易得到锻炼，却不利于高级管理人员的全面培养和提高，也不利于"多面手"式人才的成长。

```
                           总经理
            ┌─────────────────┴─────────────────┐
       人力资源部                          总经理助理
    ┌──────────┬─────────────┬──────────────┐
  营销部        财务部           生产部           研发部
    ├─市场研究部    ├─综合会计部        ├─生产计划部
    ├─销售计划部    ├─成本会计部        ├─采购部
    └─广告与推销部   └─统计和数据处理部    ├─库存部
                                 ├─加工部
                                 └─质检部
```

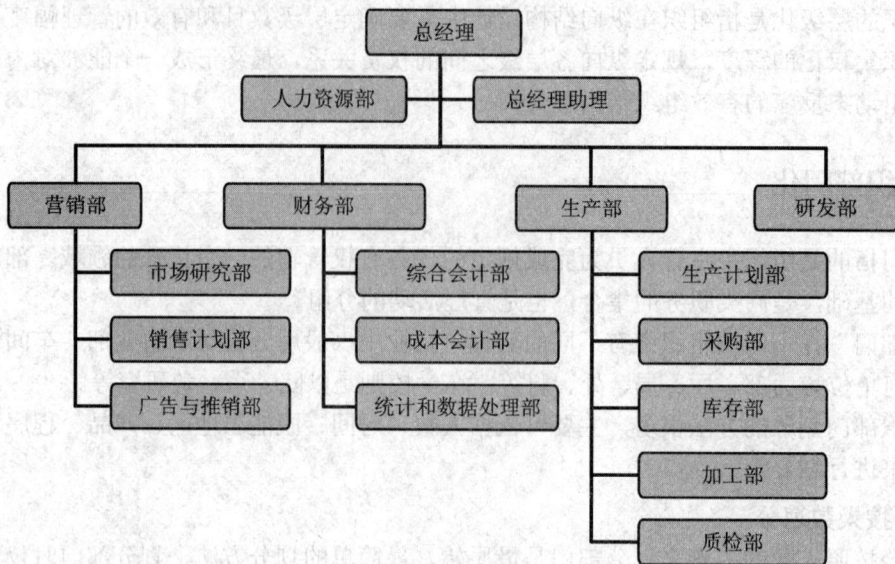

图 5-3　按职能划分部门的组织结构图

4. 按产品或服务划分

随着企业的进一步成长与发展，企业面临着增加产品线和扩大产品规模以获取规模经济和范围经济的经营压力，管理组织的工作也将变得日益复杂。按产品或服务划分部门是根据企业生产经营不同产品或提供不同的服务内容对企业活动进行分组，这种划分方法适合于实行多元化战略的大型企业。典型的按产品或服务划分部门的组织结构图见图 5-4。

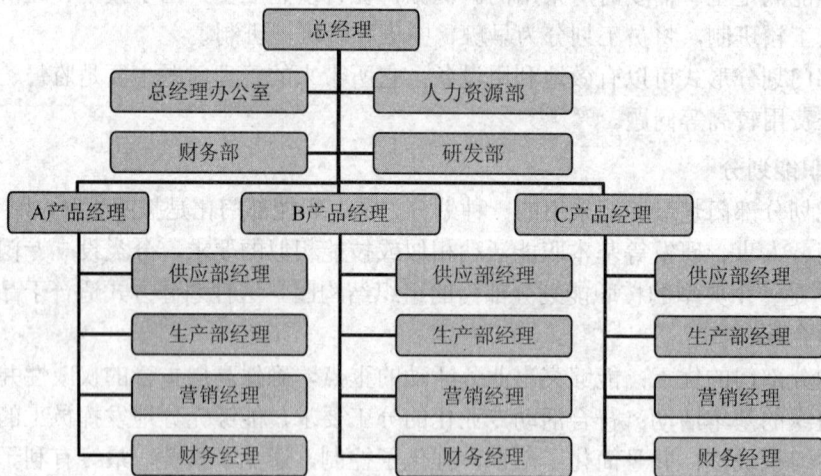

```
                        总经理
          ┌───────────────┴───────────────┐
      总经理办公室                      人力资源部
       财务部                          研发部
    ┌──────────┬──────────────┬──────────────┐
 A产品经理        B产品经理           C产品经理
    ├─供应部经理     ├─供应部经理         ├─供应部经理
    ├─生产部经理     ├─生产部经理         ├─生产部经理
    ├─营销经理      ├─营销经理          ├─营销经理
    └─财务经理      └─财务经理          └─财务经理
```

图 5-4　按产品或服务划分部门的组织结构图

产品或服务部门化的优点：各部门专注于产品的经营，并且充分合理地利用专有资产，提高专业化经营的效率水平。这不仅有助于促进不同产品和服务项目间的合理竞争，而且有助于比较不同部门对企业的贡献，有助于决策部门加强对企业产品与服务的指导和调整。另外，这种划分方式使得每个产品或服务部门的管理者都是进行全面管理和协调的全能管理者，有利于综合管理人才的培养。

产品或服务部门化的缺点：每个产品或服务部门都有生产、研发、营销、人力资源管理等部门，造成这些职能活动的重复，增加管理费用；各个部门同样有可能存在本位主义倾向，这势必会影响到企业总目标的实现；企业需要给各产品或服务部门配置适合的全面管理人才，也增加了总部对全能管理人才的监督成本。

5. 按地域划分

按地域划分部门是根据地理因素设立管理部门，把某一地区的业务集中于某一部门全权负责，政府机构即是按地区划分行政部门。对于一个地域分布较广或业务区域设计较广的组织来说，按地区划分部门是必要的和有效的。按地域划分部门的目的是调动组织区域的经济性，谋求取得地方化经营的某些经济效果，所以，一个组织经营的地域分散、缺乏通讯联络并非是按区域划分部门的唯一理由。只有当各地域的政治、经济、文化等因素影响到管理效率和成本时，按地域划分部门才能充分发挥其优势。图 5-5 是按照区域划分部门的典型组织结构图。

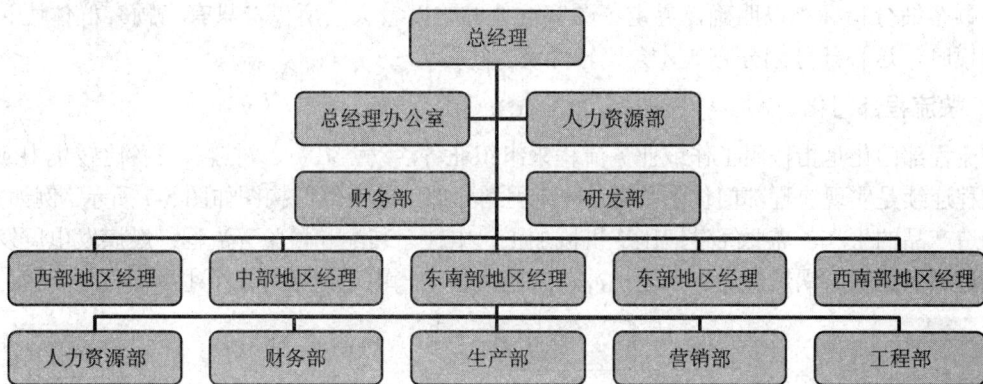

图 5-5　按区域划分部门的组织结构图

地域部门化的主要优点是：组织可以把权责下放到各个区域，鼓励区域参与决策和经营；针对性强，能对本区域环境变化迅速做出反应，区域内人员能很好地协作，各种活动易于协调；通过在当地招募职能部门人员，既可以缓解当地的就业压力，争取宽松的经营环境，又可以充分利用当地有效的资源进行市场开拓，同时减少了许多外派成本，也减小了不确定性风险；有利于综合管理者的培养。

地域部门化的主要缺点是：企业所需的能够派赴各区域的地区主管比较稀缺，且比较难控制；各区域可能会因存在职能机构设置重叠而导致管理成本过高；区域间会相互竞争，争夺组织资源，形成区域的本位主义；给总部协调带来困难。

6. 按顾客部门化

按顾客或服务对象的部门化是指根据不同顾客群体来进行部门划分。在激烈的市场竞争中以企业为中心的生产观念正在向以顾客需求为中心的市场观念转变，创造和满足顾客需求成为企业竞争的焦点。当组织不同顾客群体的需求具有较大差异时，通常会考虑这种部门划分方法(典型的组织结构图见图 5-6)，例如大学中的研究生院、成人教育学院、MBA 中心等；服装生产企业的老年市场部、妇女市场部、儿童市场部等；证券公司的大客户室、中户室和散户厅等。

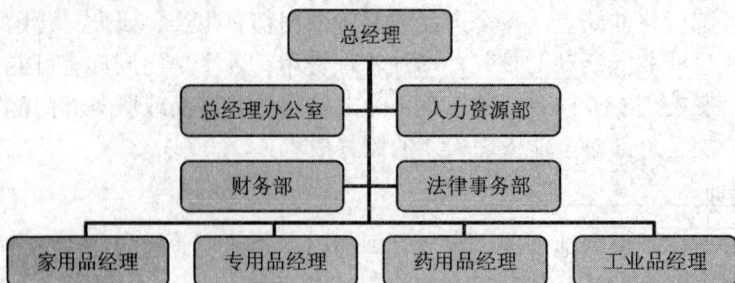

图 5-6　按顾客划分部门的组织结构图

按顾客划分部门，有利于深入分析特定顾客群体的需求，加深对顾客的了解，满足不同顾客群体的个性化需求。

这种划分方式的缺点是，存在部门之间的协调问题以及下属部门的重复设置，可能使组织某些资源如设备、人员等不能充分利用，忙闲不均；有些组织的顾客需求和特点变化较快，顾客细分指标难以明确，界定各顾客群体的难度较大。所以，只有当顾客群体达到一定规模时，这种部分划分方式才会比较经济。

7. 按流程部门化

按流程部门化是指按照工作或业务流程来组织业务活动，人员、材料、设备比较集中或业务流程连续是实现流程部门化的基础。按流程划分部门的组织结构图如图 5-7 所示。例如，有些制造产品的生产，需要经过锻压、机械加工、电镀、装配和检验等流程；燃煤发电厂发电要经过燃煤运输、锅炉燃烧、汽轮机冲动、电力传输、电力配送等几个主要流程。

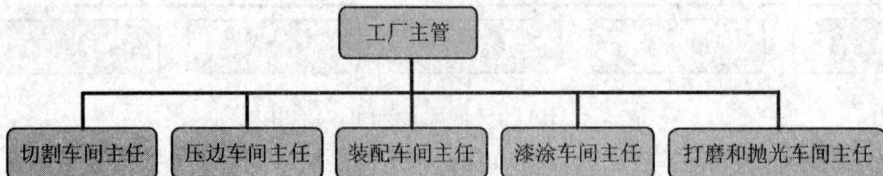

图 5-7　按流程划分部门的组织结构图

按流程划分部门的优点是：将产品的流程统一管理，能提高管理效率，同时也能提高生产效率，发挥规模经济优势。其缺点是会增加部门之间的衔接和协作管理难度，增加管理成本。

这种部门划分方法只适用于流程能够明确划分的产品或服务的生产运营。

二、组织层级化

组织设计的层级化是指的组织的纵向设计，纵向设计的关键问题是必须科学合理地设置管理层次与管理幅度。

1. 管理幅度

1) 管理幅度的概念

管理幅度也称为管理宽度、管理跨度，是指组织的管理者能有效领导和指挥的直接下属人员的数量。一个组织的管理幅度在很大程度上决定了组织中管理人员的数量和管理层次的数目。

对管理幅度的研究源远流长，传统的观点认为，组织有一个普遍、通用的管理幅度模式。例如，第一次世界大战时英国将军汉密尔顿(Tan Hamiton)依据军事组织的历史得出结论：管理幅度应该在3～6人之间，"平均一个人脑有效界限只能处理3个人至6个人的脑筋"，越是接近整个组织的最高司令，就越应该按3个人一组进行，越是接近组织基层的战列步兵，就越是应该按6个人一组进行。另外，英国著名的管理学家林德尔·厄威克(Lyndall F Urwick)也说，"对与上级当局者来说，理想的下属人员是4名。而在委派的职责是执行具体任务而不是监督别人的最基层中，这样的数目也许是8个人到12个人……"。另外，日本管理学者认为一个领导人管理的直接下属一般为8个人为宜，并称此为"下八律"。

当然，管理学家们对管理幅度的提法不尽相同，这些只是局部经验不能推而广之。在现实中，组织实践者们并没有发现组织有一种最好的、普遍适用的管理幅度确定方案，也不存在任何形而上学式的结论，也就是说，管理幅度不是也不可能是一个常数，其具有很大弹性。关于这一方面，管理学家做的研究和调查也是颇多的。

法国早期管理学家格拉丘纳斯(V.A.Graicunas)根据组织上下之间的相互关系以及下级彼此间的联系，得出如下结论：在管理宽度的算术级数增加时，主管人员和下属间可能存在的互相交往的人际关系数几乎将以几何级数增加。

美国管理学家欧内斯特·戴尔(Ernest Dale)曾调查了美国的100家大型企业，其最高经营层的管理幅度从1～24人不等，中位数在8、9人之间。另一次在41家中型企业所作的相同调查，中位数是6、7人。美国管理协会调查研究揭示，大型公司(超过5000人)总经理管理幅度平均为9人，中型公司(500～5000人)总经理管理宽度平均为7人。

这些研究和调查表明，确定一种适合于任何组织的管理幅度是没有意义的，在考虑一个组织管理者的管理幅度时，我们不应该只关注数字。而确定合理管理幅度的最有效方法是依据组织所处的内外部环境条件而定。

2) 管理幅度设计的影响因素

一般而言，组织的管理幅度受到下列因素的影响：

(1) 管理者与其下属的工作能力。能力越强的管理者在不降低组织有效性的前提下，比相同管理层次上负责类似管理工作的其他管理者能直接管辖的下属人员越多。同理，一个管理者能直接有效领导指挥的下属人数，与下属的工作能力有很大关系，下属工作态度越积极、工作能力越强，则需要上级的监督管理越少，管理者的管理幅度也就越宽。

(2) 管理工作的复杂程度。不同的组织、不同类型的管理者所面对的管理工作的复杂程度是不同的。如果管理工作都是一些重复性的简单的问题，管理者的管理幅度自然较宽；相反，组织的管理问题大多是非重复的专业性问题，管理工作需要花费的时间精力较多时，管理宽度自然较窄。

(3) 管理的规范性。组织的岗位职责划分越清晰，管理越规范，则管理者的管理幅度越宽；反之，一个组织的岗位职责划分不清晰，管理规范性和工作计划完善程度越差，管理者的管理幅度越窄。

(4) 授权程度。一个组织职权是集中于高层还是分散于下层，对管理者的管理幅度也具有很大影响。管理者如果善于把管理权限适当地授予下属，让下属在工作时享有较大的自主权,管理者需要亲自处理的问题自然会减少,管理幅度有可能变宽;反之亦然。管理组织的集权分权以及如何适度授权的问题,将在下一章中进行详细讲解。

(5) 工作地点的相近性。不同下属的工作岗位在地理位置上越分散,越会增加下属与直接上级之间的沟通困难,从而影响上级直接主管的下属数量。随着现代通信技术的快速发展以及现代交通的快速便捷性不断提升,这一因素对管理幅度的影响正在变小。

(6) 沟通和联络技术。组织沟通渠道越平常,采用的沟通技术和联络手段越先进,信息传递的效率越高,管理者的管理幅度就越宽。相反,如果组织信息传递渠道不通畅,沟通技术和联络手段十分落后,导致组织信息沟通越发困难,管理者的管理幅度就越窄。

(7) 外部环境。当组织的外部环境越复杂多变,组织遇到的新情况和新问题越多时,管理人员就越需要付出更多的精力和时间去关注外部环境变化,不断调整组织的战略和计划,这种情况下管理者能够给予下属的监督和指导就越少,管理幅度会变窄;相反,当外部环境比较简单稳定时,组织工作会变得简单有序,管理者能抽出更多的时间关注下属工作情况,管理幅度就会变宽。

2. 管理层次

1) 管理层次的含义

管理层次是指组织从最高管理人员到最低层工作人员中间所有用的级数。层次是纵向的组织环节,管理层次过多或者管理层次过少都是不合理的。管理层次过多就需要为组织配备更多的管理人员,增加了管理费用和他们之间的协调难度,从高层到基层的组织的信息传递速度和效率降低,同时过多的管理层次可能使得每个管理人员的能力无法充分发挥,打击人员的积极性,人力资源使用效率下降;管理层次过少,又使得上级的战略和决策得不到准确的实施,使上级把过多的精力放到对下级的协调过程中,难以集中精力处理大的决策问题。

一个组织的管理层次的多少,从根本上说,应根据组织的任务量与大小规模而确定。规模较大的而任务量较多的组织,其层次可多一些,规模较小而任务量较少的组织,其管理层次应适当减少。

2) 高耸型结构和扁平型结构

按照管理幅度与管理层次的反比关系,组织形成了两种典型的层次结构:高耸型结构和扁平型结构。

(1) 高耸型结构。高耸型结构(如图5-8所示),是指组织中每个层次的管理幅度较窄,而具有较多的管理层次的结构形态。古典或传统的组织结构大多是高耸型结构。

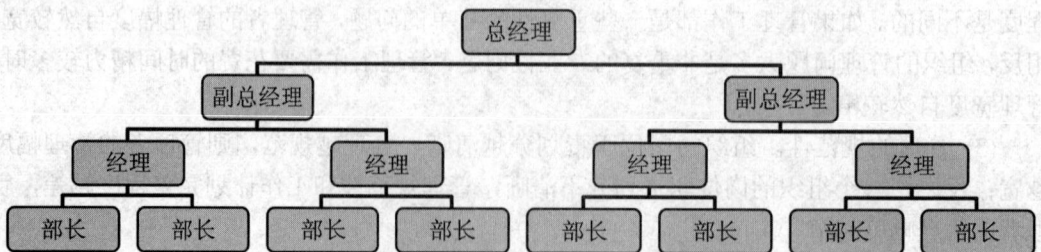

图5-8 高耸型结构

　　高耸型结构因为每个管理人员所辖的下属人数较少，可以有充足的时间和精力对下属进行具体的指导，对其工作进行严密监督和控制，使得上级意图可以得到很好地体现，且这种结构层次分明，管理严密，纪律严明，组织成员职责分工明确，组织的稳定性很高。

　　但是高耸型结构也存在许多不足之处，主要体现在：管理层次过多，协调难度加大；指挥链过长，信息传递慢且容易失真；设置较多的管理层致使管理费用升高；下属在组织中的参与程度降低，不利于发挥其积极性，不利于培养人才等。

　　(2) 扁平型结构。与高耸型结构相反，扁平型结构是指管理者在组织中每个层次的管理幅度较宽，而具有较少的管理层次的结构形态(如图 5-9 所示)。

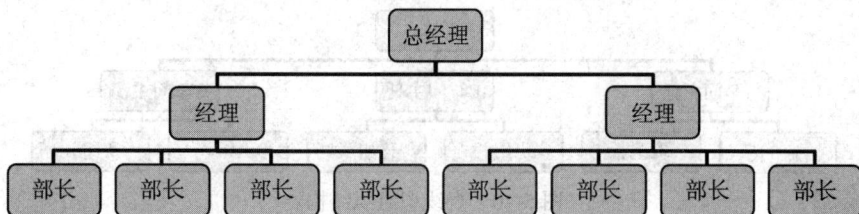

图 5-9　扁平型组织结构

　　扁平型结构有利于缩短上下级的距离，密切上下级之间的关系。因为管理幅度较大，被管理者具有更多的工作授权，自主性和积极性提高，同时因为指挥链的缩短，使得信息纵向传递效率提高，降低了管理协调费用。

　　与之相对应，扁平型结构中每个管理者的管理幅度较宽，各级主管人员的负担较重，精力容易分散，所以对下属的人员的工作能力要求较高，否则容易出现管理失控。

　　1981 年韦尔奇就任通用电气公司 CEO 后，对通用电气的管理结构进行了大刀阔斧的改革。从 1981 年到 1992 年，该公司被裁撤的部门多达 350 余个，管理层级由 12 层锐减至 5 层，副总裁由 130 名缩减至 13 名。通过这番改革，通用电气的官僚主义大为减轻，灵活性明显提高。自韦尔奇成功再造通用电气之后，扁平化组织结构逐渐成为一种管理时尚，并西风东渐，被我国不少企业所接受和践行。可以说，组织扁平化是未来组织结构变革发展的趋势，但是管理幅度的扩大与管理层次的减少并不一定适应于所有的组织。扁平型组织结构的成功，需要考虑到组织授权的程度、小组的工作能力、工作的性质和组织的沟通效率等因素，除此之外，一种与扁平型组织相适应的健康而强大的组织文化也是必不可少的。

第四节　基本组织结构类型

　　组织结构是指组织内关于职务及权力关系的一套形式化系统，它阐明各项工作如何分配，谁向谁负责及内部协调的机制，在本章第二节详细阐明组织设计的影响因素和程序，以及组织内管理幅度和管理层次的关系后，我们可以得出如下结论：由于每个组织的目标、所处的环境和所拥有的资源不同，组织结构自然是具有较大差异的，实际中并不存在普遍适用的最佳的组织结构。

　　常见的组织结构类型包括：直线型组织结构、直线职能型组织结构、事业部型组织结构、矩阵型组织结构、集团控股型组织结构和虚拟型组织结构等，在本节中将对这些类型的组织结构进行详细的介绍。

一、直线型组织结构

直线型组织结构形式是最为古老、最为简单的一种组织结构，是一种高度集权制的组织结构，最初用于军事组织，后来推广到企业。直线型组织结构的突出特点是组织的一切活动均由组织的各级管理人员直接进行指挥和管理，高层领导不单设职能部门和参谋人员，至多只有助手来协助管理人员完成工作，见图 5-10。

图 5-10　直线型组织结构

1．直线型组织结构的优点

领导隶属关系简单、明确，机构简单，统一指挥，上下信息传递迅速，沟通方便。

2．直线型组织结构的缺点

在直线型组织结构之下，组织的最高领导人必须通晓各种专业知识和业务，必须亲自处理各种具体工作，负担过重，无暇顾及组织长远的重大问题，在组织规模扩大时这种组织结构的缺陷更加明显。

3．直线型组织结构的适用情况

这种结构适用于军队组织或产品单一、工艺技术比较简单、业务规模较小的企业组织。

二、直线职能型组织结构

直线职能型组织结构(见图 5-11 所示)，又称 U 型组织结构，是在直线型组织结构的基础上，在各级主管之下设置相应的职能部门，通常包括采购、营销、技术、人力资源、财务等，分别从事专业管理，作为该级主管的参谋，实行主管统一指挥与职能部门参谋、指导相结合的组织结构形式。目前，直线职能型组织结构仍被我国多数组织所采用。

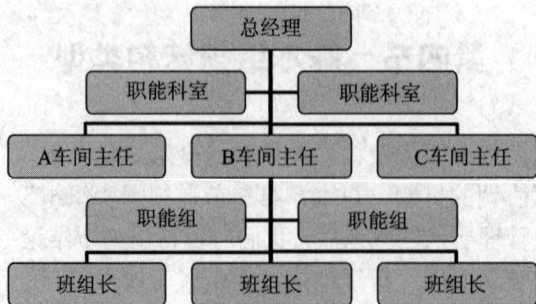

图 5-11　直线职能型组织结构

1．直线职能型组织结构的优点

(1) 指挥权集中，决策迅速，上级决策和意图能够得到有效贯彻，保证统一集中的指挥，工作效率较高。

(2) 将同类专家配置在同一职能部门，且各职能部门仅对应本部门完成的工作职责，可以充分发挥各部门的专长。

(3) 容易维持组织激励，确保组织秩序，在外部环境较为稳定的情况下，易于发挥组织的集团效率。

2．直线职能型组织结构的缺点

(1) 各部门易产生"隧道视野"，缺乏全局观念。

(2) 分工较细，管理规章制度太多，降低了组织的反应速度，不易迅速适应新情况。

(3) 不利于从组织内部培养熟悉全面情况的管理人才。

3．适用情况

这种组织结构适合于环境比较稳定的中小规模组织。

三、事业部型组织结构

事业部型组织结构又称为 M 型组织机构、分部型组织结构，是一种分权制的组织结构。它由美国通用汽车公司前总裁艾尔弗雷德·斯隆(Alfred P. Sloan，1875—1966)首创，所以又被称为"斯隆模型""联邦分权制"，也被称之为组织管理的一次革命。

事业部型组织结构是在一个组织内部对具有独立产品或服务市场、独立责任和利益的部门实行分权管理的一种组织结构类型，整个组织采取"集中决策，分散经营"的模式。企业总部是投资决策中心，为了保持组织高效运行和有效控制，企业总部负责研究和制定组织目标和方针政策、重要岗位的人事任免、投资组合决策、资本供应等；另外总部还可以提供不同分部共同需要的某些服务，与分部合作进行技术开发和产品改进等。各事业部是利润或责任中心，在组织的总目标、总方针和政策的前提下，具有较大的自主权能够自主经营，并实行独立核算、自负盈亏。

典型的事业部制组织结构如图 5-12 所示。

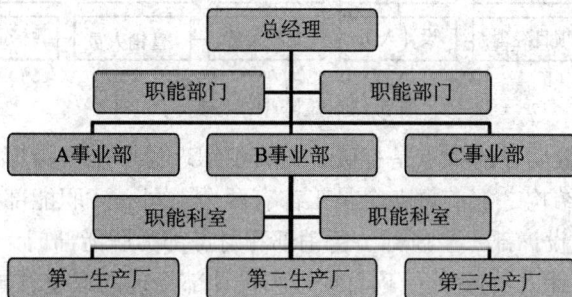

图 5-12 事业部型组织结构

1．事业部型组织结构的优点

(1) 专业化的管理和集中领导有机结合，提高了管理的灵活性和适应性，有利于调动各事业部的积极主动性。

(2) 有利于最高领导层摆脱日常事务，集中精力考虑战略性决策问题。

(3) 有利于组织专业化生产，提高生产效率，降低生产成本。

(4) 有利于培养综合型管理人才。

2．事业部型组织结构的缺点

(1) 集权与分权敏感，各事业部只重视本部的利益，影响事业部之间的协作配合，导致总部对各事业部间的协调任务增加，组织整体利益受损。

(2) 总公司与各事业部都设置配套的职能机构，造成机构设置重叠，管理人员过多，管理成本过高。

(3) 对事业部经理的素质要求较高，为人员配置带来一定难度。

3．适用情况

事业部型组织结构欧洲、美国和日本的大型组织中得到了广泛应用，它适合于环境比较复杂、采用多样化战略或按地区划分经营单位的较大规模的组织。

四、矩阵型组织结构

矩阵型组织结构是对职能部门化和产品部门化的融合，是专业化和对产出责任感的优势结合，所以，它具有两套管理系统：纵向的职能领导系统和横向的产品部门系统(项目系统)，如图 5-13 所示。

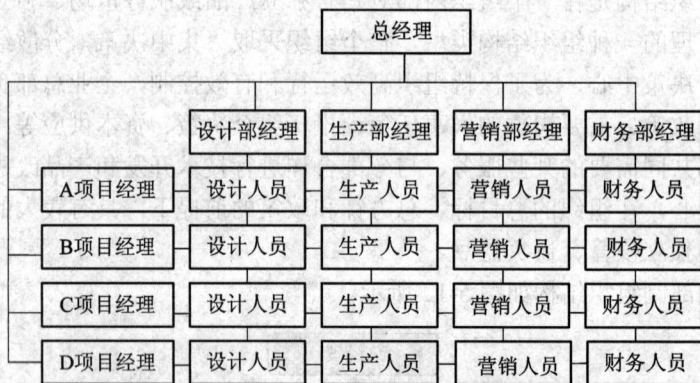

图 5-13　矩阵型组织结构

矩阵型组织结构最明显的特点是打破了古典组织理论中统一指挥的原则，创造了双重指挥链。在这种组织结构之下，每一个员工都有两个上司——职能部门经理和产品项目经理。如图 5-13 所示，设计部、生产部、营销部和财务部为职能部门，项目部为产品部门，组织中的成员(例如设计人员)就处于项目经理和设计部经理的双重领导之下。

1．矩阵型组织结构的优点

(1) 促使一系列复杂而又相互依存的活动得到较好地协调，提高管理效率。

(2) 各种专业人员相互沟通，相互帮助，培养合作精神和全局观念。

(3) 灵活机动，专业设备和人员得到了充分利用，对环境变化的有高度的适应性。

(4) 当项目之间存在共享稀缺性资源的压力时，可以促进资源的共享和使用。

2．矩阵型组织结构的缺点

(1) 双重领导会带来一定程度的混乱，使组织滋生争夺权力的倾向，员工的考核和升级存在困难。

(2) 统一指挥性消除后，模糊性就大大增强，容易导致冲突，对渴望安全感的员工会产生很大的压力。

(3) 在资源管理方面存在复杂性。

3．适用情况

矩阵型组织结构适合于协作性和复杂性较强、工作具有项目性特征的大型组织，国际商用机器(IBM)、福特(Ford)汽车等公司都曾成功地运用过这种组织结构形式。

矩阵制最初就是为了项目而建立的，最早应用于飞机制造和航天器械的生产项目中。为了一个特定的项目，比如产品的研发推广等，需要从不同的职能部门抽调人员组成一个项目组，项目组成员在项目实施期间由项目经理指挥，但同时仍隶属于原职能部门，接受原职能部门经理的领导。当项目完成后项目组解散，所有项目成员回到原有的职能部门，下一个项目组成立后，再进行人员重组。

依据项目周期的长短，矩阵型组织结构可以分为临时性矩阵组织结构和永久性矩阵组织结构两种。在临时性组织结构中，项目生命周期较短，管理当局从职能部门抽调人员组成项目小组，如软件开发企业；而在永久性矩阵中，项目小组或者说是产品小组相对来说存在相当长的时间。

根据矩阵型组织结构的特点，有些公司开发出了更复杂的多维组织结构形式。1967年，美国道科宁化学工业公司(DOW Corning)建立了三维立体组织结构形式，这种形式由三重指挥系统构成：一是按照项目(产品或服务)划分的部门(事业部)，是产品利润中心；二是按照职能(如产品研发、市场营销等)划分的专业参谋机构，是智能利润中心；三是按照地区划分的管理机构，是地区利润中心。在这种组织结构形式下，围绕某种产品的研发、生产和销售等重大问题，每一系列都不能单独行动，必须由三方代表通过共同协调才能采取行动，进而突出了整体利益，加强了相互之间的信息沟通和爱护，减少了产品事业部之间、地区部门之间的矛盾。这种三维立体结构又被学者称为全球性矩阵式组织结构，适用于跨地区从事大规模生产经营但又需要保持较强灵活反应能力的大型企业，目前 ABB、杜邦、雀巢、菲利普、莫里斯等组织均采用这种组织结构。

五、集团控股型组织结构

随着企业规模的进一步扩大、资本运作模式的变化以及多元化经营战略的普遍采用，我国出现了越来越多的集团控股型组织结构，也叫做集团公司。集团公司的名字，其实是多个公司在业务、流通、生产等等方面联系紧密，从而聚集在一起形成的公司(或者企业)联盟，这种基于控股和参股而形成的联盟类似于军队当中的集团军，集团公司的称呼由此而来。

集团控股型组织结构，又称为 H 型组织结构(Holding Structure)是以企业间资本参与关系为基础而形成的，即一个大公司通过对其他企业持有股权，形成以母公司(集团企业中具有支配地位的核心企业)为核心的，子公司、关联公司、协作企业为紧密层、半紧密层、松散层的企业集团，各个分部具有独立的法人资格，是母公司总部下属的子公司，集团控股组织结构是公司分权的一种组织形式。如图5-14所示。

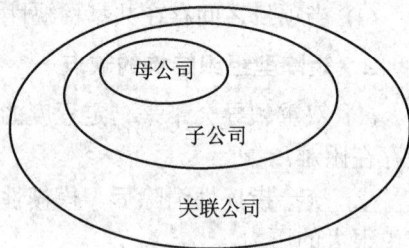

图5-14　集团控股型组织结构

图5-14中的子公司是指母公司绝对控股企业和相对控股企业，绝对控股企业的持股比例大于50%，相对控股企业的持股比例不足50%，但可对另一企业的经营决策发生实质性的影响。

关联公司是指一般参股的企业，一般参股的企业常常持股比例很低、且对另一企业的活动没有实质性的影响。

子公司是被母公司控制和影响的绝对控股或相对控股的企业，是集团紧密层。一般参股企业为关联公司是集团半紧密层。通过长期契约和业务协作关系连接的协作企业为松散层。

母公司与它所持股公司的企业单位之间不是上下级之间的行政管理关系，而是出资人对被持股企业的产权管理关系。母公司作为大股东，对持股单位进行产权管理控制的主要手段是：母公司凭借持股权向子公司派遣产权代表和董事、监事，通过在股东会、董事会、监事会中发挥积极作用来影响子公司经营决策。

1. 集团控股型组织结构的优点

母公司对子公司具有有限的责任，风险得到控制。极大地增加企业之间联合和参与竞争的实力。

2. 集团控股型组织结构的缺点

战略协调、控制、监督困难，资源配置也较难，缺乏各公司的协调，管理变成间接的。

3. 适用情况

集团控股型组织，是在非相关领域开展多元化经营的企业所常用的一种组织结构形式，比较适用于大型的跨国公司。

在现阶段，我国集团型企业发展越来越快，通过集团化、多元化、跨地域、跨模式、转投资运作，使得集团型组织结构突破发展瓶颈再上台阶。但是，这种组织结构也存在不少问题，如简单认为母公司只是出资人，未形成集团管控意识，未建立管控体系或建立了管控体系但与战略脱节，或管控能力弱，无法发挥应有效用等。所以，如何选择更好的管控模式，提高集团公司的效率成为一个十分引人关注的热点问题。

六、虚拟型组织结构

虚拟型组织结构是指几个企业基于某一特定目标，以契约为纽带结成的一种合作关系。如图5-15所示，处于虚拟型组织结构的核心组织是一种只有很小规模的组织，它以合同为基础，依靠其他商业职能组织进行制造、营销、运输或其他关键业务经营活动。虚拟性组织的核心企业通过分析企业在经营竞争中制胜的关键手段和核心环节，重新定位业务边界，专注于自己的优势核心业务,而将其他业务通过合同的方式外包给其他企业,核心企业和合作企业联合在一起,如同一个企业一样实现了从产品设计到市场销售的全部过程。

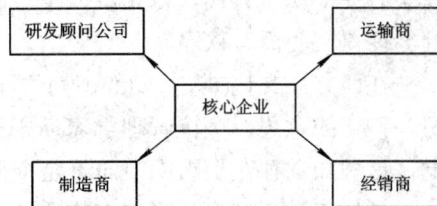

图 5-15 虚拟型组织结构

可以说,虚拟组织的设计思想与官僚组织截然不同。官僚组织管理层次较多,控制是通过所有权来实现的,企业大多数职能都是在企业内部进行,例如研发工作在公司的实验室中进行,生产环节在公司的下属工厂或生产车间内进行,销售工作由公司的销售人员去完成等。为了保证这些工作能够顺利进行,公司不得不雇用大量的人员,甚至要配备很多额外的职能和参谋人员,如人力资源管理人员、财务人员、甚至律师、心理咨询人员等。与之相反,虚拟组织从组织外部寻找各种资源来执行上述职能,通过合同契约的关系实现对其他企业的约束和控制,而把主要精力集中在关键核心环节上,若是监控得当,这样做的好处是显而易见的。

1. 虚拟型组织结构的优点

虚拟型组织结构能给予组织高度的灵活性和适应性,特别适合于科技进步快、消费需求变化快的外部环境,企业可以集中力量从事自己具有竞争优势的那些专业化活动。

2. 虚拟型组织结构的缺点

将某些基本职能外包,必然会增加控制上的困难。例如,将生产外包,对质量、交货期等较难控制,新产品设计的创新也难于保密;各企业之间的基于利益的矛盾和冲突不可避免,企业间的协调难度增加,需要核心企业具有较强的关系管理和监督控制能力。

3. 适用情况

虚拟组织适用于需要相当大的灵活性以及对外部环境变化需要作出快速反应的企业。这种组织结构是很多小型组织的一个可行选择,例如很多小型的图书出版公司通过与其他企业合作进行图书的编辑、设计和印刷等。

还有一些大型组织利用虚拟组织的思想,发展了虚拟结构的变种,将某些职能外包出去。例如美国国家钢铁公司把生产部转给别人经营;美国电话电报公司把信用卡制造业务出租给别人的公司;美孚石油公司将炼油厂的维修外包给别的公司等。

在计算机网络和通信技术飞速发展的今天,一个组织可以通过技网络与其他组织直接进行相互联系和交流,使得虚拟型组织结构日益成为一种可行的新型组织设计方案。

第五节 组 织 文 化

一、组织文化概述

1. 组织文化的概念

在中国,最早把"文"和"化"两个字联系起来的是《易经》,其中提出了"观乎天文,以察时变；观乎人文，以化成天下"的主张，其意思是用儒家的诗书礼乐来教化天下，使社会变得文明而有秩序。

在西方，文化(即"Culture")一词来源于古拉丁文"Cultura"，本意是耕作、培养、教习、开化的意思。美国管理学家斯蒂芬·罗宾斯(Stephen P. Robbins)认为，文化是一种知觉，这种知觉存在于组织中而不是个人中。

具体来说，文化是凝结在物质之中又游离于物质之外的，能够被传承的国家或民族的历史、地理、风土人情、传统习俗、生活方式、文学艺术、行为规范、思维方式、价值观念等，是人类之间进行交流的普遍认可的一种能够传承的意识形态。

对于任何一个组织来说，由于每个组织都有自己特殊的环境条件和历史传统，也就形成自己独特的哲学信仰、意识形态、价值取向和行为方式，因此每个组织在社会文化的影响下，形成了自己特定的组织文化。

组织文化是组织在其管理实践中逐渐形成的，为全体员工所认同并遵守的，带有本组织特点的使命、愿景、宗旨、精神、价值观和经营理念，以及这些理念在生产经营实践、管理制度、员工行为方式与对外形象的体现和综合。简单来讲，组织文化就是一个组织的价值观、信念、仪式、符号、处事方式等形成的特有的文化现象。

随着企业文化概念的普及，各类组织越来越意识到其对经营管理的重要作用，诸如比尔·休利特(Bill Hewlett)和戴维·帕卡德(Dave Packard)创立的"惠普之道"、杰克·韦尔奇(Jack Welch)在通用电气进行的"文化革命"、戴尔公司以客户为中心的企业文化、沃尔玛的营销文化等。

我国也有越来越多的企业认识到文化的重要作用，在实践中不断探索企业文化建设的有效途径，并取得了令人欣喜的成效，例如联想的创新文化、华为的"狼性文化"等。

2．组织文化的特征

组织文化具有以下几个方面的特征。

1) 客观性

组织文化是一种客观存在的文化现象。作为人类文化系统的一个重要组成部分，组织文化如同其他文化一样是与载体共生的，组织文化依赖于组织而存在，没有组织就没有组织文化。

2) 独特性

每个组织都有其独特的组织文化，这是由不同的国家和民族、不同的地域、不同的时代背景以及不同的行业特点所形成的。组织文化是组织成员的共同价值观体系，不仅是组织全体成员共同遵守的行为准则和价值观念，也是一个组织区别于其他组织的关键特征。组织文化是对组织管理中的标准管理和制度管理的补充和强化，潜移默化并贯穿于组织成员的行为中，使组织成员为实现组织目标自觉地团结协作。

3) 相对稳定性

组织文化的最初源头就是组织的创始人。创始人为其所创建的组织注入灵魂，构成独特的思考方式和行为方式。这种思考和行为方式会成为组织成员共同遵守的准则，并在组织成长变革和发展中不断丰富，组织文化一旦形成，就具有较强的稳定性，不会因组织结构的改变、战略的转移或产品与服务的调整而随时变化。在组织中，精神文化又比物质文化具有更多的稳定性。

4) 融合继承性

每一个组织都是在特定的文化背景之下形成的，必然会接受和继承这个国家和民族的文化传统和价值体系。组织文化在发展过程中必须注意吸收其他组织的优秀文化，融合世界上最新的文明成果，不断地充实和发展自我。也正是这种融合继承性使得组织文化能够更加适应时代的要求，并且形成历史性与时代性相统一的组织文化。

5) 发展性

组织文化随着历史的积累、社会的进步、环境的变迁以及组织变革逐步演进和发展。强势、健康的文化有助于组织适应外部环境和变革。改革现有的组织文化，重新设计和塑造健康的组织文化过程就是组织适应外部环境变化，改变员工价值观念的过程。

3. 组织文化的功能

组织文化具有很多特定的功能。主要功能有以下三点。

1) 导向功能

组织文化对组织的管理者和员工均具有导向作用。组织行为实质上就是组织主体的行为，而组织的主体就是组织的管理者和广大员工。这种导向作用体现在以下三个方面：首先是规范组织的价值取向；其次是规定组织的行为目标；第三是规定组织的规章制度。

2) 凝聚功能

当一种价值观被组织的管理者和员工共同认可后，它就成为一种粘合剂，建立起成员与组织之间的相互信任和依存关系，使个人的行为以及沟通方式与整个组织有机地整合在一起，形成相对稳固的文化氛围，以此激发出组织成员的主观能动性，并为组织的共同目标而努力。

3) 调适功能

组织文化能从根本上改变员工的旧有价值观念，建立起新的价值观念，使之适应组织外部环境的变化要求。组织文化具有某种程度的强制性和改造性，其效用是帮助组织指导员工的日常活动，使其能快速地适应外部环境因素的变化。

从另一个方面来说，如果一个组织没有注重对组织文化的培育和管理，当组织文化与组织发展不相适应时，它就会成为组织变革的阻碍，影响组织的多样化发展、兼并和收购等战略的顺利实施。

二、组织文化的结构

组织文化是一个丰富的、多层次的、多要素的系统体系。组织文化结构是组织文化各要素的地位及构成方式。美国学者艾德佳·沙因(Edgar H. Schein)于1990年提出组织文化四层次理论，将组织文化分为由表层的物质文化、浅层的行为文化、中层的制度文化和深层的精神文化等四个组成部分构成的冰山式的结构，其中精神文化是组织文化的核心。组成文化结构层次如图5-16所示。

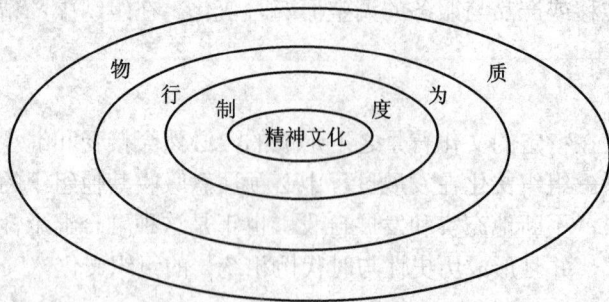

图 5-16　组织文化结构层次

1．物质文化层

物质文化层是产品和各种物质设施等构成的器物文化，是一种以物质形态加以表现的表层文化。

企业生产的产品和提供的服务是企业生产经营的成果，是物质文化的首要内容；其次，企业的生产环境、企业容貌、企业建筑、企业广告、产品包装与设计等也构成企业物质文化的重要内容。

2．行为文化层

行为文化层是组织文化的浅层部分，从内容上看，行为文化既包括组织的生产行为、分配行为、交换行为和消费行为所反映的文化内涵与意义；同时也包括了企业形象、企业风尚、企业礼仪等行为文化因素。

3．制度文化层

制度文化层是介于表层和深层之间的那部分文化，即企业的经营文化和管理文化。它表现在组织对组织成员行为的规范制度上，是由虚体的精神文化向实体文化转化的中介，具有共性和强有力的行为规范的要求，是行为文化得以贯彻的保证。

具体来说，制度文化一般包括组织与领导制度、工艺与工作管理制度、职工管理制度、分配管理制度等。

4．精神文化层

精神文化层是组织文化的核心和灵魂，是组织在长期实践中所形成的员工群体心理定势和价值取向，是组织的道德观、价值观即组织哲学总和的体现和高度概括，反映全体员工的共同追求和共同认识。组织精神文化是组织价值观的核心，是维系组织生存发展的精神支柱，主要包括组织的领导和成员共同信守的组织使命、组织道德以及由此形成的组织风气等。

1) 组织使命

组织使命指的是组织(作为一个子系统)在社会(大系统)中所处的地位、起的作用、承担的义务以及扮演的角色。组织使命是一种广泛的意向，体现了组织的根本目的。它既是反映外界社会对本组织的要求，又体现着组织的创办者或高层领导人的追求和抱负。

知识链接

可口可乐公司使命

我们致力于长期为公司的股东创造价值，不断改变世界。通过生产高质量的饮料为公司、产品包装伙伴以及客户创造价值，进而实现我们的目标。

在创造价值的过程中，我们的成败将取决于能否继续发扬本公司的关键优势：

① 可口可乐和我们拥有的其他高价值的品牌；

② 世界上最有效率和说服力的配送系统；

③ 客户因销售本公司产品获得良好的利润而满意；

④ 有为公司发展始终负责的员工；

⑤ 合理及配置充足的资源；

⑥ 在全球企业中特别是饮料行业的领导地位。

2) 组织精神

精神在哲学上是指人的意识、思维活动和心理状态，它是与物资相对而言的概念。组织精神是指组织所表现出来的一种外部状态，它是从组织的长期经营实践活动提炼出来，反映组织的特点、代表员工信念、激发组织活力、推动组织生产经营规范化的群体意识。组织精神是一个组织的精神支柱，是组织价值观的集中体现，它反映了组织成员对组织的特征、形象、地位等的理解和认同。通常通过厂歌、厂训、厂规、厂徽等表现出来。如攀钢精神是"艰苦奋斗，永攀高峰"；长虹精神是"创新、求实、拼搏、奉献"。

如果说组织价值观是组织文化的基石，那么组织精神是组织文化的灵魂，他们从不同的侧面反映着同一事物的两个方面。组织精神一旦形成群体心理定势，既可以通过明确的意识支配行为，也可以通过潜意识产生行为。其信念化的结果，会大大提高员工主动承担责任和修正个人行为的自觉性，从而主动关注组织的前途，维护组织的声誉，为组织贡献自己的力量。

3) 组织道德

组织道德同样是组织价值观的一种反映。组织道德可以分为两个部分，一部分是组织对于整个社会的道德；一部分是组织成员的道德。组织道德是社会道德的一部分，受社会道德的制约，同时它又对社会道德产生反作用。当一个组织树立起与社会道德相适应的道德时，这个组织的行为规范就有了标准，从而能和谐地协调组织内部的各种关系。组织道德并没有强制性的约束力，但是具有强大的舆论约束力，因此组织道德在组织文化建设中起着重要的作用。

三、组织文化的塑造

组织文化的塑造是一个长期的过程，是一个细致的系统工程。许多组织致力于导入CIS(Corporate Identity System)进行文化塑造和培育，并取得了较好的成效。CIS 已成为一种直观的，便于理解和操作的组织文化塑造方法。

从路径上来讲，组织文化的塑造主要包括以下几个方面。

1. 确立适合的价值观标准

价值观是组织文化的核心，确立合适的价值观标准是塑造良好的组织文化的首要问题。选择组织价值观要立足于本组织的具体特点，根据组织的目的、环境要求等选择适合自身发展的组织文化模式。其次，要合理协调组织价值观与组织文化各层内容之间的相互协调，因为各要素只有经过科学的组合与匹配才能实现系统的整体优化。

不同的组织价值观有很大差异，组织的高层管理者要认真识别和评估适合本组织的价值观标准，价值观标准要清晰、真实、可行，要体现组织的宗旨、战略和发展方向，使其真实反映本组织的特点和员工心态。平淡乏味、毫无实效、自欺欺人的价值观不仅起不到应有的作用，还会使员工士气低落，降低对组织的认同感和信任程度。

2. 甄选和培训员工，增强文化认同感

确定组织文化标准体系后，第二个关键问题就是使得该标准体系成为员工自觉遵守和执行的道德准则和行为准则。为此，甄选和培训员工成为一个关键环节。

组织在招聘时，要注重考查应聘者的个人价值取向，选择与组织价值观相融合的各层次的应聘者，以减少文化冲突。随着人力资源管理研究和实践的发展，现在组织可选的用于甄选员工价值取向的工具和方法不断创新，例如情景模拟、心理测验等。

员工进入组织后，应通过培训使员工进一步清晰、明确地了解和掌握组织价值观，并使其变为个人的道德行为准则。对于那些个人价值取向与组织文化融合性较差的员工，文化培训变得尤为重要。

3. 建立符合组织文化要求的奖励系统

为了使得组织文化更好地被员工贯彻，组织就必须在制度层面建立合理的员工奖励体系，合理考查员工的绩效表现，对那些符合组织文化要求的行为给予适当奖励，从而引导员工行为向着组织期望的方向发展。

4. 不断丰富和完善组织文化

组织文化是组织特定历史阶段的产物，价值观会随着组织内外部环境和时间而演变。内部因素如组织规模扩大、组织由集中单一生产战略转变为多元化战略等；外部环境如技术的飞速发展、顾客需求导向的转变都对组织文化提出了新的要求，组织文化就需要根据内外部需要进行不断地丰富和完善，使各层次的组织文化和内容符合组织发展的需要。

第六节　组织变革

一、组织变革概述

1. 组织变革的概念

组织变革是指组织在内外部环境的影响下，及时对组织中的要素进行变革，以适应未来组织发展的需要。

任何一个组织，无论过去如何成功，都必须随着环境的变化而不断地调整自我并与之

相适应。组织变革的根本目的是为了提高组织的效能。在动荡不定的环境条件下，要想使组织顺利地成长和发展，就必须自觉地研究组织变革的内容、阻力及其一般规律，研究有效管理变革的具体措施和方法，以积极引导和实施组织的变革。

2．组织变革的动因

推动组织变革的因素可以从外部环境因素和内部环境因素两个方面来区分。

1）组织变革的外因

(1) 整个宏观社会经济环境的变化。诸如政治、经济政策的调整，经济体制的改变以及市场需求的变化等，是引起组织内部深层次的调整和变革的重要因素，它有利于各类组织形成强大的改革推动力。

(2) 科技进步的影响。知识经济的社会，科技的发展日新月异，新产品、新工艺、新技术、新方法层出不穷，对组织的固有运行机制构成了强有力的挑战。

(3) 环境资源变化的影响。组织发展所依赖的环境资源对组织具有重要的支持作用，如原材料、资金、能源、人力资源、专利使用权等。组织必须要能克服对环境资源的过度依赖，同时要及时地根据资源的变化而顺势变革组织。

(4) 竞争观念的改变。基于全球化的市场竞争将会越来越激烈，在超竞争环境下，企业若想博得最有利的竞争地位，必须在竞争观念上顺势调整。近年来的竞争观念转变，主要是蓝海战略、竞合战略等新的竞争思路的提出和使用。

2）组织变革的内因

(1) 组织战略的调整对组织结构提出了要求。组织机构的设置必须与组织的阶段性战略目标相一致，组织战略调整后，组织结构、组织文化和管理人员的工作风格必须进行相应调整，否则战略就得不到有效的实施。

(2) 保障信息畅通的要求。随着外部不确定性因素的增多，组织决策对信息的依赖性增强，为了提高决策的效率，必须通过变革保障信息沟通渠道的畅通。

(3) 组织的发展使得组织规模和经营范围扩大，原有的组织结构变得与组织发展不相适应。所以，有必要对组织结构进行调整，选择适合于组织现阶段发展需要的组织结构。

(4) 提高组织整体管理水平、降低管理成本的要求。组织整体管理水平的高低是竞争力的重要体现。组织在成长的每一个阶段都会出现新的矛盾，为了达到新的战略目标，组织必须在人员素质、技术水平、价值观念、人际关系等各个方面都做出进一步的改善和提高。另外，原有的僵化的组织结构和人员配备可能会出现某些低效率的现象，增加企业的管理成本。企业管理者会从提升管理效率的角度，不断思考最适合组织需要的、最节约成本的组织形式，这是推动组织变革的一个非常重要的内在动力。

3．组织变革的内容

根据美国管理学家哈罗德·利维特(H.J.Leavitt)的观点，组织变革的内容可以分为组织结构的变革、技术的变革、人员的变革和文化的变革。

1）组织结构变革

组织结构变革是指组织总体设计或组织结构的基本组成部分的改变。组织总体设计的改变是选择或设计一种新的组织结构形式，如从直线职能型组织结构变革为事业部型组织结构等。组织的基本组成部分变革，包括分权程度的改变、管理幅度的改变、协作方式的改变、工作的重新设计等。

2）技术变革

技术变革是对组织所使用的设备、工具、技术、工艺和方法等方面进行的全面或部分的变革。组织变革中的技术变革，特指的是管理技术的变革。由于现代社会技术飞速进步，组织为了生存和发展，必须对技术的变化和由此引起的顾客需求变化做出快速反应，提升组织的环境适应能力和竞争能力。

现在企业明显的管理技术变革是由于计算机网络技术和通信技术在组织中的普遍推行，使得企业必须转换经营思维，并且在很多方面改变组织的运作方式。例如，今年我国对"互联网+"所代表的新经济形态下，组织如何适应经济新心态要求，改革传统的生产和营销理念，充分发挥互联网在生产要素配置中的优化和集成作用，提升企业的创新力和生产力的技术变革，是我国企业关注的管理技术变革和结构变革的热点问题。

3）人员变革

人员变革是以人力资源为中心的改革，它涉及组织内部人员的态度、观念、个人行为、群体行为以及培训、绩效和薪酬制度的改变，其目的是通过人力资源管理职能的改善提升整个组织的功能。

近年来，人员变革的研究侧重于如何改变组织员工的工作态度和提升员工的协作能力，主要包括敏感性训练、过程咨询、团队建设等。

4）组织文化变革

组织文化是组织在本民族文化、外族文化和现代意识的影响下，在其管理实践中逐步形成的为全体员工所认同并共同遵守的，带有本组织特点的思想、作风、价值管理和行为准则。

当一个组织出现经营危机、更换最高领导人或组织并购重组时，组织文化就需要调整和变革。但是组织文化一旦形成，它就成为组织成员的自觉思想和行为模式，很不容易改变，甚至从某种意义上来说，组织文化变革是组织变革中难度最大、时间最长的变革。

二、组织变革的方式

按照组织变革的程度和速度，可以将其分为渐进式和激进式变革两种。激进式变革力求在短时间内，对企业组织进行大幅度的全面调整，以求彻底打破旧形态组织模式并迅速建立新形态组织模式。渐进式变革则是通过对组织进行小幅度的局部调整，力求通过一个渐进的过程，实现旧形态组织模式向目的形态组织模式的转变。

1．渐进式变革

这种变革方式是在对组织现状和内外部条件进行综合分析的基础上，循序渐进地对组织进行变革。

这种变革是分阶段进行的。所以，每个阶段目标实现后可以及时总结经验教训，修正和完善下一阶段的目标，提升组织成员对变革的接受能力，使得变革更加有效。这种变革适用于客观因素发生重大变故，组织需要进行广泛而深入的、大规模的变革，但组织内部承受能力和外部条件还不能马上适应新的情况时采用。这种变革方式的不利之处在于容易产生路径依赖，导致企业组织长期不能摆脱旧机制的束缚。

组织在采用渐进式变革时，可以借鉴库尔特·勒温(Kurt Lewin)的三步骤变革理论。按照勒温的观点，组织变革通常包括解冻、变革和再冻结三个阶段。

1) 解冻阶段

现状可以看做是一种平衡状态，要打破这种平衡状态，解冻就是必要的。解冻阶段可以看做是改革前的心理准备阶段，组织在解冻期间的中心任务是改变员工原有的观念和态度，组织必须通过积极的引导，激励员工更新观念、接受改革并参与其中。

解冻也是组织变革最困难和压力最大的部分。要让组织准备好接受变革的必要性，关键在于发布强制性的信息，如指出销售数字下滑、糟糕的财务状况、令人担忧的客户满意度调查等，表明现有的组织模式不是一种平衡状态，而是处于"失衡状态"的，让组织成员了解到组织必须去寻找一种新的平衡。

2) 变革阶段

这是变革过程中的行为转换阶段。进入到这一阶段，组织上下已对变革做好了充分的准备，变革措施就此开始。组织要把激发起来的改革热情转化为改革的行为，关键是要能运用一些策略和技巧减少对变革的抵制，进一步调动员工参与变革的积极性，使变革成为全体员工的共同事业。

时间和沟通是成功变革的两个关键因素。在管理变革时需要投入大量的时间和精力，人们需要时间来理解变革，也需要在变革阶段感受到与组织息息相关。

3) 再冻结阶段

这是变革后的行为强化阶段，其目的是要通过对变革驱动力和约束力的平衡，使新的组织状态保持相对的稳定。由于人们的传统习惯、价值观念、行为模式、心理特征等都是在长期的社会生活中逐渐形成的，并非一次变革所能彻底改变的，因此，改革措施顺利实施后，还应采取种种手段对员工的心理状态、行为规范和行为方式等进行不断地巩固和强化。否则，稍遇挫折便会反复，使变革的成果无法巩固。

在变化的世界中，创建一种具有稳定感的基本理论向来备受质疑，但即使在许多持续变革的组织中，再冻结阶段依然重要。当缺乏新的冻结状态时，就很难有效解决下一个变革活动。员工将陷入一个过渡的陷阱之中，不确定他们应该做什么，也就无法调动其全部积极性。

2. 激进式变革

这种变革方式强调速战速决，以迅雷不及掩耳之势进行变革，在对短的时间内做出全面变革，以求快速达到变革目标。

但是由于涉及面广，速度快，容易引起组织成员心理动荡，招致成员的抵制，特别是当其他配套措施未能及时跟上时，容易造成疏漏，甚至半路夭折，这就是为什么许多企业的组织变革反而加速了企业灭亡的原因。

因此，内容广泛而深刻的激进式变革，最好是提前进行认真准备和周密计划，并在组织成员心理承受能力较强，且国家政治条件都充分允许的条件下进行。

激进式变革的一个典型实践是"全员下岗、竞争上岗"。改革开放以来，为适应市场经济的要求，我国许多企业进行了大量的管理创新和组织创新。"全员下岗、竞争上岗"的实践就是其中之一。为了克服组织保守，一些企业在组织实践中采取全员下岗，继而再竞争上岗的变革方式。这种方式有些极端，但其中体现了深刻的系统思维。稳定性对于企业组织至关重要，但是当企业由于领导超前意识差、员工安于现状而陷于超稳定结构时，企业组织将趋于僵化、保守，会影响企业组织的发展。此时，小变动不足以打破初态的稳定性，也就很难达到目的态。"不过正不足以矫枉"，只有通过全员下岗，粉碎长期形成的关系网和利益格局，摆脱原有的吸引点，才能彻底打破初态的稳定性。进一步再通过竞争上岗，激发企业员工的工作热情和对企业的关心，只要竞争是公平、公正、公开的，就有助于形成新的吸引点，把企业组织引向新的稳定态。

虽然相对于渐进式变革，激进式变革的难度和破坏性更大，但激进式变革一旦成功，其成果是具有彻底性的。

三、组织变革的程序

从组织变革的内容来看，组织变革应该有其基本的目标。它是为了使组织结构、组织文化、管理者和员工以及管理技术更具有环境适应性。为了达成这些目标，无论是进行渐进式变革还是激进式变革，都应包括下面四个变革步骤。

1. 通过组织诊断，发现变革征兆

组织变革的第一步就是要对现有的组织进行全面的诊断。这种诊断必须要有针对性，要通过搜集资料的方式，对组织的职能系统、工作流程系统、决策系统以及内在关系等进行全面的诊断。从外部信息中发现对自己有利或不利的因素，从各种内在征兆中找出导致组织或部门绩效差的具体原因，并确立需要进行整改的具体部门和人员。

2. 分析变革因素，制定改革方案

对组织变革的具体因素进行分析，如职能设置是否合理，决策中的分权程度如何，员工参与改革的积极性怎样，流程中的业务衔接是否紧密，各管理层级间或职能机构间的关系是否易于协调等等。在此基础上制定几个可行的改革方案，以供选择。

3. 选择正确方案，实施变革计划

推进改革的方式有多种，组织在选择具体方案时要充分考虑到改革的深度和难度、改革的影响程度、变革速度以及员工的可接受程度和参与程度等等，做到有计划、有步骤、有控制地进行。当改革出现某些偏差时，要有备用的纠偏措施及时纠正。

4. 评价变革效果，及时进行反馈

组织变革是一个包括众多复杂变量的转换过程。变革结束之后，管理者必须对改革的结果进行总结和评价，及时反馈新的信息。对于没有取得理想效果的改革措施，应当给予必要的分析和评价，然后再做取舍。

四、组织变革的阻力及管理

1. 组织变革的阻力

组织变革是一种对现有状况进行改变的努力，通常任何变革都会遇到来自各种变革对

象的阻力和反抗。产生这种阻力的原因可能是传统的价值观念和组织惯性，还有一部分来自于对变革不确定后果的担忧，它集中表现为来自个人的阻力和来自团体的阻力两种。

1) 个人阻力

个人的阻力包括：

(1) 利益上的影响。变革从结果上看可能会威胁到某些人的利益，如机构的撤并、管理层级的扁平等都会给组织成员造成压力和紧张感。过去熟悉的职业环境已经形成，而变革要求人们调整不合理的或落后的知识结构，更新过去的管理观念、工作方式等，这些新要求都可能会使员工面临着失去权力的威胁。

(2) 心理上的影响。变革意味着原有的平衡系统被打破，要求成员调整已经习惯的工作方式，而且变革意味着要承担一定的风险。对未来不确定性的担忧、对失败风险的惧怕、对绩效差距拉大的恐慌以及对公平竞争环境的担忧，都可能造成人们心理上的倾斜，进而产生心理上的变革阻力。另外，平均主义思想、厌恶风险的保守心理、因循守旧的习惯心理等都会阻碍或抵制变革。

2) 团体阻力

团体对变革的阻力包括：

(1) 组织结构变动的影响。组织结构变革可能会打破过去固有的管理层级和职能机构，并采取新的措施对责、权利重新做出调整和安排，这就必然要触及某些团体的利益和权力。如果变革与这些团体的目标不一致，团体就会采取抵制和不合作的态度，以维持原状。

(2) 人际关系调整的影响。组织变革意味着组织固有的关系结构的改变，组织成员之间的关系也随之需要调整。非正式团体的存在使得这种新旧关系的调整需要有一个较长过程。在这种新的关系结构未被确立之前，组织成员之间很难磨合一致，一旦发生利益冲突就会对变革的目标和结果产生怀疑和动摇，特别是一部分能力有限的员工将在变革中处于相对不利的地位。随着利益差距的拉大，这些人必然会对组织的变革产生抵触情绪。

2．组织变革阻力的管理

为了确保组织变革的顺利进行，必须要事先针对变革中的种种阻力进行充分的研究，并要采取一些具体的管理对策。

1) 客观分析变革的推力和阻力的强弱

勒温曾提出运用力场分析的方法研究变革的阻力。其要点是：把组织中支持变革和反对变革的所有因素分为推力和阻力两种力量，前者发动并维持变革，后者反对和阻碍变革。当两力均衡时，组织维持原状；当推力大于阻力时，变革向前发展；反之变革受到阻碍。管理层应当分析推力和阻力的强弱，采取有效措施，增强支持因素，削弱反对因素，进而推动变革的深入进行。

冰山理论认为，假如把水面之上的冰山比作组织结构、规章制度、任务技术和生产发展等要素的话，那么，水面之下的冰体便是组织的价值观体系、组织成员的态度体系、组织行为体系等组成的组织文化。只有创新组织文化并渗透到每个成员的行为之中，才能使露出水面的改革行为变得更为坚定，也才能够使变革具有稳固的发展基础。

![知识链接]

冰 山 理 论

冰山理论，是指漂浮在水中的冰山，露出水面的部分只占冰山的八分之一，水下隐藏的部分则占了八分之七，且水下的八分之七支配和影响着水上的八分之一。

弗洛伊德的心理学冰山理论：

在弗洛伊德的人格理论中，他认为人的心理分为超我、自我、本我三部分。超我往往是由道德判断、价值观等组成；本我是人的各种欲望；自我介于超我和本我之间，协调本我和超我，既不能违反社会道德约束又不能太压抑。与超我、自我、本我相对应的是他对人的心理结构的划分，基于这种划分他提出了人格的三我。他认为人的人格就像海面上的冰山一样，露出来的仅仅只是一部分，即有意识的层面；剩下的绝大部分是处于无意识的。

海明威的文学冰山理论：

认为作者只应描写"冰山"露出水面的部分，水下的部分应该通过文本的提示让读者去想象补充。他说："冰山运动之雄伟壮观，是因为他只有八分之一在水面上。"在文学作品中，文字和形象是所谓的"八分之一"，而情感和思想是所谓的"八分之七"。前者是具体可见的，后者是寓于前者之中的。

2）创新策略方法和手段

为了避免组织变革中可能造成的重大失误，使人们坚定变革成功的信心，组织必须采用比较周密可行的变革方案，并从小范围逐渐延伸扩大实行方案。特别要注意调动管理层变革的积极性，尽可能削减团体对组织变革的抵触情绪，力争使变革的目标与团体的目标相一致，提高员工的参与程度。

总之，无论是个人还是组织都有可能对变革形成阻力。变革成功的关键在于尽可能消除阻碍变革的各种因素，缩小反对变革的力量，使变革的阻力尽可能降低，必要时还应该运用行政的力量保证组织变革的顺利进行。

五、当代组织变革的发展趋势

1. 组织结构扁平化

在本章第三节中关于管理幅度和管理层次的介绍中，我们已经分析了组织的管理幅度与管理层次的关系，以及由此产生的两种类型的组织：扁平化组织和垂直化组织。

近年来，随着计算机互联网技术在组织中的运用，信息的收集、整理、传递和控制手段的现代化，以及管理者素质和员工素质的提高，传统的金字塔形的层级结构正在向较少层次、扁平式的组织结构转化，这就是组织结构的扁平化趋势。

虽然扁平化的组织结构有诸多优点，成为现在组织结构发展的主要趋势，但是组织在进行组织变革时，还是应该首先分析自身条件和外在情况。要想使扁平化管理在组织中发挥作用，应该有下列几个比较成熟的条件：

（1）能突破传统管理理念和文化束缚，形成系统的管理理念。

我国民众经过五千年封建等级制度影响，形成了"民可使由之、不可使知之"的"上智下愚"的传统管理文化、森严的等级制以及塔式管理模式，众多层次的中层管理者在这样的体系中可以相对承担较少的责任和风险，实施大幅削减中间管理层的扁平化管理必定会受到他们思想上和行动上的抵制；长期奉行的管理幅度理论也将影响扁平化管理的实施。而扁平化管理旨在打破原有的中间管理层次，直接以优化的系统结构快速适应市场变化，因此系统观念必须养成。

关于系统观念的培育，同学可以参考学习型组织的创始人彼德·圣吉(Peter M. Senge)的研究成果。圣吉所提出的五项修炼中重要的一项内容就是"系统思考"。用系统论的观点思考问题，组织就不会狭隘地形成各部门、各子公司之间信息、资源互不相连接的孤岛。组织应培育自己的管理者和员工学会系统思考，提升他们对扁平化管理的接受程度。

(2) 组织成员的素质需要达到较高水平。

扁平化的组织对人员素质提出了更高的要求。大量授权的行为要求组织工作团队中的每一个成员都需要具备相应的工作技能，能够承担相应的工作责任。

(3) 管理流程能较好地实现扁平化设计。

美国管理学家彼德·德鲁克在较早时期就运用了一个交响乐团的例子来说明组织的"扁平化"特征，他指出：几百名音乐家能够与他们的首席执行官一起演奏，是因为大家共同使用同一张乐谱。这张乐谱就是一个流程，所有的音乐家拿到它就知道该在何时干何事。企业扁平化管理也需要每一个岗位拿到一张管理流程的"乐谱"，不管换了谁拿到流程图就知道自己该干什么。

在企业管理流程扁平化设计中，一切都服务于流程简化，根据企业目标进行管理业务流程的总体设计，使总体业务流程达到最优化，这是组织设计的出发点。

按照优化管理流程设计尽可能少的管理岗位，这时职能部门就是高层管理和决策者进行经营管理的助手和基层业务部门的服务者。

(4) 分权与集权能较好地融合。

为了适应扁平化的组织结构，管理者要掌握好分权和集权的尺度，将更多的管理权分给下属，让他们掌握较多的工作自主权，发挥积极性。关于分权和集权的问题，我们将在第六章中详细分析。

(5) 计算机网络技术支持。

计算机和互联网技术合理运用，使得组织能够借助其高效有序地整合企业内部资源并分析市场变化，正确地收集、存储、整理、处理和传递来自各个方面的信息。企业工作指令几乎可以同时传递到不同层级的员工，高层管理者直接、间接地管理下属、监控工作也成为可能。所以，管理幅度就能不断加大，原有的大量中间管理层也就显得冗长而没有必要，管理扁平化也就成为一种趋势和需要。

2. 组织运行柔性化

"柔性"的概念最初源于柔性制造系统，指的是制造过程中的可变性、可调整性，描述的是生产系统对环境变化的适应能力。

组织结构的柔性化又称做有机化，指的是通过对一些临时性的、以任务为导向的柔性组织的建立，来取代原有组织结构上所设置的那些固定的或正式的组织结构，从而增强组织的灵活性。在柔性的组织结构中，各个部门、各个成员都可以根据组织内外环境的变化进行灵活的调整和变动，使得组织结构保持柔性特征以减少组织变革所造成的冲击和震荡。

面对外部整体环境的复杂性和不确定性持续增加，越来越多的组织会倾向于采用柔性化的组织运行方式。

3. 组织协作团队化

组织运行的柔性化成为一种必然趋势，而组织协作的团队化正是这种趋势的进一步发展。

在复杂多变的环境中，组织决策和创新对管理者提出了更高的要求，组织不能再依赖个人智慧来解决问题，创建高效的管理团队和工作团队成为摆在每一个组织面前的迫切需求，组织运作呈现出团队化的趋势。

团队是由技能互补的成员组成的群体。团队成员致力于共同的宗旨、绩效目标和通用方法，并且共同承担责任。在团队中，管理者的职权和身份角色将发生极大的变化，承担更多的是组织者的角色，团队成员间的分工协作方式相对于传统的机械式组织结构也发生了很大转变，团队成员必须具备与他人合作的能力，掌握团队解决问题的方法。

4. 学习型组织的构建

学习型组织是一个能熟练地创造、获取和传递知识的组织，同时也要善于修正自身的行为，以适应新的知识和见解。当今世界上所有的企业，不论遵循什么理论进行管理，主要有两种类型：一类是等级权力控制型，另一类是非等级权力控制型，即学习型企业。

学习型组织最初的构想源于美国麻省理工大学 J.佛瑞斯特(Jay Forrester)教授。1965年，他发表了一篇题为《企业的新设计》的论文，运用系统动力学原理，非常具体地构想出未来企业组织的理想形态——层次扁平化、组织信息化、结构开放化，逐渐由从属关系转向为工作伙伴关系，不断学习，不断调整结构关系。这是关于学习型企业的最初构想。

彼得·圣吉是学习型组织理论的奠基人。作为佛瑞斯特的学生，他一直致力于研究以系统动力学为基础的更理想的组织。他用了近十年的时间对数千家企业进行研究和案例分析，于 1990 年完成其代表作《第五项修炼——学习型组织的艺术与实务》。他指出现代企业所欠缺的就是一种整体动态的搭配能力——系统思考的能力，他提供了一套使传统企业转变成学习型企业的方法，即五项修炼：

(1) 实现自我超越，不断地发现自己的真实情况，在个人和目标之间形成有创造性的张力；

(2) 改变心智模式，改善由旧事物的影响而形成的特定思维定势；

(3) 建立共同愿景，形成员工共同具有的目标和期望；

(4) 进行团队学习，成员之间相互配合、相互学习，共同实现目标；

(5) 进行系统思考，要求员工用系统的观点对待组织的发展。

圣吉的专著在全世界掀起构建学习型组织的热潮，众多企业开始深入地研究和应用。如微软、IBM、GE、壳牌等企业，都已经在钻研和建立学习型组织，并已取得明显成效。

这种管理理念传到中国后，我国各类型组织纷纷学习，并提出了建立学习型政府、学习型党组织、学习型企业等观念。我国的企业如联想集团、海尔集团和华为等，也依据自身的特点，构建具有自身特色的学习型组织体系。

模块二 技能训练

实训目标

让学生了解企业组织结构的使用情况。

实训内容与要求

同学们以小组的形式，到企业进行调查，了解企业的组织结构和组织文化，并通过与组织工作人员沟通，分析该企业的组织结构是否满足组织的需要；若组织结构存在严重问题，请进一步分析如何进行组织变革，加快企业的发展。

成果检测

实训完成后，在教室分组演示 PPT，教师进行点评。

模块三 管理案例

杜邦公司的组织机构变革

美国杜邦公司(Du Pont Company)是世界上最大的化学公司，建立至今，已近 200 年。这 200 年中，尤其是本世纪以来，企业的组织机构历经变革，不断适应企业的经营特点和市场情况的变化。虽然变革中不无阻力，也有挫折，但杜邦公司最后都获得了成功。它所创设的组织机构，曾成为美国各公司包括著名大公司的模式。改革分为下面几个阶段。

第一阶段：直线制——成功的单人决策及其局限性。

整个 19 世纪中，杜邦公司基本上是单人决策式经营，这一点在亨利(Henry)掌权时尤为明显。亨利是军人出身，由于接任公司以后完全是一套军人派头，所以人称"亨利将军"。在公司任职的 40 年中，亨利挥动军人严厉粗暴的铁腕统治着公司。他实行的一套管理方式，被称为"凯撒型经营管理"，其实是经验式管理。公司的所有主要决策和许多细微决策都要由他亲自制定，所有支票也得由他亲自开，所有契约也都得由他签订。他一人决定利润的分配，还亲自周游全国，监督公司的好几百家经销商。在每次会议上，总是他发问，别人回答。他全力加速账款收回，严格支付条件，促进交货流畅，努力降低价格。亨利接任时，公司负债高达 50 多万，但后来亨利却使公司成为行业的首领。

在亨利的时代，这种单人决策式的经营基本上是成功的。这主要是因为：① 公司规模不大，直到 1902 年合资时才 2400 万美元；② 经营产品比较单一，基本上是火药；③ 公司产品质量占了绝对优势，竞争者难以超越；④ 市场变化不甚复杂。单人决策之所以取得了较好效果，与"将军"的非凡精力也是分不开的。直到 72 岁时，亨利仍不要秘书的帮助；任职期间，他亲自写的信不下 25 万封。

但是，正因为这样，亨利死后，继承者的经营终于崩溃了。公司的第三代继承人——亨利的侄子很快去世，合伙者也都心力交瘁，两位副董事长和秘书兼财务负责人相继累死。这不仅是由于他们的体力不胜负荷，还由于当时的经营方式已与时代不相适应。

第二阶段：直线职能制——集团式经营的首创。

正当公司濒临危机、无人敢接重任、家族拟将公司出卖给别人的时候，三位堂兄弟力挽狂澜，以廉价买下了公司。三位堂兄弟不仅具有管理大企业的丰富知识，而且具有在铁路、钢铁、电气和机械行业中采用先进管理方式的实践经验，有的还请泰罗当过顾问。他们精心地设计了一个集团式经营即本章在组织结构中介绍的直线职能制的管理体制。

在美国，这是第一家把单人决策改为集团式经营的公司。

集团式经营最主要的特点是建立了"执行委员会"，隶属于最高决策机构董事会之下，是公司的最高管理机构。在董事会闭会期间，大部分权力由执行委员会行使，董事长兼任执行委员会主席。1918 年时，执行委员会有 10 个委员、6 个部门主管、94 个助理，高级经营者年龄大多在 40 岁上下。

公司抛弃了当时美国流行的体制，建立了预测、长期规划、预算编制和资源分配等管理方式。在管理职能分工的基础上，建立了制造、销售、采购、基本建设投资和运输等职能部门。在这些职能部门之上，是一个高度集中的总办事处，控制销售、采购、制造、人事等工作。执委会每周召开一次会议，听取情况汇报，审阅业务报告，审查投资和利润，讨论公司的政策，并就各部门提出的建议进行商讨。对于各种问题的决议，一般采用投票、多数赞成通过的方法，权力高度集中于执委会。各单位申请的投资，要经过有关部门专家的审核，对于超过一定数额的投资，各部门主管没有批准权。各生产部门和职能部门必须按月按年向执委会报告工作。在月度报告中提出产品的销售情况、收益、投资以及发展趋势；年度报告还要论及五年及十年计划，以及所需资金、研究和发展方案。

在集团经营的管理体制下，权力高度集中，实行统一指挥、垂直领导和专业分工的原则，大大促进了杜邦公司的发展。20 世纪初，杜邦公司生产的五种炸药占当时全国总产量的 64%～74%，生产的无烟军用火药则占 100%。公司的资产截至 1918 年增加到 3 亿美元。

第三阶段：事业部制组织结构——充分适应市场的多分部体制。

可是，杜邦公司在第一次世界大战中的大幅度扩展，并逐步走向多元化经营，使组织结构遇到了严重问题。每次收购其他公司后，杜邦公司都因多元化经营而严重亏损。1919年，公司的某个委员会指出：

公司的问题在于过去的组织机构没有弹性。尤其是 1920 年夏到 1922 年春，市场需求突然下降，使许多企业出现了所谓存货危机。这使人们认识到：企业需要一种能力，即易于根据市场需求的变化改变商品流量的能力。继续保持那种使高层管理人员陷入日常经营、不去预测需求和适应市场变化的组织结构形式，显然是错误的。一个能够适应大生产的销售系统对于一家大公司来说，已经成为至关重要的问题。

杜邦公司管理者经过周密的分析，提出了一系列组织机构设置的原则，创造了一个多分部的组织机构。

在执行委员会下，除了设立由副董事长领导的财务和咨询两个总部外，还按各产品种类设立分部，而不是采用通常的职能式组织如生产、销售、采购等设立。在各分部下，有会计、供应、生产、销售、运输等职能处室。各分部是独立核算单位，分部的经理可以独立自主地统管所属部门的采购、生产和销售。这些以中层管理人员为首的分部，通过直线组织管理其职能活动。高层管理人员总部在大量财务和管理人员的帮助下，监督这些多功能的分部，用利润指标加以控制，使他们的产品流量与波动需求相适应。

由于多分部管理体制的基本原理是政策制定与行政管理分开，从而使公司的最高领导层摆脱了日常经营事务，把精力集中在考虑全局性的问题上，研究和制定公司的各项政策。

新分权化的组织使杜邦公司很快成为一个具有效能的集团，公司组织具有了很大的弹性，能随各种需要而变化。这使杜邦公司得以在20年代建立起美国第一个人造丝工厂，以后又控制了赛璐珞生产的75%～100%，垄断了合成氨。而且在30年代后，杜邦公司还能以新的战略参加竞争，那就是致力于发展新产品，垄断新的化学产品生产。从30年代到60年代，被杜邦公司首先控制的、有着重要意义的化学工业新产品有：合成橡胶、尿素、乙烯、尼龙、的确良、塑料等，直到参与第一颗原子弹的制造，并迅速转向氢弹生产。

第四阶段：矩阵式组织结构——"三头马车式"的体制。

杜邦公司的执行委员会和多分部的管理机构，是在不断对集权和分权进行调整的情况下去适应需要的。

20世纪60年代后期，公司发现各部门的经理过于独立，以致有些情况连执行委员会都不了解，因此又一次进行改革：一些副总经理同各工业部门和职能部门建立了联系，负责将部门的情况汇报给执委会，并协助各部门按执委会的政策和指令办事。所以，杜邦公司的组织机构又发生了一次重大的变更，这就是建立起了"三头马车式"的组织体制。

新的组织体制是为了适应日益严峻的企业竞争需要而产生的。60年代初，杜邦公司接二连三地遇到了难题：过去许多产品的专利权纷纷满期，在市场上受到日益增多的竞争者的挑战，掌握了多年的通用汽车公司10亿多元股票被迫出售，美国橡胶公司转到了洛克菲勒手下等。

1962年，公司的第十一任总经理科普兰上任，他被称为危机时代的起跑者。

公司新的经营战略是：运用独特的技术情报，选取最佳销路的商品，强力开拓国际市场；发展传统特长商品，发展新的产品品种，稳住国内势力范围，争取巨额利润。

然而要转变局面绝非一朝一夕，这是一场持久战。1967年底，科普兰把总经理一职，在杜邦公司史无前例地让给了非杜邦家族的马可，财务委员会议议长也由别人担任，自己专任董事长一职，从而形成了一个"三头马车式"的体制。1971年，又让出了董事长的职务。

这一变革具有两方面的意义。一方面，杜邦公司是美国典型的家族公司，公司几乎有一条不成文的法律，即非杜邦家族的人不能担任最高管理职务。甚至实行同族通婚，以防家族财产外溢。现在这些惯例却被大刀阔斧地砍去，不能不说是一个重大的改革。另一方面，在当代，企业机构日益庞大，业务活动非常复杂，最高领导层工作十分繁重，环境的变化速度越来越快，管理所需的知识越来越高深，实行集体领导，才能作出最好的决策。在新的体制下，最高领导层分别设立了办公室和委员会，作为管理大企业的"有效的富有伸缩性的管理工具"。科普兰说："'三头马车式'的集团体制，是今后经营世界性大规模企业不得不采取的安全设施"。

20世纪60年代后杜邦公司的几次成功，不能说与新体制无关。在许多化学公司挤入塑料行业竞争的情况下，杜邦公司另外找到了出路，向建筑和汽车等行业发展，使60年代每辆汽车消耗塑料比50年代增加三至六倍，70年代初，又生产了一种尼龙乙纤维，挤入了钢铁工业市场。

所以，可以毫不夸张地说，杜邦公司成功的秘诀，首先在于使企业的组织机构设置适应需要，即适应生产特点、企业规模、市场情况等各方面的需要。而且，这样的组织机构也不是长久不变的，还需要不断加以完善和发展。

思考：

根据案例内容，试分析杜邦公司每个阶段组织变革的原因和新的组织结构的优点。

模块四　复习与思考

1. 组织有哪些功能？
2. 组织设计的影响因素有哪些？
3. 组织设计中应注意哪些原则？
4. 组织部门化的主要方法有哪些？
5. 管理幅度与管理层次有怎样的关系？
6. 基本的组织结构类型有哪些？它们分别适用于什么的情况？
7. 组织变革的主要内容是什么？
8. 组织变革存在哪些阻力，在变革中应如何降低这些阻力的影响？
9. 当代组织变革的主要趋势是什么？
10. 组织文化有哪些层次结构？
11. 如何塑造和培育适合组织发展需要的组织文化？

本 章 小 结

1. 组织是指为实现一定目的而建立起来的人与单位的有序结构，即组织结构；动态的组织是指组织工作，即为了实现组织的目标，将所必须进行的各项工作和活动加以分类和归并，设计出合理的组织结构、配备相应人员、分配权力并进行整合与协调的过程。

2. 组织的功能有力量凝聚功能、力量放大功能、交换功能。

3. 组织的分类：根据不同标准如组织规模、性质、目标、特征、形式和形态等，组织可以划分不同类型。

4. 组织结构是组织各部分之间的关系模式，是由组织的目标和任务以及环境所决定的。它对组织内部的正式指挥系统、沟通系统具有直接的决定作用，对组织中的人的社会心理也有影响。组织结构可以用复杂性、规范性和集权性三种特性来描述。

5. 组织设计的任务是设计清晰的组织结构，规划和设计组织中各部门的职能和职权。

6. 组织设计的程序由确定组织设计的基本方针、职能分析和岗位设计、部门划分、确定管理层次与管理幅度、配置人员、规定职责与权力、连成一体、反馈和修正等基本步骤构成。

7. 组织的部门化是指组织在横向结构设计中在分工协作和专业化原则的基础上，把性质类似或有密切关系的活动划分在同一部门内，以提高工作效率。

8. 组织的层级化是指组织在纵向结构设计中需要确定层级数目和有效的管理幅度，需要根据组织集权化的程度，规定纵向各层级之间的权责关系，最终形成一个能够对内外环境要求做出动态反应的有效组织结构形式。

9. 常见的组织结构类型包括直线型组织结构、直线职能型组织结构、事业部型组织结构、矩阵型组织结构、集团控股型组织结构和虚拟型组织结构等。

10. 组织文化就是一个组织的价值观、信念、仪式、符号、处事方式等形成的特有的文化现象。

11. 组织文化特性有客观性、独特性、相对稳定性、融合继承性、发展性等。

12. 组织文化的功能：导向功能、凝聚功能、调适功能。

13. 根据组织文化的可见程度和对变化的抵制程度的不同，一般可以将组织文化分为四个层次，这四个层次由内到外分别是精神文化层、制度文化层、行为文化层和物质文化层。

第六章 职权配置

模块一 基础知识

教学要求

(1) 掌握职权的内涵和基本类型。

(2) 了解集权与分权的衡量方法。

(3) 了解影响组织集权和分权程度的因素。

(4) 掌握授权的原则和过程。

技能要求

(1) 深入思考集权与分权的原因,结合实践分析组织集权和分权的程度应如何掌握。

(2) 能够从实践的角度,设计组织授权的过程。

案例导入

口 红 的 颜 色

在美国一家公司的操作间里,一位主管看见调色师正在调口红的颜色,走过去随便说了一句:"这口红的颜色好看吗?"

调色师听完以后,站起身来直视着他,回答道:"第一,亲爱的黄副总,这个口红的颜色还没有完全定案,定案以后我会拿给你看,你现在不必那么担心。第二,亲爱的黄副总,我是一个专业的调色师,我有我的专业,如果你觉得你调得比较好,下个礼拜开始你可以调。第三,亲爱的黄副总,我这个口红是给女人擦的,而你是个男人。如果所有的女人都喜欢擦,而你不喜欢没有关系,如果你喜欢,别的女人却不喜欢,完了。"

早在20世纪初,古典管理理论的主要代表人、管理过程学派的创始人亨利·法约尔就提出了闻名于世的14条管理原则,其中就有权力与责任、集权与分权的基本原则。当组织根据目标、战略、环境等因素构建起适合组织发展需要的组织结构,为了使组织成员能够在相应的工作岗位上为达成组织目标而履行职责,就应当赋予其完成相应工作所需要的权力。

【案例启示】 为了保证各个岗位和部门之间顺利合作,就要对它们之间的权力与责任进行协调,并对组织中的各种力量进行整合。通过权力分配与整合,才能保证各项工作的顺利开展,进而保证组织目标的实现。

第一节 职权与职权类型

一、职权的含义

职权是指组织内部授予的指导下属活动及其行为的决定权,这些决定一旦下达,下属必须服从。职权是组织赋予职位的,由在职人行使,并不会由于在职人发生变化而影响职权的效力,也就是说,职权与组织内的一定职位有关,而与担任该职位的管理者的个人特性无关。

与职权共存的是职责。职责是指在职人为履行一定的组织职能或完成工作使命,所负责的范围和承担的一系列工作任务,以及完成这些工作任务所需承担的相应责任。在组织中,职权和职责必须相称,不承担任何职责或者职权大于职责,就会导致职权滥用;同样不赋予任何职权或职权赋予的不适当,也会导致岗位职责消减或推诿,难以完成组织目标。

在组织内,最基本的信息沟通就是通过职权来实现的。通过职权关系的上传下达,使下级按指令行事,上级及时得到反馈的信息,作出合理决策,进行有效控制。

二、职权的类型

组织内的职权有三种类型:直线职权、参谋职权和职能职权。

1. 直线职权

直线职权是指管理者直接指导下属工作的职权,包括作出决策、发布命令等,也就是通常所说的指挥权。直线职权由组织的顶端开始,向下延伸至组织的最底层,形成我们通常所说的指挥链。

在组织内,每一层的管理者都具有直线职权,只不过由于管理岗位的功能不同,其职权的大小、范围具有较大差异。

图 6-1 是一个简单的直线型组织结构。

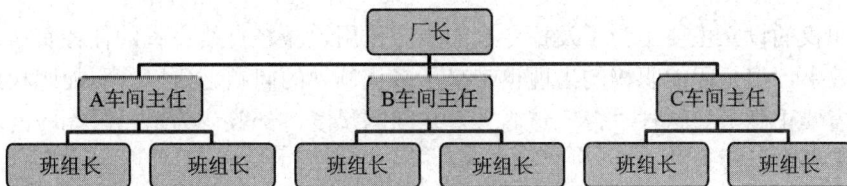

图 6-1 直线型组织结构

直线型组织的厂长对 A、B、C 三个车间主任拥有直线职权,而每个车间主任对其下的两个班组长拥有直线职权。具有直线职权的上级对下级行使垂直领导,形成直线关系,直线关系是组织中管理人员的主要关系。

直线关系是一种命令关系,这种命令关系自上而下形成等级指挥链,这种指挥链又叫层次链,处于组织层次链上的管理者一般都拥有直线职权,他们对上接受上级的命令,对下拥有指挥权。这种命令和指挥的关系越明确，就越能贯彻组织的统一指挥原则。

2. 参谋职权

参谋职权是某项职位或某部门所拥有的辅助性职权，包括提供咨询、建议等。

当组织规模逐渐增大且日益复杂时，直线主管发现他们在时间、技术知识、精力、能力和资源等方面都不足以圆满完成任务，必须设立参谋职权，以支持和弥补直线主管在能力方面的缺陷和障碍。

参谋的形式有个人参谋和专业参谋之分。个人参谋是指参谋人员，这一概念由来已久。在中外历史上很早就出现了为统治者出谋划策的智囊人物，参谋人员协助直线人员执行职责。参谋人员一般被称为直线主管的助手，这些助手利用专业知识来弥补直线主管的知识不足，协助他们工作，减轻他们的负担。专业参谋是指独立的机构或部门，就是通常所说的"智囊团"或"顾问班子"。随着组织规模的扩大，个人参谋的数量会不断增加，参谋的设置会逐渐规范化，从而形成专业参谋部门。这些专业参谋部门聚合了相关方面的专家，他们运用集体智慧，为直线主管提供相应的咨询和建议。

直线职权是命令和指挥的权力，参谋职权是协助和建议的权力，直线职权与参谋职权的关系是"参谋建议，直线人员指挥"。其中包括两层含义：一是直线人员进行重大决策前应征询参谋人员或机构的意见，避免决策上的重大失误；二是参谋人员或机构可以向直线人员提出自己的意见和建议，但是不能把自己的想法强加给直线人员，或者超越权限直接发号施令。

3. 职能职权

职能职权是一种权益职权，是由直线主管向自己所辖属范围内的参谋人员或范围外的个人或职能部门授权，允许他们按照一定的制度在一定的职能范围内行使的某种职权。

直线职权与参谋职权不同，在纯粹参谋的情形下，参谋人员所具有的仅仅是辅助性职权，并无指挥权。随着管理活动的日益复杂，主管人员为了改善管理效率，可能将职权关系作出某些变动，把一部分原属于自己的直线职权授予参谋人员或某个部门的主管人员，于是产生了职能职权。例如，在事业部型组织结构中，总部的人力资源管理部门要求下属各事业部管理者统一执行总部的人力资源政策，总部人力资源管理部门行使的就是职能职权。

职能职权的设立主要是为了发挥专家的核心作用，减轻直线主管的任务负荷，提高管理工作的效率，但是职能职权的出现也带来了多头领导的问题。所以，职能职权作用的有效发挥，需要正确衡量这种"得"与"失"之间的尺度，一般认为适当限制职能职权的使用所得常常是大于所失的。

适当限制职能职权需要注意两点：

一是要限制职能职权的使用范围。职能职权的使用应限于解决"如何做""何时做"等方面的问题。如果扩大到"在哪做""谁来做""做什么"等方面的问题，就会干涉到直线主管的工作，带来权力的混乱。

二是要限制职能职权的级别。职能职权不应越过上级下属的第一级，而是应当在组织中关系最接近的那一级。例如财务部长或人力资源部长不应越过车间主任，向班组长或车间内工作人员直接下达指示和命令。

管理故事 📄

憨女婿的故事

陕北民间有许多关于憨女婿的故事。其中有一则说的是，有一天一个憨女婿带着三斤羊肉去看老丈人，他走着走着，碰上一个路人，他就问路人：三斤羊肉作礼品看望老丈人是否够了？路人说：够了，哪怕二斤也够了，于是憨女婿就坐在路边吃掉了一斤羊肉。当他吃了一斤羊肉，起身走了一段路，又碰到了一个路人，他便又问路人说二斤羊肉够不够，那路人就说：够了，哪怕一斤都够了，这时憨女婿便又吃掉了一斤羊肉。当他吃了又一斤羊肉，再起身行路，又碰到一个路人，问一斤羊肉是否够时，路人就告诉他：即便一斤羊肉都不送也没有关系的。所以憨女婿把最后的一斤羊肉也吃掉了。

决策或多或少受着理论的支配。路人对憨女婿说的话，其实就是一种理论。而憨女婿之所以心里想吃羊肉，却要去问问路人，那不过是他想找一些吃羊肉的借口和理由。在憨女婿看来，只要有路人的支持，吃掉羊肉他就有根据了；而并不是他想吃、贪吃才吃掉的，即使老婆骂了，也没有关系，因为有人支持他，他会说，别人都说二斤、一斤、甚至没有都没有关系的。他把吃掉羊肉的责任全推给了别人，从这个角度来看，其实憨女婿是不憨的。

管理启示 ✍

决策不能只听参谋的。作为一个管理者，如果经常犹豫不决，不能果断决策，那是会延误时机的。我们说憨女婿之憨，其实说的是其究竟送三斤好、还是一斤好，一直犹豫不决，老是要去问别人，由别人来替他做主。因此从管理效率来讲，憨女婿的管理效率是很低的。

第二节 集权与分权

一、集权与分权的含义

集权和分权是组织设计中两种相反的权力分配方式。

集权，是指决策指挥权集中在组织层级系统中最高层次或接近最高层次的高层管理人员手中。下级部门和机构只能依据上级的决定、命令和指示办事。

分权，是指决策指挥权在组织层级系统中较低管理层次上的分散。组织高层将一部分决策指挥权分配给下级组织机构和部门负责人，使他们充分行使这些权力，支配组织的某些资源，并在其工作职责范围内自主地解决某些问题。

从集权和分权的含义可以看出，职权在组织中是集中还是分散，不是职权种类的问题，而是职权大小的问题。在现实中，既不存在绝对的分权，也不存在绝对的集权。因为绝对的集权意味着把指挥决策权全部集中到组织的最高领导人手中，就不可能存在下级管理者；绝对的分权意味着组织的指挥决策权全部下放到组织层级系统的中低层次，高层管理者的存在将变得没有价值，形同虚设。

集权和分权不能简单地用"好"或"坏"来区分，现实中并不存在一个普遍的、严格的量化标准，可以使管理者判断应当分权或集权到什么程度。管理学需要研究的，应该是根据实际情况和各种影响因素，判断哪些权力适于集中，哪些权力适于分散；以及在什么样的情况下集权合理一些，而在什么样的情况下分权更适用。

二、衡量集权与分权程度的方法

集权和分权是相互依存的概念，一个组织是集权还是分权的，是从比较的结果来说的。而比较的对象可能是该组织过去的集权、分权情况；或者是同某个组织的情况；但更多的时候我们对比的是该类型组织普遍采用的集权和分权程度。

关于如何判断一个组织的集权和分权程度问题，可以参考戴尔(R.Dell)提出的判断一个组织分权程度的标准：

(1) 较低的管理层次作出的决策数量越多，分权程度就越大。
(2) 较低的管理层次作出的决策重要性越大，分权程度就越大。
(3) 较低的管理层次作出的决策影响面越大，分权程度就越大。
(4) 较低的管理层次作出的决策审核越少，分权程度就越大。

三、影响集权和分权程度的因素

组织层级设计中影响分权的因素有：

1．组织规模的大小

组织的规模越大所需要作出的决策数目就越多，需要作出决策的场所也就越多，协调难度增加，这种情况必然会导致决策的成本增加。

要克服这些问题，就必须适当地分散权力。例如，随着企业规模的扩大，组织结构由高度集权的直线型改变为分权程度较高的事业部型组织结构，将部门指挥决策权由组织高层分解到各事业部门。

2．政策的统一性

如果组织内部各个方面的政策是统一的，集权最容易达到管理目标的一致性。然而，一个组织所面临的环境是复杂多变的，为了灵活应对这种局面，组织往往会在不同的阶段、不同的场合采取不同的政策，这虽然会破坏组织政策的统一性，却可能有利于激发下属的工作热情和创新精神。

3．下属的数量和素质

如果员工的数量和基本素质能够保证组织任务的完成，组织可以更多地分权；如果组织缺乏受过足够良好训练的管理人员，其基本素质不能符合分权式管理的基本要求，分权将会受到很大的限制。

4．组织的可控性

组织中各个部门的工作性质大多不同，有些关键的职能部门，如财务会计等部门往往需要相对地集权；而有些业务部门，如研发、市场营销等部门，或者是区域性部门却需要相对地分权。组织需要考虑的是围绕任务目标的实现，如何对分散的各类活动进行有效的控制。

5. 组织高层管理者的个性特征

如果组织中的较高层次的高层管理人员个性较强，且自信和独裁，对管理决策的方针政策的一致性偏好程度较高，不放心或不相信下属的工作能力，即该组织的高层管理人员具有专制型的领导风格，则倾向于集权。

6. 组织的历史和文化

一个组织形成的方式常常决定着其集权和分权的程度。通过内部成长由小到大发展起来的组织，或者在其创始人的监护下成长起来的组织，往往表现出一种强烈的职权集中的特征；而通过兼并和收购而形成的组织，经常表现出分权的趋势。但在有些情况下，企业并购也可能会导致职权集中，这是因为占支配地位的集权急于接管整个企业，或者希望尽快得到合并经营的规模效益。

7. 外界环境的影响

除了上述这些内部因素，组织的集权和分权程度也受到组织所处的外界环境的影响。如果在经济高速增长的环境中，市场活跃，机会增多，为了抓住时机，组织可能更倾向于分权；相反，在宏观经济增长放缓的环境中，为了集中力量摆脱困境，组织更倾向于把权力向高层集中。

四、过分集权的弊端

基于上述的影响因素可以初步看出一个趋势，即组织应适度的增加分权程度，提高整个组织的灵活性和应变性。但是，我国的众多企业，特别是中小民营企业的管理者对于职权的偏好程度较高，在经营管理中存在高度集权的特点。虽然集权存在集中领导、统一指挥等诸多优点，但是对于任何一个组织来说，过分的集权都会带来许多问题。这主要表现在以下四个方面：

1. 降低决策的质量

一个人的能力总是有限的，有时决策者所能掌握的与决策问题相关的信息资料是有限的。过分集权会导致决策者在进行决策的过程中没有更多地考虑其他人的意见，降低了决策的正确性。

而且，过分的集权使得基层需要将需要决策的问题层层反映到高层才能得以解决，中间传递的过程会出现不同程度的信息扭曲和失真，高层可能无法了解问题的具体情况和认识到严重程度，基层也可能难以理解高层的决策的真正意图，从而降低决策的质量。

2. 降低决策的速度

规模较大的组织存在较多的管理层次，高层管理者远离基层员工。高层管理者高度集权的情况下，基层发生的问题需要经过层层请示汇报后才能到达高层，降低了决策的速度。

3. 降低组织的适应能力

若一个组织高度集权，基层管理者没有决策权凡事都要向上级请示和汇报，在快速变化的市场环境中，决策速度的降低意味着企业反应速度变慢，无法适应市场变化，满足市场需求，影响顾客满意程度，从而降低企业的竞争能力。

从另一个方面来说，在高度集权的情况下，高层管理者会陷入日常管理事务之中，难以抽出时间和精力来分析内外部环境，及时调整组织的发展战略和目标，错过战略变革和调整的最佳时机。

4. 降低组织成员的工作热情

由于组织中的权力高度集中，组织中其他成员没有机会参与到组织的决策中去，他们的积极性和主动性会受到打击，工作热情降低，从而影响到组织整体的工作效率。

第三节　授　　权

一、授权的概念和目的及必要性

1. 授权的概念

授权是指上级委授给下属一定的权力，使下属在一定的监督之下，有相当的自主权和行动权。授权者对被授权者有指挥权、监督权；被授权者对授权者负有汇报情况及完成任务的责任。

授权与分权虽然都与职权的下授有关，但两者也有明显区别。分权是在进行组织设计的时候，考虑到环境、组织规模以及组织活动的特点等因素，在岗位分析、职务和部门设计的基础上，根据各岗位任务的要求而规定必要的职责和权限，它是一种长期性质的行为；而授权则是让每个层次的管理者在实际工作中，为了充分利用人才的知识和技能或出现新的业务的情况下，将部分解决问题、处理业务的权力暂时授予下属的行为。组织内的高层管理者通过授权，可以了解下属处理问题的能力，如果下属的表现令人满意，才能长期地进行分权。

2. 授权的目的

组织的职权是帮助管理者实现组织目标的手段，授权的目的是让被授权者拥有足够的职权能够顺利地完成所托付的任务。因此，授权首先要考虑应实现的目标，然后决定为实现这一目标下属需要有多大的处理问题的权限。

授权，意味着上下级之间建立起某种形式的职权关系，上层管理者把职权委授给下级，也可以把职责分派给下级，但上层管理者不能把完成目标的责任转嫁给下级。责任是一种应承担的义务，对授权者来说，他不能因为授权给下级就可以完全解除他对下级应负的责任。因为下级的职权是上级授予的，职责是上级指派的，上级应对下级行使相应职权和完成职责的情况进行监督和指导。对被授权者来说，他对上级负有执行完成任务的全面责任。

3. 授权的必要性

授权的必要性如下：

(1) 管理宽度的限制。每个管理者由于时间、精力的限制，能够有效管理的下属人数是有限的，一旦超越了合理限度，就需要对下属进行授权，以使他们在各自的职责范围内进行决策。

(2) 经济、效率的制约。为了小事而误了大事被认为是不经济的，同样，事无巨细从头做起被认为是无效率的。上层管理者对下级合理授权后，才能从日常事务中解脱出来，专心处理重大问题。

(3) 知识的限制。有些专业的知识，管理人员无法全面通透掌握，需要通过专业人士去管理，因此需要对专业人士即相关的参谋、职能部门或个人进行授权。

(4) 培养管理人才的原因。为了使人才得到锻炼，增加其管理才能和工作责任心，应对其在合理范围内进行授权，使他们在实践中得到锻炼和提高。

知识链接

松下电器的创始人松下幸之助说过："当我的员工有100名时，我要站在员工前面指挥；当员工增加到1000名时，我必须站在员工中间，恳求员工鼎力相助；当员工增加到10 000人时，我只要站在员工后面心存感激即可。"

戴尔公司董事会主席迈克尔·戴尔说：任何一家公司若想成功，关键在于最高层人员能否与下属分享权力。

新希望集团董事长刘永好说：企业做大了，必须转变凡事亲力亲为的观念。一定要让职业经理人来做，强调分工合作。我原来一人管十几个企业，整天忙得不得了。后来自己明白了，是权力太集中，所以痛下决心，大胆放权。放权之后，我现在每天有七八个小时的时间学习。

二、有效授权的原则和要素

1. 有效授权的原则

有效授权必须掌握以下原则：

(1) 重要性原则。组织授权必须建立在相互信任的基础上，所授职权不能只是一些无关紧要的部分，要敢于把一些重要的权力或职权放下去，使下级充分认识到上级的信任和管理工作的重要性，把具体任务落到实处。

(2) 适度原则。组织授权还必须建立在效率基础上。授权过少往往造成主管工作量过大，授权过多又会造成工作杂乱无序，甚至失控，所以不能无原则地放权。

(3) 权责一致原则。组织在授权的同时，必须向被托付人明确所授任务的目标、责任及权力范围，权责必须 致。否则，被托付人要么可能会滥用职权并导致形式主义；要么会对任务无所适从，造成工作失误。

(4) 级差授权原则。组织只能在工作关系紧密的层级上进行级差授权。越级授权可能会造成中间层次在工作上的混乱和被动，伤害他们的负责精神，并导致管理机构的失衡，进而破坏管理的秩序。

2. 有效授权的要素

要想使授权具有充分而理想的效果，除了注意上述基本原则外，组织还必须提供相应的要素条件，其内容包括：

(1) 共享的信息。组织中的信息作为一种资源具有共享性。如果组织能够使员工充分地获取必要的信息资料，就会大大提高员工的积极性和工作的主动性。

(2) 知识与技能。组织必须对员工进行及时、有效的培训，以帮助他们获取必需的知识和技能。这种培训能够有效地帮助员工进行自主的决策，提高他们参与组织活动的能力，并为组织的团队合作和组织目标的实现打下扎实的基础。

(3) 权力。若要组织充分发挥团队的作用，就必须真正地放权给团队中的各个专家和基层人员，使每个成员都能根据工作过程实际情况进行适当的安排，这样，各种类型的权力才能够得到充分地发挥。

(4) 绩效奖励。组织应该制定合理的绩效评估和奖励系统，对组织成员的绩效贡献给予奖励。这种奖励系统应该既包括工资和利润提成，也包括一定的股权比例，如职工持股计划(ESOPs)等。

三、授权的过程

授权的过程大致可以分为以下几个基本阶段。

1. 授权诊断阶段

授权者应该重点对组织内部的权力分布状况进行全面的诊断，仔细分析是哪些因素导致了权力的不平衡和分配的不合理，进而识别在授权阶段所必须变革的基本要素。

2. 授权实施阶段

授权者首先要对诊断阶段所出现的不合理要素进行变革；然后努力创造和提供有效授权所必须具备的一些要素条件，如共享信息、知识与技能、权力和奖励制度等等。组织高层主管需要进一步清晰组织的目标和远景，使组织中的成员充分理解授权的基本要求。

3. 授权反馈阶段

授权者应将重点放在对授权实践之后员工绩效的考核上，使贡献优异的员工能够得到及时的回报反馈，这样，可以对授权的效果进行巩固，并对偏差及时地进行反馈和调整。

模块二 技能训练

实训目标

通过对企业的实地调查，了解企业的职权配置情况。

实训内容与要求

以结组的形式，到学校周边的企业调查其组织职权分配现状，分析其属于集权还是分权，并对其职权履行效率进行分析和评价。

模块三 管理案例

理论与实践的差距

王华明近来十分沮丧。

一年半前，他获得某名牌大学工商管理硕士学位。在毕业生人才交流会上，他凭着满腹经纶和出众的口才，力挫群芳，荣幸地成为某大公司的高级管理职员。由于他卓越的管理才华，一年后，又被公司委以重任，出任该公司下属的一家面临困境的企业的厂长。当时，公司总经理及董事会希望王华明能重新整顿企业，使其扭亏为盈，并保证王华明拥有完成这些工作所需的权力。考虑到王华明年轻，且肩负重任，公司还为他配备了一名高级顾问严高工(原厂主管生产的副厂长)，为其出谋划策。然而，在担任厂长半年后，王华明开始怀疑自己能否控制住局面。

他向办公室高主任抱怨道："在我执行厂管理改革方案时，要求各部门制定明确的工作职责、目标和工作程序，而严高工却认为，管理固然重要，但眼下第一位的还是抓生产、开拓市场。更糟糕的是他原来手下的主管人员居然也持有类似的想法，结果这些经集体讨论的管理措施执行受阻。倒是那些生产方面的事情推行起来十分顺利。有时我感到在厂里发布的一些命令，就像石头扔进了水里，只看见了波纹，过不了多久，所有的事情又回到了发布命令以前的状态，什么都没改变。"

思考：

1. 王华明和严高工的权力各来自何处？
2. 严高工在实际工作中行使的是什么权力？你认为，严高工作为顾问应该行使什么样的职权？

模块四 复习与思考

1. 什么是职权，组织职权有哪些基本类型？
2. 参谋职权和职能职权有哪些不同？
3. 衡量组织集权和分权程度的方法是什么？
4. 过分集权有哪些弊端？
5. 简述授权的原则和过程。

本 章 小 结

1. 职权是组织内部授予的指导下属活动及其行为的决定权。这些决定一旦下达，下属必须服从，它是组织赋予职位的，由在职人行使，并不会由于在职人发生变化而影响职权的效力。

2．组织内的职权有三种类型：直线职权、参谋职权和职能职权。

3．集权是指决策指挥权集中在组织层级系统中最高层次或接近最高层次的高层管理人员手中。下级部门和机构只能依据上级的决定、命令和指示办事。

4．分权是指决策指挥权在组织层级系统中较低管理层次上的分散。组织高层将一部分决策指挥权分配给下级组织机构和部门负责人，使他们充分行使这些权力，支配组织的某些资源，并在其工作职责范围内自主地解决某些问题。

5．衡量集权与分权程度可以从较低层次管理层次的管理者作出的决策的数量、决策的重要性、决策的影响面、决策审核的多少四个方面来分析。

6．影响组织集权和分权程度的主要因素有：组织规模的大小；政策的统一性；组织高层管理者的个性特征；下属的数量和素质；组织的可控性；组织的历史和文化；组织的外界环境等。

7．组织过分集权，会带来决策质量和速度下降，降低组织的适应能力和组织成员的工作热情。

8．授权是指上级委授给下属一定的权力，使下属在一定的监督之下，有适当的自主权和行动权。

9．有效授权应注意以下原则：重要性原则、适度原则、权责一致原则、级差授权原则。

10．授权的过程可以分为三个阶段：授权诊断阶段、授权实施阶段和授权反馈阶段。

第七章 领 导

模块一 基础知识

教学要求

(1) 掌握领导的内涵。
(2) 理解领导与管理的区别。
(3) 掌握领导者影响力的来源。
(4) 理解主要领导理论的关注点。
(5) 掌握领导班子的结构要求。
(6) 掌握领导者的时间管理方法。

技能要求

(1) 深入分析领导者影响力的来源以及其所发挥的作用。
(2) 能够从实践的角度，构建企业高效领导班子的结构。
(3) 结合领导实务，分析如何成为具有高执行力的领导者。

案例导入

管 理 风 格

某市建筑工程公司是个大型施工企业，下设一个工程设计研究所和三个建筑施工队。研究所由50名具有高中级职称的专业人员组成。施工队有400名正式职工，除少数领导和骨干外，多数职工文化程度不高，没受过专业训练。在施工旺季还要从各地招收400名左右农民工补充劳动力的不足。

张总经理把研究所的工作交给唐副总经理直接领导，并由他全权负责。唐副总经理是位高级工程师，知识渊博，作风民主。在工作中，他总是认真听取不同意见，从不自作主张，硬性规定。公司下达的施工设计任务和研究所的科研课题，都是在全所人员共同讨论、出谋献策取得共识的基础上，作出具体安排的。他注意发挥每个人的专长，尊重个人兴趣、爱好，鼓励大家取长补短、相互协作、克服困难。在他领导下，科技人员积极性很高，聪明才智得到了充分发挥，年年超额完成创收计划，科研方面也取得了显著成绩。

公司的施工任务由张总经理亲自负责。张总是工程兵出身的复员转业军人，作风强硬，对工作要求严格认真，工作计划严密，有部署、有检查，要求下级必须绝对服从，不允许自作主张、走样变形。不符合工程质量要求的，要坚决返工、罚款；不按期完成任务的扣发奖金；在工作中相互打闹、损坏工具、浪费工料、出工不出力、偷懒耍滑等破坏劳动纪律的都要受到严厉的批评、处罚。一些人对张总的这种不讲情面、近似独裁的领导方式很不满意，背地骂他"张军阀"。张总深深地懂得，若不迅速改变职工素质低、自由散漫的习气，企业将难以长期发展下去，于是他亲自抓职工文化水平和专业技能的提高。在张总的严格管教下，这支自由散漫的施工队逐步走上了正轨，劳动效率和工程质量迅速提高，第三年还创造了全市优质样板工程，受到市政府的嘉奖。

张总经理和唐副总经理这两种完全不同的领导方式在公司中引起了人们的议论。

领导是一种特殊的社会现象，在人们的日常生活和工作中，"领导"是一个使用频率很高的词汇。领导职能是管理的一项重要职能。在管理实践中，管理和领导经常被混淆，领导工作也是管理人员的根本职能。在任何社会和任何组织中，都离不开领导。大到一个国家的治理，小到一个企业的兴衰成败，都与领导的水平高低关系极大。从某种意义上讲，领导似乎是管理工作的人格化名词。这不仅仅是因为管理活动更集中反映在领导职能上，或实施管理职能的主体是领导，更重要的是由于领导职能勾勒出了全部管理工作的两条主线："工作与人"。

【案例启示】 在现实生活中，领导被诸多社会领域划分为不同类型，被等级和高低划分为不同层次。对潜藏在不同领域和不同层次领导背后的，具有通性的领导原理和领导艺术的提炼和研究，有助于提高领导的有效性。每一位管理者都应努力把自己塑造成一个有效的领导者。

第一节 领 导 概 述

一、领导概述

1. 领导与领导者

关于"领导"一词，通常有两种解释。其一为名词(Leader)，在口头上人们经常把组织者或领导者称为领导；其二为动词(Leadership)，指领导的活动。在《中国企业管理百科全书》中，领导为"率领和引导任何组织在一定条件下实现一定目标的行为过程"。

领导者，就是组织中发挥领导作用的人，对于正式组织来说，是指具有一名以上下属的各级主管。在企业中，下至班组长，上至厂长、经理都是领导者，分别称为班组领导、车间领导、公司领导等。由于基层主管主要负责实施企业决策，因此大多数有关领导的研究主要是针对组织上层主管所面临的种种问题而进行的。

作为动词的领导(即领导活动)的具体内涵，国内外的学者有许多不同的认识和表述。其中最有影响力之一的就是哈罗德·孔茨(Harold Koontz)所提出的："领导是一种影响力，它是影响人们心甘情愿地和满怀热情地为实现群体目标努力的艺术或过程。"他还认为："领导是一种影响过程，即领导和被领导者个人的作用和特定的环境相互作用的动态过程。"

由孔茨的观点，我们可以得出领导内涵有三层含义：

(1) 领导必须有领导者与被领导者。领导是两个人或者更多人之间的一种关系。领导一定要与群体或组织中的其他人员发生联系，这些人就是领导者的下属，或者说是领导的对象。

(2) 领导者拥有影响被领导者的能力或力量。领导者与其下属可以相互影响，但两方面的影响力是不同的。领导者对其下属的影响力要远大过其下属对领导者的影响力，正因如此，领导才得以实现。

(3) 领导的目的是通过影响被领导者来达到组织的目标。领导要有目标，即一切领导行为必须指向组织或群体目标，目的性是领导过程的突出特征。换句话说，领导是在领导者、被领导者、客观环境三者的动态平衡中实现组织(群体)目标的过程。

2. 领导者的作用

领导工作在组织中起着协调个人的需求和组织的要求的作用。在一个组织中，一方面有着周密合理的计划、精心设计的组织结构和有效的控制系统；另一方面，组织的成员有被人了解和激励的需求，有为实现组织的目标尽其所能作出贡献的需要。领导的作用就是将这两个方面结合起来、协调起来。所以，领导作用的发挥是与领导的权力和领导的艺术成正比的，主要体现在指挥、协调、激励及沟通四个方面。

1) 指挥作用

领导的指挥作用是指下达命令或指示使下属充分理解组织的目标和任务，它是领导工作的重要组成部分。指挥的基础是职位权力，这是一种靠行政权力施加影响的活动。

2) 协调作用

领导的协调作用是追求个人目标与组织目标的协调一致。它不是一般的协调作用，而主要是靠感召和造势来实现的。

3) 激励作用

领导者既要懂得激励理论和各类激励因素，又要有能力把这方面的知识根据具体人和具体情况加以应用。领导者越是能够了解下属的需求和愿望并给予合理满足，就越能够调动下属的积极性，使之能为实现组织目标作出更大的贡献。

4) 沟通作用

领导者与下属之间愈有效地、准确地、及时地沟通联络，整个组织就愈会成为一个真正的整体。

管理故事

拿破仑"冲啊"

拿破仑在一次作战时，遭遇敌军顽强的抵抗，人员损失惨重，形势非常危险。拿破仑也因一时不慎掉入泥潭中，被弄得满身泥巴，狼狈不堪。

可此时的拿破仑浑然不顾，内心只有一个信念，那就是无论如何也要打赢这场战斗，只听他大吼一声："冲啊！"

他手下的士兵见到他那副滑稽模样，忍不住哈哈大笑起来，但同时也被拿破仑的乐观自信所鼓舞。

一时间，战士们群情激昂、奋勇当先，终于取得了战斗的最后胜利。

二、领导与管理

由领导的内涵可见，领导者与管理者并不完全相同。领导者必然是管理者，而管理者并不一定都是领导者。在一般情况下，领导者与管理者的区别，并不能明显地划出一个界限，因为一般领导者必然是管理者，也就是说，领导者具有双重的角色。正是由于领导者具有这种双重的角色，使人们很容易把领导者与管理者混为一谈。但作为领导者或管理者本身，则应认真区别，即在组织中和管理过程中，应时刻注意自己所充当的角色。

事实上，领导职能与管理职能、领导者与管理者是既相互联系，又相互区别的，主要表现在：

(1) 领导职能是管理职能的一部分，可以说管理职能的范围要大于领导职能。

(2) 领导和管理活动的特点和着重点有所不同。领导活动是与人的因素密切关联的，侧重于对人的指挥和激励，更强调领导者的影响力、艺术性和非程序化管理；而管理活动更强调管理者的职责以及管理工作的科学性和规范性。

(3) 如果把组织中的工作人员划分为管理人员和作业人员，则从理论上分析，所有的管理者都应该是领导者。因为不管他们处在什么层次，都或多或少地肩负着指挥他人完成组织目标的任务，因此都应成为拥有管理权力并能影响或促使组织成员努力实现既定目标的人。但是，现实中的管理者并不都能使自己成为这样的领导者，尽管他们表面上都处于领导的职位。这类管理者也许会在计划、组织和控制等职能方面做得非常出色，但只要不能有效地发挥对他人的领导作用，不能既居领导之"职"同时亦行领导之"能"，那么他就不可能是名副其实的领导者。另一方面，一个人可能是领导者，却并非是管理者。这是因为除正式组织外，社会上还存在着各种各样的非正式组织，作为非正式组织的领袖，他们并没有正式的职位和权力，也没有义务确立完善的计划、组织和控制职能，但是他们却能对其成员施加影响，起到激励和引导的作用，因此他们也被称为领导者。

三、领导活动的基本要素与特征

1. 基本要素

高效的领导活动，应至少由四项要素构成，即领导者、被领导者、领导目标和领导环境。

(1) 领导者。这是领导活动四要素中最关键的要素，是领导活动的主体，处于主导地位。"火车跑得快，全靠车头带"生动形象地说明了领导者对组织活动的决定性作用。

(2) 被领导者。被领导者是相对于领导者来说的，是指在社会共同活动中处于被领导地位的人员。被领导者是领导活动中的基本要素。

被领导者在领导活动中身兼二任：对领导者来说，他们是客体；对群体目标来说，他们又与领导者共同构成了活动主体。离开了被领导者，领导者就无法实施领导活动。

被领导者并不是单纯意义上的被支配者。一是被领导者与领导者的对应性存在，构成领导者具有实际意义与作用的条件；二是领导者与被领导者从来不是天生的和一成不变的，二者的位置具有调整的可能性。

被领导者这种被领导的和主体的地位，要求他们必须做到：服从领导、支持领导、监督领导，乃至参与领导。被领导者对其所在组织或团体的关心程度，他们自身的素质和能力等条件，以及对本职工作的主动性和积极性等，对于提高领导活动成效，具有举足轻重的作用。

(3) 领导目标。领导目标是指领导活动所要达到的预期结果。如果没有明确而又正确的目标，领导活动就难以有效进行。

(4) 领导环境。领导环境是指领导者实施领导所面临的周围境况，是领导活动的基本要素之一。

领导环境可分为微观环境和宏观环境两种：微观环境是指领导者所处的具体工作环境，诸如群体组织、人际关系、物质条件、人员素质等；宏观环境是指领导者所处的自然状况、时代特征和社会环境，诸如地质地理、天文气象、政治、经济、文化、教育、科技、思想、道德、制度、传统、习俗等。任何领导活动总是同客观存在的物质世界乃至人们的精神世界发生各种各样的联系，并受其影响和制约。环境影响领导者和组织成员的情绪；影响领导方式和方法；影响领导职能的发挥；影响领导者的作风和素养。领导活动正常、高效地运行，离不开对环境的认识、适应、利用和改造。

2．基本特征

(1) 权力。领导的核心是权力，领导者之所以能够实现对下属的领导，其基础就是权力。领导是由权力派生而来的。领导的权力包括正式权力和非正式权力。

(2) 责任。责任与权力是对等的，领导者在拥有权力的过程中，必须履行责任。责任是领导者权力的象征。如果有责无权，领导者就无法尽责；如果有权无责，就会产生各式各样的官僚主义和滥用职权的行为，两者必须是统一的。

(3) 服务。领导就是服务。领导者应重视服务的观点，不仅强调领导者对被领导者的服务，公司、组织对顾客的服务，同时也强调上级为下级服务、政府部门为企业服务等观点。

综上所述，领导活动的基本特征就是权力、责任和服务的统一，三者相互联系，相互制约，缺一不可。权力是手段，责任是内容，服务是核心。任何一个领导者只有把这三者有机地统一起来，才能充分体现领导活动的本质。

四、领导者影响力的来源

领导的本质就是影响力，这种影响力来自领导所掌握的权力。

所谓权力，指的是一个人(A)借以影响另一个人(B)的能力。这个定义中实际上假设，B对自己的行为有一定的自主权，但出于对 A 在某方面资源的依赖，使得 A 能借此影响 B去做他可以不做的事。可见，依赖关系是一个人可以对另一个人行使权力的基础。B 对 A的依赖性越强，则在他们的相互关系中 A 所拥有的权力就越大。所以，如果说"影响"是权力的表现和权力使用的结果，那么从权力的来源来看，权力就是对资源拥有者的一种依赖性。依赖和权力关系的建立，是与 A 相对于 B 所拥有的重要而且稀缺资源的不可替代性相关联的。首先，如果 B 对 A 掌握的资源不感兴趣，那就谈不上什么依赖和权力关系。其次，这种被看重的资源是否相对稀缺，也是形成权力关系的另一个条件。假如某种资源非常充足，则拥有这种资源实际上并不会增加这个人的权力。譬如，要是大家都富有智慧，那某人的智慧就没有特殊价值了。同样，对富豪来说，金钱就不是一种能影响他的行为的权力基础。因此，稀缺的资源才能使他人依赖于你。权力关系形成的第三个条件，就是资源的不可替代性。一种资源越是没有替代物，则该资源的控制者所拥有的权力就越大。如果一个员工相信除了目前的工作外，在别的地方他还有许多满意的就业机会，这种情况下他就不用担心被解雇，而他的主管人员就会发现，此时以解雇作为威胁手段试图影响这位下属的行为就一定是不可能的。由此说明，资源的重要性、稀缺性和不可替代性，三者共同决定了权力与依赖关系的性质和强度。

美国管理学家约翰·弗伦奇(John French)和柏崔姆·瑞文(Bertram Raven)认为，根据权力来源的基础和使用方式的不同可以把权力划分为两个方面、五种类型：一是来源于组织赋予的权力，称为职位权力(Position Power)或正式权力，主要包括法定权、奖赏权和惩罚权；二是来源于领导者的个人权力(Personal Power)或称非正式权力，主要包括感召权和专长权。

1. 法定权

法定权指组织内各管理职位所固有的法定的、正式的权力。这种权力来自于领导者在组织中担任的职务，来自于下级传统的习惯观念，即下级认为领导者拥有的职务权力是合理、合法的，得到了社会公认的，他必须接受领导者的影响力。例如，在政府和企业等层级组织中，上级在自己的职责范围内有权给下级下达任务和命令，下级必须服从；足球比赛中场上的裁判有权判定是否犯规或是否得分，并有权用出示黄牌或红牌的方式提出对球员的警告或处罚，球员必须服从；老师有权布置作业，出试题和评定成绩，学生必须服从等。

拥有法定权并不意味着权力可以滥用，被领导者也拥有宪法、劳动法、合同法、工会等法律和规章制度赋予他们的法定权力，他们凭借这种权力也可以有效地影响和抵制领导者不当的领导行为。

2. 奖赏权

奖赏权指决定提供报酬、奖赏的权力。如经理可以根据情况给下级增加工资、提升职务、进行表扬等。被领导者意识到服从领导者的意愿会给他们带来积极的奖励，由此会产生服从行为。所以，奖赏权源于被领导者期望得到奖励的心理，这种心理期望越强烈，被领导者受领导影响的程度就越高。

奖赏性权是否有效，关键在于领导者要确切了解被领导者的真实需要。人们的需要是多方面的，不一定都是金钱或职位提升，所以必须采用适当的方式针对性地雪中送炭才能取得良好的效果。

被领导者也拥有某种奖赏权。例如对领导者的忠诚、顺从，更加积极地忘我工作，为了组织利益不计个人安危的英雄行为，甚至对领导者的热情招呼、演讲后的热烈鼓掌等，都可以看做被领导者对领导者的奖赏。这种奖赏权也能有效地影响领导行为。

3. 惩罚权

惩罚权也称为强制权，是指通过强制性的处罚或剥夺而影响他人的权力。例如批评、罚款、降职、降薪、撤职、除名、辞退、开除、起诉等，或者调到偏远、劳苦、无权的职位上去。这实际上是利用被领导者对惩罚和失去既得利益的恐慌心理而影响和改变他的态度与行为。

应当注意，惩罚权虽然十分必要，见效也很快，但毕竟是一种消极性的权力，更不是万能的，因此务必慎用。如果使用不当，可能产生严重的消极后果。例如，被领导者在合法范围内拥有消极怠工、抗议、上访、静坐、游行、示威、罢工等权力，员工可以利用这种合法权力来对领导者的不当行为进行惩罚，甚至引发不应有的暴力事件。

4. 感召权

感召权是由于领导者拥有吸引别人的个性、品德、作风而引起被领导者的认同、赞赏、钦佩、羡慕而自愿地追随和服从他。例如，无私工作、刚正不阿、主持正义、清正廉洁、思路敏捷、开拓创新、不畏艰险、有魄力、关心群众疾苦、保护下属利益、倾听不同意见、结交下层朋友等模范行为，都会引来大批追随者，形成巨大的模范权力。

感召性权力的大小与职位高低无关，只取决于个人的行为。不过具有高职位的人，其模范行为会有一种放大的乘法效应。一些行为对普通人来说可能是很平常的事，但对某些高层领导者就会变成非常感人的模范行为，产生巨大的感召性权力。但是任何组织中，总是会有很多没有任何职位的人，他们往往也会有巨大的感召性权力，成为非正式的群众领袖。他们对人们的影响力可能远远大于拥有正式职位的领导者。

5. 专长权

专长权是来自专长、特殊技能或知识的权力，是指因为领导者在某一领域所特有的专长而影响他人。例如，一位医术精湛的医生在医院中具有巨大的影响力；一位著名学者可能没有任何行政职位，但在教师和学生中拥有极高的权威性和影响力等。

正所谓"闻道有先后，术业有专攻"。任何领导者绝对不可能在所有领域内都具有专长权，所以对组织中正式职位的领导者而言，只要在他工作职责范围内具有一定的专长权即可，而不必要求其一定是某一领域的专家。例如，大学校长需要具有正确的办学理念，能充分尊重和依靠各领域的专家教授，能筹集到足够的办学经费等能力，而不一定非要"院士"不可。实践证明，许多院士在本领域有专长权、有追随者、有无可争辩的权威地位，但面对全校错综复杂的局面往往一筹莫展。这样既耽误了组织的发展机遇，又浪费了专家的宝贵精力，耽误了专长业务的长进，给组织和个人都带来不可挽回的损失。

第二节 领 导 理 论

领导理论的研究从欧美开始，至今已有一百多年的历史。研究有关领导问题的理论可以归结为三类：特质理论、行为理论和权变理论。

领导特质理论认为，有效的领导者可以从领导者个人的性格特征中识别；领导行为理论认为，领导者最重要的方式不是领导者个人的性格特征，而是领导者实际在做什么，有效的领导者以他们特殊的领导作风区别于那些不成功的领导者；领导权变理论认为，有效的领导者不仅取决于他们的行为方式，而且还取决于他们所处的环境。

一、领导特质理论

特质理论是最早对领导活动及其行为进行系统研究的尝试。特质理论侧重于研究领导人的心理、性格、知识和能力等方面的特征，试图探求一种有效领导者的标准，即从优秀的人物身上寻找共性的特征，了解他们能够区别于无效的领导者的关键决定因素。

1949年以前，早期的领导特质理论研究集中于找出领导者实际具有的特质，以期预测具备哪些人格特质的人最适合担任领导者。他们认为领导者的特性或品质是天生的，天赋是一个人能否充当领导者的根本因素，如吉普(J.R.Gibb)和拉尔夫·斯托格迪尔(Ralph M.Stogdill)的理论观点。现代领导特质理论一反早期领导特质理论强调遗传、天赋的观点，而认为领导者的个性特征和品质是在后天实践中形成的，并且可以通过培养和训练加以造就，因此领导是一个动态的过程。威廉·包莫乐(W.J.Baumol)和吉赛利(E.Ghiselli)等人的观点在这一方面具有一定的代表性。

1. 斯托格迪尔的领导个人因素论

心理学家拉尔夫·斯托格迪尔是"伟人论"的主要代表人物之一。他在进行大量的研究之后，把领导特质归纳为六大类：

(1) 五种身体特征，如精力、外貌、身高、年龄、体重等；

(2) 两种社会性特征，如社会经济地位、学历等；

(3) 四种智能特征，如果断性、说话流利、知识渊博、判断分析能力强等；

(4) 十六种个性特性，如善良、可靠、勇敢、责任心强、有胆略、力求革新与进步、直率、自律、有理想、良好的人际关系、风度优雅、胜任愉快、身体健康、智力超群、有组织能力、有判断力等。

(5) 六种与工作有关的特征，如责任感、事业心、毅力、创造性、坚持、关心别人等；

(6) 九种社交特征，如能力、合作、声誉、人际关系、老练程度、正直、诚实、权力的需要、与人共事的技巧等。

2. 吉普的天才领导者特点论

心理学家吉普提出，天才的领导者应具备七类个性特点：外表英俊潇洒，有魅力；善言辞；智力超群；具有自信心，心理健康；善于控制和支配他人；性格外向；灵活敏感。

3. 包莫乐的领导品质论

美国普林斯顿大学的威廉·包莫乐通过对领导者应具备的条件的研究，提出了一个领导者应具备以下十个方面的条件：

(1) 合作精神，即愿意与他人一起工作，能赢得他人的合作，对他人不是压服，而是感动和说服。

(2) 决策能力，即依赖事实而非想象进行决策，具有高瞻远瞩的能力。

(3) 组织能力，即能发掘下属的才能，善于组织人力、物力和财力。

(4) 精于授权，即能大权独揽，小权分散。

(5) 善于应变，即机动灵活，善于进取，而不抱残守缺、墨守成规。

(6) 敢于求新，即对新事物、新环境和新观念有敏锐的感受能力。

(7) 勇于负责，即对上级、下级和产品用户及整个社会抱有高度的责任心。

(8) 敢担风险，即敢于承担企业发展不景气的风险，有创造新局面的雄心和信心。

(9) 尊重他人，即重视和采纳别人的意见，不盛气凌人。

(10) 品德高尚，即品德上被社会人士和企业员工所敬仰。

4. 吉赛利的领导品质论

美国管理学家吉赛利在其《管理才能探索》一书中，研究了八种个性特征和五种激励特征。

八种个性特征是：督查能力、才智、自信、决断能力、亲近下属、首创精神、成熟程度、性别。

五种激励特征是：事业心成就欲、自我实现欲、对安全保障的需要少、不要高额金钱报酬、权力需求高。

在这十三种特征中，吉赛利认为，对领导者而言，督查能力、事业心成就欲、才智、自我实现欲、自信、决断能力非常重要，性别最不重要。

领导特质理论为探索领导的有效性，对领导者先天的和后天培养的特性进行了充分的研究。但是，由于特质理论仅着重于领导者的内在特质，且其解释具有明显的缺陷，故对领导现象进行科学化研究的任务是由领导行为理论完成的。

领导特质理论的缺陷主要表现在以下几点：第一，研究者对有效领导者具备的特质及各种特质相对重要性的认识，在理论上的论述很不一致，甚至相互冲突；第二，忽视了被领导者对领导有效性的影响；第三，忽视了情境因素对领导有效性的影响。

二、领导行为理论

由于领导特质理论没有令人信服的显著研究成果，人们发现领导才能与追随领导者的意愿都是以领导方式为基础的，所以许多学者和企业界人士开始从研究领导者内在的特征转移到研究领导者外在行为上，这就产生了领导行为理论。

领导行为理论认为，依据个人行为方式可以对领导进行分类。人们认为如果对领导者的行为有一个合理的分类，区分出有效的领导行为与无效的领导行为，就可以通过行为训练使人们成为领导者。然而，至今还没有一种公认的"最好的分类"，学者提出的各种分类方法之间存在着明显差异。综合分析发现这些行为理论大致可以分为两大类：一类是基于职权运用角度进行研究的领导行为理论，这类研究主要有科特·勒温(Kurt Lewin)及其同事的研究、罗伯特·坦南鲍姆(Robert Tannenbaum)和沃伦·施密特(Warren H. Schmidt)的研究、伦西斯·利克特(Rensis Likert)的研究等；另一类是基于行为与态度取向角度的研究，这类研究主要有领导行为四分图理论、罗伯特·布莱克(Robert R. Blake)和简·莫顿(Jane S. Mouton)的管理方格理论等。

下面着重介绍几种比较有代表性的领导行为理论。

1. 勒温的三种领导方式理论

心理学家勒温是较早进行领导方式研究的学者。他以权力定位为基本变量，通过大量试验研究领导者如何利用职权对下属群体行为进行影响。他把领导者在领导过程中表现出来的领导方式分为三种基本类型：专制型、民主型和放任自流型。

1) 专制型领导方式

专制型领导方式将权力定位于领导者个人。领导者靠权力和强制命令进行领导。其主要特点是：

(1) 独断专行，从不考虑别人的意见，所有决策都由领导者自己决定。

(2) 领导者大权独揽，不把任何消息告诉下属，下属没有参与决策的机会，而只能察言观色，奉命行事。

(3) 具有专制作风的领导者主要靠行政命令、纪律约束、训斥和惩罚进行领导工作，偶尔奖励。

(4) 与别人谈话大多是以命令、指示的口吻。

(5) 采取专制方式的领导者很少参加群体的活动，与下属缺乏感情交流，保持着相当的心理距离。

2) 民主型领导方式

民主型领导方式是将权力定位于群体，领导者靠以理服人、以身作则进行领导的领导方式。他们使下属真正参与到工作中，各尽其能，各展所长，分工合作。民主型领导方式的主要特点是：

(1) 所有的政策是在领导者的鼓励和协助下由群体讨论决定的，而不是由领导者单独决策。所有的决策、政策都是领导者与下属集体智慧的结晶。

(2) 民主型的领导者分配工作时会尽量照顾到个人的能力、兴趣和爱好。

(3) 在工作中，给下属施展才华的空间，对下属的工作不安排过细，保证下属有较大的工作自由。

(4) 在工作中，主要使用非正式的权力和权威，与别人谈话时多使用商量、建议和请求的口吻。

(5) 该类领导者积极参加集体活动，经常同下属进行情感交流，与下属无心理上的距离。

3) 放任自流型领导方式

放任自流型领导方式将权力定位于组织中的每一个成员，工作事先无布置、事后无检查，一切悉听尊便，毫无规章制度可言。这种类型的领导方式主要有以下特点：

(1) 对工作缺乏积极性和主动性，极少运用其权力。

(2) 在决策过程中放弃领导职责，一切措施由团体成员自我摸索，自行确定，领袖不插手、不干扰。

(3) 只布置工作任务，在工作中放任自流，既不监督执行情况，也不检查评估工作成果。

勒温在实验中发现，在专制型领导的团体与民主型领导的团体中，成员间的关系与成员行为有着巨大的差异，具体内容如表 7-1 所示。

表 7-1　成员关系与成员行为差异

	专制型领导	民主型领导
成员的言论	成员之间经常发表一些攻击性言论	成员间比较友好
团队意识	服从领导，但表现出的自我或引人注目的行为较多，经常以自我为中心	以工作为中心的接触；成员很少使用"我"字，更具有团队意识
面对挫折	彼此推卸责任或进行人身攻击	团结一致，尽力解决问题
领导暂时离开	工作热情会大大下降，也无人代替领导进行管理	像领导在场一样继续努力工作
对待团体活动	没有满足感	有较高的满足感

勒温通过大量实验得出如下结论：在以上三种方式中，放任自流型领导方式工作效率最低，只能达到组织成员的社交目标，但不能完成工作目标；专制型领导方式虽然通过严格管理能够达到工作目标，但群体成员没有责任感、情绪消极，士气低落，争吵较多；民主领导方式工作效率最高，不但能完成工作目标，而且组织成员间关系融洽，工作积极主动，富于创造性。

但是，研究者后来发现了更为复杂的结果。民主领导方式在有些情况下的确比专制领导方式工作绩效更好；而在另一些情况下，前者带来的绩效可能与后者相当甚至比后者更低。关于群体成员工作满意度的研究结果则与以前的研究结果相一致，即通常在民主领导方式下，成员的工作满意度会比在专制领导风格下的工作满意度高。

在实际的组织中，很少有极端型的领导，大多数领导都介于三种类型之间，即为混合型。勒温能够注意到领导者的风格对组织氛围和工作绩效的影响，区分出领导者的不同风格和特性并以实验的方式加以验证，这对实际管理工作和有关领导行为的研究是非常有价值和借鉴意义的。许多后续理论如坦南鲍姆和施密特的领导行为连续统一体理论等都是从勒温的理论发展而来的。

2. 领导行为连续统一体理论

坦南鲍姆和施密特在 1958 年提出了"领导行为连续统一体"理论。这种理论认为领导行为是包含了各种领导方式的连续统一体，专制型和民主型只代表着两种极端的领导方式，在它们之间还存在着七种有代表性的中间状态的领导方式，见图 7-1。

领导行为连续统一体理论认为，在这一系列的领导方式中，判定哪种是有效的领导方式，是要受到多种因素影响的，它主要取决于领导者、下属和情境三方面。

(1) 领导者方面。影响对领导方式选择的因素包括领导者的价值观体系、对下属信任程度、对某些领导方式的偏好与习惯以及领导者的个性等。

(2) 下属方面。诸如是否愿意承担责任、独立性的需要程度、对不确定情况的安全感、对组织目标是否理解等因素都会影响领导者对领导方式的选择。

(3) 情境方面。情境方面的影响因素包括组织的规模、组织的价值准则和传统、集体协作经验以及时间压力等等。

两位学者认为，谈不上哪种领导方式是正确的，哪种是错误的。因为领导应当根据具体情况，考虑各种因素选择图 7-1 中的某种领导方式。1973 年坦南鲍姆和施密特在重新研究他们的模式时，在它的周围加了两个半径不同的同心圆，以此表示组织环境和社会环境对领导方式施加的影响。总之，领导行为连续统一体理论认为，有效的领导者应该能够根据自己的能力、下属的能力和需要完成的任务，在连续带中选择出合适的领导方式。

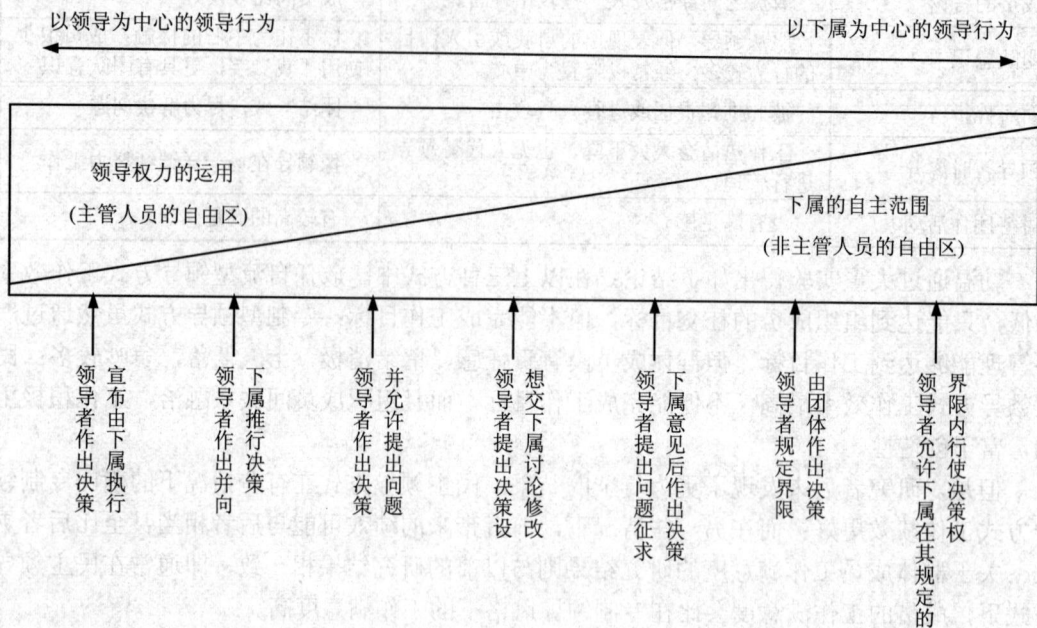

以领导为中心的领导行为   以下属为中心的领导行为

领导权力的运用

（主管人员的自由区）

下属的自主范围

（非主管人员的自由区）

领导者作出决策宣布由下属执行

领导者作出并向下属推行决策

领导者作出决策并允许提出问题

领导者提出决策设想交下属讨论修改

领导者提出问题征求下属意见后作出决策

领导者规定界限由团体作出决策

领导者允许下属在其规定的界限内行使决策权

图 7-1   领导行为连续统一体

3. 利克特的四种管理方式

美国密执安大学的利克特教授与他的同事以工业、医院、政府等众多的组织中的领导者为研究对象，对领导方式与作风进行了长达 30 年的研究。他们将领导行为划分为以工作为中心和以员工为中心两个维度。以员工为中心的领导者将注意力集中于下属中人的因素和建立高效率的小组上，重视人际关系；以工作为中心的领导者把注意力集中于计划工作细则、安排、协调下属工作等方面，更强调工作的技术或任务事项，重视工作任务的完成情况。在实际工作中，领导者在以员工为中心的领导者和以工作为中心的领导者中间只能二者取其一。但是，利克特建议：应尽可能地发展以员工为中心的领导方式。

利克特在 1961 年出版的《管理新模式》一书中，介绍了四种领导管理方式。

(1) 专制—权威式。采取这种领导方式的领导者非常专制，很少信任下属；多采用惩罚的方式，偶尔兼用奖励来激励下属；采用自上而下的沟通方式。

(2) 开明—权威式。采取这种领导方式的领导者对下属有一定程度的信任和信心，授予下属一定的决策权，但控制权仍牢牢掌握在自己手中；采取赏罚并用方法激励下属；会向下属征求一些想法和意见，允许一定程度的自下而上的沟通。

(3) 协商式。采用这种领导方式的领导者对下属抱有相当大的但又不是完全的信任，允许下属就具体问题进行决策，并在某种情况下进行协商；采取主要奖赏、偶尔惩罚的方式激励下属；通常采纳下属的想法和意见，沟通方式是上下双向的。

(4) 群体参与式。采用这种领导方式的领导者对下属在一切事务上都抱有充分的信任和信心，鼓励各级组织作出决策或者本人作为群体成员与下属一起工作；鼓励下属多参与组织各项事务如参与确定目标和评价实现目标进展，在此基础上给予物质奖励；总是向下属征求设想和意见，并积极地加以采纳；经常进行上下级之间和同事之间的沟通。

利克特认为这四种管理方式中群体参与式是最有参与性的方式。只有参与式的管理方式才能实现真正有效的领导，才能做到在设置和实现目标方面最有效率、最富有成果。

4．领导行为四分图理论

1945 年俄亥俄州立大学的一组研究人员在斯托格迪尔和卡罗尔·沙特尔(Carroll H. Shartle)的领导下，开始对领导问题进行广泛的调查。开始的时候他们列出了 1000 多个描述领导者行为的因素，后来研究人员将冗长的原始领导行为调查表减少到 130 个项目，并最终将领导行为的内容归纳为两方面，即以人为重和以工作为重。

以人为重，是指以人际关系为中心，领导者注重建立与下属之间良好的人际关系。领导者在工作中尊重下属的看法与情感，并建立两者之间的友谊和信任关系，包括营造相互信任的气氛，给下属以较多的工作主动权，体贴、关心并注意满足下属的合理需要，作风民主，平等待人等。

以工作为重，是指为了实现工作目标，领导者界定和构造领导者与下属间的工作关系，即建立明确的组织模式、意见交流渠道和工作程序，包括设计组织机构，明确责权关系和沟通方法，确定工作目标、要求及交代任务的方式，制订工作程序、工作方法和制度等。

根据这两个方面，他们设计了"领导行为调查问卷"，每类列举了 15 个问题，进行调查。结果表明，以人为重和以工作为重并不是一个连续统一体的两个端点，而是这两方面常常同时存在，只是强调的侧重点有所不同。而且这两个方面在一个领导者身上有时一致，有时并不一致。因此，领导者的行为可以看做这两个方面的具体组合。领导者的行为可以用两维空间的四分图来表示，如图 7-2 所示。

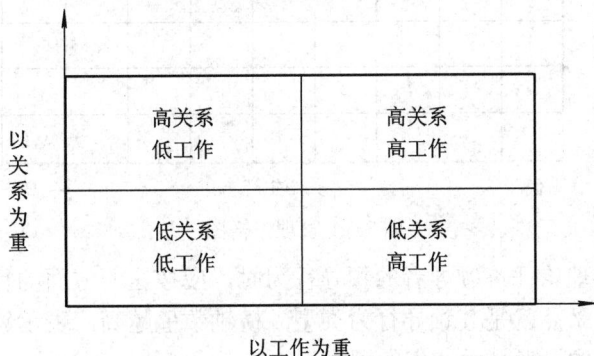

图 7-2　领导行为四分图

根据图 7-2 可以鉴别领导，评定领导的类型。

(1) 高关系、低工作的领导行为对人十分关心，注重关心领导者与下属之间的合作，重视营造相互信任和尊重气氛；对工作缺乏关心，是以人为中心的领导方式。

(2) 高关系、高工作的领导行为将对人的关系和对工作的关心放在同等重要的地位，既能保证任务的完成，又能充分满足人的需要，这种领导行为的效果较好。

(3) 低关系、低工作的领导行为既不关心人，也不重视工作，一般来说，这种领导行为的效果较差。

(4) 低关系、高工作的领导行为对工作效率、工作任务和目标的完成都非常重视,但忽视人的感情和需要,是以工作任务为中心的领导方式。

研究发现,在工作和关系两方面均高的领导者即第二种类型常常比其他三种类型的领导者更能使下属取得高的工作绩效和满意度。但是,这种风格并不总能产生积极效果。比如当工人从事常规性任务时,高工作特点的领导行为会导致高抱怨率、高缺勤率和高离职率,员工的工作满意水平也较低。研究还发现,领导者的直接上级主管对其进行的绩效考评等级与高关系性负相关。总之,俄亥俄州立大学的研究表明,一般来说,"高—高"风格能产生积极效果,但同时也有足够的特例表明这一理论还需要加入情境因素。

5. 管理方格图理论

管理方格图理论(Management Grid Theories)是研究领导方式及其有效性的理论,是由美国得克萨斯大学的行为科学家布莱克和莫顿在 1964 年出版的《管理方格》一书中提出的。

两位学者采用图表的方式发展了领导行为的四分图理论。他们指出:在对人关心的领导方式和对生产关心的领导方式之间,可以有使二者在不同程度上相互结合的多种领导方式。该理论将对人的关心度和对工作的关心度分别进行九等分,这样在二维平面上就形成了 81 个方格,如图 7-3 所示。这样就把领导者的领导行为划分成许多不同的类型。

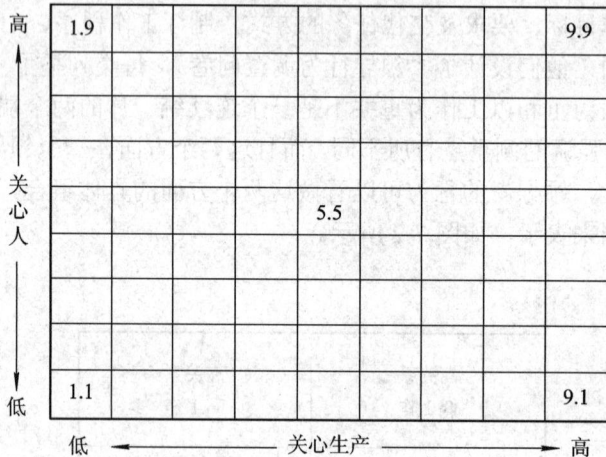

图 7-3 管理方格图

根据管理方格图理论评价领导者的领导行为时,应按这两方面的行为程度在方格图中寻找交叉点,这个交叉点就是其领导行为类型。横轴数值越高,表示领导者越关心生产;纵轴数值越高,表示领导者越关心人的因素。

布莱克和莫顿在管理方格图中列出了五种典型的领导行为:

(1) 1.1 为贫乏型领导方式。领导者希望以最低限度的努力来实现组织目标和维持人际关系,既不关心下属也不关心生产,是一种不称职的领导行为。

(2) 1.9 为俱乐部型领导方式。领导者不关心工作效率,也不注重生产结果,只注意搞好人际关系,组织内的员工都能轻松、友好、愉快地相处,这是一种轻松的领导方式。

(3) 9.1 为任务型领导方式。领导者十分关注工作效率和生产任务的完成情况,很少关心下属的成长和工作热情,是一个只关心生产不关心人的领导者。

(4) 9.9 为团队型领导方式。领导者既关心人,也关心生产,善于将组织集体的目标和个人目标有机结合，通过协调配合各项活动、各种关系，使对二者的关心一体化，以提高工作热情，促进生产，是一种最有效的领导方式。

(5) 5.5 为中间型领导方式。领导者对人和生产的关心度虽然都不高，但能够保持平衡。这种领导行为追求正常的效率和令人满意的工作热情，但是创新不够，是一种中间式领导。

布莱克和莫顿组织了很多研讨会来探讨到底哪一种领导行为最好，绝大多数与会者认为 9.9 团队管理型最佳，其次是 5.5 中间型。

管理方格图理论是培养有效的领导者的有效工具，它提供了一种衡量领导者所处领导形态的模式，可使领导者较清楚地认识到自己的领导行为，并掌握改进的方向。

总体来说，在领导行为类型和群体工作绩效之间的一致性关系方面，众多的领导行为理论达成了共识。但是，领导行为理论的缺陷在于，没有重视影响领导成功与失败的情境因素。在这一点上，领导权变理论有效地弥补了行为理论的不足。

三、领导权变理论

随着领导特质理论和领导行为理论研究的进一步深入，很多研究者开始将关注的目光投向情境因素的影响方面，相应地产生了领导权变理论(Contingency Theories of Leadership)。领导权变理论又称为领导情境理论，主要研究与领导行为有关的情境因素对领导效力产生的潜在影响。每一种具体的领导方式都不是放之四海而皆准的，有效的领导行为应随着被领导者的特点和环境的变化而变化。"权变"一词有"随具体情境而变"或"依具体情况而定"的意思。

在领导权变理论发展的过程中，对影响领导效果的主要情境因素进行分析的研究很多，经常使用的中间变量有：工作的结构化程度；领导者与下属的关系质量；领导者的职位权力；下属角色的清晰度；群体规范程度；信息的可得性；下属对领导决策的认可度；下属工作的热情等。总体上，权变理论关注的是领导者和被领导者的行为和环境的相互影响，这种关系可以用下列公式表示：

$$E = f(L, F, S)$$

式中：E 代表领导的有效性；L 代表领导者；F 代表被领导者；S 代表环境；f 代表函数关系。

下面主要介绍几种比较典型的领导权变理论。

1. 菲德勒模型

最早对权变理论作出贡献的学者是心理学家菲德勒。他于 1962 年提出了"有效领导的权变模式"，即菲德勒模型。这个模型把领导人的特质研究与领导行为的研究有机地结合起来，并将其与情境分类联系起来研究领导的效果。被视为较完整的领导权变理论，受到许多人的肯定和认同。他认为任何领导形态均可能有效，其有效性完全取决于是否与所处的环境相适应。

菲德勒模型的研究步骤如下：

(1) 确定领导方式。

菲德勒认为领导者个体的基础领导方式是影响领导成功的关键因素之一。因此，他设计了一种称为"最难共事者问卷"(Least Preferred Coworker Questionnaire，LPC)的工具来确定领导者个体的基础领导方式，即根据被调查者对 LPC 问卷的回答来判断他们基本的领导方式。如果一个领导者用较为积极的词语描述最难共事的同事(即高 LPC)，就认为其对人宽容、体谅、注重人际关系，其领导方式是关系导向型领导方式；反之，一个领导者如果用相对不积极的词语描述最难共事的同事(即低 LPC)，则认为其惯于命令和控制，注重工作，其领导方式是任务导向型的领导方式。

(2) 确定情境。

在对个体的基础领导方式进行确认之后，就要确定情境。菲德勒把影响领导风格的环境因素归纳为三个方面：职位权力、任务结构和上下级关系。

① 职位权力(Position Power)。它是指与领导者职位相关联的正式职权和从上级及整个组织各方面所得到的支持程度，这一职位权力由领导者对下属所拥有的实有权力所决定。领导者拥有明确的职位权力时，则组织成员将会更顺从其领导，有利于提高工作效率。

② 任务结构(Task Structure)。它是指工作任务明确程度和有关人员对工作任务的职责明确程度。当工作任务本身十分明确和组织成员对工作任务的职责明确时，领导者对工作过程易于控制，整个组织完成工作任务的方向清晰。

③ 上下级关系(Leader-member Relations)。它是指下属对领导者的信任、爱戴和拥护程度，以及领导者对下属的关心、爱护程度。这一点对履行领导职能很重要，因为职位权力和任务结构可以由组织控制，而上下级关系是组织无法控制的。

菲德勒模型根据上述三种情境因素来评估情境：职位权力或强或弱——如果在雇佣、解雇、惩罚、晋升、加薪等权力变量上的影响程度高，则职位权力强；反之职位权力弱。任务结构或高或低——如果任务规定明确、容易理解即有章可循，则认为任务结构高；反之，任务结构低。上下级关系或好或坏——如果双方是高度信任、互相尊重、互相支持和友好的，则双方关系好；反之，上下级关系差。

这三种情境因素的不同组合形成了导致领导方式发生权变即随机制宜改变的八种不同类型的情境。其中，若三个情境因素的组合是好的、高的、强的即三个条件都具备的是领导最有利的情境；若组合是差的、低的、弱的即三个条件都不具备的是领导最不利的情境。按照这个三维结构模式，可以将八种不同类型的情境分为三类：有利的、中间状态的、不利的。

(3) 领导方式与情境的匹配。

当领导方式与情境相匹配时，会使领导的有效性达到最高。菲德勒在 1200 个团体中进行了广泛的调查，对八种情境类型的每一种类型均对比了两种领导方式，获得了大量的数据。经过分析他认为：若处于有利的情境及不利情境的状态下，则采用"任务导向型"的领导方式更有利；若处于中间状态情境下，则采用"关系导向型"的领导方式效果较好，即菲德勒模型(见图 7-4)。

根据菲德勒的观点，只有当领导方式与情境相匹配，领导的效果才最佳。领导方式与领导者的个性是相联系的，个体领导者的领导方式基本上是固定不变的。若领导者的领导方式与情境不相适应，只有两种途径能提高领导的有效性：第一，要么改变情境以适应领导者的方式。第二，要么更换领导者改变领导方式以适应环境。

后来，学者对菲德勒模型的总体效果进行了大量的研究，有相当多的研究结果支持这一模型；同时，学者也发现该模型存在一些欠缺，还需要进一步改进。但是，菲德勒教授提出的有效领导方式应随着情境的变化而变化的论点，具有重大意义。这一论点引发了理论界对领导权变理论更广泛、更深入的研究。

上下级关系	好				差			
任务结构	明确		不明确		明确		不明确	
职位权力	强	弱	强	弱	强	弱	强	弱
情境类型	1	2	3	4	5	6	7	8
有利性环境	有利				中间状态			不利
有效的领导方式	任务型				关系型			任务型

图 7-4　菲德勒模型

2．领导的生命周期理论

领导的生命周期理论(Situational Leadership Theories)是由美国管理学家科曼(A.K. Korman)在 1966 年首先提出，后经保罗·赫塞(Paul Hersey)和肯尼斯·布兰查德(Kenneth Blanchard)发展完善形成的。

这一理论建立在管理方格图理论和克瑞斯·阿吉里斯(Chris Argyris)的不成熟—成熟理论基础上。他们仿照管理方格图理论，以横坐标为任务行为，以纵坐标为关系行为，划出一个方格图，四个大方格分别为四个象限。其中第一象限(S1)属于低关系高任务区；第二象限(S2)属于高关系高任务区；第三象限(S3)属于高关系低任务区；第四象限(S4)属于低关系低任务区。之后在方格图下方加上了一个成熟度的坐标。这样就将二维领导理论发展成为由关系行为、任务行为和下属成熟度构成的三维领导理论。

其中，任务行为是指领导者和下属为完成任务而形成的交往形式；关系行为是指领导者给下属以帮助和支持的程度；成熟程度是指人们对自己的行为承担责任的能力和愿望的大小。这样关系行为、任务行为和下属成熟度之间有一种曲线关系，这条曲线称为领导生命周期理论曲线。生命周期理论模型如图 7-5 所示。

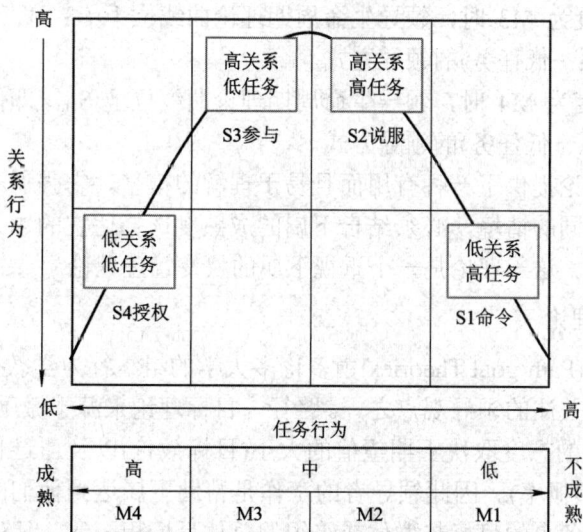

图 7-5　领导生命周期理论模型

由任务行为和关系行为的组合,赫塞与布兰查德提出了四种领导方式:

(1) 命令型(低关系—高任务):由领导者决策,领导者对下属进行分工,指点下属应该干什么、怎么干、何时干等,强调直接指挥和控制,不重视人际关系和激励。

(2) 说服型(高关系—高任务):由领导者决策,既给下属以较多的指导,又注重保护和鼓励下属的积极性,重视人际关系。

(3) 参与型(高关系—低任务):领导者与下属共同参与决策,着重给下属以支持,同时注重搞好内部的协调沟通,保持良好的人际关系。

(4) 授权型(低关系—低任务):领导者将决策权、控制权授予下级,对下属几乎不加指点,由下属独立自主地开展工作。

赫塞与布兰查德将成熟度分为四个阶段,即不成熟(M1)、初步成熟(M2)、比较成熟(M3)和成熟(M4)。

(1) 不成熟(M1):下属对接受和承担任务既无能力也无愿望,他们既不能胜任工作又缺乏自信,不能被信任。

(2) 初步成熟(M2):下属愿意承担任务但缺乏足够的能力,他们有积极性但缺乏完成任务所需的技能。

(3) 比较成熟(M3):下属具有完成领导者所交给的任务的能力,但却不愿意接受领导希望他们完成的工作。

(4) 成熟(M4):下属既有能力完成而且又愿意完成领导者交给的任务。

他们认为领导方式应当随着下属成熟程度的不同作相应的调整,这样才能进行有效的领导,即有效的领导方式是根据下属的成熟程度随机制宜选择出的适当的领导方式。从以上模型可知,有效的领导方式选择为:

① 当下属成熟度为 M1 时,领导生命周期理论曲线位于 S1,即低关系高任务区,故应选择命令型(低关系—高任务)的领导方式。

② 当下属成熟度为 M2 时,领导生命周期理论曲线位于 S2,即高关系高任务区,故应选择说服型(高关系—高任务)的领导方式。

③ 当下属成熟度为 M3 时,领导生命周期理论曲线位于 S3,即高关系低任务区,故应选择参与型(高关系—低任务)的领导方式。

④ 当下属成熟度为 M4 时,领导生命周期理论曲线位于 S4,即低关系低任务区,故应选择授权型(低关系—低任务)的领导方式。

领导生命周期理论提供了一种有用而且易于理解的模型。它强调不存在一种万能的领导方式能适应各种不同的情境,必须结合下属的成熟度选择适宜的领导方式,只有这样才能提高领导的有效性。这一理论是一个重视下属的权变管理理论。

3. 路径—目标理论

路径—目标理论(Path-goal Theories)由多伦多大学的组织行为学教授豪斯提出,目前已经成为当今最受人们关注的领导观点之一。路径—目标理论来源于激励理论中的期望理论。期望理论认为,个人的态度取决于期望值的大小(目标效价)以及通过自己努力得到这一期望值的概率高低(期望概率)。因此领导者的工作是帮助下属达到他们的目标,并提供必要的指导和支持以确保各自的目标与群体或组织的总体目标相一致。"路径—目标"的含义是有效的领导者要通过明确指明实现工作目标的途径来帮助下属，并为下属清理各项障碍和危险，从而使下属的这一履行更为容易。

路径—目标理论同以前各种领导理论的最大区别在于：它立足于下属，而不是立足于领导者。在豪斯眼里，领导者的基本任务就是发挥下属的作用，而要发挥下属的作用，就得帮助下属设定目标，把握目标的价值，支持并帮助下属实现目标。在实现目标的过程中提高下属的能力，使下属得到满足。

这一理论有两个基本原理：第一，领导方式必须是下属乐于接受的方式，只有能够给下属带来利益和满足的方式，才能使他们乐于接受；第二，领导方式必须具有激励性，激励的基本思路是以绩效为依据，同时以对下属的帮助和支持来促成绩效。也就是说，领导者要能够指明下属的工作方向，还要帮助下属排除实现目标的障碍，使其能够顺利达到目标，同时在工作过程中尽量使下属的需要得到满足。

该理论提出了四种领导方式，供领导者在不同的情境下选择：

(1) 指示型领导方式。这类领导者要为下属的工作方向、工作程序作出决策，为下属指明方向，提供指导和帮助，使下属能够按照工作程序完成任务、实现目标。

(2) 支持型领导方式。这类领导者对下属友好、平易近人、平等待人，努力营造愉快的组织气氛，当下属受挫和不满意时，能够对下属的业绩产生很大的影响。

(3) 参与型领导方式。这类领导者在作决策时，注意征求下属的意见。平常注重与下属沟通信息、认真考虑和采纳下属的建议，允许下属对上级的决策施加影响。

(4) 成就型领导方式。这类领导者为下属设置富有挑战性的目标，希望下属最大限度地发挥潜力，对下属能够达到这些目标表示出信心，而且不断制订新的目标，使下属经常处于被激励的状态。

与菲德勒的权变理论观点相反，豪斯认为领导者的领导方式是可以改变的，同一领导者可以根据不同的情境表现出任何一种领导方式。至于究竟采用哪种领导方式最有效，应考虑以下两类情境因素：

① 下属的特性，如能力、独立性、适应性等特性。能力强、认为自己有能力独立完成工作任务、能够控制事态的发展、对周围人有影响力的下属，通常乐于接受参与型的领导方式。指示型的领导方式如领导者花费时间为其安排工作程序，会被他们视为累赘甚至是侵犯。

② 工作环境的特点。工作环境包括工作结构、权力结构、奖励制度以及人际关系等。在工作任务不十分明确，下属无所适从时，为帮助下属作出明确的规定和安排，应强调采用指示型的领导方式。而在工作任务十分明确，下属清楚地了解目标和达到目标的途径时，为激励下属，则应强调采用支持型的领导方式。路径—目标理论模型见图7-6。

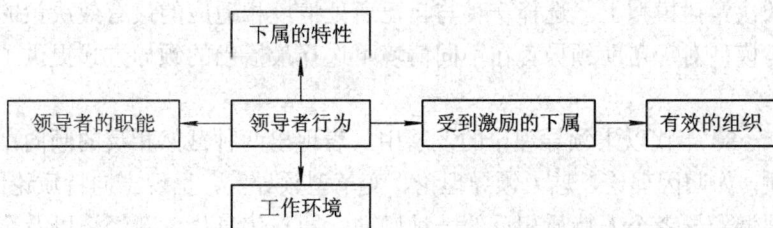

图 7-6　路径—目标理论模型

4．领导者—参与模型

1973 年美国匹兹堡大学的弗罗姆和耶顿提出了领导者—参与模型(Leader-Participation Model)。该模型将领导行为与参与决策联系在一起。由于认识到常规活动和非常规活动对任务结构的要求各不相同，研究者认为领导者的行为必须加以调整以适应这些任务结构。

弗罗姆和耶顿经研究认为，就领导者参与决策的程度而言决策的领导方式共有五种。

(1) 独裁方式Ⅰ：领导者运用手头现有的资料，自己解决问题作出决策。

(2) 独裁方式Ⅱ：领导者从下属那里获得必要的信息，然后独自作出决策。向下属收集资料时可能说明原因，也可能不说明原因。在决策中下属只负责提供资料，并不提出或者评价决策方案。

(3) 协商方式Ⅰ：领导者与有关的下属进行个别交流，让下属了解情况，征求下属的意见并获得信息。领导者决策时可能吸取也可能不吸取下属的意见。

(4) 协商方式Ⅱ：领导者把决策意图告诉下属，让下属集体讨论，征求他们的意见和建议，但决策仍由领导者作出。领导者决策时可能受也可能不受下属的影响。

(5) 集体决策方式：领导者让下属集体了解决策的问题，与下属共同讨论，一起提出并评估可行性方案，并最后由集体作出决策，获得一致的解决办法。

这五种决策领导风格中独裁方式Ⅰ是极端独裁式，集体决策方式是民主式。在这两种极端的领导方式之间还有三种中间状态的领导方式。因此领导者—参与模型中的五种领导方式的排布与坦南鲍姆的领导行为连续一体模式相似。

他们认为，每种决策方式的有效性都取决于其应用的情境，而其中最关键的问题是决策的质量和下属对决策的接受程度。由此他们提出了八种决定决策领导方式的情境因素(权变因素，可通过"是"或"否"选项进行判断)：

① 如果决策被接受，是否会产生不同的行动方案？

② 是否有一个更好的高质量的解决方案？

③ 是否有充分的资料作出高质量的决策？

④ 是否是结构性的问题？

⑤ 是否是下属所接受的决策才能使它有效地贯彻？

⑥ 如果独自决策是否肯定能为下属接受？

⑦ 在解决问题的过程中，下属是否能分担应达到的组织目标所包含的任务？

⑧ 对于优选的解决方案，下属是否意见统一。

领导者应根据对以上情境因素所作的"是"与"否"的选项判断自己所处的情境；然后在该理论的决策树模型上，选择一种与自己所处情境相适应的最有效决策的领导方式。领导者—参与模型对于帮助领导者在不同情境下选择最恰当的领导方式提供了非常有效的指导。

在 20 世纪 80 年代以来领导理论的发展中，表现出两种截然相反的倾向：一是强调领导者个体特质，如归因理论、魅力领导理论、变革型领导等，呈现出向特质论回归的态势；另一类是与强调领导者个人特质相反的一种倾向，即与信息化、新经济以及全球化浪潮相对应的团队领导、自我领导和超级领导等理论范式。这两种关于强化领导者和弱化领导者作用倾向的出现说明领导理论的发展正处于一个关键阶段，人们对领导现象的认识在逐步走向深入。

第三节　领导班子结构

在现实世界中，一个领导很难完全满足组织实现组织目标的全部要求。因为一个人的能力、知识、阅历经验以及精力都是有限的，无论多么优秀和杰出的领导者，都不可能做到尽善尽美，总是在某些方面有所长，在某些方面有所短。因此，为了实现组织的目标，单靠一个领导者的作用是远远不够的，必须发挥领导班子的集体作用。构建一个高效的领导班子，是每一个组织必须考虑的问题。

一、年龄结构

年龄结构是指领导班子中不同年龄人员的比例构成。一般地说，它是指年轻领导、中年领导和老年领导在班子里的组合和搭配。领导班子的年龄结构是不容忽视的。一个年龄构成合理的领导班子，有利于发挥不同年龄领导所具有的领导优势，克服其劣势，使之互补互利，从而提高整体领导优势。当前，对各级、各类领导班子年龄结构的要求是：

(1) 任何一个领导班子的年龄构成都应是有层次的，而不是平面的。也就是说，组成领导班子的成员，其年龄不是越老越好，也不是越年轻越好，而是老、中、青合理搭配，形成一个有层次的年龄构成。不同年龄层次的领导有不同的长处，在班子中会起到不同的作用。老领导经过长期领导工作实践的锻炼，有丰富的领导经验，阅历深，作风稳健，深谋远虑，善于应付复杂的局面，处理复杂的问题；年轻领导朝气蓬勃，创造力强，接受新生事物快，奋发有为；中年领导年富力强，兼有老领导者与年轻领导者的长处，起着承前启后的作用。老领导、轻年领导、中年领导三者结合，既能发挥各年龄层领导者的最佳智力，又能使整个领导班子的平均年龄与其所承担的领导任务相适应；既能防止班子老化，又能保证领导班子进行正常的合作交替，使组织的各项战略方针等保持相对稳定和延续性。

(2) 不同层次和类别的领导班子在年龄构成上是不同的，应有层次、类别的区分。一般地说，高层次的，如科研单位、大专院校的领导班子的年龄结构可以稍高一些；而低层次的，如企事业领导班子的年龄构成就要相对低一些。之所以这样配备，主要是由不同层次、类别领导班子的工作性质、工作任务和工作特点决定的。比如，高层次的领导班子的工作性质和任务主要是制定战略决策，实行宏观管理，所以在年龄上可以稍高一些；而低层次的领导班子的工作性质和任务主要是贯彻执行上级的决策，实行微观管理，所以在年龄构成上就应适当低一些。这里所说的"高""低"都是相对的，不能绝对化，也不能搞"一刀切"。

(3) 在新陈代谢中实现动态平衡。任何一个领导班子的年龄构成状况都是相对的，而不是绝对的。随着时间的推移和工作性质、任务的变化，合理的年龄结构会逐渐地趋向不合理。因此，领导班子成员一定要有进有出，在新陈代谢中实现动态平衡，以经常保持年龄构成的合理性和相对的稳定性。

二、知识结构

知识结构是指领导班子组成人员的知识丰富程度与专业知识深度的组合情况。领导班子的知识结构是非常重要的。领导班子成员知识广博，专业水平高，并且构成合理，有助于实施科学内行领导，提高工作效率和领导效能。反之，如果领导班子成员知识面窄，专业水平低，并且构成不合理，就难以胜任领导工作，更谈不上实施科学内行领导，提高工作效率和领导效能。特别是在现代化建设的今天，随着科学技术的迅猛发展，不断提高领导班子的知识构成水平，已经成为不可逆转的必然发展趋势。要成为一个知识结构科学、合理的领导班子应注意以下问题：

(1) 领导班子整体及其每一个成员都应有较高的知识水平，这是为了适应现代经济等各方面快速发展对各级、各类领导班子提出的共同的要求。但是，在现实情况下，由于主客观条件的限制，要求领导班中的每一个成员都具有较高的知识水平，那是办不到的，实际上也没有这个必要。

(2) 领导班子要有一个合理的知识结构。各级、各类领导班子虽然性质和地位不同，领导目标和任务不同，但在知识构成的内容上都具有共性、本质的要求。一个知识结构合理的领导班子，应由相关的社会科学、较深较强的专业知识和专业管理知识构成，这是实现领导班子整体多样性的功能及提高领导效能的重要保证。

(3) 不同级别、不同类型的领导班子应有不同的知识构成水平。它主要包括两个方面：一方面，高层次、知识密集型单位的领导班子的知识构成水平应该高些，而低层次、一般性的领导班子的知识水平就可以稍低些；另一方面，在专业知识的要求上要有不同的侧重。这样要求，主要是从实际情况出发，在普遍要求的前提下，具体问题具体对待，以真正发挥不同级别、不同类型领导班子的领导作用。

三、能力结构

有效的领导班子的结构同时要注重在领导能力和水平上的合理搭配，既要有精通哲学，善于思考分析的思想家，又要有较强的人际沟通能力，精于各种活动的组织家，还要有具有良好执行力的实干家。

关于一个领导班子需要什么样的能力组合，美国学者艾夏克·阿代兹(Ashak Adez)提出了经理班子的四种能力的组合模式。这四种能力分别是：P——提供劳务或产品的生产技术能力；A——计划、组织和控制集团活动的管理技能；E——适应动荡环境、创造新劳务和承担风险的企业家资质；I——调节、平衡、统一集团活动与目标的综合才能。

阿代兹的模式对理解领导班子能力的组合具有很重要的意义，它说明：

(1) 一个人能具备 P、A、E、I 四种能力组合的可能极小，所以应在在领导班子中寻求这四种能力的组合。

(2) P、A、E、I 的最佳比例，即对 P、A、E、I 各自的重视程度，应因时而异，因公司而异，相对应的比例取决于公司的战略，尤其取决于公司所处的生命周期阶段和它所面临的环境。

一个新成立的企业，首要偏重于 E(企业家的能力)；而一旦企业步入正轨就必须重点注意 P(生产率)；随着企业的发展，A(管理)的重要性与日俱增；当企业壮大时，对 E(企业家能力)要求很低，而对 P(生产率)、A(管理)和 I(综合能力)应予以重视。企业生命周期不同阶段所需能力组合的变化如图 7-7 所示。

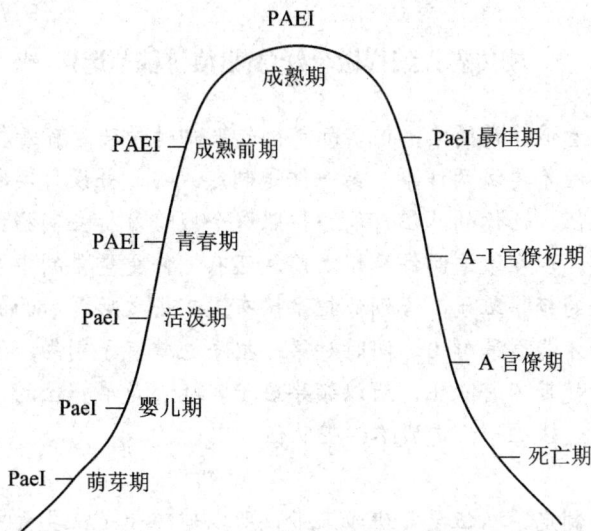

大写字母表示突出的重点，小写字母表示次重点

图 7-7　公司生命周期不同阶段管理能力的变化

四、专业结构

专业结构是指领导班子内有关专业人员的组合情况及其相互关系。现代化建设是多种成分、多种因素的综合体。它包括经济、政治、文化、科学、教育等各个方面。这些方面互相渗透，相互制约，高度综合。配备专业化的领导班子应该注意两个问题：

(1) 要正确理解"专业"的含义。在大学里，数、理、化都是不同的专业；在领导班子里，行政工作、组织管理工作、生产指挥工作、后勤服务工作等等，也是属于不同的专业。不论什么行业，它们之间都有规律可循，都有一定的知识领域和专业深度，都是属于专业。专业人才既有学校培养的；也有自学成才的；还有从实践中锻炼出来的。那些长期从事本职工作，掌握本行业规律，精通本行业业务的，就是本行业的专业人才。

(2) 领导班子专业化不等于科技专家化。科技专家有一定的专业造诣，从事领导工作有许多有利条件，应当重视从他们中选拔各级领导人才。但并不是每个科技专家都有组织管理才能，学术上权威并不等于是领导和管理的行家。百分之百的科技专家构成的领导班子不一定是专业结构最合理的领导班子。现代领导是一门大学问，是否具有现代科学领导的专长和能力已成为现代领导者是否内行的主要标志之一。所以，我们说领导班子应有合理的专业结构，既不能像过去那样是清一色的只懂行政的领导；也不能是清一色的科技专家，而应该是具有各种专业特长的领导成员的合理组合。

经典的成熟领导班子，如唐朝盛世的高层领导班子，其组成人员为：房玄龄，善于谋划；魏征，敢于提意见；李靖，精于军事；杜如晦，善于决断；王圭，善于知人。

管理案例

柳传志：怎样做个好总裁(演讲稿节选)

联想的管理法则看似非常简单，但实际贯彻起来却对管理者有着相当高的要求。

总裁在企业里一般都要做两件事：第一件是制定战略，并设计实行战略的战术步骤；第二件是带好员工队伍，让你的队伍有能力按照这个战略目标去实施。这两件事做好了，企业就能向好处发展。但在做这两件事情之前，还有一件更重要的事要办，就是建班子。企业必须要有一个好的领导班子，否则你把事情布置下去之后，后面的人未必照你的意思去做。有了好的班子才能群策群力，同时对第一把手也就有了制约。没有一个好的班子就制定不了好的战略，就带不好队伍，所以领导班子实际上是第一位的。联想把以上这些总结为管理的三个要素：建班子；定战略；带队伍。

一、建班子

战略要靠班子来制定，队伍要靠班子来带，所以建班子是三要素中第一位的。班子不和，什么事都做不成。以下是建班子的三大难题。

第一个难题是进了班子后不称职怎么把他请出去。解决这个难题要注意两点，一是班子里所有人要德才兼备，以德为主。这个极其重要，否则你就很难理直气壮地把不称职的人请出去。高层领导的德，就是要以企业利益为最高利益。二是话要放在桌面上讲。第一次他有事情做得不合适，就要对他提出批评。关着门两个人说也是放在桌面上讲，不能心里明白而不跟他讲；第二次说了还不能改就要公开批评；第三次再犯就撤换他。这样他还能有什么意见？话能不能放在桌面上讲，是一个班子团结和保持正气的关键。第一把手若真的把企业利益放在第一位了，就没有什么话不能公开说的。

第二个难题是重大问题有不同意见，两边的比例差不多，怎么办？方法是先谈原则，第一把手先底下一个一个地谈话，不要谈具体的事，谈有关此事的最高原则。比如制订工资问题，要先谈定工资是为了什么，是为了某些人之间的公平，还是为了让企业更好地发展？到底哪个先哪个后？把大原则定下来以后，再一步步定小原则，再谈到具体问题，就好解决了。一把手用权要谨慎，当和下属意见不一致时，如果我对这个事也没把握，他却振振有辞，那就照他的办，但事情办完后要进行总结。做好了我要找一下当时我是怎么想的，他应该受到表扬；做不好他也要说个道理。如果把事想清楚了，认为真正对的事情，就下决心不必多做讨论。如果几次事都做得很正确，大家今后就容易认同你了。我们公司里也有投票表决的制度，但还没用过，事情都是这么解决的，没有什么过不去的。

第三个大问题是如何提高班子成员的素质。企业刚成立，人员素质不高怎么办？这时第一把手注意要先集中后民主。就是我定规则大家做，取得别人的信任以后，逐渐提高素质，替换班子成员，一步一步地实现由班子指挥。一把手的工作方式有三种：指令性方式、指导性方式和参与性方式。到了指导性的时候，下面就都是"发动机"了。联想现在是处于指导性和指令性之间，要一步步做。如果你接手的是一个大公司，文化背景、员工素质都很好，就不是这样了。

建班子的另一个重点是：第一把手看重企业的长远利益，要长期办下去，所以要形成一种规则，形成一种议事的方法。美国花旗银行的董事长3年前跟我讲："对我的考核应该是看我退休以后花旗银行的股票价值，如果我退休5年后还很好，才说明我做得不错。"这话对我有极大的启发，我马上要退休了，也应接受这个考核标准。

二、定战略

制定战略的实质是确定目标，然后是怎么达到这个目标，怎么分解它。中远期目标太远，我们要分阶段做。

联想有个五步法。

第一步是确定公司远景。我们提出的口号是：联想要成为长期的、有规模的高科技企业。短期行为的事我们不做，非高科技企业里的事我们不做——我是指现在联想的上市公司，而不是控股公司。

第二步是确定立中远期发展战略目标。公司目标的长短各有不同，我们认为现在的联想充其量只能制定5年的远景规划。因为计算机领域的一些核心技术还掌握在别人手里，我们只是跟风，制订不了更长的计划。

第三步是制定发展战略的总体路线。这是制定战略比较重要的部分，有很多具体步骤：

(1) 制定前的调查和分析。首先是外部环境的调查分析——世界和地区的政治、经济方面的调查分析，本行业的状况和前景的分析。

(2) 内部资源能力的审视，包括形成价值链各个环节的分析、核心业务流程的分析、核心竞争力的分析等。

(3) 竞争对手的分析和比较，包括分析竞争对手的战略和实际情况等等。调查分析之后就是制定路线。

第四步是确定当年的战略目标(总部和各子公司的)，并分解成具体战略步骤操作实施。

第五步是检查调整，达到目标。

三、带队伍

带队伍要做好三件事：一是如何充分调动员工的积极性；二是如何提高员工能力；三是如何使机器有序、协调、效率高。这些就是组织、架构和规章制度要解决的事。

说到做到，要从规章制度上体现出来。联想以前有一个天条，就是不许谋取额外利益，为此我们进行了坚决斗争，使得公司保持了一个良好的风气。从1990年到2012年共有5个年轻人被送到了检察院。几万块钱算什么？但在联想就是不行，发现了就要往检察院送。送去之后的第二件事就是尽力帮他减刑，因为法律规定贪污几万就要判刑好几年，我们也为他可惜。联想还有一个小的规定，就是开会迟到要罚站。你迟到了，就站一分钟，所有人把会停下来，像默哀一样，非常难受。不管什么原因，请假除外。难度在于怎么把这个规定保持了这么多年。这是1989年制定的，头一次罚站的是我的一个老上级，但还是让他站了一分钟。我自己也被罚了3次，才3次，是很了不起了，我参加了那么多会议，天灾人祸的事情很多。

激励方面的核心是把员工的发展方向和追求与企业的目标融合在一起，这是我们最高的愿望。如果大家没有一个共同的利益，每个人都以己为本，就不成一个企业了。这一点我们叫入模子，不管是什么样的人进入到联想，都要熔化在这个模子里。你可以改造这个模子，比如说我们有些地方做得不好，大家指出以后我们可以修改，但进来之后就要按这个做。

最后就是领军人物和骨干队伍的培养，这是最重要的。第一把手有点像阿拉伯数字的"1"，后面跟一个0就是10，跟两个0就是100，三个0就是1000。这些"0"虽然也很重要，但没有前面的"1"就什么都没有。我们对领军人物有"德""才"两点要求。"德"就是要把企业的利益放在最高地位；"才"就是一定是一个学习型的人。要善于总结，善于学习，善于用理论去实践，善于对实践加以总结。企业里有的人工作积极性很高，却没法被重用，因为他总是把自己做的八分事看成十分，把别人做的八分事看成六分，这也是不善于总结。企业要不停地开各种研讨会，办各种各样的沙龙，让大家总结出规律性的东西，这一点极其重要。联想经常开这种研讨会，定下一个主讲人，而后小组讨论，每个小组都要派人上来讲对问题的看法。

最后作一个总结。做总裁首先要知道企业管理，企业外部环境总体是怎么回事，粗细都要能够讲清楚，粗了一个小时，甚至5分钟就能谈出来，细了能谈一天，能写一本书。第二点是你自己和你手下的人是什么样的要清楚。第三点是要明白你想要什么样的人做这些事，这些人够不够格，理想的人选是什么样的。第四是怎么培养这样的人。明白事，明白人，明白怎么把你身边的人变成这样的人，差不多就是个好总裁了。

第四节　领导者管理实务

一、时间管理

美国管理学大师彼得·德鲁克在《有效的管理者》中指出，有效的管理者最显著的特点就是在于他们能够珍惜时间。有效的时间管理主要是记录自己的时间，以认清时间消耗在什么地方；将自己的零散时间利用起来。

时间作为现代管理的要素之一，时效观念对于现代领导者有重要意义。管理者的时间主要浪费在几个方面：无计划或计划不周；工作无主次，不授权；不良沟通；不良习惯(如优柔寡断或拖延、缺乏自我约束、办公桌杂乱无章)；职责不清等。时间管理是通过规划和利用一定的技巧、方法和工具，灵活、有效利用时间，从而实现个人或组织的目标。

时间管理的方法很多，在这里主要介绍时间管理"四象限"法、艾维·利(Ivy Lee)时间管理法和ABC控制法。

1. 时间管理"四象限"法

时间管理"四象限"法是由《高效能人士的七个习惯》作者、著名管理学家史蒂芬·科维(Stephen R.Covey)提出的时间管理理论。该理论把工作按照重要和紧急两方面的不同程度进行划分。工作基本上可以被分在四个象限：既紧急又重要、重要不紧急、紧急不重要、既不紧急也不重要。时间管理的精髓是区分事情的轻、重、缓、急，并合理规划时间。时间管理矩阵的四个象限划分如图 7-8 所示。

	紧急	不紧急
重要	I 普通人：25%～30% 高绩效者：20%～35% 立即做	II 普通人：15% 高绩效者：65%～80% 稍后做
不重要	III 普通人：50%～60% 高绩效者：15% 授权	IV 普通人：2%～3% 高绩效者：1% 不做

图 7-8　时间管理矩阵

重要是指个人觉得有价值和对自己的使命、价值观及优先目标具有贡献的活动，是一种主观判断。在组织中，重要的事情有影响群体利益的事件；上级关注的事件；影响绩效考核的事件等。

紧急是你或别人认为需要立刻注意的、迫切的、限期完成的、你不做其他人也不能做的事情，以时间先后为序。

图 7-8 显示了普通人与高绩效者的时间分配。普通人把大部分时间用来从事紧急而不重要的事情，高绩效者把大部分时间用来从事重要而不紧急的事情。时间“四象限”法的使用要点如下：

(1) 根据事情的重要、紧急情况，合理地将时间分配到四个象限中。高绩效者的时间分配比例如图 7-8 所示。

(2) 优先处理第一象限的工作，不要把重要而不紧急的事情拖延成重要而紧急的事情。在处理完重要而紧急的事情后马上处理该象限事务。

(3) 纠正第一象限工作。第一象限事情要尽量少。如果第一象限事情过多，一定要分析原因，予以纠正。

(4) 不要被第三象限工作迷惑。对紧急不重要的事情有选择地做，管理者尽量授权下属做该类事情。

(5) 根据第二象限制定工作目标和计划。因为重要不紧急的事情在第二象限，时间“四象限”法常常被称为第二象限工作法。该理论的一个重要观念是应有重点地把主要的精力和时间集中地放在处理那些重要但不紧急的工作上，这样才可以做到未雨绸缪，防患于未然。

(6) 第四象限中不重要不紧急的事情尽量不做。

图 7-8 中 4 个象限有效的时间管理对应“4D 工作法”。I 象限的工作紧急而重要，“Do it now”(立即做)；II 象限的工作重要而不紧急，需要“Do it later”(稍后做)；III 象限的工作紧急但不重要，需要“Delegate”(授权)；IV 象限的工作既不重要也不紧急，尽量选择“Don't do it”(不做)。

🖥 **知识链接**
....

未 雨 绸 缪

未雨绸缪的意思是在下雨之前或者不下雨的时候要先修缮房屋门窗，以防备下雨的时候挨雨淋。

不下雨的时候并不需要急于修缮房屋门窗，修缮房屋门窗是不紧急的事情。不漏雨的屋子对于雨天来说绝对的重要，这件事在不下雨的时候准备，才能够保证在下雨天也不影响工作的进行。

【启示】 未雨绸缪是对第二象限事件管理的形象描述。生活工作中好多重要的工作，都需要在事件出现之前做好准备。

2．艾维·利时间管理法

美国伯利恒钢铁公司总裁曾因为公司濒临破产而向效率大师艾维·利咨询求助。在近半个小时的交流中，前 20 分钟艾维·利耐心地听完总裁焦头烂额的倾诉，最后请他拿出一张白纸，让他写下第二天要做的全部事情。几分钟后，白纸上满满记录了总裁几十项要做的工作。此时，艾维·利请他仔细考量，要求他按事情的重要顺序，分别从"1"到"6"标出六件最重要的事情。

艾维·利认为，一般情况下，如果人们每天都能全力以赴地完成六件重要的事，那么他一定是一位高效率的人士。他请伯利恒钢铁公司总裁自己先按此方法试行，并建议他：若他认为有效，可将此法推行至他的高层管理人员；若还有效，继续向下推行，直至公司的每一位员工。五年后，伯利恒钢铁公司一跃成为当时全美最大的私营钢铁公司。

艾维·利时间管理法的要点和步骤如下：

(1) 写下你明天要做的 6 件最重要的事；

(2) 用数字标明每件事的重要性次序；

(3) 明天早上第一件事是做第一项，直至完成或达到要求；

(4) 然后再开始完成第二项、第三项，依此类推；

(5) 每天都要这样做，养成习惯。

艾维·利时间管理"六点优先工作制"里面所包含的时间管理法则有：目标管理、优先原则、一次做好一件事、时间象限、今日事今日毕、复杂的事情简单化、简单的事情模式化。

3．ABC 控制法

ABC 控制法又称"重点管理法"。根据帕累托原则(即二八定律)，少数关键性的工作(大约 20%)通常能够产生大部分的效果(大约 80%)。领导者应该把他们的精力集中在能够产生重大结果的"关键性少数活动"中。

ABC 控制法的步骤如下：

(1) 领导者将自己工作按轻重缓急分为 A (最重要) 、B(重要)、C(不重要)三类；

(2) 安排各项工作优先顺序，粗略估计各项工作时间和占用百分比；

(3) 在工作中记载实际耗用时间；

(4) 将每日计划时间安排与耗用时间进行对比，分析时间运用效率；

(5) 重新调整自己的时间安排，更有效地工作。

ABC 控制法的要点是：对 A 类事务进行重点管理，对 B 类事务进行一般管理，对 C 类事务的管理再次之。A 类事务每天 1~3 件，B 类事务每天 5 件以内，C 类事务占 50%以上。A 类事务领导者要亲自解决，B 类事务领导者既可以自己做也可以下属做，C 类事务原则上由下属处理。

在时间管理过程中，需要应付意外的不确定性事件，为意外事件预留时间。有三个预防此类事件发生的方法：一是为每个计划留出多余的预备时间；二是努力使自己在不遗余力的情况下，完成预计的工作，这并非不可能，事实上工作快的人通常做事更精确些；三是另外准备一套应变计划。

二、领导执行力

企业目标制订后，就需要贯彻落实。领导者的执行力对组织计划、决策的完成效果至关重要。IBM 前董事长兼首席执行官路易斯·郭士纳(Louis V. Gerstner)认为：一个成功的企业和管理者都应该具备三个基本特征，即明确的业务核心、卓越的执行力及优秀的领导能力。

1. 执行与执行力的概念

执行就是将目标不折不扣变成结果的行动。

执行力包含完成任务的意愿、能力、程度。对个人而言，执行力就是办事能力；对团队而言，执行力就是战斗力；对企业而言，执行力就是经营能力。从宏观而言，执行力是指组织执行力，即组织制定的战略、远景规划、长远目标能不能落实到位的能力；从微观而言，执行力是指部门和个人的执行力，即每个部门或个人能否积极主动、保质保量地按时把目标变成结果的能力。

2. 执行力人才

1) 执行力人才的三大特点

(1) 信守承诺。信守承诺就是说到做到，拿出结果，承诺是承担责任和后果，是最有效的沟通，是最基础的信任源，也是获得他人信任的起点。

(2) 结果导向。结果导向是指结果定义清楚，行动之前明确最终的结果和目标。凡事首先问自己：我要的结果是什么?然后清楚地告诉领导或他人："我的结果是……"

(3) 永不放弃。永不放弃是结果导向和信守承诺的保障。选择了放弃就是选择了失败。不达结果，决不放弃。失败之后，迅速行动。

2) 执行力人才甄选的基本方法

执行力人才可以从以下八个方面的关键行为予以考察：

(1) 他对执行是否充满热情? 是夸夸其谈还是强烈关注结果?

(2) 他是否坦白诚实?

(3) 他如何安排工作的优先顺序?

(4) 他如何进行决策——是决策果断，还是独断专行，抑或是优柔寡断？

(5) 他的工作成绩是否真实地反映他的工作能力？

(6) 他在取得工作成绩中克服了哪些困难？

(7) 他在工作中表现出的组织协调能力和充分利用资源的能力如何？

(8) 他能否有效激励下属？

执行力人才考察的行为是职位所需要的关键行为。一般来说，极度聪明的人大多不是执行型的人，因为他们容易发现捷径，反而会花太多时间去找各种各样的捷径。对于执行力人才而言，潜质是执行力提升的前提；技能是执行力提升的关键；用心是执行力持久的动力；勤奋是执行力实际的体现。

3. 提升组织执行力的方式

执行力有三个核心：人员、战略和运营。人员，就是用正确的人做合适的事；战略，就是做正确的事；运营，就是把事做正确。三者相辅相成，缺一不可。领导者提升组织执行力可以从以下几个方面着手。

1) 强化组织制度建设，建立正常的管理秩序

严谨、合理的制度是组织执行力的强有力保障，正常的管理秩序和运营秩序是提高执行力的基础。一个企业必须首先建立正常的管理秩序和运营秩序，划分好管理界面，确定好工作职责，理顺运营流程。要建立企业管理的规章制度和长效运营机制，规范日常的管理行为和作业行为。只有企业日常工作有条不紊地开展，工作效率和执行力才能得到提高。

2) 培养员工的综合素质

企业要适应社会快速发展的要求，应该加强对员工心理、业务、文化等综合素质的培养，为提高全员执行力奠定基础。综合素质包括较强的业务技术、较高的工作效率、较强的责任心和良好的心态以及较高的文化素质(如工作中的语言艺术、表达和沟通能力)等。

3) 切实提高领导者自身的执行力

(1) 领导者要身先士卒、率先垂范。领导者既是目标的责任人，也是执行人。领导者的工作不仅仅是制定策略和下达命令，在制定策略之后自身也要参与执行。只有在执行的过程中，才能准确、及时发现问题并及时调整，使组织更好地适应环境。

(2) 领导者要充分认知自己所扮演的角色和应担负的重任。领导者要明确以下问题：我到底要为企业做什么？到底要为企业负什么责？怎样才能按企业的要求去做？只有每位领导者和员工都清楚了这些，下一步才能更好地制定目标，制订和落实好保证目标实现的措施。

(3) 设定目标及其优先顺序。大多数组织都有多个目标或目标比较模糊，员工不清楚最终目标到底是什么。有执行力的领导者首先会制订明确、清晰的目标，以便让组织中的每个人都明白自己的任务方向。

(4) 加强有效沟通。沟通是生产力，有效的沟通决定管理的效率。如果沟通不好，容易产生各种各样的不良后果，如下级对上级的意图没有领会清楚，把事情做得不尽如人意；有时相互之间沟通不好或根本就不沟通，出了问题相互指责、相互猜疑；平时工作中，由

于沟通不畅、协作不好，造成工作效率低或完成工作效果较差。只有加强有效沟通，才能提高工作效率，体现出较强的执行力。

4) 建立有效的监督和考核机制

一个企业的执行力强弱，需要有人去监督、评价和考核，通过评价考核来促进执行力的提高，形成一个良性循环。如果企业没有建立一套有效的监督和考核机制，没有形成闭环管理，脱节的管理就无法提高执行力，只靠员工的自觉行为来提高执行力是很难奏效的。有效的监督和考核机制能为提高执行力带来强大的动力。

5) 营造执行力文化

执行力的关键是通过组织文化影响员工的行为，领导者要在组织内部营造良好的执行力文化。正确、统一的价值观是组织文化的基础，是构建组织执行力的根基，对同化组织员工、协调组织、统一组织的行动有巨大的作用。正确的行为规范是正确价值观的行动保障，在建立执行力文化时，对组织的各种行为进行规范和引导极为重要。例如华为的"床垫文化"就是企业艰苦奋斗作风的体现，深刻影响着华为员工。

模块二 技能训练

实训目标

领导者行为方式调查。

实训内容与要求

采用资料调查法、访谈法等方式，了解身边企业的领导者所采用的领导行为方式，评价其领导行为的有效性。

成果检测

1. 以小组为单位讨论调查企业的领导者行为的有效性，并归纳形成讨论结果。
2. 在小组讨论的基础上，以班级为单位讨论各组调查的结果。
3. 教师与学生对各小组讨论结果进行总结。

模块三 管理案例

案例一

选 举 风 波

齐山市帐篷厂拥有300多名职工，连续 4 年利润超百万元。从创业初期的艰难起步，到现在达到并保持了同行业中的领先水平，这一成绩主要是副厂长兼党委书记王展志的努力，因为厂长身体长期不佳，基本上不管事。

王展志现年 50 岁，年富力强，在轻工行业工作了 20 多年，给领导和同事留下了踏实肯干的印象。1992 年年初，他被调到齐山市帐篷厂任副厂长，实际上挑起了负责全厂的重任。上任之初，他狠抓产品质量，勇创品牌，很快就打开了局面。在当时国有企业普遍不景气的情况下，他意识到设备落后是本厂发展的最大障碍，便四处筹集资金 500 万元，准备引进新的生产设备。与此同时，他还采取措施完善职工的生产、生活设施，改善职工的劳动条件。

1998 年年初，厂长去世。主管单位齐山市轻工总公司认为帐篷厂的基础较好，王厂长又在企业界影响较大，决定在帐篷厂试点民选厂长。经过征询厂领导的意见，并在车间和班组进行了摸底，总公司又于 3 月 14 日竞选答辩前，特地选择了一位声望一般的工会主席和另一名副厂长作为"陪选"的候选人。3 月 14 日，总公司领导信心十足，邀请了同行业准备试点的企业进行观摩，还通知几家新闻媒体进行采访，以扩大试点影响。

竞选演说之后，王展志的心情是舒坦而平静的。对这次选举他十分有把握，以为这是板上钉钉的，在场的总公司领导也满意地和他握手致意。

然而，宣布民主投票的结果时，却出人意料：250 名职工参加投票，三名候选人均不足 20 票，其余均为投外国明星、国内名人的废票。竞选委员会宣布本次投票暂停。事后了解得知，青年职工几乎全是弃权或乱投。

是王厂长真的不胜任工作，还是职工有其他的选择？总公司领导高度重视这个情况。第二天下午，总公司党委书记张得胜与公司干部处长等一齐前往帐篷厂。

王展志受到的打击是沉重的，他准备拟写辞职报告。车间的工作基本上都停了，轮班的工人坐着小声议论；一些女工则干脆拿出了毛线织毛衣；工人都在等这件事的最终结果。张得胜等人去职工宿舍打牌，边打边与轮休的工人聊天，很快事情的脉络就比较清楚了。

青年职工说，王厂长的确不容易，每天总是最早到厂，最迟离开，真正是一心扑在事业上，把厂子当作自己的家。但他工作方法简单，态度生硬，主观武断，碰到员工有错误的地方就大发脾气。他一天到晚都在忙着厂务，从不与下属沟通，不去了解员工的需要，职工虽然也知道王厂长是一心为了厂子，但在情感上很难与王厂长产生共鸣。有些职工由于受过王厂长的过火批评，意见很大，经常背地里发牢骚。然而由于中层干部基本上都是由王厂长亲自提拔，他们对王厂长相当敬畏，所以员工的意见很难通过中层干部转达到王厂长的桌面上。另外总公司由于帐篷厂效益独树一帜，因而从各方面都相当支持王厂长。而且王厂长在企业界由基层干到高层，对管理工厂很有自己的一套，各种规章制度、计划组织都严格而合理，职工的牢骚只能在私下场合引起喝彩，他们也不敢进行消极怠工。职工认为这次选举是一个绝好的发表意见的机会，能引起总公司的关注，并希望能换一个工作作风不一样的厂长。

张得胜认为这样一个勤勤恳恳的优秀厂长，却得到这样的评价，在当前的形势下，这样的同志已不适合再当厂长。经过研究，初步定下将其平调到总公司担任行政职务。

思考：

利用领导行为理论，分析王厂长的工作风格。

案例二

"闲可钓鱼"与"无暇吃鱼"

一、"闲可钓鱼"的王业震

新港船厂是中国船舶工业总公司属下一家大型企业，1982 年 11 月，46 岁的高级工程师王业震出任该厂厂长。当时有职工 6500 人，固定资产 1.2 亿元。在技术上和管理上，他借鉴日本三井造船、大阪造船等企业的经验，锐意改革。

企业内部管理体制设两大系统：直线指挥系统和职能系统。日常工作中，上级不可越级指挥，但可越级调查；下级不可越级请示，但可越级投诉。明确每个人只有一个直接上级，而每个上级直接管辖的下属为 3～9 人。归厂长王业震直接领导的只有 9 人。此外，专设 3 个"厂长信箱"，随时了解职工的意见和建议。一次，某车间工人来信反映某代理工段长不称职，王业震于第二天收阅后批转有关部门查处，经调查属实随即作出人事调整，前后仅 5 天时间。

"一个厂长不时时想到为工人服务，就没有资格当厂长。"一次，香港和美国的两艘货轮在渤海湾相撞，由该厂承担抢修业务。在夜以继日的抢修中，王厂长让后勤部门把馒头、香肠、鸡蛋送到现场。任务提前完成后，盈利 80 万元。王业震和厂领导班子决定破例发给参加抢修的职工加班费和误餐补助费 8600 元。

新领导班子对会议作了改革。全厂必须召开的 15 个例会，时间、地点、出席人员都通过制度固定下来。一般会议不超过 2 小时，每人发言不超过 15 分钟。王业震每周仅召集 2 次会：厂长办公会和总调度会。

王业震基本上按时上下班，很少加班加点。每逢出差外出，他就委托一位副厂长代行职权。厂里曾经委派一位中层管理人员去日本监造主机，行前又明确授权让他一并购买主机控制台用的配件。那位管理人员到日本后，却接连就价格、手续、归期等事项打国际长途电话向厂里请示。王业震的答复是："将在外，君命有所不受。你是厂里的全权代表，可以作主，不要遇事请示，那里的事你相机定夺嘛。今后再打电话来，电话费由你自己付。"

仅仅一年时间，新班子和王业震初试锋芒即见成效。1983 年，新港船厂造船 4 艘、修船 137 艘，工业总产值、利润、全员劳动生产率分别比上年增长 25.6%、116%和 20%。

二、无暇吃鱼的步鑫生

海盐衬衫总厂坐落在浙江省海盐县武原镇。该厂的前身是成立于 1956 年的红星成衣社，一个仅有 30 多名职工的合作社性质的小厂。自 1976 年起，该厂由门市加工为主的综合性服装加工转为专业生产衬衫。此后，陆续开发出了双燕牌男女衬衫、三毛牌儿童衬衫和唐人牌高级衬衫等产品。到 1983 年，该厂已拥有固定资产净值 107 万元，600 多名职工，当年工业总产值 1028 万元，实现利润 52.8 万元。步鑫生闻名遐迩。

成功容易却艰辛。步鑫生为厂里大大小小的事情操心，可谓"殚精竭虑""废寝忘食"。他喜吃鱼，却忙得连吃鱼也顾不上了。有一次，食堂里没有别的菜，只有鱼。鱼颇鲜美，正合口味，可是他只吃了几口，因为太费时间，张口将未及咀嚼的鱼连肉带刺吐了出来，三口两口扒饭下肚，急匆匆地走了。他每天工作十五六个小时，从不午睡。每次出差，他都是利用旅途小憩，到达目的地立即投入工作。

步鑫生常对厂里职工说："上班要拿出打老虎的劲头。慢吞吞，磨蹭蹭，办不好工厂，干不成事业。"他主持制定的本厂劳动管理制度规定：不准迟到早退，违者重罚。有位副厂长从外地出差回来，第二天上班迟到了 3 分钟，也被按规定扣发工资。以 1983 年计，全厂迟到者仅 34 人次。步鑫生开会、办事分秒必争，今天要办的事绝不拖到明天。在他的带动下，全厂上下形成了雷厉风行的作风。只要厂内广播通知开会，两分钟内，全厂 30 名中层以下干部凡是在厂的全都能到齐。开会的时间一般不超过 15 分钟。

1984 年，在中国刮起了"西装热"。步鑫生先是不为所动，继而办起了一个领带车间，最后终于作出了兴办西装分厂的决策。在与上级主管部门来人的一次谈话中，前后不过 2 小时，步鑫生作出了这一重大决策。副厂长小沈闻讯提出异议："不能这样匆忙决定，得搞出一个可行性研究方案。"然而，这一意见被步厂长一句"你懂什么"否定了。一份年产 8 万套西装、18 万美元的估算和外汇额度的申请报告送到了省主管部门，在那里又加大了倍数，8 万套成了 30 万套，18 万美元成了 80 万美元，层层报批、核准，6000 平方米西装大楼迅速进入施工，耗资 200 万元。

无奈好景不长。宏观经济过热急剧降温，银根紧缩，国家开始压缩基建规模。海盐厂的西装大楼被迫停工。与此同时，市场上一度十分抢手的西装也出现了滞销迹象。步鑫生是靠衬衫起家的，年产 120 万件的产量和"唐人""三毛""双燕"三大牌号的衬衫令他引以为豪。但代表本厂水平的"唐人"牌高级衬衫在全国同行业产品评比中落选了。

1985 年入秋，步鑫生被选送浙江大学管理专业深造。他并不因此而稍有解脱，企业严峻的经营状况令他放心不下。他频频奔波于厂校两地，在厂的日子远多于在校。半年之后，他退学回厂，决心以 3 年时间挽回企业的颓势。

仍然是精明强干的步鑫生，他的助手多数也很能干，只是当他从早到晚忙着处理厂里的大事小事时，他的助手似乎插不上手。步鑫生备尝创业的艰辛，终因企业濒临于破产窘境而被免去厂长之职。

"我没有预感到会有这个结局"，步鑫生这样说。他进而补充了一句："我是全心全意扑在事业上的。"副厂长小刘也不讳言："到现在为止，我敢说步鑫生仍是厂里工作热情最高的人。"

思考：

1. 同为一厂之长，为什么王业震、步鑫生两人忙闲如此悬殊？试从领导方式和管理措施上分析原因。

2. 作为厂长或经理，"从早忙到晚"意味着什么？试评述其得与失。

3. 致使组织中领导者和管理者的时间经常被无效利用的主要原因有哪些？

模块四　复习与思考

1. 领导的内涵是什么？领导与管理有什么区别？
2. 领导活动的基本要素有哪些？
3. 领导者影响力的五种主要来源是什么？
4. 领导特质理论的主要观点是什么？
5. 各领导行为理论关注点是什么？

6. 领导权变理论的内涵是什么？

7. 领导班子的结构包括哪几方面？

8. 时间"四象限"法的"4D 工作法"是什么？

9. 提升组织执行力的方式有哪些？

本 章 小 结

1. 领导是一种影响力，它是影响人们心甘情愿地和满怀热情地为实现群体目标努力的艺术或过程。

2. 领导者在工作中的作用主要体现在指挥、协调、激励及沟通四个方面。

3. 领导活动的基本要素有四项，即领导者、被领导者、目标和环境；领导活动的基本特征是权力、责任和服务。

4. 根据领导者权力来源的基础和使用方式的不同可以把权力划分为两个方面、五种类型：一是正式权力，主要包括法定权、奖赏权和惩罚权；二是非正式权利，主要包括感召权和专长权。

5. 关于领导的理论可以归结为三类：特质理论、行为理论和权变理论。领导特质理论认为，有效的领导者可以从领导者个人的性格特征中识别；领导行为理论认为，领导者最重要的方式不是领导者个人的性格特征，而是领导者实际在做什么，有效的领导者以他们特殊的领导作风区别于那些不成功的领导者；领导权变理论认为，有效的领导者不仅取决于他们的行为方式，而且还取决于他们所处的环境。

6. 一个高效的领导班子，应具备合理的年龄结构、知识结构、能力结构和专业结构。

7. 时间管理"四象限"法把工作按照重要和紧急两方面的不同程度进行划分，基本上可以分为四个象限：既紧急又重要，重要不紧急，紧急不重要，既不紧急也不重要。

8. "4D 工作法"：时间管理矩阵中Ⅰ象限的工作紧急而重要，"Do it now"(立即做)；Ⅱ象限的工作重要而不紧急，需要"Do it later"(稍后做)；Ⅲ象限的工作紧急但不重要，需要"Delegate"(授权)；Ⅳ象限的工作既不重要也不紧急，尽量选择"Don't do it"(不做)。

9. 执行力包含完成任务的意愿、能力、程度。对个人而言，执行力就是办事能力；对团队而言，执行力就是战斗力；对企业而言，执行力就是经营能力。

第八章 激　励

模块一　基础知识

教学要求

(1) 掌握激励的概念。

(2) 掌握管理学家提出的四种人性假设。

(3) 了解激励的基本过程。

(4) 了解主要的激励理论。

(5) 掌握激励的原则。

(6) 了解主要的激励方法。

技能要求

结合激励理论，分析组织采用激励方法时应注意的问题。

案例导入

猎狗的故事

一条猎狗将兔子赶出了窝，一直追赶它，追了很久仍没有捉到。牧羊狗看到此种情景，讥笑猎狗说："你们两个之间小的反而跑得更快。"猎狗回答说："你不知道我们两个跑的目的是完全不同的！我仅仅为了一顿饭而跑，它却是为了性命而跑呀！"

这话被猎人听到了，猎人想：猎狗说得对啊，那我要想得到更多的猎物，得想个好法子。于是，猎人又买来几条猎狗，凡是能够在打猎中捉到兔子的，就可以得到几根骨头，捉不到的就没有骨头吃。这一招果然有用，猎狗纷纷去努力追兔子，因为谁都不愿意看着别人有骨头吃，自己没得吃。

就这样过了一段时间，问题又出现了。大兔子非常难捉到，小兔子好捉。但捉到大兔子得到的奖赏和捉到小兔子得到的骨头差不多，猎狗善于观察发现了这个窍门，专门去捉小兔子。慢慢的，所有猎狗都发现了这个窍门。猎人对猎狗说："最近你们捉的兔子越来越小了，为什么？"猎狗说："反正没有什么大的区别，为什么费那么大的劲去捉大的呢？"

猎人经过思考后，决定不将分得骨头的数量与是否捉到兔子挂钩，而是采用每过一段时间，就统计一次猎狗捉到兔子的总重量。按照重量来评价猎狗，决定一段时间内的待遇。

于是猎狗们捉到兔子的数量和重量都增加了。猎人很开心。

但是又过了一段时间，猎人发现，猎狗们捉兔子的数量又少了，而且越有经验的猎狗，捉兔子的数量下降的就越多。于是猎人又去问猎狗。猎狗说："我们把最好的时间都奉献给了您，主人。但是我们随着时间的推移会老，当我们捉不到兔子的时候，您还会给我们骨头吃吗？"

猎人做了论功行赏的决定。分析与汇总了所有猎狗捉到兔子的数量与重量，规定如果捉到的兔子超过了一定的数量后，即使捉不到兔子，每顿饭也可以得到一定数量的骨头。猎狗都很高兴，大家都努力去达到猎人规定的数量。

一段时间过后，终于有一些猎狗达到了猎人规定的数量。这时，其中有一只猎狗说："我们这么努力，只得到几根骨头，而我们捉的猎物远远超过了这几根骨头。我们为什么不能给自己捉兔子呢？"

于是，有些猎狗离开猎人，自己捉兔子去了。

【案例启示】　美国学者杰克·弗朗西斯(Jack C.Francis)曾说过："你可以买到一个人的时间，你可以雇一个人到固定的工作岗位，你可以买到按时或按日计算的技术操作；但你买不到热情，你买不到创造性，你买不到全身心的投入，你不得不设法争取这些。"成功的管理者必须知道用什么方式才能有效地调动下属的工作积极性。

第一节　激 励 概 述

一、激励的概念

在汉语中，激励第一次作为词汇出现，是在司马迁所著的《史记》中："欲以激励应候"。在英文中，激励一词源自于拉丁语"movere"，意思是"移动""采取行动"。从词义上看，激励就是激发与鼓励的意思，激发鼓励人们朝着所期望的目标采取行动的过程。具体到管理学中，激励指的是激发人的动机、诱导人的行为，使其发挥内在潜力，为追求目标而努力的过程。对组织的个体而言，激励是一种驱动力；对管理者而言，激励是一个对员工进行引导和控制的过程。

激励的目的在于从既定的组织目标出发，着眼于成员个人和群体，通过运用某种手段，寻求组织与个人在目标、行动上的内在一致性，从而达到两者之间在行动与效果上的良性循环。

二、激励的特性

1. 激励的目的性

任何激励行为都有其明确的目的性，这个目的可能是组织期望成员的一个行为结果，也可能一个行为过程，但必须是一个现实的、明确的目的。通过激励，在实现组织目标的同时，也应最大限度地满足组织成员的个人需要与个人目标。

2．激励的相容性

激励以组织成员的需要或动机为出发点，通过对人的需要或动机施加影响，从而强化、引导或改变人们的行为；同时满足组织成员的合理需要，并且这些需要有的是与组织的需要相兼容的。

3．激励反复持续的过程性

激励是一个由多种复杂的内在、外在因素交织起来产生持续作用和影响的复杂过程，而不是一个互动式的即时过程。

4．激励的多样性

人们在组织及社会实践活动中形成了多种多样的需要，除基本的物质生活需要外，还有安全、社会交往、尊重、自我实现、认知与审美等多方面的需要。因此，对不同的个体的激励的作用点及其采用的激励手段与方式应是不同的。

5．激励的可变性

由于人的需要及行为受多种因素的影响，同一激励措施所产生的行为表现在同一组织成员身上并不是不变的。同样，不同人员的需要及行为存在差异，同一激励导致的行为在不同的人身上也有着不同的反应。因此，激励应因人、因地、因事的不同而调整。

6．激励的社会制约性

需要是人的主观感受与客观环境共同作用的结果，是受特定的社会历史条件制约的。因此，激励也就具有了社会制约性，不能超越所处的历史阶段。

三、对人的认识

对组织中人的不同假设，将直接影响到管理者的管理行为。美国行为科学家道格拉斯·麦格雷戈在其所著的《企业的人性方面》一书中提出了 X 理论及 Y 理论；美国的心理学家和行为科学家艾德佳·沙因(Edgar H.Schein)归纳提出了人性的四种假设，即经济人、社会人、自我实现人和复杂人。还有许多行为学家都曾对"人性"有所论述，在这里我们把有关人性的假设加以归纳列述。

1．"经济人"的假设

"经济人"又称为"理性经济人"，也称为实利人。这种假设起源于享乐主义的哲学观点以及亚当·斯密(Adam Smith)关于劳动交换的经济理论，该假设认为人的一切行为在于追求本身的最大利益，工作的动机是为了获得劳动报酬。亚当·斯密曾在数次演讲当中这样表述自己关于"经济人"的观点——"我们吃的面包，不是出于面包师的恩惠，而是源于他们对钱财的贪婪。"这句话形象地说明了，"经济人"将个人的经济利益追求当作行为的唯一目标。

麦格雷戈提出的 X 理论就是对"经济人"假设的概括。其基本观点如下：

(1) 多数人十分懒惰，他们总想设法逃避工作。

(2) 多数人没有雄心大志，不愿负任何责任，而心甘情愿地受别人的指导。

（3）多数人的个人目标都是与组织目标相矛盾的，必须用强制、惩罚的办法，才能迫使他们为达到组织的目标而工作。

（4）多数人干工作都是为了满足基本的需要，只有金钱和地位才能鼓励他们工作。

（5）人大致可分为两类，多数人都是符合上述设想的，少数人是能够自己鼓励自己，能够克制感情冲动的人，这些人应承担管理的责任。

"科学管理之父"泰勒对于人性的看法就是"经济人"假设的典型代表。他认为工人的主要动机是经济的，工人最关心如何提高自己的金钱收入。因此管理工人的最好方式是"胡萝卜加大棒"，即是一方面以金钱给予激励，另一方面则以惩罚加强约束。X 理论也提出了针对"经济人"应当采取的管理原则，要点如下：

（1）管理工作的重点是如何提高生产效率、完成工作任务，实现组织目标。管理者的主要职能是计划、组织、控制、经营、指导和监督，情感和道义等方面的问题不在管理者的考虑范围之内。

（2）强调严密的组织，制定具体的规范和工作制度，如工时定额、技术规程等。

（3）以金钱报酬来刺激员工的工作积极性，并且对消极怠工的员工采取严厉的惩罚措施。

"经济人"假设曾经在管理界中风靡一时，即便今天依然有少数管理者持有类似观点，但这是一种落伍的观点，导致了管理方法和手段的简单粗暴。

2."社会人"的假设

这一假设起源于著名的霍桑试验，霍桑试验的结果对人性提出了新的认识。工人不是冰冷的机器，而是有血有肉有感情的人，他们属于社会的一分子。除了物质需要以外，人们还会追求安全感、归属感、渴望人与人之间的友情、希望获得尊重与认同。因此，工人的工作态度、生产效率会受到与他人关系的影响，物质利益反而是次要因素。

"社会人"假设认为社会性需要的满足往往比经济上的报酬更能激励人们。人们在长期的社会生活中发现，只有在顾全群体利益时，个人利益才能得到保证。

"社会人"假设的基本内容是：

（1）从根本上说，人是由社会需求而引起工作动机的，并且通过与同事的关系而获得认同感。

（2）工业革命与工作合理化的结果，使工作本身失去了意义，因此只能从工作上的社会关系去寻求意义。

（3）员工对同事的社会影响力，要比管理者所给予的经济诱因及控制更为重要。

（4）员工的工作效率随着上司能满足他们社会需求的程度而改变。

"社会人"假设重视人的社会需要，认为人与人之间的关系对于调动劳动积极性有至关重要的作用。由此得出的管理方式与根据"经济人"的假设得出的管理方式完全不同。要点如下：

（1）强调除了注意工作目标(指标)的完成外，更应注意从事此项工作的员工的要求。管理者在指挥、监督的同时，应当重视员工之间的关系，多沟通多联络，倾听员工的意见，培养亲密的关系并建立良好的感情。

（2）培养员工的归属感和集体感。在对个人的奖励同时，应提倡集体奖励制度。

3. "自我实现人"的假设

"自我实现人"是由美国心理学家、管理学家亚伯拉罕·马斯洛(Masow，Abraham Harold)提出。所谓自我实现，指的是人都需要发挥自己的潜力，表现自己的才能，只有人的潜力充分发挥出来，人的才能充分地表现出来，人才会感到最大的满足。这就是说，人们除了物质和社会需求之外，还有一种想充分运用自己的各种能力，发挥自身潜力，实现自我价值的欲望。

麦格雷戈总结并归纳了马斯洛与其他类似的观点，提出了 Y 理论：

(1) 一般人都是勤奋的，如果环境条件有利，工作就如同游戏或休息一样自然。

(2) 控制和惩罚不是实现目标的唯一手段。人们在执行任务中能够自我指导和自我控制。

(3) 在适当条件下，一般人不仅会接受某种职责，而且还会主动寻求职责。

(4) 大多数人而不是少数人，在解决组织的困难问题时，都能发挥出高度的想象力、聪明才智和创造性。

(5) 有自我满足和自我实现需求的人往往以达到组织目标作为实现个人目标的最大报酬。

(6) 在现代社会条件下，一般人的智能潜力只得到了一部分的发挥。

Y 理论对人性拥有较为积极的看法，由此得出的管理方法和"经济人"假设、"社会人"假设都有很大不同，尤其和 X 理论形成了鲜明对比。后者强调通过外来的控制约束人的行为，而 Y 理论则看重人们的自我控制与管理。管理者相应采取的管理方式如下：

(1) 改变管理职能的重点。管理"经济人"的重点放在工作上，即是放在计划、组织、控制、经营、指导和监督等方面；管理"社会人"重点放在人际交往上，即是如何通过和谐的人际关系促进工作；而管理"自我实现人"，重点在于挖掘员工的潜力、鼓励员工成长、指导员工工作，为其营造最佳的工作环境。

(2) 改变激励方式。激励"经济人"用钱，激励"社会人"用良好人际关系，这些都属于外部激励；而激励"自我实现人"，依赖于工作本身带来的挑战性和成就感，这种内部激励可以满足个体的自我实现需要，从深层次上调动员工的工作积极性。

(3) 改变管理制度。不再通过管理制度束缚员工，而是给予员工更多自主权，实施自我控制，让员工更多地参与管理和决策，迎接挑战，发挥才能。

4. "复杂人"的假设

"复杂人"是 20 世纪 60 年代末至 70 年代初提出的假设。此前几十年的研究和实践证明，"经济人""社会人""自我实现人"假设都过于片面。"复杂人"假设提出，上述三种假设虽各有一定的合理性，但不能适用于一切人。因为人是复杂的，不仅因人而异，而且一个人本身在不同的年龄、地点、时期也会有不同的表现。人的需求随各种变化而改变，人与人之间的关系也会改变。

综合上述假设，权变理论学派提出了新的理论，称为超 Y 理论，内容如下：

(1) 人的需要是多种多样的，而且这些需要随着人的发展和生活条件的变化而发生改变。每个人的需要都各不相同，需要的层次也因人而异。

(2) 人在同一时间内有各种需要和动机，它们会相互作用并结合成为统一的整体，形成错综复杂的动机模式。

(3) 人在组织中的工作和生活条件是不断变化的，因而会产生新的需要和动机。

(4) 一个人在不同单位或同一个单位的不同部门工作，会产生不同的需要。

(5) 由于人的需要不同，能力各异，对不同的管理方式会有不同的反应。因此，没有适合于任何组织、任何时间、任何个人的统一的管理方式。

世界上没有两片一模一样的树叶，也没有两个一模一样的人，更没有一成不变的管理方式，所以绝对不能一刀切。"复杂人"假设提醒管理者，在实施管理行为时，要了解每个员工的个体差异。不同的人、不同的情况，要采取不同措施。

通过对"经济人""社会人""自我实现人""复杂人"这四种人性假设进行分析，我们可以意识到，人性复杂，需要众多，激励的首要工作是理解和认识人性，管理者采取不同的激励方法、手段，是因为对人性的认知有所不同。

四、激励的基本过程

当个体被激励时，他会就自身的内外部条件作出反应，激励的过程本质上就是一个需要不断获得满足的过程。激励的基本过程如图 8-1 所示。

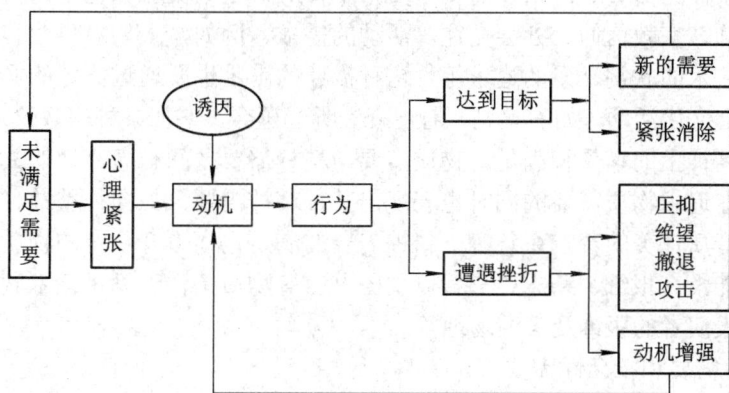

图 8-1 激励的基本过程

如图 8-1 所示，个体未满足的需要将引起心理紧张，这种心理紧张的压力会诱发动机，即使在缺乏需要的情况之下，外界诱因也可能引发动机。动机将直接指向个体行为，个体行为会出现两类结果：一个达成目标，二是遭受挫折。假使达成目标，紧张感将暂时消除，直到出现新的需要；假使遭受挫折，个体或者表现为压抑、绝望、撤退、攻击，或者是因为需要无法满足而增强动机。需要和动机，是人类行为的直接驱动力。

激励的过程就是从未满足的需要出发，通过激发动机、引导行为，从而达到满足需要的过程。激励本身不是目的，而是一种达到目的手段。激励作为一种内在心理活动，起着加强、激发、推动与调控行为的作用。激励的工作的实质在于创设各种条件，发掘和满足个体的需要，激发个体的动机，强化个体的行为，引导他们有效工作，向达成组织目标的方向发展。一个管理者对下属进行激励，实际是想方设法满足下属的动机和愿望，并引导他们按所要求的方向去行动。

1. 需要

需要是指人对某种目的期望获得的愿望。人只要存在，就离不开需要，需要是人们行动的出发点。管理者要想调动员工的工作积极性，首先就必须了解员工的需要，进而根据不同的需要采取相应的激励措施。

1) 需要的特征

需要的第一个特征是目标性，需要总是指向一定的目标，不存在无目标的需要。需要的第二个特征是无限性和不满足性，人的需要是多种多样的，个体总是处于需要的状态之中，永远不会停止。需要的第三个特征是共同性与个体性，人都需要空气、金钱、尊重等，这体现了需要的共同性；在这种共同性之下，每个人的需要有各不相同，对同样的东西，每个人的需要程度也不相同。

2) 需要的分类

(1) 物质需要和精神需要。

按照需要的性质，可以将需要分为物质需要和精神需要。物质需要主要指个体对衣、食、住、行的需要，这种需要是人们生存的基础。个体这种需要指向社会的物质产品，并且以占有这些产品来获得满足。如对工作和劳动条件的需要，对日常生活必需品的需要，对住房和交通条件的需要等。精神需要主要指个体对一定的文化、艺术、科学知识、道德观念、政治信仰、宗教信仰、社会交往等活动的需求。例如，人们对事业和理想的追求、知识的渴求、艺术的欣赏、爱的追求等。这种需要的满足也要通过一定的文化、艺术产品以及一定的社会文化活动，如看话剧、看电视、听音乐会、参加某种宗教仪式、社交活动、运动会等达到精神上的享受和满足。物质需要与精神需要之间有着密切的关系，不可孤立地划分。人们在追求物质需要的同时也表现出某种精神需要，如向往整洁、雅静的住房，入时的衣着，音质优美的音响系统等。精神需要的满足也离不开一定的物质产品，如满足阅读的需要不能没有报纸、杂志、书籍以及图书馆等物质条件，满足艺术欣赏的需要，不能没有乐器、表演者的服饰及表演场地等。

(2) 自然性需要和社会性需要。

从需要发展的过程来看，需要又可以分为自然性需要和社会性需要。自然性需要也称生物学需要，它包括饮食、运动、休息、睡眠、排泄、配偶、嗣后等需要。这些需要主要由机体内部某些生理不平衡状态所引起，对有机体维持生命、延续后代有重要意义。人和动物都有自然需要，但需要的具体内容不同，满足需要的对象和手段也不一样。人生活在社会中，人的自然需要不仅可以通过自然物体满足，而且可以通过社会产品得到满足。例如，人需要新鲜空气，人们不仅可以在大自然中获取，也可以通过使用空调设备或空气净化器等现代化的技术手段来满足。同时，人的自然需要还要受社会文化需要的调节。例如，人们的进食，不仅受机体的饥饿状态所支配，而且要受到各种社会风俗习惯、礼仪、不同社会场合的调节，在大庭广众、宾朋满座的情况下，人们即使饥肠辘辘，也不会狼吞虎咽地进食。

社会性需要是人特有的需要，是个体在成长过程中通过各种经验积累所获得的一种特有的需要，是后天习得的、与人的社会生活相联系的需要。它受到个体所处的文化背景、社会风俗以及经验的影响。因而表现出不同的社会特征、阶级特征、民族特征和个性特征。

例如，中国男女之间的交往需要受着中国儒家思想的影响，带有民族色彩，不像西方那样开放。社会性需要在人类的生活中具有重要的意义。如劳动的需要、交往的需要、归属的需要、美的需要等都是人类生活中所必需的，这些需要得不到满足，虽说不像其他生物需要那样，得不到满足就会导致死亡，但是，也会引起痛苦、沮丧和焦虑等情绪，甚至会引发疾病。同时，这种需要比较内在，往往隐藏于一个人的内心，不易被别人所觉察。

2. 动机

动机是行为的心理动力。它引发行为指向一定的目标，并由于行为后的有利结果而强化行为。动机是建立在需要的基础上的，没有需要便不会产生动机。但需要一般并不直接引起行为，只有当需要转化为动机后，才能引发和维持行为。人的需要的多样性和复杂性决定着人的动机的多样性。

1) 动机的分类

(1) 先天性动机和习得性动机。先天性动机是基于人的本能而产生的原始动机，如需要食物、趋吉避凶等；习得性动机是经过后天的环境而拥有的动机，如对地位、权力等产生的欲望。

(2) 内部动机和外部动机。这一分类是根据动机产生的途径来区分的。内部动机源自于对工作本身的兴趣、对成功的满足感和创造的愉悦感。一个员工进行创造性的工作后，领导者虽未表扬或鼓励他，但他可以有自我满足，保持工作劲头，这是内部动机。外部动机是由外部刺激(如物质条件、奖励制度等)对人诱发产生的动机，如员工为了获得奖酬和晋升而努力工作等。

(3) 主导动机和辅助动机。在复杂的活动中，往往存在着多种动机，它们的作用和性质可能有所不同。其中有一个最强烈、最稳定的、处于支配地位的动机，那就是主导动机，它决定了动机的特征。主导动机支配人的行为，而辅助动机是其他起补充作用的动机，它们微弱，不稳定，处于次要地位。

2) 动机的公式

20 世纪 30 年代，霍尔(C.Hall)提出了内驱力理论，认为动机激发受内驱力习惯和诱因的影响，表示为

$$E = D \times H \times I$$

其中，E 代表一个人的努力程度；D 代表一个人的内驱力；H 代表一个人的习惯；I 代表诱因。

现代的心理学家在霍尔内驱力理论的基础上提出了动机激发循环的概念，认为需要、内驱力、目标三要素构成了一个不断循环的动机激发的完整过程，如图 8-2 所示。

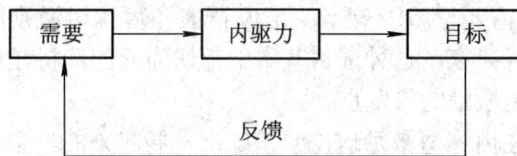

图 8-2 基本的动机激发循环

3. 行为

行为是人类在日常生活中所表现出的一切动作。人的行为起源于脑神经的作用所形成

的精神活动(意识),当意识外显为动作时,便形成了行为,而意识本身是一种内在行为。个体行为具有目的性、主动性、动机行和可塑性等特征。

个体的行为除了受动机的支配外,还受外部环境状况的影响。德国心理学家库特·勒温认为,人类行为取决于内在需要和环境的相互作用。当人们的需要尚未得到满足时,个体就会产生一种内部立场的张力,而周围环境(外在因素)起导火线的作用。他提出了著名的行为公式:

$$B = f(P \times E)$$

其中,B 为行为;f 为函数;P 为个人的需要(内在心理因素);E 为外界环境(自然社会的影响)。

第二节 激励理论

目前对激励问题的研究主要有管理学激励理论和经济学激励理论两个不同的思路,本章主要介绍管理学的激励理论。自 20 世纪 20 年代以来,国外许多管理学家、心理学家和社会学家从不同的角度研究怎样去激励人的问题,提出了许多管理激励理论。这些理论从不同的侧面研究了人的行为动因,但每一种理论都具有其局限性,不可能用一种理论去解释所有行为的激励问题。组织的管理者想要有效激励员工,必须较全面地了解各种激励理论,通常我们把各种激励理论划分为三大类,即内容型的激励理论、过程型的激励理论和行为改造型激励理论。在这里我们将主要介绍这三类理论中几个具有代表性的理论,管理学激励理论框架如图 8-3 所示。

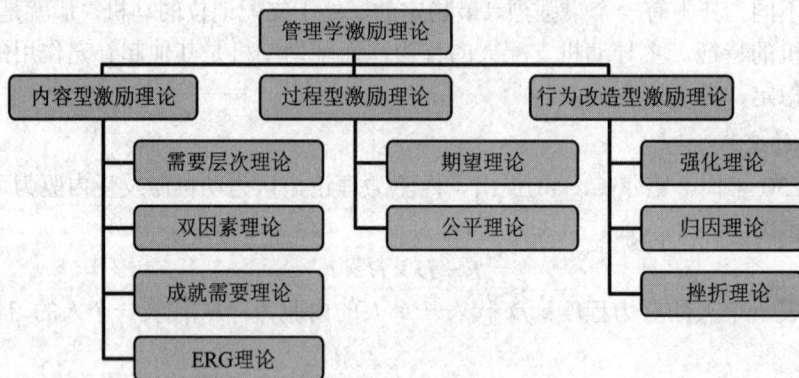

图 8-3　管理学激励理论框架

内容型激励(也称为需要型激励)理论,它从静态角度探讨激励问题,着重对引发动机的因素及激励的内容进行研究。这种理论基本上都认为人的动机是由需要引起的,了解人的需要特别是主导需要是激励的出发点。

过程型激励理论是在内容型激励理论的基础上发展起来的,主要研究如何由需要引起动机,由动机推动行为,并由行为导向目标的理论。它主要从激励过程的各个环节去探索对行为起决定作用的某些关键因素,研究有哪些重要因素对人的行为和动机发生作用,即有哪些因素能激励员工积极性。

行为改造型激励理论着重研究如何通过激励来改造和转化人的行为。这种理论观点主张对激励进行针对性地刺激，只注重员工的行为与其结果之间的关系，而不是突出激励的内容和过程。如果这种刺激对员工有利，则这种行为就会重复出现；若对员工不利，则这种行为就会减弱直至消失。因此管理者要采取各种方式，以使人的行为符合组织的目标。

一、需要层次理论

亚伯拉罕·马斯洛是美国著名心理学家，第三代心理学的开创者。他于1954年在代表作《动机与个性》中提出的的需要层次理论是最著名的激励理论，几十年来流传甚广，是学者们揭示个体需要规律的主要理论。

马斯洛需要层次理论的主要内容如下。

1. 人的多种需要可以分为五个层次

人类的需要是多种多样的，按照各种需要的重要性和发生的先后次序，可将它们排成一个等级模式，由低到高依次为生理需要、安全需要、社交需要、尊重需要和自我实现需要，如图8-4所示。

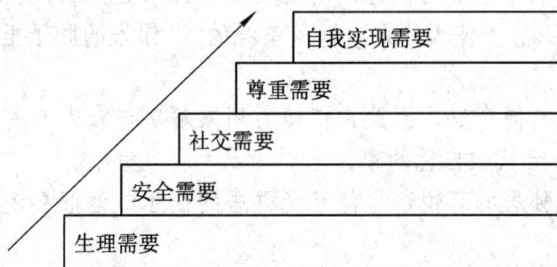

图 8-4　需要层次理论的五个层次

生理需要是人类为了维持其生命而产生的最基本需要，也是需要层次的基础。如饮水、进食、睡眠、排泄、性生活等，这是人类最原始、最基本的需要，是人和动物所共有的，其满足主要通过物质手段。马斯洛认为，当生理需要的满足还未能维持人们生存，其他需要不可能激励他们。他曾经说过，"一个人如果同时缺少食物、安全、爱情以及价值等，则其最强烈渴求当推对食物的需要"。

安全需要是人类保护自己免受生理和心理伤害的需要。当人们的生理需要获得满足，他们会开始考虑安全的需要。这种安全的需要不止局限于人身财产安全的保障，还希望眼前的秩序不被破坏，已获得的一切不再丧失或被剥夺。人们购买保险就源于安全需要。

社交需要出现在生理需要和安全需要被满足之后。人类是社会性的动物，拥有感情，希望与他人交往，建立持久的稳定的联系，渴望爱与被爱。同时，他们还希望自己隶属于某一团体，从而得到这一共识群体的关心、爱护、支持和帮助。

尊重需要，当归属感获得满足，人们又不肯仅仅停留于做团体普通一员。他们会希望群体的其他人尊重自己的品格和劳动，对自己的工作、人品、能力等给予承认和较高的评价。他们希望得到高于他人的地位、名誉和声望，并且发挥一定的影响力。

自我实现需要，马斯洛认为这是人类最高层次的需要。自我实现需要是个体实现个人理想和抱负，最大限度发挥个人潜力，获得成就实现自我的需要。"音乐家必须演奏音乐，画家必须绘画，诗人必须写诗，这样才能使他们感到最大的快乐。"

🖥 知识链接

马斯洛：自我实现者的16种人格特征

马斯洛在研究了许多历史上伟人共同的人格特质之后，更详细地描绘出"自我实现者"的画像。自我实现者有16种人格特征。

(1) 他们的判断力超乎常人，对事情观察得很透彻，只根据现在所发生的一些事，常常就能够正确地预测将来事情会如何演变。

(2) 他们能够接纳自己、接纳别人，也能接受所处的环境。无论在顺境或逆境之中，他们能安之若命，处之泰然。虽然他们不见得喜欢现状，但他们会先接受这个不完美的现实(不会抱怨为何只有半杯水)，然后负起责任改善现状。

(3) 他们单纯、自然而不虚伪。他们对名利没有强烈的需求，因此不会戴上面具，企图讨好别人。有一句话说："伟大的人永远是单纯的。"伟人的脑子里充满了智慧，但常保一颗单纯善良的心。

(4) 他们对人生怀有使命感，因此常把精力用来解决与众人有关的问题。他们也基本不会以自我为中心，不会只顾自己的事。

(5) 他们既能享受独居的喜悦，也能享受群居的快乐。他们喜欢有独处的时间来面对自己、充实自己。

(6) 他们不依靠别人满足自己安全感的需要。他们像是个满溢的福杯，喜乐有余，常常愿意与人分享自己，却不太需要向别人收取什么。

(7) 他们懂得欣赏简单的事物，能从一粒细砂想到天堂，他们像天真好奇的小孩一般，能不断地从最平常的生活经验中找到新的乐趣，从平凡之中领略人生的美。

(8) 他们当中有许多人曾经历过"天人合一"的宗教经验。

(9) 虽然看到人类有很多丑陋的劣根性，他们却仍然有悲天悯人之心、民胞物与之爱，能从丑陋之中看到别人善良可爱的一面。

(10) 他们的朋友或许不是很多，然而所建立的关系，却比常人深入。他们可能有许多淡如水的君子之交，素未谋面，却彼此心仪，灵犀相通。

(11) 他们比较民主，懂得尊重不同阶层、不同种族、不同背景的人，以平等和爱心相待。

(12) 他们有智慧明辨是非，不会像一般人用绝对二分法("不是好就是坏"或"黑人都是懒惰鬼")分类判断。

(13) 他们说话含有哲理，也常有谑而不虐的幽默。

(14) 他们心思单纯，像天真的小孩，极具创造性。他们真情流露，欢乐时高歌，悲伤时落泪，与那些情感麻木，喜好"权术""控制""喜怒不形于色"的人截然不同。

(15) 他们的衣着、生活习惯、行为方式、处世为人的态度，看起来比较传统、保守，然而，他们的心态开明，在必要时能超越文化与传统的束缚。

(16) 他们也会犯一些天真的错误，当他们对真善美执着起来时，会对其他琐事心不在焉。例如爱迪生有一次工作太专心，竟然忘了自己是否吃过饭，朋友戏弄他，说他吃过了，他信以为真，拍拍肚皮，满足地回到实验室继续工作。

2. 需要的实现和满足具有顺序性

上述五种需要，在个体心目当中的排列顺序并不是平等一致的，而是由低到高排列，遵循递进规律，在较低层次的需要得到满足之前，较高层次需要的强度不会太大，更不会成为主导性需要。也就是说一般情况之下，个体只有在较为低级的需要得到相对满足后，才会需要满足较高级的需要；如果其较低级的需要未得到满足，就可能牺牲较高级需要。比方说，一个饥寒交迫的人可能会不顾一切的寻找食物吃，哪怕冒着枪林弹雨；而一个生命安全随时受到威胁的人，难以顾忌自身的亲情、友情和爱情。在需要层次的逐级上升过程当中，需要的满足并不一定总是百分之百的。只要较低层次的需要有了一定程度的满足，可以暂时缓解紧张感，便不再成为主导性需要，而是让位下一个较高层次的需要，由其成为行为的主要动力。古语云"保暖思淫欲"就是这个道理。

3. 不同个体的需要具有差异性

马斯洛认为，由于个人的需要结构发展状况不同，5 种需要在体内形成的优势位置也不同。人们往往是 5 种需要同时存在，可各自的需要强度却不同。有的人更看重生理需要，有的人更看重安全需要，有的人强调社交需要，有的人强调自尊需要，还有的人最关心自我实现需要。有的人牺牲高级需要去谋取低级需要，也有的人，会为了实现高级需要而舍弃低级需要。受到各国文化影响，美国员工非常重视自尊需要和自我实现需要，日本员工更多地考虑安全需要，而在北欧诸国，社交需要是员工关注的重点。

马斯洛需要层次理论作为著名的动机理论，为研究人的行为提供了较为科学的理论框架，是激励理论的基础。他将人类纷繁复杂的各种需要总结归纳为 5 大类，揭示了员工行为的基本规律，为管理者的激励工作提供了非常有益的帮助。在马斯洛需要层次理论的指导之下，管理者的激励工作应当注意如下要点：

(1) 员工的需要也可以分为五个层次，这 5 个层次的需要必须通过不同的激励方式给予满足。比如提供足够的薪金满足生理需要；以医疗保险、失业保险等满足安全需要；通过关怀和帮助满足社交需要；奖励表扬下属满足尊重需要；用授权等方式满足自我实现需要等，如表 8-1 所示。

表 8-1 不同层次需要的满足方式

需要层次	满足方式
自我实现需要	富于挑战性的工作、工作的自主权、决策权
尊重需要	职衔、奖励表扬、授予称号、公开场合露面
社交需要	上司的关怀、友善的同事、联谊小组
安全需要	工作保障、退休保障、福利保障
生理需要	足够的薪金、舒适工作环境、适度工作时间

(2) 人的状态取决于其主导需要是否满足。主导需要是指在各种需要中占据主要地位，对个体的心理、生理产生最严重紧张感的未满足需要。管理者希望激励工作更富成效，必须先了解员工的主导性需要是什么。因为当一组需求得到满足时，这组需求就不再成为激励因素了。对于已经获得高薪的员工，采取涨工资的办法并不能充分调动其积极性，满足安全需要或其他需要可能会有更好效果。

4. 需要层次理论的局限性

在肯定马斯洛的需要层次论的成就，学习其中的经验时，也必须看到它的缺陷：

(1) 对需要层次的分析简单、机械。人类需要的发展并不一定遵从马斯洛需要层次论所提出的规律——只有经过某一个层次需要才能有下一层的需要。伴随着环境和人的情况的变化，人们总是同时存在着若干种需要，这几种需要同时产生动机。这些动机有强有弱，彼此相互争斗，而马斯洛却忽视了这种强弱之分，争斗经过。

挖掘庞贝古城时，人们总是为了那些母亲的无畏身影而感动，她们不顾自身安危，将孩子紧紧护在身下。灾难来临的瞬间，亲情战胜了一切，哪怕是生命。"递进规律"面对如此选择，难免显得呆板苍白。

(2) 马斯洛的需要层次论的理论基础具有局限性。他的理论体系是以人本主义为理论基础，其心理学理论核心是人通过"自我实现"，满足多层次的需要系统，达到"高峰体验"，重新找回被技术排斥的人的价值，实现完美人格。这是一种利己主义的观点，认为人的需要都是本能的活动，都是生而具有的，生理需要是为了自己的生存，安全需要是出于趋利避害的本能，社交需要是为了自己享受生活的乐趣，自尊和自我实现的需要是为了出人头地。显然，这不是一种科学的理论假设。古往今来，许多英雄和伟人，为了社会理想、民族大义牺牲个人利益，这种超越自我的实现，是马斯洛需要层次论无法解释的。

(3) 马斯洛的需要层次论未能反映出社会环境、意识形态等对需要模式产生的巨大影响。他所提到的发挥主观能动性和自我实现忽视了社会需要、条件和制约，更没有考虑到个人对社会的责任和贡献。

二、双因素理论

1. 双因素理论的内容

弗雷德里克·赫茨伯格(Frederick Herzberg)是美国心理学家，曾获得纽约市立学院的学士学位和匹兹堡大学的博士学位，在美国和其他三十多个国家从事管理教育和管理咨询工作。

1959 年赫茨伯格在美国匹兹堡地区针对 11 个工商业机构的 200 多位工程师、会计师进行调查征询，询问他们什么时候对工作感觉到特别满意，什么时候对工作感觉到特别不满意。结果发现，受访人员举出的不满的项目，大都与他们的工作环境有关，而感到满意的因素，则一般都与工作本身有关。据此，他提出了双因素理论，全名叫"激励、保健因素理论"。表 8-2 是赫兹伯格调查后得出的激励和保健因素。

表 8-2 激励和保健因素

保健因素(环境)	激励因素(工作本身)
金钱	工作本身
监督	赏识
地位	进步
安全	成长的可能性
工作环境	责任
政策和行动	成就
人际关系	—

传统理论认为,满意的对立面是不满意。赫兹伯格却认为这种观点是不正确的。根据双因素理论,满意的对立面是没有满意,不满意的对立面是没有不满意。两者观点的比较如图 8-5 所示。

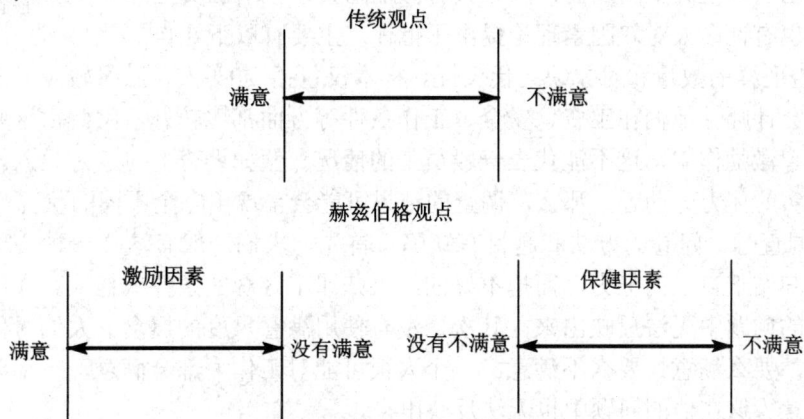

图 8-5 传统观点与赫兹伯格观点的比较

基于图 8-5 的满意度区分方式,赫兹伯格将影响员工工作积极性的因素分为两类:保健因素和激励因素。这两种因素彼此独立,并且以不同的方式影响人们的工作行为。

保健因素,就是造成职工不满的因素。赫兹伯格发现造成员工不满的主要原因有企业的政策、行政管理、工资发放、劳动保护、工作监督以及各种人事关系处理等。如果这些得到改善,显然能够解除职工的不满,却不能使职工感到满意并激发起职工的积极性。员工只是处于一种既非满意,又非不满意的中心状态,不产生积极后果。它们只带有预防性,只起维持工作现状的作用,不能直接起激励的作用。把握好可以避免问题的产生,但并不能带来飞跃性的提升和进展,因此也被称为"维持因素"。

所谓激励因素,就是能够使职工感到满意的因素。赫兹伯格发现能够让员工满意的原因有:工作表现机会、工作本身的乐趣、工作上的成就感、对未来发展的期望、职务上的责任感等等。它们的改善能够让员工感到满意,调动员工工作积极性,激发其工作热情,从根本上激励员工,提高劳动生产效率。如果此类因素处理不好,也不会引起员工太大的不满和负面影响。

赫兹伯格的双因素理论提醒管理者,并非所有激励措施的实施都能带来士气大增、效率提高的成效。某些激励性条件的提出仅仅能消除员工的不满而已，并不代表着满意的结果。所以，在激励过程中，管理人员不仅要注意保健因素必须予以保证，而更要重视激励因素的作用。传统的提高薪酬，改善工作环境等外部激励手段，仅仅是激励的一方面：更重要的是重视内部激励方法，使工作具有挑战性，使人有成就感，有提升、成长和发展的机会，以此获取员工的满意度和积极性。同时，为了提高每一项激励措施的绩效，必须事先研究作用效果，不断改善。比如使用发放奖金的方法，平均分配或者是奖金差额过少都难以起到激励作用，但如果抛弃"吃大锅饭"的做法，缩小奖励面，拉开奖金档次，激励效果就会显著。

2. 对双因素理论的评价

双因素理论在国内外都有很大影响，该理论对激励的贡献是显而易见的。他把影响人的行为的因素分为保健因素与激励因素，指明要调动和维持员工的积极性，首先要注意保健因素，以防止不满情绪的产生，但更重要的是要利用激励因素去激发员工的工作热情，努力工作，创造奋发向上的局面，因为只有激励因素才会增加员工的工作满意度。

但是，也有许多人对双因素理论提出了批评，主要有以下几点：

(1) 调查取样的数量和对象缺乏代表性。样本仅包括 203 人，数量较少，而且对象都是工程师、会计师。他们在工资、安全、工作条件等方面都比较好，因此，这些因素对他们自然不会起激励作用，这不能代表一般员工的情况。假如调查的对象是收入较低，工作环境极其恶劣的体力劳动者，那么，调查的结果可能会呈现出完全不同的状况。

(2) 在调查时，问卷的方法和题目有缺陷。首先，人们一般有这样一种心理状态，即把好的结果归结于自己的努力，而把不好的结果归罪于客观的条件或他人。人们的这种心理特征在他的问题中无法反映出来。其次，没有使用满意尺度的概念。人们对任何事物不是那么绝对，要么满意，要么不满意。一个人很可能对工作一部分满意，一部分不满意，或者比较满意。这在他的问题中也无法反映出来。

(3) 他认为满意和生产率的提高有必然的联系，而实际上满意并不等于劳动生产率的提高，这两者并没有必然的联系。工作过程当中，常常会出现这样的情况，员工对工作性质和内容感到满意，可是依然愿意偷偷懒、少干活。

(4) 将保健因素和激励因素截然分开是不妥的。保健因素和激励在实际的工作中有所交叉，也因管理对象的不同而存在差异。实际上保健因素和激励因素、外部因素和内部因素都不是绝对的，他们是相互联系并可以互相转化的。保健因素也能够产生满意，激励因素也能产生不满意。例如，奖金既可以成为保健因素也可以成为激励因素，工作成绩得不到承认也可以使人闹情绪，以致消极怠工。

批评者认为，人是复杂的，若是对他的调查仅以满意或不满意作为指标，而且又没有进一步证实满意感和生产率的关系，那么，其调查结果的可信度是值得怀疑的。所以管理者在运用双因素理论进行激励时一定要谨慎处理。

三、成就需要理论

成就需要理论，又称"三种需要理论"，是由美国哈佛大学教授戴维·麦克利兰(David C. McClelland)通过对人的需求和动机进行研究，于 20 世纪 50 年代提出的。

与其他激励的内容型需要理论提出者一样，麦克利兰也认为存在一些基本的需要引导着人的行为。他在前人工作的基础上，证实了三种基本需要，即成就的需要、归属需要和权力需要，与个体工作过程中的激励程度高度相关。但与传统的内容型需要理论不同，麦克利兰理论的前提假设可以从这些需要是后天获得的；它们在个体中如何达到平衡也是因人而异的。

成就需要是对成就的强烈愿望和对成功及目标实现的执着。有些人追求的是个人的成就而不是成功后的报酬，他们希望将事情做得比以前更好、更有效率，这种内驱力就是成就需要。他通过大量的实证研究表明，高度的成就需要与工作中的高绩效是相联系的。那些在富有竞争性的工作中取得成功的人，他们对取得成就的需要远远高于平均水平。大多数管理者和企业家比一般的专业人员具有更高的成就需要水平。麦克利兰的研究还表明，非管理人员也有取得成就的需要。

归属需要指被他人喜欢和接受的愿望。有高归属需要的人更愿意与他人和睦相处，可能会较少考虑高水平地履行职责。高归属需要者喜欢合作而不是竞争的环境，希望彼此沟通和理解。毋庸置疑，很多人都需要和同事保持密切联系。有着强烈归属需要的人可能是成功的"整合者"，如品牌管理人员和项目管理人员等。他们能够协调组织中几个部门的工作，具有过人的人际关系技能，能够与他人建立积极的工作关系。

权力需要是影响和控制他人的愿望。具有高权力需要的人喜欢承担责任，努力影响他人，喜欢处于竞争性环境和令人重视的地位，有高个人权力需要的人只关心实现个人的目标。权力需要常常表现为"双刃剑"，当这种需要表现为对他人恶意的控制和利用，对组织来说就是一种不利的"个人化权力"；如果权力需要可以引起组织和社会的建设性改进，那么它就是一种积极的"社会化权力"。有着强烈权力需要的人，会有较多的机会晋升到组织的高级管理层。原因在于，成就的需要可以通过任务本身得到满足，而权力的需要只能通过上升到某种具有高于他人的权力层次才能得到满足。麦克利兰对美国电报电话公司管理层进行了16年的跟踪研究，发现在这家公司高层管理中有一半以上的人对权力有强烈的需要。

既然高成就需要与工作的高绩效正相关，那么识别高成就需要者的特征对于管理者来说就是非常重要的。麦克利兰通过十多年的研究指出，高成就需要者更喜欢个人责任、能够获取工作反馈和适度冒险性的环境。高成就需要者接受困难的挑战，能够承担成功或失败的责任。他们不是赌徒，因为从偶然的成功中他们得不到任何的成就感。应当指出，高成就需要的人并不一定就是好的管理者，特别是在大型组织中。归属需要和权力需要与管理者的成功有着密切关系。

麦克利兰理论的重要性在于，它表明了使员工与其工作相匹配的重要性。与具有高度成就需要的员工不同，高归属需要感的员工则喜欢安定、保险系数高和可预见的工作场所，体贴细心的管理者更适合他们；麦克利兰的研究还表明，下属的三种基本的激励需要是可以通过培训来培育和激发的。在一定程度上，管理者能够通过创造适当的工作环境来提高员工的成就需要，管理者可以赋予员工一定程度的自主权和责任感，逐步使其工作更具挑战性。

知识链接

小 测 试

在下面 15 句话中，选出和你的感受最接近的数字。数字 1～5 分别表示：1.非常不同意、2.不同意、3.不确定、4.比较同意、5.非常同意。

1. 我非常努力地改善我的工作方式以提高工作绩效。
2. 我喜欢竞争和获胜。
3. 我常常发现自己和周围的人谈论与工作无关的事情。
4. 我喜欢有难度的挑战。
5. 我喜欢承担责任。
6. 我想让其他人喜欢我。
7. 我想知道在我完成任务后领导对我的表现和结果是如何评价的。
8. 我能够面对与我意见不一致的人。
9. 我乐意和同事建立亲密的关系。
10. 我喜欢制订并实现比较现实的目标。
11. 我喜欢影响其他人以形成我自己的工作方式。
12. 我喜欢隶属于一个群体或组织。
13. 我喜欢完成一项困难任务后的满足感。
14. 我经常为了获得更多的对周围环境的控制权而工作。
15. 我更喜欢和其他人一起工作而不是一个人。

为了确定你的主导需要，将你的答案分别填入表 8-3 对应的题目标号后面，并对每一列的得分进行汇总。每一项最终得分落在 5 分～25 分之间，得分最高的那一项就是你的主导需要。

表 8-3　测试题分组得分

成就需要	权利需要	亲和需要
1	2	3
4	5	6
7	8	9
10	11	12
13	14	15
总计：	总计：	总计：

四、ERG 理论

美国耶鲁大学的克雷顿·奥尔德弗(Clayton. Alderfer)在马斯洛提出的需要层次理论的基础上，进行了更接近实际经验的研究，提出了一种新的人本主义需要理论。奥尔德弗认为，人们共存在 3 种核心的需要，即生存(Existence)的需要、联系(Relatedness)的需要和成长(Growth)的需要，因此这一理论又被称为 ERG 理论。

生存需要指所有物质和生理的欲望，它包括了马斯洛所说的生理需要和安全需要。联系需要包括与他人的联系以及在交流思想和感情中获得满足，这类需要和马斯洛的社交需要、尊重需要相对应。成长需要是个人发展的内在需要，它包括了马斯洛的尊重需要和自我实现需要的特征；它可以激励员工创造性地有效地改变自身和环境；它的满足来自于个人能力的充分发挥或者拓展新的能力。

ERG 理论与马斯洛层次需要的本质差异并不是用 3 个需要代替 5 个需要，而是 ERG 证实不同类型的需要可以同时起作用。虽然马斯洛认为自我实现的需要只有在其他需要都满足之后才显出重要性，奥尔德弗却坚持认为个体——尤其是后工业时代的员工的生存需要和发展需要可以同时被激励，同时得到满足。

ERG 理论还包括挫折——倒退维度。它并不同意马斯洛观点，即认为一个人会滞留在某一特定的需要层次上直到这一层次需要得到满足。ERG 理论认为如果高层次需要得不到满足，那么满足低层次的愿望会更加强烈，即使低层次需要已经得到满足。

ERG 理论比马斯洛理论有更多的科学支持，而且与我们关于个体差异的常识更加一致。ERG 理论与我国学者关于人类需要具有多样性、层次性、潜在性和可变性特征的观点更为接近。因此，ERG 理论比马斯洛观点更为有效。

五、期望理论

期望理论是美国心理学家维克托·弗鲁姆(Victor H.Vroom)在 1964 年出版的《工作与激励》一书中提出的。

该理论认为，人是理性的，对于生活和事业的发展，他们有既定的信仰与基本的预测；一个人决定采取何种行为与这种行为能够带来什么后果以及这个后果对他来说是否重要有关；人就是根据他对某种行为结果实现的可能性和相应奖酬的重要性的估计来决定其是否采取某种行为的。也就是说，只有当人们认为实现预定目标的可能性很大，并且实现这种目标又具有很重要的价值时，该目标对人的激励程度才会最大。因此，决定行为的因素有两个：期望值与效价。激励程度由期望值与效价的乘积决定，用公式可以表示为：

$$M = V \times E$$

M 表示激励程度，反映一个人的工作积极性高低和持久程度，它表明人们为达到目标而努力的程度。

V 表示效价，又称做目标价值，是指人们对某一目标的重视程度与评价高低，即人们主观上认为实现目标后获得报酬的价值大小。效价反映了一个人对某一结果的偏好程度。某人对某种结果越是向往，此结果对其而言效价就越接近于 1；当他对实现某一目标认为是无足轻重时，效价为零；当他认为目标实现反而对自己不利时，效价为负。后两种结果都不会对人产生好的激励效果。

E 表示期望值，是指人们对实现某一目标的可能性的主观估计，即实现某一目标的主观概率(0~1)。它包括两个方面：一是个人经过努力后能达到组织目标的概率；二是组织能实现个人目标的概率。

1．调动人们工作积极性的条件

期望理论提出了在进行激励时要处理好 M、V 和 E 三方面的关系。这也是调动人们工作积极性的三个方面。

(1) 努力与绩效的关系。它是个体感觉到通过一定程度的努力而达到工作绩效的可能性。人们总是希望通过一定的努力能够达到预期的目标，如果个人主观认为通过自己的努力达到预期目标的概率较高，就会有信心，就可能激发出很强的工作力量。但是如果他认为目标太高，通过努力也很难达到，就会失去内在的动力，导致工作消极。

(2) 绩效与奖励的关系。它是个体对于达到一定工作绩效后即可获得理想的奖赏结果的信任程度。人们总是希望取得成绩后得到奖赏，既包括物质方面的奖励，也包括精神方面的奖励。如果人们认为取得绩效后能够获得合理的奖励，就有可能产生工作热情，否则就没有工作积极性。

(3) 奖励与满足个人目标的关系。它是工作完成后，个体所获得的奖励对个体需要目标的重要性程度。人总是希望自己所获得奖励能够满足自己某方面的需要。然而，由于人们在年龄、性别、资历、社会地位和经济条件等方面存在差异，他们对各种需要所要求得到的满足程度不同，能激发出来的工作动力也不同。

期望理论的基础是自我利益，它认为每一员工都在获得最大的自我满足。期望理论的核心是双向期望：管理者期望员工的行为，员工期望管理者的奖赏。

2．期望理论的假设

(1) 管理者知道奖励对员工最有吸引力，不同的人要用不同的奖励方法：对许多人来说，工资是工作的最重要的结果；对另外的一些人来说，成就感或对工作的兴趣比工资更重要。管理者确信当员工有高水平的业绩时，这些奖励是可以兑现的。

(2) 员工的判断依据是个人的知觉，而与实际情况无关。不管实际情况如何，只要员工凭自己的感觉认为自己经过努力工作就能达到所要求的绩效，且达到绩效后能得到具有吸引力的奖赏，他就会努力工作。如果他认为无论自己是否努力，结果都是一样的，员工就不会受到激励。

期望理论更切合现实情况和激励过程，有助于管理者理解和分析对员工的激励状况。这一理论也给我们实施激励提供了有益的启示：管理者需要明确员工个体的需要，确定组织的奖励并确保每个员工有能力和条件得到这些奖励。在实践中要极大地激发员工努力工作的内在动力，就要提高员工对某一成果的偏好程度，即效价；同时，还要为员工提供和创造良好的工作条件，提高员工对实现目标的信心，即提高期望概率。

期望理论也存在一些不足。因为它强调组织所提供的报酬或奖励要与员工个体的需要保持一致，需要管理者准确知道每一员工的效价和期望概率值，这一点在实践中往往很难做到。另外，期望理论关心的是知觉，即员工与管理者的判断，而与实际情况不相关。个体对工作绩效、奖赏、目标满足的知觉决定了他们的满足程度，而不是客观情况本身。

六、公平理论

公平理论又称为社会比较理论，是美国心理学家约翰·S.亚当斯(John Stacey Adams)1965 年在《社会交换中的不公平》著作中首先提出的。该理论认为职工对收入的满足程度是一个社会比较过程。一个人对自己的工资报酬是否满意，不仅受收入的绝对值的影响，也受相对值的影响。每个人总会把自己付出的劳动和所得的报酬与他人的比率作横向比较，也会把自己现在的投入报酬同个人的历史收入作纵向比较。在比较中，他对所得到的报酬与付出的劳动的知觉至关重要，并且将根据比较的结果来决定自己今后的行动。

1. 横向比较

横向比较是员工将自己所获得的"报酬"(包括金钱、工作安排及获得的赏识等)与自己的"投入"(包括教育、努力及耗用在职务上的时间等)的比值与组织内其他人进行比较，只有相等时，他才认为公平，愿意为此继续保持原有的工作积极性和努力程度。如下式：

$$\frac{自己工作成果的报酬}{自己工作的投入} = \frac{他人工作成果的报酬}{他人工作的投入}$$

公式两侧也可能出现不相等的情况，如：

$$\frac{自己工作成果的报酬}{自己工作的投入} < \frac{他人工作成果的报酬}{他人工作的投入}$$

这种状况让员工感觉到不公平，他会因此不满。要求增加自己的报酬或私下主动减少付出以追求平衡；也可能会呼吁减少比较对象的报酬或增加其工作投入；此外还有可能寻找他人作为比较对象，发扬阿Q精神。如果以上方式都无效，员工可能会选择离职。

$$\frac{自己工作成果的报酬}{自己工作的投入} > \frac{他人工作成果的报酬}{他人工作的投入}$$

这种状况说明员工得到了过高的报酬或者付出努力较少。员工可能会心存感激，主动增加工作的努力程度，但一段时间之后，他会重新估计报酬和付出的比率并且感觉到心安理得，从而恢复从前的水平。

2. 纵向比较

纵向比较是指把自己目前投入的努力与目前所获报酬的比值，同自己过去投入的努力同过去所获报酬的比值进行比较，只有相等时，他才认为公平。纵向比较也会出现三种结果：

$$\frac{自己现在工作成果的报酬}{自己现在工作的投入} = \frac{自己过去工作成果的报酬}{自己过去工作的投入}$$

这种状况说明员工感觉基本公平，积极性与努力性可以保持不变。

$$\frac{自己现在工作成果的报酬}{自己现在工作的投入} < \frac{自己过去工作成果的报酬}{自己过去工作的投入}$$

这种状况令员工感觉到今不如昔，很不公平，工作积极性下降。

$$\frac{自己现在工作成果的报酬}{自己现在工作的投入} > \frac{自己过去工作成果的报酬}{自己过去工作的投入}$$

一般来讲，员工总是认为自己是不断进步的，应当如此，并不会受宠若惊从而提高工作积极性。

公平理论对管理有非常重要的启示：

(1) 不仅是报酬的绝对值会影响激励效果，报酬的相对值也会产生影响。即使给予了高报酬，如果员工感觉到不公平，依然没有很好的激励效果。

(2) 正确掌握公平标准。公平的标准需要多方面考虑，究竟应当采取贡献率，还是采取平均率或其他，要结合组织的实际情况正确掌握。虽然公平感与个人主观判断有关，可能会存在误差，但不应当造成严重不公平感。此外，标准应当公开化、透明化，使得员工对报酬的分配有客观的感受。

(3) 与被激励者进行沟通，引导其树立正确的公平观念。管理人员首先应该理解比较的是人的天性，但要告诉大家，绝对的公平是没有的，不可盲目攀比。与下属多做沟通，在心理上减轻他们的不公平感觉以及因为感到不公平而产生的负面效应。

教学案例

奖金与积极性

一墙之隔的两家企业，甲企业由于经营不善，职工下岗回家；乙企业则因为其产品目前在市场上仍有一定的销路，所以职工并未都下岗，且每月都能按时领到工资，这时乙企业的职工们表现出了空前的工作积极性，令厂长大惑不解："当初有奖金的时候也没这么积极，这是怎么了？！"于是他决定去请教有关管理专家。

思考：
假设你是管理专家，将如何作答？

七、强化理论

强化理论也被称为操作条件反射理论、行为修正理论，是由美国心理学家斯金纳(Burrhus Frederic Skinner)提出的。斯金纳是行为主义学派最负盛名的代表人物，也是世界心理学史上最为著名的心理学家之一，直到今天他的思想在心理学研究、教育和心理治疗中仍然被广泛应用。斯金纳在前人的基础上向前迈进了一大步，提出了有别于巴甫洛夫的条件反射的另一种条件反射行为——操作性条件反射理论。他长期致力于研究鸽子和老鼠的操作性条件反射行为，提出了"及时强化"的概念以及强化的时间规律，形成了自己的一套理论。

斯金纳将操作性条件反射应用于对人的研究。他认为，人是没有尊严和自由的，人们做出某种行为，不做出某种行为，只取决于一个影响因素，那就是行为的后果。当行为带来的结果对他有利时，这种行为将会重复；当行为结果不利时，这种行为将会减弱或消失。

所谓强化，就是通过强化物增强某种行为的过程。强化物不一定是实物，也可以是行为、表情等。只要在某种行为之后，这种行为本身或者由它带来的后果可以刺激该行为的再次出现，就属于强化物。强化物在塑造人们的行为上有着极大作用。

斯金纳把强化分成正强化和负强化两种。通过某种强化物，使得个体受到刺激，积极性增加，被期望的行为发生概率增大，这就是正强化。反过来，通过某种强化物，使得个体积极性消退甚至丧失，被期望的行为发生概率减小，这就是负强化。

管理案例 ✒

海尔的正强化

海尔集团开始宣传"人人是人才"时，员工反应平淡。他们想："我又没受过高等教育，当个小工人算什么人才？"但是当海尔将一个普通工人发明的一项技术革新成果，以这位工人的名字命名时，在工人中很快就兴起了技术革新之风。比如工人李启明发明的焊枪被命名为"启明焊枪"，杨晓玲发明的扳手被命名为"晓玲扳手"。这一措施大大激发了普通员工创新的激情，后来不断有新的命名工具出现，员工的荣誉感得到极大的满足。对员工创造价值的认可，是对他们最好的激励，及时的激励能让员工觉得工作起来有盼头，有奔头，进而也能激发出员工更大的创造性。

在组织管理当中，正强化就是奖励组织需要的行为，从而加强该项行为。比如对努力工作的员工表示认可和表扬，提升职务，给予学习成长的机会等。负强化是采取措施避免与组织不相容的行为再次出现。如对迟到早退、犯错误的员工进行批评、处分和降职等等。有时候，不给奖励或少给奖励也是一种负强化，员工的行为会因为得不到肯定而逐渐消退。

在运用强化理论进行激励管理时应注意：

(1) 根据组织的目标及对不同行为的需求，应用适当的强化措施。主管人员应把总目标分解成分目标和分阶段目标，每完成一个分目标和分阶段目标都及时给予强化，以便增强下属信心，逐步实现总目标。由于人们的年龄、性别、职业、文化程度不同，性格与需要就有多种多样，强化的方式也应因人而异，对一些人有效的措施，对另一些人就不一定适用。

(2) 对工作成绩及不足进行及时反馈，这也是强化的一种重要形式。及时反馈可以使员工随时知道自己的行为结果，针对问题，及时改进；针对成绩，及时鼓励和鞭策，从而使行为符合组织目标。

(3) 及时奖罚，这也是强化的重要手段。对于所需要的行为，应该采取及时的正强化，其强化物一般有奖品、奖金以及权力、责任、名誉、赞扬、肯定等；对于不需要的行为，应该采取及时的负强化，使其削弱或消失。负强化一般是通过批评、处分、罚款、扣奖金和舆论谴责等起作用的。奖罚必须及时，只有这样，才能使好的行为持续不断，不利的行为及时消除。

强化理论的不足之处在于，它较多地强调外部因素或环境刺激对行为的影响，忽略了人的内在因素和主观能动性对环境的反作用，忽视了诸如目标、期望、需要等个体因素，而仅仅注重当人们采取某种行动时会带来什么样的后果，但强化并不是员工工作积极性存在差异的唯一解释。

八、归因理论

归因理论是美国的行为科学家和心理学家凯利(Kenlley)、韦纳(Weiner)等人提出的。归因是指根据人的外部特征对他的内心状态所做的解释和推论。

1. 归因理论的主要内容

(1) 依据凯利的归因模式把任何行为发生的原因归结为内部原因和外部原因。内部原因又可称为个人倾向归因，即依据个人的主观条件来判断其行为，如个人本身的特点、兴趣、爱好、态度、信仰、文化素质等。外部原因又可称为情景归因，即以外界环境，如社会条件、文化氛围、舆论环境等因素来判断个人的行为。

根据什么标准判断个人行为，个人行为应该归结为内部原因还是外部原因呢?凯利认为，判断的标准主要有一贯性、普遍性和差异性三方面。一贯性是指个体特殊行为的发生是一贯的，不是偶然的；普遍性是指个体行为是否特殊，即在其他个体上是否引起相同的反应；差异性是指个体行为与其他个体的行为的不一致性。

(2) 研究人们获得成功和遭受失败的归因倾向。韦纳提出了成功和失败的归因模型。他认为，人们的行为获得成功或遭到失败主要归因于四个方面的因素：努力、能力、任务难度和机遇。这四个因素可以从三个方面来划分，即内因和外因、稳定性、可控性。从内外因方面来看，努力和能力属于内部原因，而任务难度和机遇属于外部原因；从稳定性方面来看，能力和任务难度属于稳定因素，努力和机遇属于不稳定因素；从可控性来看，努力是可控制因素，任务难度和机遇是不能由人控制的，能力在一定条件下是不可控的，但人们可以设法提高自己的能力，从这点来讲，又是可控的。

韦纳的研究认为，人们把成功和失败归于何种因素，对以后的工作态度和积极性有较大的影响。韦纳分析了几种情况后指出，把成功归结为内部原因(努力、能力)，会使人感到满足和自豪；把成功归结为外部原因(任务难度和机遇)，会使人感到幸运和感激。把失败归结为内因，会使人感到内疚和无能为力；把失败归结为外因，会产生气愤和敌意。把成功归结为稳定因素(任务容易或能力弱)，会提高以后的工作积极性；把成功归结为稳定因素(任务难或能力强)，会降低以后的工作积极性，归因为不稳定因素(运气不好或努力不够)，可能提高以后的积极性。

对归因理论的研究，有助于了解人的归因倾向，掌握人的归因规律，以便指导和训练人的正确归因倾向，正确地总结工作中的经验和教训，从而调动人的工作积极性，提高工作效率。但是，归因理论的缺陷也是明显的。

2. 归因理论的缺陷

(1) 国外的归因研究主要是把人们的行为归因为内在的心理活动，而往往忽略产生人们心理活动的客观条件。

(2) 国外的归因研究都是以儿童为研究对象，因此往往做出单因素的归因结论，缺乏代表性和全面性，显得过于简单。

(3) 西方归因研究所提出的各种主要因素基本上反映了资本主义社会条件上人的归因倾向，对社会主义社会条件下人的归因倾向，对社会主义精神文明不具有包容力。例如，它不具有"同志合作"归因。社会主义国家要学习和借鉴，但同时必须作进一步的研究。

九、挫折理论

挫折理论是由美国心理学家亚当斯提出的，它主要揭示人的动机行为受阻而未能满足需要时的心理状态，并由此而导致的行为表现。管理者应采取有效措施将员工受到挫折时的消极性行为转化为积极性、建设性行为。

心理学上将挫折解释为个人从事某项活动时遇到障碍或干扰，使其动机不能获得满足的情绪状态。挫折理论认为，挫折是普遍存在的一种心理现象，几乎所有人都有受挫折的可能性。

产生挫折的原因归纳起来主要有主观和客观两个方面。主观原因主要表现在：个人目标设定过高，超出了自己能力，难以达成；个人同时追求的目标过多，由于精力和能力有限，不可能同时实现多个目标，结果一事无成；凭"想当然"的态度办事，往往因脱离实际导致失败。客观原因主要表现在：自然环境因素，使预期目标无法实现；物质环境因素，如由于物质缺乏使人的正常生活受到影响；社会环境因素，如随着社会的发展和外来文化的影响，形成一些新的行为规范和价值观念，新旧观念的冲突往往会使人遭受挫折。

挫折对人的影响具有两面性：一方面，挫折可以锻炼人的抗压能力和心理承受能力，使人顿悟，吸取经验，制定新的方案和策略，从困境中崛起；另一方面，挫折可能使人们出现负向情绪反应，并采取消极的措施，从而导致不安全的行为反应。挫折理论认为，人们产生挫折后必然有所反应。一是表现在情绪方面，如出现愤怒、焦虑、沮丧等情绪；二是表现在行为方面，如出现攻击性行为或防卫性行为，如表8-4所示。

表 8-4 面对挫折时的行为反应

防卫性行为	自我解脱
	逃避现实
	压抑欲望
	转移替代
	反向行为
攻击性行为	攻击
	固执
	冷漠
	退化

为了避免挫折可能导致的严重后果，在管理工作中一方面应尽量消除受挫折的环境，避免员工受到不应有的挫折；另一方面，当员工受到挫折时，应尽量减少挫折所引起的不良影响，提高员工面对挫折的承受力。挫折理论也提出了战胜挫折的多种有效方法，如帮助受挫折者建立正确的"失败"观；对受挫折者采取宽容的态度；为受挫折者改变环境；采取心理咨询等，以便使受挫折者走出逆境，勇敢地面对未来。

第三节 激励原则与方法

一、激励的原则

1. 组织目标与个人目标相结合的原则

在激励中设置目标是一个关键环节。目标设置必须以体现组织目标为要求，否则激励将偏离组织目标的实现方向。目标设置还必须能满足员工个人的需要，否则无法提高员工的目标效价，达不到满意的激励强度。只有将组织目标与个人目标结合好，才能收到良好的激励效果。

2. 物质激励与精神激励相结合的原则

员工有物质需要和精神需要，相应地激励方式也应该是物质与精神激励相结合。随着生产力水平和人员素质的提高，应该把重心转移到满足较高层次需要即社交、自尊、自我实现需要的精神激励上去，但也要兼顾物质激励。物质激励是基础，精神激励是根本，在两者结合的基础上，逐步过渡到以精神激励为主。

3. 外在激励与内在激励相结合的原则

凡是满足员工对工资、福利、安全环境、人际关系等方面需要的激励，称为外在激励；满足员工自尊、成就、晋升等方面需要的激励，称为内在激励。实践中，往往是内在激励使员工从工作本身取得了很大的满足感。如工作中充满了乐趣、挑战性、新鲜感；工作本身具有重大意义；工作中发挥了个人潜力、实现了个人价值等等，对员工的激励最大。所以要注意内在激励具有的重要意义。

4. 正强化与负强化相结合的原则

在管理中，正强化与负强化都是必要而有效的，通过树立正面的榜样和反面的典型，扶正祛邪，形成一种良好的风气。产生无形的压力，使整个群体和组织行为更积极、更富有生气。但鉴于负强化具有一定的消极作用，容易产生挫折心理和挫折行为，因此，管理人员在激励时应把正强化和负强化巧妙地结合起来，以正强化为主，负强化为辅。

5. 差异化与多样化相结合的原则

所谓差异化就是针对不同的人采取不同的激励方式；所谓多样化就是视情况不同，灵活运用多种激励方式。激励的起点是员工的需要，但员工的需要千差万别，因人而异，因时而异，只有满足员工最迫切的需要，才能取得最好的激励效果。因此，激励不可能一劳永逸，管理者要不断深入了解员工需要，采取有针对性的差异化与多样化相结合的激励措施。

6. 客观公正的原则

在激励中，如果出现奖不当奖，罚不当罚的现象，就不可能收到真正意义上的激励效果，反而还会产生消极作用，造成不良的后果。因此，在进行激励时，一定要认真、客观、科学地对员工进行业绩考核，做到奖罚分明，不论亲疏，一视同仁，使得受奖者心安理得，受罚者心服口服。

二、激励的方法

1. 物质激励

组织可以运用的物质激励手段包括：工资、奖金、分红、员工持股和各种福利措施等。物质激励是最基本的激励手段，因为工资、奖金和住房等决定着人的基本需要；同时员工收入及居住条件也影响其社会地位、社会交往，以及学习、文化娱乐等精神需要的满足感，因此世界各国都十分重视这一激励手段的运用。美国管理学家哈罗德·孔茨(Harold Koontz)指出，经济学家中的大多数主管人员倾向于把金钱看做比其他激励因素更重要的因素。

2. 目标激励

目标能够反映组织管理者以及员工的追求与抱负。树立宏伟而远大的目标，可以激发员工的斗志，诱发主动性和积极性，让他们更出色地完成任务。目标激励还可以帮助定位员工角色、明确绩效标准、建立活动规范、决定组织结构。如果对员工业绩没有目标设立，缺乏明确期望，有可能阻碍员工实现自我。

早在20世纪50年代，战后日本所生产的商品以低档便宜货的形象出现在美国市场上。当其他日本企业家还在沾沾自喜，还在推崇低档商品的薄利多销时，索尼的创始人盛田昭夫下定决心要改变世人对日本产品质量的看法。当时，他的员工尚不足千人，在国外毫无名气。可是，他却勇敢无畏地为索尼定下了一个近乎不可能的目标。然而，他最终成功了，索尼成为行销世界，家喻户晓的品牌。盛田昭夫第一个实现了日本人"企业国际化"的梦想。索尼的目标激励吸引了许多优秀人员为其奋斗终生，索尼(中国)人力资源发展部副总裁张燕梅曾说过这样一句话："无所不在的索尼，无所不在的机会，喜欢做索尼人的感觉，因为感觉索尼是可以实现梦想的地方。"

在中国，长虹公司也将"产业报国、民族昌盛"设为企业的最高目标，这种高尚的追求，增强了员工的成就感，对于激发工作热情有良好效果。

进行目标激励，除了考虑组织发展，最好还能将组织目标与个人目标相结合。让员工明白"厂兴我富，厂衰我穷"，组织的前途和员工的个人命运是紧密相连的。

3. 荣誉激励

荣誉是对个体或群体的崇高评价，能够满足人们的自尊需要，是激发人们努力进取的重要手段。给予努力工作、获得成绩的员工以表扬、光荣称号、象征荣誉的奖品、奖章等，这是对员工贡献的公开承认，可以满足人的自尊需要，从而达到激励目的。有人曾告诉法兰西帝国的皇帝拿破仑，为了得到他所颁发的一枚勋章，他的手下的士兵能够舍生忘死，不顾一切。于是这位皇帝禁不住感慨道，"这真是奇怪，人们竟然肯为这些破铜烂铁拼命！"作为另一位世界知名的领袖人物，斯大林也非常善于运用荣誉激励艺术。他对任何荣立战功的部队，上自元帅，下至士兵，无不给予相应荣誉。他非常懂得运用荣誉激励的奥妙之处。在反法西斯战争期间，对立功部队的指挥员及其领导人，除颁发由他亲手签发的嘉奖令并通过莫斯科电台向全世界播放外，还在首都为他们隆重地鸣放礼炮、点放礼花。他还根据立功的大小，亲自制定鸣放礼炮的三个等级。整个卫国战争期间，斯大林总共下达过373次嘉奖令，鸣放礼炮353次。由于这种嘉奖声势浩大，规模隆重，对有功部队和全军将士起了激励作用。

中华民族是重视荣誉、重视名节的民族。在中国人的眼里，"饿死事小，失节事大"。荣誉代表着一个人的社会存在价值，所以荣誉激励显得尤为重要。但现实生活中却有很多领导者不懂得赞美激励的好处，只会批评。他们误认为表扬会使员工骄傲，骄兵必败，所以总是对员工有诸多挑剔诸多责备，甚至鸡蛋里面挑骨头。可是，试想，被领导批评得灰头土脸，感觉到抬不起头来的员工，怎么可能有工作的积极性和热情？怎么可能产生良好的业绩？只能是屡败屡战，屡战屡败。作为管理者，千万不要吝惜自己的赞美。美国著名女企业家玛丽·凯曾说过："世界上有两件东西比金钱更为人们所需——认可与赞美。"管理者应当采取当众表扬、表彰大会等多种形式进行荣誉激励。

4. 榜样激励

良好的榜样可以引导个体朝向正确方向努力发展。在激励员工的过程中，也可以树立组织内部模范人物的形象，号召模仿学习。俗话说，"榜样的力量是无穷的"。模范人物将明确成为员工的参照物，无形当中产生压力，促使员工自我鞭策，努力争取先进。

榜样激励还有一个重要方面就是领导者本人作为表率身先士卒。俗话讲，说得好不如做得好。领导者只有以身作则，才能使自己的号召产生巨大的说服力和影响力。邓小平同志曾说过："连长指导员不以身作则，就带不出好兵来；领导干部不做出好样子，部队就出不了战斗力。"

战争年代，将领的带头冲锋表率作用重大。和平年代，组织领导者以身作则也将产生深远影响。沃尔玛公司创始人山姆·沃尔顿(Sam Walton)，终生工作勤勉，直至花甲之年，仍然每天早上4点多钟就起床开始工作。每周至少4天他自己驾驶着汽车从一家分店跑到另一家分店进行巡视。即便后来公司不断扩大使他难以访遍所有分店，但他仍尽可能地多地去巡视。他所领导的沃尔玛，不仅创造了二战后美国零售业的最大奇迹，而且以高昂的销售额当之无愧成为全球的零售巨头。在20世纪八、九十年代被誉为美国商业偶像第一人的李·亚科卡(Lee Lacocca)曾临危受命，出任克莱斯勒汽车公司的总经理。当时这家曾历经辉煌、具有55年历史的汽车公司正因为决策失误、盲目扩张的原因濒临倒闭。为了鼓舞士气渡过难关，亚科卡提出了"共同牺牲"的大政方针，并主动把他自己的年薪由36万美元降为象征性的1美元。这件事情引起了企业界的极大轰动。尤其是克莱斯勒的员工长期以来一直铺张浪费，讲究奢侈。亚科卡超乎寻常的奉献精神令员工大为震惊并深受感动。各级管理者和普通员工都逐渐地达成共识。在亚科卡的领导下，企业全体人员毫无怨言、心甘情愿地不计报酬、勤奋工作。不到五年时间，克莱斯勒公司就清偿了所有债务，市场占有率越来越高，企业形象越来越好。亚科卡强调说："作为企业的领导，最重要的一点就是身先士卒，做出样子。员工的眼睛都在看着你，大家都会模仿你。"

5. 任务激励

任务激励是指利用工作任务本身来激励员工。例如，一项符合自己专长或兴趣的工作，一个富有挑战性的任务，在工作中取得成就等都能产生激励作用。按照行为科学的观点，任务激励属于"内在激励"，其付出的代价小，作用持久。

任务激励的方式包括：

(1) 合理分配工作，尽可能使分配的工作适合员工的兴趣和工作能力。

(2) 合理进行"职务设计"。在职务设计中充分考虑技能的多样性、任务的完整性、工作的独立性等，并阐明每项工作的结果，从中产生高度的内在激励作用。

(3) 工作丰富化。即使工作具有更丰富的内容、更大的挑战和更高的成就感的一种激励方法。工作丰富化的内容包括：工作的多样性，任务的整体性，任务的重要性，工作的自主性和反馈的及时性等。

日本著名企业家稻山嘉宽在回答"工作的报酬是什么"时指出，"工作的报酬就是工作本身"。工作内容的丰富化也可以作为激励的手段之一。根据马斯洛需要层次论，人类的需要被分为五层，最高层次的需要是自我实现需要。自我实现需要的满足，不在于获得金钱、关怀表扬和头衔，在于通过个人潜力的最大发挥，获得畅快淋漓的成就感。通过工作丰富化和扩大化，可以令员工在工作过程中接受更多的挑战，最大程度地满足自我实现的需要，从而提高劳动积极性。其中工作丰富化是指在工作中赋予员工更多的责任、自主权和控制权。而工作扩大化是指工作范围(水平方向)的扩大或工作多样性，给员工增加了工作种类和工作强度，使员工有更多的工作可做。

摩托罗拉公司普遍实行工作轮换制度，公司给员工提供各种机会，尽可能做到能上能下和民主决策，这样做不仅使更多的人得到了锻炼，也便于每个人发现自己最适合的工作岗位，更加热情高涨地投入工作。管理人员之间采用轮换的方式进行培养，人力资源、行政、培训、采购等非生产部门的领导多数具备生产管理经验，这不但有利于各部门更好地为生产服务，也有利于管理人员全面掌握公司的情况。生产工人的前道工序和后道工序、装配工人和测试检验工人也经常进行岗位轮换，这样可以使员工成为多面手。

6. 培训激励

当代社会发展日新月异，知识更新换代的周期越来越短，人们自身发展的需求越来越强烈，因此对员工进行不断地培训成为一种重要的激励手段。

培训的激励作用是多方面的，它可以满足员工求知的需要。通过培训，可以提高员工到达目标的能力，为承担更大的责任、更富有挑战性的工作及提升到更重要的岗位创造条件。德国著名的世界化工企业巴斯夫公司把培训职工、提高其工作能力作为激励的五项基本原则之一。公司认为员工接受培训，既提高了知识，又培养了更加端正的工作态度，同时他们会在今后的工作中寻找更多的承认、更高的级别和挑战，这些对公司是十分有利的。

7. 感情激励

人是群居性的社会型动物，社交需要也是人们需要的重要层次。梅奥提出了"社会人"假设，认为个体的工作态度受到与群体关系的影响。工人会因为管理者的监督和指导方式的改变而端正工作态度，提高产量。管理者需要跟下属员工多做沟通交流，了解员工的所思所想、内心需求，并且尊重员工，关心员工，和员工建立平等亲切的感情，真正获得员工的心。"士为知己者死"，感情激励常常可以起到意想不到的效果。

在日本，人们往往把公司看作大家庭。曾有评论家如此描述日本企业的内部关系："企业主好比父亲"，而"劳动者则似挣钱的儿子"。日本企业非常主张通过各种各样的感情激励手段来调动员工的积极性，比如日立公司的婚介所措施。日立公司资源部门的管理人员意识到，由于工作紧张，员工很少有时间寻找合适的生活伴侣。为了表示关怀和帮助，公司内专门设立了一个"婚姻介绍所"。"婚姻介绍所"的电脑中拥有公司所有员工的学历、爱好、家庭背景、身高、体重等资料。如果有员工递上求偶申请书，便可以调阅电脑档案，寻找满意的对象。挑选后联系人会迅速将挑选方的一切资料寄给被选方，如果对方同意见面，公司就安排双方约会。这一举措不但能够节约员工的时间，培养员工和企业的感情，激发其工作热情，还能够起到稳定员工、增强企业凝聚力的作用。

8. 参与激励

俗话说，"事不关己高高挂起"。很多员工之所以消极怠工，漠视组织，是因为感觉到组织事务和自己没有关系，现有的组织结构未能给自己提供为组织献策献计作出贡献的空间。其实每个员工都有参与管理的要求和愿望。如果能够创造机会让员工参与管理，就可使员工感受到管理者的信任、重视和赏识，感受到自己的命运和组织的发展息息相关。满足他们的归属感和被人认可、受人赏识的需要，从而产生强烈的责任感和积极性。

参与激励的具体实施方法多种多样。在德国企业里，普遍存在工厂委员会。工厂委员会由不包括管理阶层的所有员工选举代表组成，委员会定期与雇主举行联合会议。法律规定雇主有义务向工厂委员会提供各种信息和有关文件，尤其是涉及财务生产、工作流程的改变等方面。员工超过 100 人的企业，工厂委员会必须委任一个财务委员会。管理层定期与财务委员会会面，了解公司的财务状况；1000 人以上的企业，每季度雇主还必须向工厂委员会书面报告企业各方面的情况。委员会几乎可以对企业中所有重大的决策与举措表达看法。在工作时间、工资福利等方面，委员会还具有共同决策权，特别是当发现劳动条件的改变损害了员工的人性化需要时，可以要求雇主予以改变或赔偿。工厂委员会极大地激发的员工的热情，是非常有效的员工参与形式。

模块二　技　能　训　练

实训目标

学会运用本章所学的激励理论和方法。

实训内容与要求

分小组讨论在学习过程中，老师曾经对自己用过哪些激励方式？哪些有效？哪些无效？有效的原因是什么？无效的原因是什么？

根据你所学的管理学知识，为管理学课程设计一个提高学生学习积极性的激励方案。

成果检测

以 6～8 人为一组，分组讨论每位同学的设计方案的可行性，进一步完善各人的激励方案。

模块三　管　理　案　例

案例一

小王为什么不满

小王和小李工作都比较优秀，但小王的奖金比小李的少，所以小王消极怠工，用公平理论来解释小王的消极怠工现象。

如果公司给小王与小李一样多的奖金，小王仍然怠工，用双因素理论解释小王的现象。

案例二

激励方案个体效果差异

某房地产公司销售经理对他的一位销售员说：如果你今年完成 1000 万元的销售额，公司将奖你一套住房。这时组织的目标是 1000 万元的销售额，个人的目标是一套住房。

效价：

员工 A：天哪！一套住房！这正是我梦寐以求的，我一定要努力去争取。

员工 B：住房？我现在住的已经够好了，况且如果我一人拿了住房，同事会不满的，这对我没有什么吸引力！

期望值：

员工 A：1000 万元的销售额，照今年的行情，如果我比去年再卖力一点，是能做到的。

员工 B：1000 万元？简直是天方夜谭，经理要么是疯了，要么就是根本不想把住房给我，我才不会白花力气呢！

结果：

员工 A 认为只要销售到 1000 万元就能得到一套住房，我一定好好努力！

员工 B 认为经理向来说话就不算数，我打赌经理一定能找出 10 条理由说：我也不想说话不算数，但我实在无能为力！

请依据期望理论，对该公司 A、B 两位员工的激励效果进行分析。

模块四　复习与思考

1. 激励的概念是什么？激励有哪些特性？
2. 经济人、社会人、自我实现人和复杂人的基本假设是什么？
3. 激励的基本过程是什么？
4. 需要层次理论包括哪些基本层次？
5. 双因素理论如何区分保健因素和激励因素？
6. 成就需要理论的内容是什么？
7. 期望理论的内容是什么？
8. 如何更好地利用公平理论？
9. 如何正确看待强化理论？

本 章 小 结

1. 激励指的是激发人的动机、诱导人的行为，使其发挥内在潜力，为追求要实现的目标而努力的过程。

2. 美国的心理学家和行为科学家谢恩归纳分类了人性的四种假设，即经济人、社会人、自我实现人和复杂人的假设。

3. 激励的过程就是从未满足的需要出发，通过激发动机、引导行为，从而达到需要满足的过程。

4. 激励理论可以划分为三大类，即内容型的激励理论、过程型的激励理论和行为改造型激励理论。

5. 对员工进行激励时，应掌握一下基本原则：组织目标与个人目标相结合的原则；物质激励与精神激励相结合的原则；外在激励与内在激励相结合的原则；正强化与负强化相结合的原则；差异化与多样化相结合的原则；客观公正的原则。

6. 对员工激励的主要方法有：物质激励、目标激励、荣誉激励、榜样激励、任务激励、培训激励、感情激励和参与激励等。

第九章 沟 通

模块一 基 础 知 识

教学要求

(1) 理解沟通的概念与含义。

(2) 理解沟通的作用。

(3) 描述沟通的过程。

(4) 掌握沟通的类型。

(5) 熟悉沟通的障碍与控制。

(6) 了解沟通与信息技术。

技能要求

(1) 了解组织中沟通的几种类型，能在实际运用中解决组织冲突。

(2) 掌握人际交往技能的开发与运用。

案例导入

一个成功的上下级沟通

近几年长运公司从各院校招聘了一批学习优秀的毕业生充实公司各个部门。从南京某大学金融专业毕业的小洁在导师的推荐下，应聘到该公司风险管理部。部门内有一位做财务出身的李女士带她学习业务。

小洁的学习成绩一直很好，成长的道路比较顺利，性格比较开朗，喜欢把自己的想法告诉大家，和大家一起讨论研究问题。她认为，经过四年的学习自己掌握了扎实的金融专业，之所以选择这份工作是因为目前该公司规模适中，发展速度较快，因此，她认为自己施展能力的空间比较大。

但是到公司实习一个星期后，小洁就陷入了困境。在学习业务中，她感到有些工作力不从心，有很多工作上的问题。她感觉带她学习业务的李女士不是很愿意和她说话，这让她产生了困惑，她甚至认为这是带她的前辈不愿意带她而故意疏远。

李女士到部门主管张经理那儿汇报工作，把这几天来小洁的情况告诉张经理，并希望张经理找小洁谈话，促进她进步和改进。

"小洁啊，你在跟李女士学习业务中有些浮躁，语气不太谦和，态度不好啊"部门主管张经理找到小洁说到。

"是嘛，唉？有这个问题？怪不得李女士最近都不愿意跟我说话，感觉她不愿意带我呢。"

"小洁，你上进心很强，工作也很认真，在公司今后的发展中会有作为的，但李女士说你有时直呼她为'嗳'让她感到很不舒服，没有对待前辈的态度啊。"

"啊？是嘛，真的太不好意思了，这可能是在学校养成了习惯。"

"嗯，还有啊，经常打断她说话这点不好呀，不能认真地把她说的话听完就'这个我知道了'这是不能耐心倾听啊。"

"嗯，是的，我以为我弄明白了，我会做了呢。这点我会改正的，耐心倾听。"

"而且李女士认为你迫切寻求答案，在她手头有工作或者会议时，你总是很急；在部门其他同事讨论问题时经常插入发言并使用'我认为'语句，等等。这让李女士很头痛啊，希望小洁能很好地改进，跟李女士和部门同事处好关系。"

"嗯，我知道了。我会尽快地适应公司的工作生活，学会为人处事的。和同事融洽相处，向李女士认真学习。"

张经理找小洁谈话并要求她虚心地向前辈学习，并且在处理公司同事之间交际问题上，多思考作为新入职的员工应该如何做好人际沟通。

【案例启示】 如何沟通，是本案例的焦点。通过本案例，我们知道一个好的沟通应该能使同事之间关系融洽，也能提高工作效率。

第一节 沟 通 概 述

一、沟通的含义

沟通联络有时也简称为沟通，也就是信息交流。确切地说，所谓沟通是指将某一信息(或意思)传递给客体或对象，以期取得客体作出相应反应效果的过程。

沟通应具备以下三个条件：

(1) 沟通必须在两个或两个以上的主体之间进行；或者说，一个人单独无法完成沟通过程。

(2) 沟通必须有一定的沟通媒介(如：语言、文字等)表达所要传递的信息、观念和想法。

(3) 沟通必须是交换或分享信息。沟通的实质是信息、观念和想法在不同人之间的共同分享。从这一意义上讲，不同意见之间的争论也是一种有效的沟通方式。

二、沟通的作用

1. 沟通有助于提高决策的质量

任何决策都会涉及干什么、怎么干、何时干等问题。每当遇到急需解决的问题，管理者需要从广泛的企业内部的沟通中获取大量的信息情报，然后进行决策；或建议有关人员做出决策，以迅速解决问题。下属也可以主动与上级管理人员沟通，提出自己的建议，供领导者做出决策时参考；或经过沟通，取得上级领导的认可，自行决策。企业内部的沟通为决策提供了信息，增强了判断能力。

2. 沟通促使协调企业员工有效地工作

企业中各个部门和各个职务是需要协调的，而协调只有通过沟通才能实现。没有适当的沟通，管理者对下属的了解也不会充分，下属就可能对分配给他们的任务和要求他们完成的工作有错误的理解，使工作任务不能正确圆满地完成，导致企业在效益方面的损失。

3. 沟通有助于提高员工的士气

沟通有利于领导者激励下属，建立良好的人际关系和组织氛围，提高员工的士气。除了技术性和协调性的信息外，企业员工还需要鼓励性的信息。沟通可以使领导者了解员工的需要，关心员工的疾苦，在决策中考虑员工的要求，以提高员工的工作热情。人一般都会要求对自己的工作能力有一个恰当的评价。如果领导的表扬、认可或者满意能够通过各种渠道及时传递给员工，就会造成某种工作激励。同时，企业内部良好的人际关系更离不开沟通。思想上和感情上的沟通可以增进彼此的了解，消除误解、隔阂和猜忌，即使不能达到完全理解，至少也可取得谅解，使企业有和谐的组织氛围，所谓"大家心往一处想，劲往一处使"就是有效沟通的结果。

4. 沟通是组织创新的源泉

在人际有效沟通中，彼此之间信息的交流与讨论，会实现各自资源的互补，为组织创新打下基础。有效沟通可以集思广益，发挥群体创造力。它是组织创新的重要来源。

在组织沟通过程中，将办公自动化(OA)、供应链管理(SCM)、企业资源计划系统(ERP)等信息管理技术作为加强企业信息沟通管理的手段，是目前许多企业的普通做法。

三、沟通的过程

沟通过程是信息的发送者通过选定的渠道，把信息传递给接受者的过程。信息在信息源(发送者)与接受者之间传送。信息首先被转化为信号形式，然后通过媒介物，传送至接受者，由接受者将收到的信号转译回来，这样信息的内容就从一个人(组织)那里传给了另一个人(组织)。详细了解和掌握沟通的过程，对于深入理解和掌握管理沟通具有重要的作用，经过一些专家和学者不断努力，总结出了沟通过程的一般模型，如图 9 1 所示。

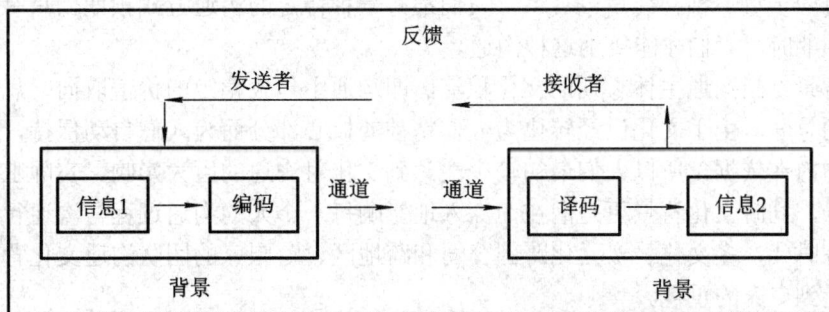

图 9-1　管理沟通过程

1. 编码和译码

编码是发送者将其信息与意义符号化,组成一定的文字等语言形式或其他形式的符号。发送者在编码过程中必须充分考虑接受者的经验背景,注意内容、符号对于接受者来说的可读性。

译码是接收者接到信息后,将符号化的信息符号还原成信息与含义,并理解其信息内容与含义的过程。接收者在译码过程中也必须考虑发送者的经验背景,这样才能正确理解收到信息的本来意义。

2. 通道

沟通的通道或渠道具有丰富性和多样性。在当今信息经济时代,技术发展变化突出的是电子信息通道的出现和多样化。如,现在企业已经使用的管理沟通电子渠道有:电子数据库、电子数据交换、个人电子邮件、组群电子邮件、可视电子会议、手机及电脑与网络共同传递的电子短信息、企业内联网、企业独立网站、企业互联网和企业电子刊物等一些新渠道。作为管理信息传递的媒介物,沟通渠道的选择是相当重要的。因为渠道会影响信息传送的速度、有效性和完整性。在大量传统与新兴的沟通渠道并存的情况下,沟通的渠道选择和渠道组合有了更大空间,对于管理沟通渠道的选择和设计有可能上升到战略层次,即企业管理沟通制度设计的高度来进行。

3. 反馈

完整无缺的沟通过程必定包括信息的成功传递与反馈两个大的过程。没有反馈的沟通过程容易出现沟通失误或失败。反馈是指接收者把收到并理解了的信息返回给发送者,以使发送者对接收者是否正确理解了信息进行核实。

4. 沟通背景

沟通总是在一定的历史、地理、政治、经济、文化背景中发生的。任何形式的沟通,都会受到各种环境因素的影响。环境因素分别是心理背景、物理背景、社会背景和文化背景等等。

所谓心理背景,指的是沟通双方的情绪和态度。它包含两个方面:其一是沟通主体自己的心情、情绪;其二是沟通主体对于对方的感受和态度。

所谓物理背景,是指沟通发生的地理场所。物理背景会对人们的沟通造成巨大影响。

社会背景是指沟通主体双方的社会角色关系,与对沟通间接发生影响的其他个体或人群关系。对应于每一种社会角色关系,人们都有一种特定的沟通方式预期,只有沟通方式符合这种预期时,人们才能接纳这种沟通。

文化背景是指沟通主体长期的文化积淀,即沟通主体较稳定的价值取向、思维模式、心理结构的总和。由于文化已经转化为人们精神的核心部分而为人们自动保持,是人们思考、行动的内在依据,所以人们最初较少注意到文化对沟通的巨大影响。实际上,沟通需要文化背景,同时文化背景更是潜在而深入地影响每一个人的沟通过程与沟通行为。在现代信息经济时代,多文化、多元化跨国公司和跨地区、跨国家的团队沟通文化背景沟通问题越来越受到专家的重视。

5. 沟通噪音

沟通噪音是指一切影响沟通的消极、负面、阻碍因素。管理沟通噪音存在于管理沟通过程的各个环节，给减少给沟通造成的失误、失败、损耗或失真。沟通噪音主要包括发送噪音、接收噪音、系统噪音、环境噪音、背景噪音及数量噪音等六大噪音。

(1) 发送噪音是指发生在沟通过程当中的信息发送环节的噪音。

(2) 接收噪音是指管理沟通过程中信息接收者在接收管理信息的过程中发生的噪音。

(3) 系统噪音是指沟通的信息代码系统噪音。沟通必须借助于一种或多种双方均能破译的信息代码系统如语言、文字等才能进行。

(4) 环境噪音是指在沟通过程中出现的，影响沟通进程和效果的一切客观外在环境干扰因素。

(5) 背景噪音主要是指在沟通过程中，由于沟通背景因素而产生的沟通噪音。同样地，这里的管理沟通背景也主要是指沟通过程的心理背景、社会背景和文化背景，不包括物理背景在内。

(6) 沟通的数量噪音是指沟通传递的信息量过大或过小，因而引起使对方无法恰当接收、理解或因沟通的信息量小而缺乏必要的沟通内容。

管理故事 📄

秀 才 买 柴

有一个秀才去买柴，他对卖柴的人说："荷薪者过来!"卖柴的人听不懂是什么意思，但是能听懂"过来"两个字，于是把柴担到秀才面前。秀才问他："其价如何？"卖柴的人听不太懂这句话，但是听得懂"价"这个字，于是就告诉秀才价钱。秀才接着说："外实而内虚，多而烟火少，请损之。"卖柴的人因为听不懂秀才的话，于是担着柴火离开了。

管理启示 🖋

这个故事很好地阐述了秀才遇到兵，有理说不清的道理。秀才的生活环境和文化修养显然与卖柴农夫有很大的差异，农夫知道自己有柴火需要出售，如果价格合适就出售。而秀才在与卖柴人沟通的时候，却用了很多书面语言，这些语言完全与卖柴人的语言环境没有交集，因此，秀才每讲一句话都会让农夫费解。最后，双方的交易无果而终也就是顺理成章了。

企业管理当中也是如此，管理者接触的新鲜资讯和词汇与员工的也会存在很大的差异，比如战略管理、流程优化、绩效管理等等，这些语义的背后都涵盖了丰富的知识背景。如果员工不是一个与时俱进、善于学习接受新事物的人，那么，即便两个人说的是同一个词，意思也会相去甚远。

所以，管理者与员工沟通的时候，要有耐心，要把一些词汇背后的解释讲给员工，让员工通过更丰富的语言，了解到每个内容的具体内涵。只有这样，员工才会把你的话和他们的现实工作结合起来；才能知道你想让他们做的到底是什么；也才会与你进行充分的互动，与你探讨各种可能的做法以及其中存在的疑问。

第二节　沟通的类型

在沟通的过程中，信息传递可以通过多种方式进行，其中最常见的有口头沟通、书面沟通、非语言沟通和电子媒体沟通等。如何合理的利用各种沟通渠道，采用多种沟通技巧，尽可能地与员工进行全方位的交流，已经成为企业内部管理研究的一个重要课题。如何建立全方位的沟通机制，首先要了解沟通的种类。

一、按沟通的组织系统分类

按沟通的组织系统分，沟通可分为正式沟通与非正式沟通。

1. 正式沟通

正式沟通是指在组织系统内，依据一定的组织原则所进行的信息传递与交流。例如组织与组织之间的公函来往，组织内部的文件传达、召开会议，上下级之间的定期的情报交换等。另外，团体所组织的参观访问、技术交流、市场调查等也在此列。正式沟通有多种具体的沟通形态，基本上可分为五种沟通形态，即链式、环式、Y式、轮式和全通道式，如图 9-2 所示。

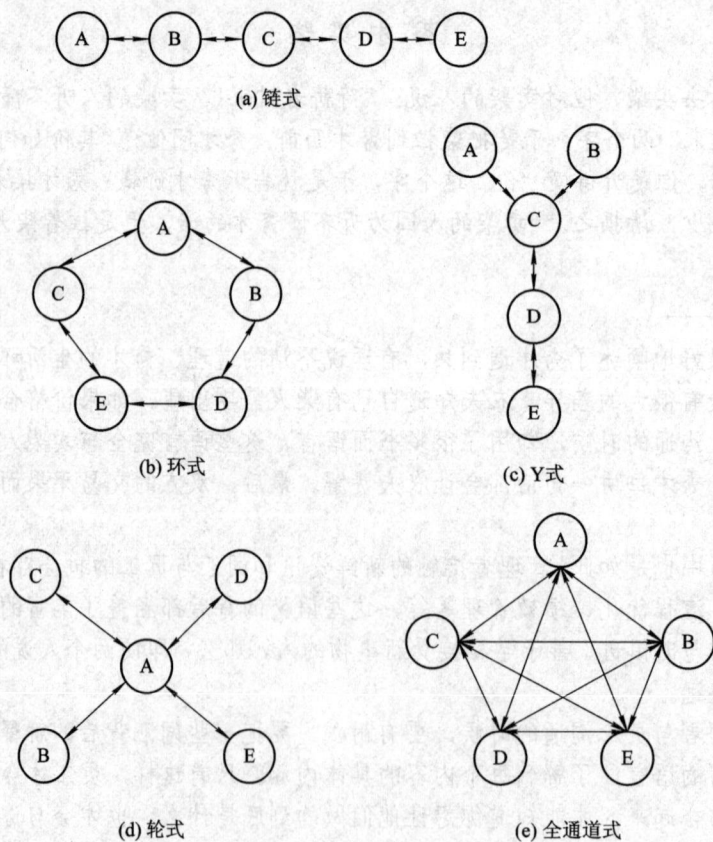

(a) 链式

(b) 环式

(c) Y式

(d) 轮式

(e) 全通道式

图 9-2　正式沟通五种形态

(1) 链式沟通。这是一个平行网络，其中居于两端的人只能与内侧的一个成员联系，居于中间的人则可分别与两人沟通信息。在一个组织系统中，它相当于一个纵向沟通网络，代表一个五级层次，逐渐传递，信息可自上而下或自下而上进行传递。在这个网络中，信息经层层传递，筛选，容易失真，各个信息传递者所接收的信息差异很大，平均满意程度有较大差距。此外，这种网络还可表示组织中主管人员和下级部属之间中间管理者的组织系统，属控制型结构。

在管理中，如果某一组织系统过于庞大，需要实行分权授权管理，那么，链式沟通网络是一种行之有效的方法。

(2) 环式沟通。此形态可以看成是链式形态的一个封闭式控制结构，表示 5 个人之间依次联络和沟通。其中，每个人都可同时与两侧的人沟通信息。在这个网络中，组织的集中化程度和领导人的预测程度都较低；畅通渠道不多，组织中成员具有比较一致的满意度，组织士气高昂。如果在组织中需要创造出一种高昂的士气来实现组织目标，环式沟通是一种行之有效的措施。

(3) Y 式沟通。这是一个纵向沟通网络，其中只有一个成员位于沟通内的中心，成为沟通的媒介。在组织中，这一网络大体相当于组织领导到秘书班子再到下级主管人员或一般成员之间的纵向关系，这种网络集中化程度高，解决问题速度快，组织中领导人员预测程度较高。除中心人员(C)外，组织成员的平均满意程度较低。此网络适用于主管人员的工作任务十分繁重，需要有人选择信息，提供决策依据，节省时间，而又要对组织实行有效的控制。但此网络易导致信息曲解或失真，影响组织中成员的士气，阻碍组织提高工作效率。

(4) 轮式沟通。它又被称为主管中心控制型沟通。在这种沟通网络中，只有一名成员是信息的汇集发布中心，相当于一个主管领导直接管理几个部门的权威控制系统。这种沟通形式集中度较高，信息传递快，主管者具有权威性。但由于沟通渠道少，组织成员满意程度低，士气往往受到较大影响。

(5) 全通道沟通。这是一个开放式的沟通网络，其中每个成员之间都有一定的联系，彼此了解。由于沟通渠道多，成员之间地位平等，合作气氛浓厚，成员满意度和士气均高。全通道沟通与环式沟通的相同之处在于，网络中主管人员不明确，集中化程度低，一般不适用于正式组织的信息传递。

正式沟通的优点：沟通效果好，比较严肃，约束力强，易于保密，可以使信息沟通保持权威性。重要的信息和文件的传达、组织的决策等，一般都采取这种方式。

正式沟通的缺点：由于依靠组织系统层层的传递，所以较刻板，沟通速度慢。

2．非正式沟通

非正式沟通渠道指的是正式沟通渠道以外的信息交流和传递，它不受组织监督，自由选择沟通渠道。例如，团体成员私下交换看法，朋友聚会，传播谣言和小道消息等都属于非正式沟通。非正式沟通是正式沟通的有机补充。在许多组织中，决策时利用的情报大部分是由非正式信息系统传递的。同正式沟通相比，非正式沟通往往能更灵活迅速地适应事态的变化，省略许多繁琐的程序；并且常常能提供大量的通过正式沟通渠道难以获得的信息，真实地反映员工的思想、态度和动机。因此，这种动机往往能够对管理决策起重要作用。

非正式沟通的优点：沟通形式不拘，直接明了，速度很快，容易及时了解到正式沟通难以提供的"内幕新闻"。非正式沟通能够发挥作用的基础，是团体中良好的人际关系。

非正式沟通的缺点：非正式沟通难以控制，传递的信息不确切，易于失真、曲解。而且，它可能导致小集团、小圈子，影响人心稳定和团体的凝聚力。

现代管理理论提出了一个新概念称为高度的非正式沟通。它指的是利用各种场合，通过各种方式，排除各种干扰，来保持他们之间经常不断的信息交流，从而在一个团体、一个企业中形成一个巨大的、不拘形式的、开放的信息沟通系统。实践证明，高度的非正式沟通可以节省很多时间，避免正式场合的拘束感和谨慎感，使许多长年累月难以解决的问题在轻松的气氛下得到解决，减少了团体内人际关系的摩擦。

知识链接

管理沟通是指特定组织中的人们，为了达成组织目标而进行的管理信息交流的行为和过程。沟通渠道有正式沟通渠道和非正式沟通渠道之分。前者是对信息传递的媒介物、线路作了事先安排的渠道，是通过正式的组织结构而建立起来的。它包括上行沟通、下行沟通、平行沟通和斜行沟通渠道。后者是指非官方的、不受任何约束的信息通道。

沟通网络是由若干条信息沟通渠道按一定方式集结而成的链状或网状结构。正式沟通网络是通过正式沟通渠道建立起来的网络，它反映了一个组织的内部结构，通常与组织的职权系统和指挥系统相一致。它有链式、轮式、Y 式、环式和全通道式沟通形态之分。非正式沟通网络是通过非正式沟通渠道联系的沟通网络。它分为单线型、饶舌型、偶然型和集束型四种。

教学案例

一次战略方案制定引起的风波

天讯公司是一家生产电子类产品的高科技民营企业。近几年，公司发展迅猛，然而，最近在公司出现了一些传闻。公司总经理邓强为了提高企业的竞争力，在以人为本，创新变革的战略思想指导下，制定了两个战略方案：一是引人换血计划，年底从企业外部引进一批高素质的专业人才和管理人才，给公司输入新鲜血液；二是内部人员大洗牌计划，年底通过绩效考核调整现有人员配置，内部选拔人才。邓强向秘书小杨谈了自己的想法，让他行文并打印。中午在公司附近的餐厅吃饭时，小杨碰到了副总经理张建波，小杨对他低声说道："最新消息，公司内部人员将有一次大的变动，老员工可能要下岗，我们要有所准备啊。"这些话恰恰好又被财务处的会计小刘听到了。他又立即把这个消息告诉他的主管老王。老王听后，愤愤说道："我真不敢相信公司会做这样的事情，换新人，辞旧人"。这个消息传来传去，二天后又传回邓强的耳朵里。公司上上下下员工都处于十分紧张的状态，唯恐自己被裁，根本无心工作，有的甚至还写了匿名信和恐吓信对这样的裁员决策表示极大的不满。

邓强经过全面了解，终于弄清了事情的真相。为了澄清传闻，他通过各部门的负责人把两个方案的内容发布给全体职工。他把所有员工召集在一起来讨论这两个方案，员工各抒己见，但一半以上的员工赞同第二个方案。最后邓强说："由于我的工作失误引起了大家的担心和恐慌，非常抱歉，希望大家能原谅我。我制定这两个方案的目的就是想让大家来参与决策，一起为公司的人才战略出谋划策。其实前几天大家所说的裁员之类的消息完全是无稽之谈。大家的决心就是我的信心，我相信公司今后会发展更好。谢谢！关于此次方案的具体内容，欢迎大家向我提问。"

通过民主决议，该公司最终采取了第二个方案。从此，公司的人员配置率得到了大幅度地提高，公司的运作效率和经营效益也因此大幅度地增长。

【教学功能】 管理者每天的工作都离不开沟通。沟通是信息的传递和交换，按沟通渠道可分为正式沟通与非正式沟通。通过本案例的学习，帮助学生了解到各种管理沟通方式在企业中所起到的作用；了解管理者应如何正确对待管理沟通。

二、按沟通的流动方向分类

按沟通的流动方向分类，沟通可分为上行沟通、下行沟通、横向沟通、斜向沟通。

1. 上行沟通

上行沟通主要是指团体成员和基层管理人员，通过一定的渠道与管理决策层所进行的信息交流。它有两种表达形式：一是层层传递，即依据一定的组织原则和组织程序逐级向上反映；二是越级反映，指的是减少中间层次，让决策者和团体成员直接对话。

上行沟通的优点：员工可以直接把自己的意见向领导反映，获得一定程度的心理满足；管理者也可以利用这种方式了解企业的经营状况，与下属形成良好的关系，提高管理水平。

2. 下行沟通

下行沟通是指从上而下地进行信息传递。如一个组织的上级管理者将工作计划、任务、规章制度向下级传达。下行沟通是组织执行任务的基础，通过下行沟通可以使下级明确组织的计划、任务、工作方针和步骤。向下沟通比较容易，居高临下，甚至可以利用广播、电视等通讯设施；一般来说，传统的管理方式偏重于向下沟通，管理风格趋于专制；而现代管理方式则是向下沟通与向上沟通并用，强调信息反馈，增加员工参与管理的机会。

下行沟通的优点：它可以使下级主管部门和团体成员及时了解组织的目标和领导意图，增加员工对所在团体的向心力与归属感。它也可以协调组织内部各个层次的活动，加强组织原则和纪律性，使组织机器正常的运转下去。

下行沟通渠道的缺点：如果这种渠道使用过多，会在下属中造成高高在上、独裁专横的印象，使下属产生心理抵触情绪，影响团体的士气。此外，由于来自最高决策层的信息需要经过层层传递，容易被耽误、搁置，有可能出现事后信息曲解、失真的情况。

3. 横向沟通

横向沟通，指的是在组织机构中职权地位相对等同的人之间的沟通。因为是平级关系，所以相互之间威胁性就小。由于横向沟通大多是发生在工作的求助上，所以相互推诿的情况特别多，以至沟通困难。

横向沟通中可能遇到的障碍：

(1) "部门本位主义"和员工短视倾向。

工作业绩评估体系的存在，是造成部门本位主义泛滥，部门员工趋于短视行为的主要原因。对员工来讲，为获得晋升和嘉奖以及业绩的认可机会，会不自觉地表现出维护本部门利益，强调本部门业绩的倾向。

(2) "一叶障目"，对公司组织结构的偏见。

有些部门对其他部门产生的先入为主的偏见会影响部门间的沟通。这种认为组织部门有贵贱等级之分的成见，显然会降低正常横向沟通的效果。

(3) 性格冲突。

跨部门沟通失败、低效的一个主要原因是沟通各方性格、思维行为、习惯的冲突。每个人因为其独特的工作领域、成长经历和生活体验，会形成独特的社会行为和沟通方式。如果缺乏对沟通对象特定的沟通方式的了解，沟通往往失败。

(4) 猜疑、威胁和恐惧。

缺乏信任的后果，不完全是猜疑和恐惧。但引发猜疑、威胁和恐惧的原因，一定是缺乏信任。由于过去经历的负面沟通，会使人产生猜疑，或感觉到威胁。当然，这也与沟通中的主体个人性格有关。

横向沟通具有很多优点：

(1) 它可以使办事程序、手续简化，节省时间，提高工作效率。

(2) 它可以使企业各个部门之间相互了解，有助于培养整体观念和合作精神，克服本位主义倾向。

(3) 它可以增加职工之间的互谅互让，培养员工之间的友谊，满足职工的社会需要，使职工提高工作兴趣，改善工作态度。

横向沟通的缺点：横向沟通头绪过多，信息量大，易于造成混乱；此外，横向沟通尤其是个体之间的沟通也可能成为职工发牢骚、传播小道消息的一条途径，造成涣散团体士气的消极影响。

4. 斜向沟通

斜向沟通是一种特殊形式的沟通，包括群体内部非同一组织层次上的单位或个人之间的信息沟通和不同群体的非同一组织层次之间的沟通。

斜向沟通有利于信息的快速传递，通常用于相互之间的情况通报、协商和支持。但是员工如果不向直接上级通报斜向沟通情况，有可能会对等级链造成冲击。为了避免这种问题，斜向沟通往往伴随着向上沟通或向下沟通。

斜向沟通优点：带有命令性和权威性。有利于增强合作意识，有助于领导者的控制。

斜向沟通缺点：领导者对真实状况可能了解不够，从而过于武断和作风生硬。速度一般较慢，容易被曲解和贻误。

三、按沟通的方法分类

按沟通的方法分类，可将沟通分为口头沟通、书面沟通、非语言沟通、电子沟通等。

1．口头沟通

口头沟通主要是指面对面的谈话、小组讨论、电话、会议、演讲或其他情况下以讲话形式进行的信息传递和交流。它是人们最常用的信息传递方式。

口头沟通优点：交流迅速，可以用较少的时间交换彼此的思想，了解对方的反馈意见；便于双向交流，提高效率；方便快捷，无须准备。

口头沟通缺点：信息无法保存；比较随意；信息经多次传递后容易失真。

2．书面沟通

书面沟通是指通过用文件、书面通知、报告、刊物等文字形式进行信息传递和交流，这种沟通方式往往比较正规。当组织或管理者的信息必须广泛向他人传播或信息必须保留时，口头形式就无法替代了。

书面沟通的优点：书面沟通更为周密，逻辑性强，条理清楚。

书面沟通的缺点：花费时间较长，同样的信息需要较长时间才能形成文字；受到写作水平的限制，如果写得不好还会词不达意，影响信息的理解；缺乏直接反馈，无法迅速了解接收者是否接收以及是否正确的理解。

采用书面沟通遵循的原则：

(1) 文字要简洁，尽可能采用简单的用语，删除不必要的用语和想法。

(2) 如果文件较长，应在文件之前加目录或摘要。

(3) 合理组织内容，一般最重要的信息要放在最前面。

3．非语言沟通

非语言沟通指的是使用除语言符号以外的各种符号系统，包括形体语言、副语言、空间利用以及沟通环境等。在沟通中，信息的内容部分往往通过语言来表达，而非语言则作为提供解释内容的框架，来表达信息的相关部分。因此非语言沟通常被错误地认为是辅助性或支持性角色。

非语言沟通可以强化口语所传递的信息，也可以混淆歪曲口语所传达的信息，因此了解非语言的沟通十分重要。非语言沟通是通过非文字的信息加以传递，最常见的是体态语言和语调。

体态语言，包括手势、面部表情和其他的身体动作。语调是指个体对词汇或短语的强调。比如，一副怒吼咆哮的面孔所表达的信息显然与微笑不同；不同的举止进行沟通，可以传达许多信息，尤其是面部表情最具有代表性；人们衣着的不同可给对方传达一定的信息，因为衣着可明显影响人们对不同的地位、不同的身份、不同的群体的认知。

4．电子沟通

电子沟通是指人们依赖各种各样的电子媒介来传递信息。常见的电子中介沟通工具如下，除电子邮件(E-mail)、电子布告栏(BBS)、全球信息网(WWW)、视讯之外，还有计算机、复印机、传真机等一系列电子设备。

电子沟通的优点：信息提供准确迅速；信息可以共享，传递到较大范围。

电子沟通的缺点：需要借助电子设备，不能解决面对面交流的复杂问题，不能采集有关沟通内容的微妙、非语言的线索。

四、按沟通渠道分类

1. 单向沟通

所谓单向沟通，是指信息的发送者与接收者地位不改变的沟通。也就是上司主管只用指令和训话与下属员工表达自己的意志、意愿，不听也不管下属员工有何种反馈。

单向沟通的优点是沟通比较有秩序，速度较快，不足之处是接收者不能进行信息反馈，容易减弱沟通效果。

2. 双向沟通

双向沟通是指在沟通过程中信息传递者与接收者经常换位沟通。在这种沟通中，存在信息反馈，发送信息者可以及时知道信息接受者对所传递的信息态度及理解程度，有助于双向交流，增强沟通效果。但双向沟通一般费时较多，速度慢，易受干扰。

知识链接

沟通的基本技巧

《哈佛人力资源管理》介绍了如下沟通技巧模式：

1. 倾听技巧

倾听能鼓励他人倾诉他们的状况与问题。能协助人们找出解决问题的方法。倾听技巧是有效影响力的关键，倾听需要相当的耐心与全神贯注。倾听技巧由4个技巧所组成，分别是鼓励、询问、反应与复述：

(1) 鼓励：促进对方表达意愿。

(2) 询问：以探索方式获得对方更多的信息资料。

(3) 反应：告诉对方你在听，同时确定完全了解对方的意思。

(4) 复述：用于讨论结束时，确定没有误解对方的意思。

2. 气氛控制技巧

安全而和谐的气氛，能使对方更愿意沟通。如果沟通双方彼此猜忌、批评或恶意中伤，将使气氛紧张、冲突，加速彼此心里设防，使沟通中断或无效。

气氛控制技巧由4个技巧所组成，分别是联合、参与、依赖与觉察。

(1) 联合：以兴趣、价值、需求和目标等强调双方所共有的事务，造成和谐的气氛而达到沟通的效果。

(2) 参与：激发对方的投入态度，创造一种热忱，使目标更快完成，并为随后进行的推动创造积极气氛。

(3) 依赖：创造安全的情境，提高对方的安全感，而接纳对方的感受、态度与价值等。

(4) 觉察：将潜在"爆炸性"或高度冲突状况予以化解，避免讨论演变为负面或破坏性。

3. 推动技巧

推动技巧是用来影响他人的行为，使他人逐渐符合我们的意图。有效运用推动技巧的关键，在于以明确积极的态度，让对方心甘情愿地接受你的意见，并感觉受到激励，愿意完成工作。

推动技巧由 4 个技巧所组成，分别是回馈、提议、推论与增强。

(1) 回馈：让对方了解你对其行为的感受，这些回馈对人们改变行为或维持适当行为是相当重要的，尤其是提供回馈时，要以清晰具体而非侵犯的态度提出。

(2) 提议：将自己的意见具体明确地表达出来，让对方能了解自己的行动方向与目的。

(3) 推论：使讨论具有进展性，整理谈话内容，并以它为基础，为讨论目的延伸而锁定目标。

(4) 增强：利用增强对方出现的正向行为(符合沟通意图的行为)来影响他人，也就是利用增强来激励他人做你想要他们做的事。

第三节　沟通障碍与控制

一、沟通障碍

在沟通过程中，由于存在着外界干扰及其他因素的影响，信息往往失真，使得信息不能正常传递。一般来讲，沟通联络中的障碍主要有主观障碍、客观障碍和沟通方式的障碍三个方面。

1. 主观障碍

主观障碍大致有下述几种情况：

(1) 个人的性格、气质、态度、情绪、见解等的差别，使信息在沟通过程中受个人的主观心理因素的制约。

(2) 在信息沟通中，如果双方在经验水平和知识结构上差距过大，就会产生沟通的障碍。

(3) 信息沟通往往是依据组织系统分层次逐级传递的。然而，在按层次传达同一条信息时，往往会受到个人的记忆、思维能力的影响，降低信息沟通的效率。

(4) 由于对信息的态度不同，使有些员工和主管人员忽视对自己不重要的信息，不关心组织目标、管理决策等信息，而只重视和关心与他们物质利益有关的信息，使沟通发生障碍。

(5) 主管人员和下级之间相互不信任。这主要是由于主管人员考虑不周，伤害了员工的自尊心，或决策错误所造成；而相互不信任则会影响沟通的顺利进行。

(6) 下级人员的畏惧感也会造成沟通障碍。这主要是由于主管人员管理严格、咄咄逼人和下级人员本身的素质所决定。

2．客观障碍

客观障碍主要有两点：

(1) 信息的发送者和接收者如果在空间距离太远、接触机会少，就会造成沟通障碍。社会文化背景不同，种族不同而形成的社会距离也会影响信息沟通。

(2) 组织机构过于庞大，中间层次太多，信息从最高决策层到下级基层单位不仅会产生失真，而且还会浪费时间，影响其及时性。这是由于组织机构所造成的障碍。

3．沟通方式的障碍

(1) 语言系统所造成的障碍。

语言是沟通的工具。人们通过语言、文字及其他符号将信息经过沟通渠道来沟通。但是语言使用不当就会造成沟通障碍。这主要表现在：

① 误解。这是由于发送者在提供信息时表达不清楚，或者是由于接收者接收失误所造成的。

② 歪曲。这是由于对语言符号的记忆模糊所导致的信息失真。

信息表达方式不当表现为措词不当，词不达意，丢字少句，空话连篇，文字松散，句子结构别扭，使用方言、土语，千篇一律等。这些都会增加沟通双方的心理负担，影响沟通的进行。

(2) 沟通方式选择不当，原则、方法使用不当所造成的障碍。

沟通的形态和网络多种多样，且它们都有各自的优缺点。如果不根据组织目标及其实现策略来进行选择，不灵活地使用其原则、方法，则沟通就不可能畅通进行。在管理工作实践中，存在着信息的沟通，也就必然存在沟通障碍。主管人员的任务在于正视这些障碍，采取一切可能的方法消除这些障碍，为有效的信息沟通创造条件。

二、克服沟通障碍

1．沟通要有认真的准备和明确的目的性

沟通者自己首先要对沟通的内容有正确、清晰的理解。重要的沟通最好事先征求他人意见，每次沟通要解决什么问题，达到什么目的，不仅沟通者清楚，要尽量使被沟通者也清楚，此外，沟通不仅是下达命令、宣布政策和规定，而且是为了统一思想协调行动。所以沟通之前应对问题的背景，解决问题的方案及其依据和资料，决策的理由和对组织成员的要求等做到心中有数。

2．沟通的内容要明确

沟通内容要言之有物，有针对性，语意确切，尽量通俗化、具体化和数量化；要避免含糊的语言，更不要讲空话、套话和废话。

3．诚心诚意地倾听

有人对经理人员的沟通做过分析。他们一天用于沟通的时间约占70％左右，其中撰写占9％，阅读占16％，言谈占30％，用于倾听占45％。但一般经理都不是一个好听众，效率只有25％。究其原因，主要是缺乏诚意。缺乏诚意大多发生在自下而上的沟通中。所以，

要提高沟通效率，必须诚心诚意地去倾听对方的意见，这样对方也才能把真实想法说出来。

4．提倡横向沟通

有些领导者整天忙于当仲裁者的角色而且乐于此事，想以此说明自己的重要性，这是不明智的。领导的重要职能是协调，但是这里的协调主要是目标的协调、计划的协调，而不是日常活动的协调。日常的协调应尽量鼓励平级之间进行。

5．提倡直接沟通、双向沟通、口头沟通

美国曾有人对经理们进行调查，请他们选出良好的沟通方式。55%的经理认为直接听口头汇报最好，37%喜欢下去检查，18%喜欢定期会议，25%喜欢下面给写汇报。另外一项调查是部门经理(共 51 人)在传达重要政策时认为哪种沟通最有效(可多项选则)。选择召开会议做口头说明的有 44 人，亲自接见重要工作人员的有 27 人，在管理公报上宣布政策的有 16 人，在内部备忘录上说明政策的有 14 人，通过电话系统说明政策的仅有 1 人。这些都说明倾向于面对面的直接沟通、口头沟通和双向沟通者居多。

6．设计固定沟通渠道形成沟通常规

设计固定沟通渠道的形式很多，如采取定期会议、报表、情况报告，互相交换信息的内容等等。克服沟通障碍不只是工作方法问题，最根本的是管理理念问题。如何克服沟通障碍，以及如何建立高效、通畅的沟通渠道，都不应就事论事，而应站在管理理念和价值观的高度，妥善地加以处理。

三、沟通技巧

1．目光接触

当你说话时对方却不看你，你的感觉不会好，大多数人将这种表现理解为冷漠和不感觉兴趣。作为倾听者应明白说话者的这种感受，在倾听时目光接触，这种接触可以使你集中精力，减少分心的可能性，提高倾听效率，并能鼓励说话人。

2．赞许性的点头和恰当的面部表情

有效的倾听会对所听到的信息表现出兴趣，以激发说话者的热情。通过非语言信号可以传递这样的内容。赞许性的点头、恰当的面部表情与积极的目光接触相配合，可以向说话人表明你在认真聆听。当学生站在讲台上演讲时，老师的点头就是对学生最好的鼓励。

3．避免分心的举动或厌倦的手势

表现出感兴趣的另一做法是避免出现那些表明思想走神的举动。在倾听时，注意不要进行以下的动作：四处张望、看表、心不在焉地翻文件、拿笔乱画、发短信等。这会使说话者感觉到你很厌烦或不感兴趣。另外，这也表明你并没有集中精力，因此很可能会遗漏一些说话者相传递的信息。

4．提问

提问型的倾听者会分析自己所听到的内容，并提出问题。这一行为，保证了相互理解，增强了沟通的效果，并使说话者知道你在倾听。

5．复述

复述指用自己的话讲述说话者所说的内容。能有效的倾听的人常常使用这样的语句"你说的是……"或"你是这个意思吗？"为什么要重述已经说过的话呢？有两个原因：第一，它是检查你是否认真倾听的最佳监控手段。如果你的思想在走神或在思考你接下来要说的内容，你肯定不能精确复述出完整的内容。第二，它是精确性的控制机制。用自己的语言复述说话者所说的内容并将其反馈给说话的人，可以检验自己理解的准确性。

6．避免打断说话者

在你作出反应之前让说话者先讲完自己的想法。在说话者说话时不要去猜测他的想法，当他陈述结束你才能全面领会说者的语意。

7．多听少说

大多数人乐于畅谈自己的想法而不是聆听他人所说。有些人有这样的潜意识，他们之所以倾听是因为这是能让别人听自己说话的必要付出。可能说更有乐趣而沉默使人不舒服，但我们不可能同时做到听和说，一个好听众知道这个道理。作为管理者，更要多听少说，不轻易表态，认真思考后再发表自己的意见和看法。

8．倾听者与讲话者的角色顺利转换

对于在报告厅里听讲的学生，可能比较容易在头脑中形成一个有效的倾听结构，此时的沟通完全是听，教师在说而学生在听，长期保持这样固定的角色定位，使上课很有效率。虽然在固定的时间内教师讲授了很多内容，但听进去的内容就不一定那么多了。因此现在人们也在提倡互动式教学，以改变单向沟通的局面。一般情况下，像教师与学生这样的双向固定角色并不典型。大多数工作情境中，听者与说话者的角色在不断转换。能有效的倾听的人能够使从说话者到听者，以及从听者再回到说话者的角色转换十分流畅。从倾听者的角度而言，这意味着全神贯注于说话者所表达的内容。

第四节　沟通与无线技术

一、网络沟通

网络沟通是指信息发送者与信息接收者借助网络进行的信息交流与反馈过程。它的主要的网络沟通形式有以下 3 种。

1．电子邮件

电子邮件是运用电子手段提供信息传递与反馈的现代交流方式。电脑既具有传统纸制信函的写作特点，又有信息时代的闪电式的传播速度。它的特点：一是信息传输量大，可大量传输所需的信息资料(文件、图像、图片等)；二是联系快捷方便，可以有效加强上级与下级部门、部门与部门、上级与下级、同级之间的沟通联系，在一定程度上可以替代传统的组织开会，发文件等沟通方式；三是大大提高沟通的效率。

2．网络传真

网络传真是基于PSTN(电话交换网)和互联网的传真存储转发，它整合了电话网、智能网和互联网技术。用户可以在任何地方、任何时候通过网络进行沟通交流，如登录网站，发送电子邮件。

3．视频会议

视频会议是利用电视和电话在两个或多个地点的用户之间举行会议，同步实时传送声音、图像的沟通方式。视频会议成本低，信息传递速度快，可以有效地解决因信息发送者和信息接收者之间分散带来的沟通不便。

网络沟通具有一定的优点：信息传播的速度加快，规模扩大，极大地降低了成本，实现了沟通的即时性和平等要求。但是网络沟通也有一定的局限性：

(1) 网络主要以文字方式进行人际沟通，不利于交流信息的准确性和全面性。面对面的交流机会减少，在一定程度上影响了领导的口头沟通与身体语言沟通能力。

(2) 网络沟通所建立的人际关系较脆弱和盲目。采用网络交往方式很难给人以亲切感。网络沟通的自由性、开放性、自主性、部分地改变了传统企业管理秩序原则。如果不采取措施，必将使组织群体缺乏凝聚力，使人们对组织的公共事务漠不关心。

(3) 工具依赖性增强。长期依赖于网络沟通媒介，也有可能导致人际交往障碍。

二、无线技术

无线沟通不需要任何外在的连接，而是依赖微波信号、人造卫星、无线电波和无线天线或红外线等设备发送的空间信号。无线智能电话、笔记本电脑和其他袖珍沟通设备为管理者保持联系提供了一整套全新的方法。员工可以在任何地方、任何时间通过无线技术与无线设备与组织中的其他成员沟通，不必在办公室接通电源打开电脑进行沟通了。越来越多的组织成员使用无线沟通作为合作和共享信息的方式。

模块二 技 能 训 练

实训目标

1．会议沟通的实践应用。

2．确保会议的既定目标得到与会人员的认可；确保会议议程得到与会人员的认可和支持。

实训内容与要求

1．实训主要内容

(1) 实训背景。

设定会议前的预先计划和预先沟通，使会议目标能够顺畅地得到众人的认可和配合，达到良好的沟通效果。

(2) 实训步骤。

会议开始前，会议主持人把印有活动目的和主要内容的说明材料发给大家，并介绍活动的目的和日程、指出活动的主要内容和次要内容；请参与人员阅读材料，在参加活动的首要目的上打勾，以确保他们个人目标和活动的既定目标一致；如果参会人员有未被材料提及的目的，请他们把自己的目的写在期望表格上。

请与会人员分成三到四人一个小组，对各个期望值进行比较与陈述。会议主持人在听取各个小组汇报后，对汇报的结果进行总结，并记录下来。

(3) 总结与讨论。

为什么采用这种方式能够使会议圆满地达到预定的目标？如果某些参与人员提出了不在活动的既定目标和内容之内的要求，应该如何妥善处理？

2．实训注意事项

(1) 教师给学生分组时注意人员的搭配，每组的学生在 8～10 人为宜。事先确定每组的会议主持人。会议主持人要预先准备好会议的说明材料，说明材料要包括活动的目的和日程、活动的主要内容和次要内容。

(2) 会议与会人员阅读材料的时间为 10 分钟，小组讨论并向主持人汇报的时间为 20 分钟。

(3) 每个会议主持人向全班汇报本小组的会议既定目标，得到全班同学的认可和支持的程度，以及通过讨论后，会议目标和内容有哪些相应的变化。

(4) 教师最后总结会议前的预先计划和预先沟通，对会议目标能够顺畅地得到众人的认可和配合是很重要的。

成果检测

既定目标是否得到与会人员的认可与支持。

模块三　管理案例

沟通中的角色问题

英国著名的维多利亚女王，与其丈夫相亲相爱，感情和谐。但是维多利亚女王乃是一国之王，成天忙于公务，出入社交场合，而她的丈夫阿尔伯特却和她相反，对政治不太关心，对社交活动也没有多大的兴趣，因此两人有时也闹别扭。有一天，维多利亚女王去参加社交活动，而阿尔伯特却没有去。夜深了，女王才回到寝宫。只见房门紧闭着，女王走上前去敲门。房内，阿尔伯特问："谁？"

女王回答："我是女王。"门没有开；女王再次敲门。

房内的阿尔伯特问："谁呀？"

女王回答："维多利亚。"门还是没开。女王徘徊了半晌，又上前敲门。房内的阿尔伯特仍然是问:"谁呀?"

女士温柔地回答:"你的妻子。"这时，门开了。丈夫阿尔伯特伸出热情的双手把女士拉了进去。

思考:

作为女王的丈夫阿尔伯特，一开始就知道敲门的人是自己的妻子，他的两次发问实际上是明知故问。为什么维多利亚前两次敲门都遭到了拒绝(叫不开门)，而最后一次丈夫开了门并热情有加呢?

模块四　复习与思考

1. 沟通的含义? 沟通为什么重要?
2. 沟通的过程是什么? 在沟通过程中，哪些地方容易出现信息失真?
3. 沟通的类型有哪些? 各有什么特点?
4. 什么是沟通障碍? 怎样克服沟通障碍?
5. 在实际组织管理中，怎样很好地运用沟通技巧?
6. 信息技术在沟通中有哪些应用?

本 章 小 结

1. 沟通是指将某一信息(或意思)传递给客体或对象，以期取得客体作出相应反应效果的过程。

2. 沟通的作用: 沟通有助于提高决策的质量; 沟通促使企业员工协调有效地工作; 沟通有助于提高员工的士气; 沟通是组织创新的源泉。

3. 沟通过程是信息的发送者通过选定的渠道，把信息传递给接收者的过程。

4. 在沟通的过程中，信息传递可以通过多种方式进行，其中最常见的有口头沟通，书面沟通、非语言沟通和电子媒体沟通等。

5. 沟通的种类。按沟通的组织系统分类分为正式沟通与非正式沟通; 按沟通的流动方向分类，沟通可分为下行沟通、上行沟通和平行沟通; 按沟通的方法分类，可分为口头沟通、书面沟通、非语言沟通、电子沟通等; 按沟通渠道所形成的网络分，沟通可分为单向沟通与双向沟通。

6. 一般来讲，沟通中的障碍主要是主观障碍、客观障碍和沟通方式的障碍。

7. 在沟通过程中要克服障碍，掌握一定的沟通技巧，如目光接触、赞许性的点头和恰当的面部表情，避免分心的举动或厌倦的手势等等，达到有效沟通的目的。

8. 网络沟通是指信息发送者与信息接收者借助网络进行的信息交流与反馈过程。主要的网络沟通形式有: 电子邮件、网络传真、视频会议等。

第十章 控 制

模块一 基 础 知 识

教学要求

(1) 掌握控制的概念与特点。
(2) 了解控制的作用。
(3) 掌握控制的类型。
(4) 描述控制的过程。
(5) 熟悉有效控制系统的建立与有效的控制措施。

技能要求

(1) 能运用控制的一般原理进行控制过程的分析。
(2) 能运用控制的方法进行有效的管理控制。

管理案例

戴尔公司与电脑显示屏供应商

戴尔公司创建于 1984 年，是美国一家以直销方式经销个人电脑的电子计算机制造商，它的经营规模已迅速发展到当前 120 多亿美元销售额的水平。戴尔公司是以网络型组织形式来运作的企业，它联结有许多为其供应计算机硬件和软件的厂商。其中有一家供应厂商，电脑显示屏做得非常好。戴尔公司先是花很大的力气和投资使这家供应商做到每百万件产品中只能有 1000 件瑕疵品，并通过绩效评估确信这家供应商达到要求的水准后，戴尔公司就完全放心地让他们的产品直接打上"Dell"商标，并取消了对这种供应品的验收、库存。类似的做法也出现在戴尔其他外购零部件的供应中。

通常情况下，供应商需将供应的零部件运送到买方那里，经过开箱、触摸、检验、重新包装，经验收合格后，产品组装商便将其存放在仓库中备用。为确保供货不出现脱节，公司往往要储备未来一段时间内可能需要的各种零部件。这是一般的商业惯例。因此，当戴尔公司对这家电脑显示屏供应商说："这种显示屏我们今年会购买 400 万到 500 万台左右，贵公司为什么不干脆让我们的人随时需要、随时提货"的时候，商界人士无不感到惊讶，甚至以为戴尔公司疯了。戴尔公司的经理则这样认为，开箱验货和库存零部件只是传统的做法，并不是现代企业运营所必要的步骤，遂将这些"多余的"环节给取消了。

戴尔公司的做法就是，当物流部门从电子数据库得知公司某日将从自己的组装厂提出某型号电脑 XX 部时，便在早上向这家供应商发出配领多少数量显示屏的指令信息，这样等到当天傍晚时分，一台台电脑便可打包完毕分送到顾客手中。如此，不但节约了检验和库存成本，也加快了发货速度，提高了服务质量。

【案例启示】 有效的管理控制能帮助企业更好地运营，节约成本，减少库存，提高服务质量。

第一节 控 制 概 述

控制是管理工作的最重要职能之一，是管理过程不可分割的一部分，是企业各级管理人员的一项重要工作内容。

一、控制的含义

1. 控制的概念

在广义上，控制与计划相对应，控制是指除计划以外的所有保证计划实现的管理行为，包括组织、领导、监督、测量和调节等一系列环节；在狭义上，控制是指继计划、组织、领导职能之后，按照计划标准衡量计划完成情况和纠正偏差，以确保计划目标实现的一系列活动。

可以从以下几个方面理解控制的概念：一是控制本质是一个"活动"或"过程"；二是控制的标准和依据是计划；三是控制内容包括检查、监督和纠偏；四是控制的目的是"保证计划目标的实现"。

2. 控制的特点

1) 控制具有整体性

这包括两层含义：一是从控制主体上看，完成计划和实现目标是组织全体成员共同的责任，因此参与控制是组织全体成员的职责和共同的任务；二是从控制对象上看，控制涉及组织的各方面，企业的各种资源、各层次、各部门、各个工作阶段甚至每个人的工作都可以是控制的对象。

2) 控制具有动态性

管理控制所面临的外部环境和内部环境都在不断地发生变化。所不同的是，有些变化不会引起大的后果，可以忽略；有些变化则会产生重大影响，必须予以重视。控制就是要关注在执行过程中的种种变化，对其作出评估，一旦发现问题能够及时采取行动。因此，控制的标准、方法不能固定不变，应该是动态的，以提高适应性及有效性。一方面，要调整行动本身，利用有利、消除不利；另一方面，要审查计划和目标的可行性，随时进行更正。

3) 控制具有目的性

同其他所有的管理工作一样，控制也是围绕着组织的目标而进行的。控制的意义就在于通过发挥"纠偏""调适"两方面的功能，促使组织目标有效实现。

4) 控制具有人性

控制是用既定的标准作为衡量手段，去评估实际的实施情况，并及时作出回应。管理控制过程中，活动的主体是人。因此，管理控制是对人的行为的控制并由人来控制。因为对人的控制，要靠人来完成执行。因此，管理控制不能忽视人性方面的因素，它不仅是监督，更重要的是指导和帮助，使之成为提高能力的重要手段。

二、控制的作用

1. 控制是实现计划的保障

控制通过"纠偏"，能使计划执行中的偏差得以及时防止或减少，以保证计划目标的实现，它有助于组织保持正确的战略方向；同时，通过"调适"，积极调整原定标准或重新制定新的标准，确保计划运行的适应性。这是控制的最根本作用。

2. 控制有助于提高组织的效率

控制可以使复杂的组织活动协调一致、有序地动作，以增强组织活动的有效性；控制要解决的不单纯是做什么的问题，还有怎么做的问题。正确的事情以高效的方法来做是难得的，不正确的事情以高效的方法来做是危险的。控制就是要把效能与效率结合起来进行考察，作出评价，尽最大可能改善组织的业绩。

3. 控制增加了组织对环境的适应性

一个组织要想生存发展，就必须适应环境。任何组织的计划都是在确定计划前提条件的基础上制订的。控制可以补充与完善期初制订的计划与目标，以有效减轻环境的不确定性对组织活动的影响。组织的内外部环境都充满了不确定因素。一个组织只有不断地适应变化着的环境，才能更好地生存和发展。计划是组织为适应环境而做的准备，但由于环境在不断变化，会使计划偏离目标；而通过控制活动，管理者可以及时了解环境变化的程度和原因，进行实时纠正，从而采取有效的调整行动，在一定程度上可防止这种偏离的扩大，使得组织与环境相适应，避免和减少管理失误造成的损失。

4. 控制是强化成员责任心的重要手段

要使组织成员尽职尽责，切实地负起责任来，就必须让他们知道他们的职责是什么，他们的绩效如何评价和考核，以及在评价的过程中有效的绩效标准是什么。通过控制工作，可以不断地对下级的工作进行评估，给其造成持续不断的压力和连续不断的激励，从而使其更好地负起责任来，高效地完成所承担的任务。

第二节 控制的类型

控制的类型是多种多样的，从不同的角度可以对控制作出不同的分类。

一、按照控制发生在管理过程中的时间分类

按照控制发生在一个完整的管理过程中的不同阶段，控制分为前馈控制、现场控制与反馈控制。

1. 前馈控制

前馈控制是一种预先控制，是指为增加将来的实际结果达到计划结果的可能性，而在事先所进行的管理活动。它是发生在行为之前的控制行为，即主管人员运用最新信息，包括上一控制循环中的经验教训，对可能出现的结果进行预测，然后将其与计划要求进行比较，从而在必要时调整计划或控制影响因素以确保目标的实现。前馈控制主要是做好资源配置，包括人员挑选与配置、物质技术设备、商品材料等保证业务需要及资金的控制，是在活动开始之前实施控制。

前馈控制的优点：前馈控制是预防式的，它作用于计划执行过程的输入环节上。前馈控制是面向未来的，由于在工作开始之前进行，可防患于未然。前馈控制由于是在工作开始之前针对某项计划行动所依赖的条件进行控制，不是针对具体人员，因而不易造成对立面的冲突，易于被职工接受并付诸实施。它适用于一切领域所有工作。

前馈控制的困难：需要大量、及时和准确的信息，并要求管理人员充分了解前馈控制因素与计划工作的影响关系而进行预先控制。

2. 现场控制

现场控制也被称为同步控制或同期控制。它是指管理人员在计划执行过程中，指导、监督下属完成计划要求的行动，也是监控正在发生的行为。这类控制工作是在活动的进行过程中实施的控制，它的纠正措施用于正在进行的计划执行过程。现场控制是控制工作的基础。现场控制有监督和指导两项职能。监督是指按照预定的标准检查正在进行的工作，以保证目标的实现。指导是指管理者针对工作中出现的问题，根据自己的经验指导下属改进工作，或与下属共同商讨矫正偏差的措施以便使下属能够正确地完成所规定的任务。

现场控制的优点：一旦活动发生偏差，可以在错误扩大之前采取纠正措施，从而避免产生高额成本。

现场控制的缺点：受管理者时间、精力、业务水平的制约，现场控制的应用范围较窄，极容易在控制者和被控制者之间形成心理上的对立，因此不可能成为日常性的控制办法，只能是其他控制方法的补充。

3. 反馈控制

反馈控制是指把对行为最终结果的考核分析作为控制将来行为依据的一种控制方法。

反馈控制将注意力集中于组织活动的历史结果方面，即将工作的执行结果与控制标准相比较，若发现已经发生或即将出现的偏差，则分析其原因和对未来的可能影响，及时拟订纠正措施并予以实施，以防止偏差继续扩大或防止其今后再度发生。但反馈控制有一个致命的缺陷，即整个活动已经结束，活动中出现的偏差已在系统内部造成损害。

反馈控制是纠正式的，是工作结束之后进行的控制。它的注意力集中于结果上，有利于总结规律，为进一步实施创造条件，矫正今后活动，实现良性循环，提高效率；其最大弊端是实施措施前偏差已产生。

反馈控制并非最好的控制，但目前仍被广泛地使用。目前，在组织中应用最广泛的反馈控制方法有四种：财务报告分析、标准成本分析、质量控制分析和工作人员成绩评定。其中，最重要、最困难的是"工作人员成绩评定"。

控制的三种类型如图 10-1 所示。

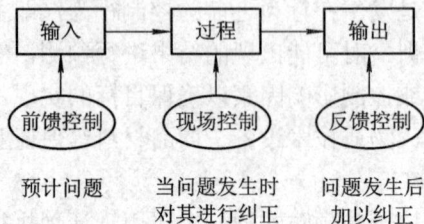

图 10-1　控制的类型

教学案例

三洋制冷的"零缺陷"质量管理思想

在三洋制冷的生产现场，根本看不到在其他企业内常见的手持检测仪器进行质量检查的检查员的身影，但是三洋制冷的溴化锂吸收式制冷机的产品质量却遥遥领先。

没有检查员，一旦加工出不合格品怎么办？三洋制冷采用了和绝大多数企业完全相反的质量管理方法，取消工序检查员，把"质量三确认原则"作为质量管理的最基本原则，即每一位员工，都要"确认上道工序零部件的加工质量，确认本工序的加工技术质量要求，确认交付给下道工序的产品质量"，从而在上下工序间创造出一种类似于"买卖"关系的三洋制冷特有的管理现象。

【教学功能】　本案例涉及控制的类型和质量管理。了解不同控制类型的优点、缺点是什么，以及企业应该怎样针对具体过程进行控制。

知识链接

质量控制是为达到质量要求所采取的质量作业技术和活动的总称。或者说，质量控制是为了通过监视质量形成过程，消除质量环节上所有阶段引起不合格或不满意效果的因素，以达到质量要求，获取经济效益而采取的各种质量作业技术和活动。在企业里，质量控制活动主要是企业内部的生产现场管理，是指为达到和保持质量而进行控制的技术措施和管理措施两方面的活动。20 世纪 80 年代，随着国际竞争的加剧和顾客期望值的提升，许多企业采用全面质量管理的方法来控制质量，把质量观念渗透到企业的每一项活动中，以实现持续的改进。全面质量管理具有以下特征。

1．全过程的质量管理

全过程的质量管理即质量管理不仅仅在生产过程，而且应"始于市场，终于市场"，从产品设计开始，直至产品进入市场，以及售后服务等，质量管理都应贯穿其中。

2．全企业的质量管理

质量管理不仅仅是质量管理部门的事情，它和全企业各个部门密切相关，因为产品质量是做出来的，不是检查出来的，故每项工作都与质量相关。

3．全员的质量管理

每个部门的工作质量，决定于每个职工的工作质量，所以每个职工都要保证质量。为此，由职工成立很多质量小组，专门研究部门或工段中的质量问题。

4．全面科学的质量管理方法

全面质量管理一般分为以下四个阶段。第一个阶段为计划阶段，又称为 P(Plan)阶段。这个阶段的主要内容是通过市场调查、用户访问、国家计划指示等，摸清用户对产品质量的要求，确定质量政策、质量目标和质量计划等。第二个阶段为执行阶段，又称为 D(Do)阶段。这个阶段是实施 P 阶段所规定的内容，如根据质量标准进行产品设计、试制、试验，其中包括计划执行前的人员培训。第三个阶段为检查阶段，又称为 C(Cleck)阶段。这个阶段主要是在计划执行过程中或执行之后，检查执行情况是否符合计划的预期结果。最后一个阶段为处理阶段，又称为 A(Action)阶段。这个阶段主要是根据检查结果，采取相应的措施。

二、按照主管人员与控制对象的关系分类

按照主管人员与控制对象的关系，控制可以分为间接控制和直接控制。

1．间接控制

间接控制是指根据计划和标准考核工作的实际结果，分析出现偏差的原因，并追究责任者的个人责任以使其改进未来工作的一种控制方法。间接控制最主要的缺点是出现偏差后才会采取措施，从而有可能失去解决问题的最佳时机。

这种控制方式是建立在如下假设基础上的：

(1) 工作成效是可以计量的，因此也是可以相互比较的；

(2) 人们对工作任务负有个人责任，个人责任是清晰的、可以分割的和相互比较的，而且个人的尽责程度也是可以比较的；

(3) 分析偏差和追究责任所需的时间、费用等是有充分保证的；

(4) 出现的偏差可以预料并能及时发现；

(5) 有关责任单位和责任人将会采取纠正措施。

2．直接控制

直接控制是指培训等形式，通过提高主管人员素质和责任感，使他们改善管理工作，在控制过程中实施自我控制，从而防止出现因管理不善而造成的不良后果的一种控制方式。

直接控制的有效性依赖于以下假设条件：

(1) 合格人才所犯的错误最少。所谓"合格"，就是指他们能熟练地应用管理的概念、

原理和技术，能以系统的观点来进行管理工作。

(2) 管理工作的成效是可以计量的。

(3) 在计量管理工作的绩效时，管理的概念、原理和方法是常用的判断标准。

(4) 管理基本原理的应用情况是可以评价的。

直接控制是一种有效的控制方法。它的优点主要包括：

(1) 在对个人委派任务时有较大的准确性；同时，通过对管理者的执行不断进行评价，可发现出工作中存在的缺点，为进行培训提供依据。

(2) 鼓励采用自我控制的办法，可以促使主管人员主动地采取纠正措施并使其更加有效。

(3) 可以获得良好的心理效果。管理人员的素质提高后，得到下属的信任和支持也会增加，从而有利于整个计划目标的顺利实现。

(4) 由于人员素质提高，减少了偏差和损失的发生，同时也减少了间接控制的成本。

第三节　管理控制过程

控制是一个有规律的程序化过程，它贯穿于整个管理活动的始末。在组织目标的实施中，不断地在计划与实施结果之间进行比较，发现两者之间差距，并找出这种差距的原因和制定新的改进措施，这就是控制过程。控制职能的性质与目的决定，它的步骤遵循计划的逻辑思路：首先制定控制标准；然后对照标准衡量绩效；最后采取纠正措施。

一、制定控制标准

1. 拟订标准

标准是指一种作为模式或规范而建立起来的测量单位或具体的尺度。控制的第一步是拟订一系列切实可行并已被员工接受的绩效标准，以便确定控制的目标和依据。因此拟订标准是进行控制的基础，管理人员可以对照标准判断绩效和成果。

标准的表现形式很多，大致分为定性标准和定量标准两大类。标准可以是数量上的，如销售额、利润等；也可以是质量上的，如观众看完广告后的印象好坏。以下是常用的几种标准。

(1) 实物标准。实物标准又称物理标准，是非货币形式的衡量标准，在耗用原材料、耗费劳动力、提供服务及生产产品的操作层次中通用。这些标准可以反映任务或工作的数量，也可以反映任务或工作的质量。

(2) 成本标准。成本标准又称费用标准，是货币形式的衡量标准。它是以货币价值来衡量因作业造成的消耗，即将经营活动中的成本用货币值来表示。在实际工作中，成本的标准水平一般有四种：实际平均水平、历史最好水平、理想水平和平均先进水平。

(3) 收益标准。收益标准是指将货币标准应用于衡量经济活动的收益，如销售收入、销售净利润等。

(4) 计划标准。计划标准又称程序标准。凡是连续进行的、由多道工序组成的管理活动或生产技术活动，只要它具有重复发生的性质，就都应当为其制定程序，设定程序标准，如预算计划、新产品开发计划、提高销售人员素质的计划等。

(5) 无形标准。无形标准又称定性标准，是指既不能以实物量化又不能以货币来衡量的标准，通常衡量管理人员工作能力的指标都很难量化，属于无形标准。

2．制定标准的方法

制定标准的方法通常有以下几种。

(1) 统计计算法。统计性标准又称历史性标准，是利用统计方法来确定预期结果，以分析反映企业经营在各个历史时期状况的数据为基础，来为未来活动建立的标准。标准所选择的具体统计数字可能是平均数，也可能是高于或低于中点的一个定点。这种方法常用于拟定与企业经济效益有关的标准，能较好地反映过去的平均(或一般)水平(或状态)，为预期未来的行为提供了有益的依据。

(2) 经验估计法。经验估计法就是根据经验和判断来估计预期结果，根据评估建立标准。人们有时缺乏对历史数据的积累，而主管人员的经验可能在一定程度上弥补这一不足。它实际上反映了一种价值判断。

(3) 工程(工作)方法。工程(工作)方法也是一种统计方法，它是通过对工作情况进行客观的分析，并以准确的技术参数和实测的数据为基础来制定的。它既不利用现成的历史数据，也不依靠管理者的经验判断，而是对实际发生的活动进行测量，从而制定出符合实际的可靠标准。

二、衡量绩效

控制过程的第二个步骤是衡量、对照实际工作的成绩与标准之间的差异，即衡量实际绩效。衡量实际绩效就是依据标准检查工作的实际执行情况，以便与预期的目标相比较。它是控制工作的中间环节，是发现问题的过程。衡量实际绩效的目的是给管理者提供有用的信息，为采取纠正措施提供依据。

按照标准来衡量实际成效的最好办法应当建立在向前看的基础上(即前馈控制)，这样可使差错在其实际发生之前就被发现，并且采取适当的措施加以避免。富有经验与远见的主管人员常常能预见可能出现的偏差。

但有些工作其成效是很难精确衡量的，甚至其标准也是难以精确确定的。在这种情况下，尽量拟订一些可考核的标准，用定量的或定性的"有形"标准去取代那些无形的、笼统的、往往掺杂着许多主观因素的标准。

衡量实际绩效经常采取的方法有：亲自观察、分析报表资料、召开会议、抽样调查等。

三、采取纠正措施

衡量实际绩效之后，应将衡量的结果与标准进行比较，以使各项工作按着计划要求的轨道进行。通过实际业绩与控制标准之间的比较，可以检验两者之间有无偏差。若没有偏差，工作按原计划继续进行；若有偏差则要分析其产生的原因，并采取相应的措施。

纠正偏差是控制的关键，体现了执行控制职能的目的。这一阶段可具体分为三个环节。

1. 找出偏差产生的原因

当偏差产生时，应该对可能的原因进行调查以发现造成这种偏差产生的原因，并进行深入分析，找出其中的主要原因，这样才能有针对性地采取纠正措施，从根本上纠正偏差。

2. 纠偏措施

通过衡量工作绩效，可以发现实际工作情况与计划标准之间的差异。各级管理人员应对造成偏差的原因进行分析，采取措施以纠正偏差。

下面是纠偏措施的重要步骤。

(1) 经营阶段：及时调查偏差原因；决定所需纠偏措施；根据决策，对纠正情况及时予以指导；密切监督纠偏措施，从而确保它是根据指导的要求得以实行的，并确保其有效性。

(2) 行政管理阶段：进一步调查重复出现的问题，确定对此负有责任的人为或物质的基本因素；根据情况的要求，采取积极的或消极的惩罚措施；制订创造性计划防止偏差情况的重复出现；认清所处的环境状况，并引入已计划好的措施。

根据偏差产生的不同原因，纠正方法也不同。纠正方法有：改进工作方法；改进组织领导工作；调整或修改原来计划或标准；等等。

3. 纠正行动的时间性

为了提高纠正行动的效率和降低纠正行动的成本，就必须尽可能快地纠正偏差。

案例分析

鸿运公司有一条规定，在公路上的最高车速限定在每小时 55 km，因为把车速降下来，公司的汽油成本可以节约 10%以上。但是，卡车司机对这条新规定大为不满。他们宁愿开快车，以便在一装一卸之间有更多的时间随意逗留。

鸿运公司为了确认司机路上遵守新的车速规定，保证汽油能省得下来，就在每台运货卡车上安装了电子监控仪，记录车速与跑时。而以前只有车上那个计程仪是唯一的凭证。它说明不了什么问题，装卸中途耽搁或消磨掉的时间，很容易听凭司机编造。

不出所料，卡车司机以种种理由来对抗公司的这种控制。他们埋怨电子监控仪出了毛病，车速记录得不准确，实耗时间记录仪也没有反映真实的路况，一装一卸之间的耽搁，他们不能负责，因为是码头上装卸货物太慢的缘故。

思考：

假如你是鸿运公司的经理，你怎样让卡车司机接受这套新的控制措施呢？

第四节 控制的方法

企业管理实践中要运用许多控制方法。控制方法主要分预算控制和非预算控制两大类。

一、预算控制法

1．预算的含义

预算是管理者最基本的一种控制工具，它是用货币或其他数量单位来描述组织未来的财务计划或综合计划。预算控制就是用数字编制未来某一个时期的计划，也就是用财务数字(如在财务预算和投资预算中)或非财务数字(如在生产预算中)来表示预期的结果。它的突出特点就是数字化。由预算的定义可知，预算既是计划的工具，又是控制的工具。当它表示将计划目标与计划方案数字化的时候，它就成为计划的一种形式；而当预算作为标定合理使用资源的界限、衡量实际与计划偏差的工具时，它就成为控制的一种形式。

2．预算的编制方法

(1) 弹性预算。它是在编制费用预算时，考虑到计划期业务量可能发生的变动，而编制的一套能适应多种业务量的费用预算，以便分别反映各业务量所对应的费用水平。由于这种预算是随着业务量的变化而作机动调整的，故称弹性预算。在编制弹性预算时，把所有费用分为变动费用与固定费用两部分。固定费用在相关范围内不随业务量变动而变动；变动费用随业务量变动而变动。因此，在编制弹性预算时，只需要按业务量的变动调整费用总额即可。

(2) 零基预算。它是指在每个预算年度开始时，将所有还在进行的管理活动都看作重新开始，即以零为基础。零基预算法是审查预算前，主持这一工作的主管人员首先应明确组织的目标，并将长远目标、近期目标、定量目标和非定量化目标之间的关系和重要次序搞清楚，建立起一种可考核的目标体系；在开始审查预算时，将所有过去的活动都重新开始；确定出哪些项目是真正必要的之后，根据已定出的目标体系重新排出各项活动的优先次序；按照所确定的顺序，结合计划期间可动用的资金来源分配资金，落实预算。采用零基预算法，工作量非常大，但它会考虑每项费用的效益，可以精打细算，减少不必要的开支，是事前控制的一种好方法。

二、非预算控制法

非预算控制法包括亲自观察法、报告、比率分析法、审计控制和统计报告法等。

1．亲自观察法

亲自观察法是一种常用的控制方法。它是管理者亲自到工作现场，对重要管理问题的实际调查研究，获取控制所需的各种信息；或由亲自观察生产进度、与员工交谈来获取信息；或者亲自参加某些具体的工作，通过实践来加深对问题的了解。它的基本作用是获得第一手的信息，辨别情报真伪，及时把握变化情况，并有利于直接与下属沟通，缩短管理者与被管理者之间的心理距离。

2．报告

报告是用来向负责实施计划的主管人员全面地、系统地阐述计划的进展情况，存在的问题及原因，已经采取了哪些措施，收到什么效果，预计可能出现的问题等情况的一种重要方式。

3. 比率分析法

比率分析法是通过对组织经营活动中的各种不同度量之间的比率，分析企业的经营活动以及企业目前和历史状况，是一项非常有效的和必需的控制方法。

企业经营活动分析中常用的比率可以分为两大类：财务比率和经营比率。

4. 审计控制

审计是对组织各项工作的审核。对管理工作的审计体现在对管理工作的各个方面进行全面的核查和评价，它包括组织、财务、组织效率、组织氛围、研究发展以及对高级管理人员的评价等。对组织工作的审计主要是对人事方针政策和人事工作情况进行分析和评价，有时也指对组织成员个人工作的审核。

5. 统计报告法

统计报告法要求企业具备良好的基础工作，有健全的原始记录和统计资料，使用统计方法对大量的数据资料进行汇总、整理、分析，以及各种统计报表的形式及分析报告，自下而上向组织中有关管理者提供控制信息。管理者通过阅读和分析统计报表及有关资料，找出问题，分析问题并解决问题。

除上述介绍的几种控制方法外，常用的控制方法还有多种，如全面质量管理、生产控制、目标管理等。在具体的实际控制中，各组织要根据被控制对象的性质特点及控制者本身的情况选择合适的控制方法。

第五节　有效控制系统的建立

一、控制系统的概念

控制系统是指由决定和被决定支持系统稳定状态的元素有机结合而成的集合。组织中的控制系统主要由以下几个要素构成。

1. 控制的目标系统

任何控制活动都是有一定的目标取向的，在一个组织中，控制应服从于组织发展的总体目标。组织的总体目标及派生出来的分目标都是控制的依据。控制的目标体系与组织的目标体系是相辅相成的。

2. 控制的主体

组织中的控制系统的主体是各级管理者及其所属的职能部门。组织内的控制活动是由人来执行操纵的，它以各层次的管理者为主体。控制主体控制水平的高低是控制系统作用发挥程度的决定要素。

3. 控制的对象

组织控制系统中的控制客体即控制对象，是整个组织的活动。控制的对象可以从不同的角度进行划分。从横向上看，组织中的人、财、物等资源都是控制的对象；从纵向看，组织中的各个层次也都是控制的对象；从控制的阶段看，组织内不同的业务阶段及业务内容也是控制对象。因此，组织的活动应当作一个整体来控制，使整体协调一致，以便达到整体优化的结果。

二、有效控制的特征

有效控制的特征有下面几点。

1．准确性和客观性

一个控制系统如不能提供准确的信息，就会导致管理者在应该采取行动的时候却没有采取行动，或者在根本没有出现问题的时候而采取行动，导致控制失效。另外，在管理中难免会有许多主观因素，管理者不能只凭个人的主观经验或直觉进行判断，而应该采取科学的方法，要尊重客观事实。

2．适应性

适应性是指控制应当与计划和工作特点以及主管人员的具体情况相适应，比如：要有针对性地收集信息，要使主管人员理解信息的内容，使系统便于使用，等等。

3．及时性

及时性是指能够及时发现偏差，纠正偏差。控制不但要准确而且要及时，再好的信息如果过时了，也是毫无用处的。要避免时滞，使控制失去应有的效果，要估计未来可能发生的变化，使纠正措施的安排具有一定的预见性。最理想的控制应该是在偏差未出现之前，能够预计偏差的产生，做到防患于未然。

4．灵活性或弹性

灵活性是指控制工作即使在面临计划发生变动、出现了未能预见或计划失败的情况下，也能发挥作用。控制系统本身应当具有足够的灵活性以适应各种不同的变化，持续地发挥作用，与计划一同变动；不能把控制工作过于死板地同计划拧在一起，以免在整个计划失策或发生突然变动时控制也跟着失控。或者说，控制必须有弹性。比如企业的预算工作、滚动计划、应变计划等都体现了控制的弹性原则。

5．经济性

控制系统的运行从经济角度看必须是合理的，任何控制系统产生的效益都要与其成本进行比较。要精心选择控制点，降低控制的各种耗费，改进控制方法和手段，防止在无效控制上花费精力和财力，要用尽可能少的成本取得所期望的效果。要重视选择关键性问题和注意对例外出现的偏差进行控制。因此，经济性原则也称关键控制点原则和例外情况原则。

6．匹配性

任何控制或技术都必须适合组织气氛才能奏效。例如，在员工自由度较大，对管理的参与程度较深的组织中，严格监视型的控制系统将不受欢迎，也很难成功。

7．指示性

有效的控制系统不仅可以指出偏差的产生，而且还必须指出偏差发生在哪一个确切位置，谁应该对偏差负责，并建议如何纠正这种偏差。

8．理解性

任何控制系统对所涉及的员工来说都必须是可以理解的。

9．标准的合理性与多重性

控制的标准应是富有挑战性，经过努力可以达到的合理标准；标准过高或过低，都不会起到激励作用。另外，控制应采取多重标准。多重标准比单一标准更难把握，它可以防止工作中出现做表面文章的现象，多重标准能够更准确地衡量实际工作。

10．重点与例外相结合

控制要突出重点，在控制过程中不可能面面俱到，找出最能反映体现成果的关键因素控制。有些偏差无关紧要，有些偏差却意义重大。另外，控制工作要着重于计划实施中的例外情况，这样可使管理者集中精力解决问题，将其工作集中在需要注意和应该注意的问题上。在对例外的重视程度上，不仅依大小而定，还要考虑实际情况，同时例外与重点要结合起来，即控制要注意关键点上的例外情况。

三、影响有效控制的因素

任何组织、任何活动都需要进行控制。控制的必要性是由如下因素决定的。

1．外部环境的变化

计划从构思、制订到执行一般都要经历较长的时间。在这段时间内，组织外部环境必然会发生变化，从而影响到已定的计划和目标。为了适应变化的环境，组织必须有一个有效的控制系统，来根据变化的环境采取相应的对策。计划的时间跨度越大，控制就越显重要。

2．组织内部的变化

受到组织内部环境因素的影响，组织成员的思想、组织结构、产品结构和组织业务活动范围都有可能发生变化。计划的变化对计划的执行也会产生影响。

3．组织成员的素质

计划要靠人去执行和实现，而组织成员的才能、动机和工作态度是非均质的、不断变化的，人们对计划的理解也不相同。因此，人的素质对计划的执行也会产生影响。控制工作应注重培养组织成员的自我控制能力，这样有助于发挥职工的积极性及创造性，减轻管理人员的负担，减少企业控制费用的支出，同时有助于提高控制的及时性和准确性。

由于上述因素的存在，使计划执行过程充满不确定性。为保证计划执行不偏离正确的方向，就必须将控制工作贯穿其中。有效的控制工作不仅能衡量计划执行的速度、发现偏差并采取纠正措施，而且在许多情况下，它还可以确立新的目标，提出新的计划，甚至改变组织结构、人员配备，以及改进领导方法。

四、提高控制效率的措施

提高控制效率的措施有如下几点。

1. 完善控制系统

在控制实施中走入误区，遇到阻力，从很大程度上说明控制系统的设计不完善，需要进一步加以改进。完善控制系统是避免控制走入误区的最根本途径。它的实质是在进行控制系统设计或再设计时就控制实施中可能遇到的阻力予以考虑。

2. 鼓励员工参与并进行自我控制

员工进行自我控制是提高有效性的根本途径。鼓励员工参与，因为基层人员对自身的工作最了解，而且还因为当一个人真正地参与了筹划计划和制定标准时，他常常会在心理上觉得介入了该项工作，因此变得愿意承担责任，或至少对该事情获得更充分的了解和理解。这样有助于发挥员工的主动性、积极性和创造性；减轻管理人员负担，减少企业控制费用的支出；提高控制的及时性和准确性。但鼓励和引导员工进行自我控制，并不意味对员工可以放任自流。员工的工作目标必须服从于组织的整体目标，并有助于组织整体目标的实现。

3. 实行目标管理

避免控制走入误区，减少控制过程中阻力的另外一条途径便是实行目标管理。这种管理方法建立在将组织目标转化为其成员个人目标的管理哲学基础之上，让组织中的管理人员和一线人员亲自参与工作目标的制定，将所制定的目标作为评价个人绩效的标准，成员在工作中实行"自我控制"。

模块二 技能训练

实训目标

解决不同场合下的控制问题。

实训内容与要求

如果你在好莱坞或贝弗利山举办一个晚会，肯定会有一些名人来参加，如尼科尔森、麦当娜、克鲁斯·切尔、查克·皮克。"查克·皮克？""当然！"假如没有负责停车的服务员，你就没法办一个晚会，在南加州停车行业内响当当的名字就是查克·皮克。查克停车公司中的雇员有 100 多人，其中大部分是兼职的。每周查克至少为几十个晚会办理停车业务。最忙的周六晚上，可能要同时为六七个晚会提供停车服务，大约需要 3~15 位服务员。

查克停车公司是一家小企业，但每年的营业额差不多有 100 万美元。它的业务包含两项内容：一项是为晚会安排停车；另一项是不断地在一个乡村俱乐部办理停车经营特许权合同。这个乡村俱乐部要求有 2～3 个服务员，每周 7 天都是这样。但是查克的主要业务来自私人晚会。他每天的工作就是去那些富人或名人的家中拜访，评价道路和停车设施，并告诉他们需要多少个服务员来处理停车的问题。一个小型的晚会可能只要 3～4 个服务员，花费大约 400 美元。然而一个特别大型的晚会的停车费用可能高达 2000 美元。

尽管私人晚会和乡村俱乐部的合同都涉及停车业务，但它们为查克提供的收费方式却很不相同。私人晚会是以当时出价的方式进行的。查克首先估计大约需要多少服务员为晚会服务，然后按每人每小时多少钱给出一个总价格。如果顾客愿意"买"他的服务，查克就会在晚会结束后寄出一份账单。在乡村俱乐部，查克根据合同规定，每月要付给俱乐部一定数量的租金来换取停车场的经营权。他收入的唯一来源是服务员为顾客服务所获得的小费。因此，在私人晚会服务时，他绝对禁止服务员收取小费，而在俱乐部服务时小费是他唯一的收入来源。

思考：

1. 你是否认为查克的控制问题在两种场合下是不同的？如查克确实如此，为什么？

2. 在前馈、反馈和现场控制三种类型中，查克应采取哪一种手段对乡村俱乐部业务进行控制？对私人晚会停车业务，又适宜采取何种控制手段？

实训检测

1. 以小组为单位对案例进行分析，并总结分析结果。

2. 在小组分析结果的基础上，以班级为单位对案例进行分析。

3. 教师与学生对各小组讨论结果进行评价。

模块三　管理案例

扁鹊的医术

魏文王问名医扁鹊："你们家兄弟三人，都精于医术，到底哪一位最好呢？"

扁鹊答："长兄最好，中兄次之，我最差。"

文王再问："那么为什么你最出名呢？"

扁鹊答："长兄治病，是治病于病情发作之前，由于一般人不知道他事先能铲除病因，所以他的名气无法传出去；中兄治病，是治病于病情初起时，一般人以为他只能治轻微的小病，所以他的名气只及本乡里；而我是治病于病情严重之时，一般人都看到我在经脉上穿针管放血、在皮肤上敷药等大手术，所以以为我的医术高明，名气因此响遍全国。"

【管理启示】　事后控制不如事中控制，事中控制不如事前控制，可惜大多数的经营者均未体会到这一点，等到错误的决策造成了重大的损失才寻求弥补，这时，往往是即使请来了名气很大的"空降兵"，结果也于事无补。

模块四　复习与思考

1. 控制的概念与特点是什么？
2. 从不同的角度对控制进行分类，有几种控制类型？
3. 简述控制的过程。
4. 预算控制方法有几种，有何优缺点？非预算控制方法有几种，有何优缺点？
5. 控制体系的构成要素是什么？
6. 有效控制的特征是什么？
7. 如何进行有效控制？

本 章 小 结

1. 控制的概念，在广义上与计划相对应；在狭义上是指继计划、组织、领导职能之后，按照计划标准衡量计划完成情况和纠正偏差，以确保计划目标实现的一系列活动。

2. 控制的特点：整体性、动态性、目的性、人性等。

3. 控制的作用：控制是实现计划的保障；控制有助于提高组织的效率；控制增加了组织对环境的适应性；控制是强化成员责任心的重要手段。

4. 控制的类型。按照控制发生在管理过程中的时间分类：前馈控制、现场控制、反馈控制；按照主管人员与控制对象的关系分类：间接控制、直接控制。

5. 控制过程：建立标准、衡量绩效、采取纠正措施。

6. 控制方法有预算控制和非预算控制两大类。

7. 预算控制的含义：用数字编制未来某一个时期的计划，即用财务数字(如在财务预算和投资预算中)或非财务数字(如在生产预算中)来表示预期的结果。

8. 预算的编制方法：弹性预算、零基预算。

9. 非预算控制法：亲自观察法、报告、比率分析法、审计控制、统计报告法等。

10. 控制系统是指由决定和被决定支持系统稳定状态的元素有机结合而成的集合。

参 考 文 献

[1]　张建国. 绩效管理[M]. 成都：西南财经大学出版社，2009.

[2]　潘晓云. 人力资源管理[M]. 上海：立信会计出版社，2012.

[3]　尤利群. 管理学[M]. 杭州：浙江大学出版社，2009.

[4]　宋一凡. 管理学[M]. 哈尔滨：哈尔滨工业大学出版社，2007.

[5]　刘会亚. 管理学原理[M]. 徐州：中国矿业大学出版社，2010.

[6]　李晓光. 管理学原理[M]. 北京：中国财政经济出版社，2004.

[7]　王庆海. 管理学概论[M]. 北京：清华大学出版社，2008.

[8]　罗哲. 管理学[M]. 北京：电子工业出版社，2013.

[9]　周三多. 管理学[M]. 2 版. 北京：高等教育出版社，2005.

[10]　白瑷峥. 管理学原理[M]. 北京：中国人民大学出版社，2014.

[11]　(美)斯蒂芬·罗宾斯. 管理学原理[M]. 9 版. 北京：中国人民大学出版社，2010.

[12]　陈维政. 人力资源管理[M]. 2 版. 北京：高等教育出版社，2006.

[13]　徐碧琳. 管理学原理[M]. 北京：机械工业出版社，2013.

[14]　严润德，等. 管理学[M]. 北京：机械工业出版社，2014.

[15]　周三多. 管理学[M]. 4 版. 北京：高等教育出版社，2014.

[16]　邢以群. 管理学[M]. 2 版. 北京：高等教育出版社，2011.

[17]　毛蕴诗. 管理学原理[M]. 北京：高等教育出版社，2014.

[18]　(美)查克·威廉姆斯. 管理学[M]. 谢永珍，等，译. 北京：机械工业出版社，2011.

[19]　周三多，陈传明，等. 管理学原理与方法[M]. 6 版. 上海：复旦大学出版社，2014.

[20]　(美)斯蒂芬·罗宾斯，玛丽·库尔特. 管理学[M]. 11 版. 北京：清华大学出版社，2013.

[21]　(英)格里芬. 管理学[M]. 9 版. 刘伟，译. 北京：中国市场出版社，2008.

[22]　(美)詹姆斯 G 马奇. 决策是如何产生的[M]. 王元歌，章爱民，译. 北京：机械工业出版社，2013.

[23]　(澳)本苏桑，等. 决策的 12 个工具[M]. 姚军，译. 北京：机械工业出版社，2015.

[24]　陶长琪. 决策理论与方法[M]. 北京：中国人民大学出版社，2010.

[25]　周志轩. 目标管理与绩效考核[M]. 成都：成都时代出版社，2008.

[26]　邓立治. 商业计划书：原理与案例分析[M]. 北京：机械工业出版社，2010.

[27]　席酉民，刘文瑞.管理理论构建者(管理思想大系)[M]. 北京：中国人民大学出版社，2009.

[28]　杨杜. 现代管理理论[M]. 2 版. 北京：经济管理出版社，2013.

[29]　李剑锋. 组织行为[M]. 4 版. 北京：中国人民大学出版社，2010.

[30]　潘连柏，曾自卫. 管理学原理[M]. 2 版. 北京：人民邮电出版社，2017.